富家益
Fortuneasy
富家益股票入门系列

新手看盘从入门到精通

看盘——看就懂分时走势

看盘——看就懂K线语言

看盘——看就懂均线方向

看盘——看就懂价量关系

看盘——看就懂技术指标

（第2版）

张永彬 著

中国劳动社会保障出版社

图书在版编目(CIP)数据

新手看盘：从入门到精通/张永彬著. —2版. —北京：中国劳动社会保障出版社，2012

ISBN 978-7-5045-9665-9

Ⅰ.①新… Ⅱ.①张… Ⅲ.①股票交易-基本知识 Ⅳ.①F830.91

中国版本图书馆 CIP 数据核字(2012)第 104228 号

中国劳动社会保障出版社出版发行

（北京市惠新东街1号 邮政编码：100029）

出 版 人：张梦欣

*

北京北苑印刷有限责任公司印刷装订 新华书店经销

787毫米×1092毫米 16开本 19.75印张 330千字

2012年8月第2版 2012年8月第1次印刷

定价：42.00元

读者服务部电话：010－64929211/64921644/84643933

发行部电话：010－64961894

出版社网址：http：//www.class.com.cn

第2版前言

《新手看盘》自2010年10月出版以来，深受广大读者的欢迎。他们对本书的针对性、实用性和全面性给予了高度的评价，也对本书的不足之处提出了客观的批评和建议。在这里，我们衷心地感谢广大读者多年来对富家益的支持！

在对读者反映的问题、意见进行充分研究的基础上，我们结合股市最近一年多来的市场环境和走势，对第1版的内容进行了修改、增补、拆分和删减，编辑而成了该书的第2版。

与第1版相比，第2版在保留了富家益图书一贯全面实用、图表交互等特色之外，新增加了以下几个鲜明特征：

1. 内容更为实用

内容实用是富家益图书的一贯特色。在对第1版的内容进行部分增删、修改和整合之后，本书更具实用性。投资者一旦学会，立刻就可以在实战中应用。

2. 叙述更为简练

在保证全书内容全面、丰富的前提下，第2版叙述力求更为简练，行文更为顺畅，避免读者在阅读中感到吃力。

3. 案例更具时效性

从第1版出版到现在，证券市场已发生了较大的变化。在第2版中，我们精心选取了最近一年来股市的经典走势，对第1版中的案例进行了更新。

当然，本书所讲的都是股票投资中的“术”，它只是通向稳定赢利之路的第一站。在这一站的基础上，投资者还要继续勇猛精进，不断提高自己的定力和智慧，由“术”而入“道”，最终才能达到技术分析的最高境界。

富家益投资理财研究中心

2012年6月

序　言

看盘，俗称“盯盘”，也就是看行情，是股票投资者每天的主要工作，尤其是对于技术分析投资者来说，更是最为重要的工作内容。但是，盘面的信息非常庞杂，而且在不断变化。面对很多盘面走势，不少投资者会感到非常困惑：

“我的股票今天成交量怎么这么大，是庄家进场还是出货？”

“这只股票怎么老不涨？”

“今天的股价怎么突然拉升，最后怎么又跌回来了？”

“这么多股票的走势，各种各样的都有，我该买哪一只？”

不仅大多数新股民，就连一些老股民可能都会产生这些疑问。

投资者之所以会产生这些疑问，一个重要原因就是不知道看盘到底是要看什么，怎么看。投资者如果搞不清楚这些盘面信息的内在含义，以及这些信息的买卖信号，那么将很难对行情做出准确的判断，进而会直接影响炒股赢利。

那么，看盘到底需要看哪些盘面信息？一般来说，看盘的内容主要包括以下五个方面：

看盘，要看分时走势图；

看盘，要看懂 K 线语言；

看盘，要看清均线方向；

看盘，要看清价量关系；

看盘，要看懂技术指标。

本书对每一类信息都将进行深入、契合实战的讲解，相信看完本书，投资者将对如何看盘建立一个详细、清晰的认识。没有人会为了看盘而看盘。对于投资者来说，看盘到底能起到什么样的作用呢？一个会看盘的投资者，可以从盘面信息中获取以下内容：

通过看盘选个股；

通过看盘找买点；

通过看盘找卖点；

通过看盘看清庄家动向。

人们常说："眼界决定视界，视界决定境界。"**看盘也需要有一定的视野**。只有你的视野足够开阔，你才能在股海中立于"不败之地"。

本书所提供的看盘技巧，是作者十余年股市征战心得与体会的总结。虽不能保证看过本书的每一位读者都能成为操盘手，但也会使读者的看盘水平有一定的提升。

该书在修订过程中，得到了多位同仁的帮助才得以顺利出版。由于该书所涉及的图表较多，因此特别感谢邓长发、廖应涵、王建霞、王玉凤、任玉珍、李苏洋、庄惠欢、唐娟、宫小龙、孙宗坤、刘井学、孙立宏为本书制作了图表。另外，李金山、刘伟、程富建、杨彩、严刘建也为个别章节的增删提供了参考性意见，沈小立、朱树健也提供了很多建设性的意见，在此一并表示感谢。

富家益投资理财研究中心

2012年6月

目　　录

第一章

看懂分时走势图的玄机

第一节　分时走势图的实战看点

分时走势图，也叫即时走势图，是把股票市场的交易信息，实时地用曲线在坐标图上加以显示的一种技术图形。坐标的横轴表示交易时间；纵轴的上半部分显示股价或指数，下半部分显示实时的成交量。

分时走势图包括大盘分时走势图和个股分时走势图两种。

一、大盘分时走势图的实战看点

我们以上证综指为例，说明一下大盘分时走势图中的主要看点。

图1—1所示为上证综指在2011年12月8日的分时走势图。图中的“上证综指线”，就是上证综指的实际走势，在行情软件中一般以白色表示，它的起伏代表了指数的涨跌变化。我们经常提到的“大盘指数”，就是这根白线所代表的点位。“领先指数”，表示的是不含加权的大盘指数，其走势在行情软件中一般以黄色表示。

因为上证综指是以各上市公司的总股本进行加权计算而来，因此受大盘股的影响

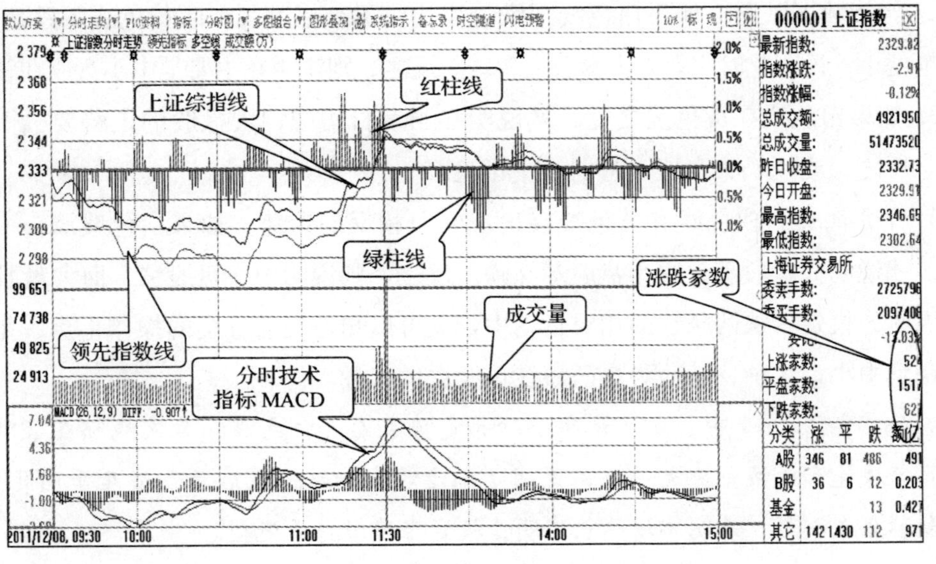

图1—1　上证指数分时走势（2011.12.08）

较大。而黄线表示的是不含加权的上证指数。因此，白色线和黄色线的区别，就是前者受大盘股（权重股）影响大，后者受大盘股的影响小一些。

大盘分时走势图中间的横线，代表着上个交易日指数的收盘点位。围绕其上下波动的红、绿柱线，表示市场所有股票的买盘和卖盘的对比情况。在横线上方时显示为红色柱状线，表示买盘大于卖盘；在横线下方时显示为绿色柱状线，表示卖盘大于买盘。

分时走势图下方的黄色柱状线，表示每分钟的成交量，单位为手。成交量放大时，柱状线变长；成交量缩减时，柱状线变短。

分时走势图的右边，是成交信息显示栏，包括实时的价格信息、成交信息、涨跌家数等。

大盘分时走势图主要的实战看点包括以下四个：

（一）从白色线和黄色线看“2 股”“8 股”强弱对比

由于白色线受权重股涨跌的影响较大，而黄色线受权重股的影响较小，因此通过对黄、白色线的运动方向或者速率的不同进行比较，可以知道大盘的涨跌，是主要由总股本较大的股票（可简称为“大盘股”）带动，还是由总股本较小的股票（可简称为“中小盘股”）带动。

1. 当指数上涨时，如果白色线上涨速度快、上涨幅度大，而黄色线上涨速度慢、上涨幅度小，说明此时主要是大盘股在领涨。反之，则说明主要是中小盘股在领涨。

2. 当指数下跌时，如果白色线下跌速度快、下跌幅度大，而黄色线下跌速度慢、下跌幅度小，说明此时主要是大盘股在领跌。反之，则说明在主要是中小盘股在领跌。

3. 如果白色线在黄色线之上，就说明在当前行情中，大盘股的走势要强于中小盘股。反之，则说明大盘股走势弱于中小盘股。

4. 个别时候，白色线和黄色线会出现方向相反的走势。如果白色线涨，而黄色线跌，就说明大盘股涨，中小盘股却在跌。反之，则说明中小盘股涨，而大盘股跌。

因此，投资者从两条线的相对运动中，就可以知道当前资金的操作重点，是大盘品种还是中小盘品种，从而为自己短线选股提供参考。

例如，在图 1—1 中，从开盘半小时的走势来看，白色线和黄色线都在下跌，但黄色线的跌速和跌幅都更大一些，说明是小盘股在领跌。之后两条线几乎同步向上，并逐渐黏合在一起，表明市场热点不明，投资者可以持币观望。

（二）从红、绿柱线看涨跌强度

当大盘上涨时，柱状线在横线上方显示为红色，此时红色柱状线越长，说明买盘越踊跃，上涨趋势就越强；如果此时红色柱状线的长度逐渐缩短，就说明买盘开始不济，上涨力度正在减弱。

当大盘下跌时，柱状线在横线下方显示为绿色，此时绿色柱状线越长，说明卖盘越踊跃，下跌趋势就越强；如果此时绿色柱状线的长度逐渐缩短，就说明下跌力度正在减弱。

（三）从涨跌家数看市场人气

涨跌家数反映的是上涨家数和下跌家数的数量，从中投资者可以看出市场的活跃程度。当上涨家数远远超过下跌家数时，说明市场气氛非常活跃，适合投资者进行短线操作；当涨跌家数持平，或者下跌家数超过上涨家数时，就说明市场人气比较低迷，不适宜短线参与。

如图1—1中，在当日收盘后，上涨家数是524家，下跌家数是623家。下跌家数超过了上涨家数。且大盘当天热点不明，下午盘一直处于横盘震荡之中。因此，此时投资者还是观望为上。

（四）从分时技术指标看买卖点

将在第五章（技术指标）中详细讲解MACD的指标用法。

二、个股分时走势图的实战看点

个股的分时走势图与大盘分时图基本相同。如图1—2所示，其右侧同样是即时成交信息显示栏，下方是成交量显示区。只是在个股分时走势图中，没有红、绿柱状线。另外，个股分时走势图中的黄线表示的是当天的实时均价。

个股分时走势图的实战看点有以下三个。

（一）从股价与均价线的关系看当日走势强弱

在个股分时走势图中，白色线表示股价，黄色线表示开盘到当前的均价。均价体现的是从开盘到当前的平均交易成本，因此投资者可以从股价与均价线的位置关系中，看出该股当日走势的强弱程度。

如果股价一直保持在均价线上方，那么当天买进的投资者大部分处于赢利状态，就说明当天股价的走势较强；如果股价一直保持在均价线下方，则说明当天买进的投资者大部分都处于亏损状态，同时也说明股价走势较弱。

如图1—2中，中航动控的股价全天基本都在均价线之上。上午10:00左右，股价虽然暂时跌破了均价线，但很快就再次向上突破并在上方站稳。它表明当日上涨动

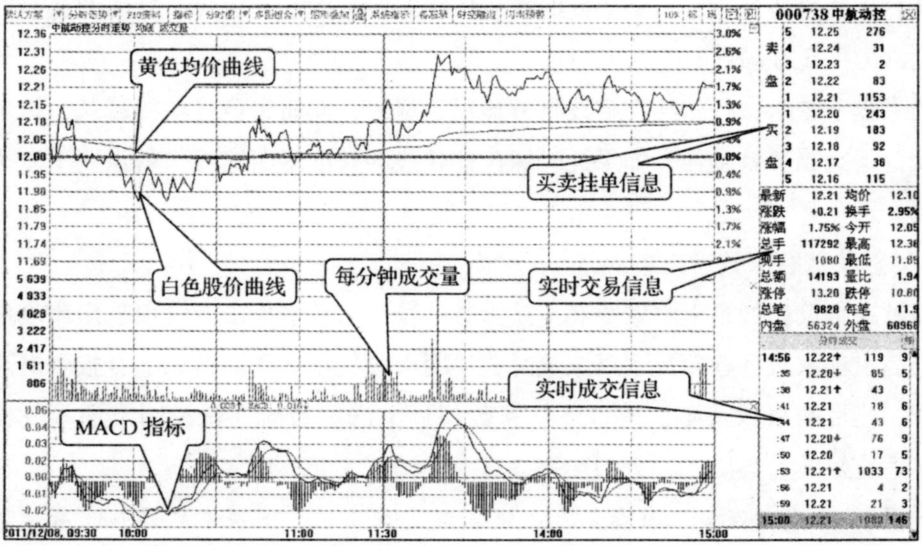

图 1—2　中航动控（000738）分时走势（2011. 12. 08）

能较强，投资者可以短线介入。

（二）从买卖挂单看主力意图

如果说股价是多空双方不断斗争的结果，那么买卖挂单的显示区域就是双方的战场。其中买 1 到买 3、卖 1 到卖 3 的位置，是战场的前沿阵地；买 4、买 5 和卖 4、卖 5 属于后方阵地。

在这个战场上，主力经常采用不同的挂单手法来达到迷惑其他投资者、操纵股价的目的。例如，主力故意在卖 4、卖 5 的位置挂出大卖单，让投资者误以为卖压沉重，从而纷纷卖出。但是如果这些大卖单只是在后方压阵，根本不到前沿阵地去真正拼杀，说明主力并非真正要卖出股票，其真实意图很可能是制造虚假抛压，达到暗中吸货的目的。

看清买卖挂单的变化以及内在含义，将使我们能够洞察主力的真实意图，把握更好的买卖时机。

1. 上方挂大卖单

当投资者在盘面上发现，卖 3、卖 4 或者卖 5 的位置出现大卖单，而买入挂单相对较小时，可能会出现以下两种情况。

（1）如果股价处于低位，盘中虽然有大卖单，但买单却比较活跃，往往意味着主力正在建仓，投资者可以开始逐步跟进。

投资者需要格外注意的是，如果以上的情况出现在股价涨幅已大的情况下，同时股价上涨困难而成交量放大，则很可能是主力出货，投资者需要保持警惕。

（2）如果股价逐步下跌，但是成交量并不大，往往意味着主力在刻意打压股价进行洗盘，此时投资者可以保持持续的关注，待调整结束后可及时跟进。

2. 下方挂大买单

当投资者发现，在买 3、买 4 或者买 5 的位置出现大买单时，可能出现以下情况：

（1）出现大买单，但是股价横盘震荡或者出现下跌，说明主力很可能是在被动护盘。主力之所以被动护盘，可能是因为不希望给其他投资者更低价位买入的机会，也有可能是主力出货不顺而被动护盘。不论何种原因，此时主力并没有进行主动性的买入，同时也缺乏跟风买盘，投资者不宜入场。如图 1—3 所示。

（2）大买单出现，而股价逐步上涨，同时主动性买盘较多，大买单也在不断地向上移动时，往往说明主力在吸引买盘入场。如果此时股价处于较低位置或者刚刚启动，那么主力正在借力拉升的可能性很大，投资者可以积极买入。

图 1—3 中，民生银行（600016）在买 3、买 4 出现明显的大买单，但是股价却持续走弱。由于当天大盘下跌，此时主力很可能在被动护盘，因此投资者暂时不宜介入。

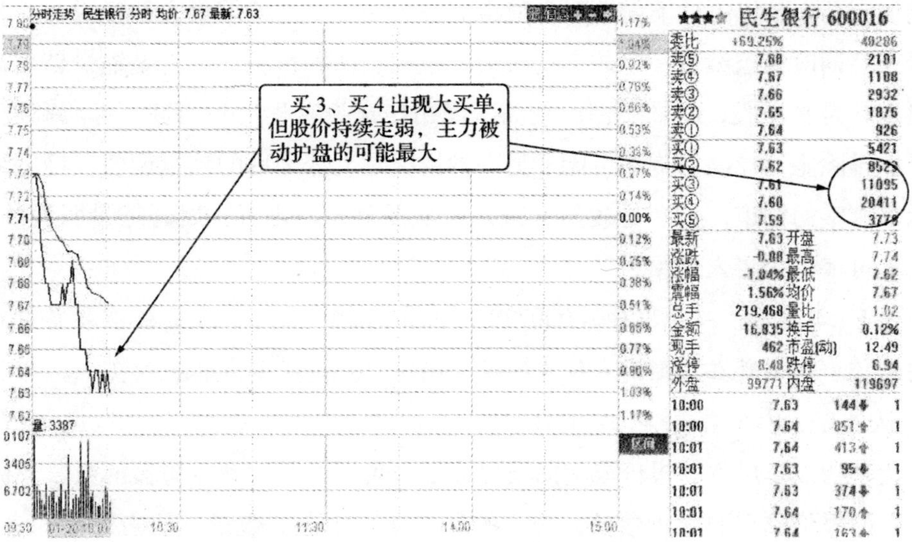

图 1—3　民生银行（600016）分时走势（2010. 01. 20）

如果以上这种情况出现在股价已经有了较大涨幅，盘中出现放量滞涨时，投资者需要保持警惕，因为此时主力可能正在拉升出货。

（三）从成交量信息看活跃程度

在成交信息栏目中，投资者可以看到与成交量有关的几个指标，对于实战来说非常重要。

1. 从量比看相对放量程度

开市后每分钟的平均成交量，与过去5个交易日每分钟平均成交量之比，即为当日盘中的量比。这个指标，反映了当前行情的放量情况。如果量比大于1倍，说明当日成交量放大；如果量比小于1倍，则表示当日成交量在萎缩。

一般来说，量比为0.8～1.5倍，说明成交量的变化不大。量比在1.5～2.5倍之间，为温和放量。如果此时股价也处于温和缓升状态，则升势相对健康，可继续持股；若股价下跌，则说明在短期内跌势难以结束。

量比为2.5～5倍，则为明显放量，若股价相应地突破重要支撑或阻力位置，则突破有效的概率很高，可以采取相应的买入操作。

量比超过5倍，则为剧烈而突兀的放量。如果此时个股处于长期的低位，那么往往预示着主力突击进场。不过此时投资者不必急于入场，一般这种突兀的放量之后，股价往往会有一个整固的过程，此时才是买入良机；如果个股已有巨大涨幅，出现这种剧烈放量就要小心主力在大力出货。

量比在0.5倍以下的缩量情形也值得好好关注。严重的缩量，往往说明交易非常不活跃，但同时也蕴藏着一定的市场机会。这里有两种情况，一种是缩量创新高，这种股票多数是长庄股，缩量能创出新高，说明庄家控盘程度相当高，筹码高度锁定，而且可以排除主力拉高出货的可能。另一种情况是上涨之后的缩量调整，极度缩量往往预示着调整的结束，特别是放量突破某个重要阻力位之后，展开缩量回调的个股，常常是不可多得的买入对象。

如图1—4所示，三毛派神（000779）在2011年7月12日突破前期高点后，出现调整走势。当该股在前期高点位置缩量企稳时，就是投资者的买入良机。

2. 从外盘、内盘看多空力量对比

外盘是指以卖出方的报价成交的股票数量，表示的是主动性买盘的数量。内盘是以买入方的报价成交的股票数量，表示的是主动性卖盘的数量。从内外盘的含义中，我们可以简单理解为：外盘大于内盘，说明主动性买盘多，股价看涨；外盘小于内盘，说明主动性卖盘多，股价看跌。

不过这些结论，并非在任何情况下都正确，尤其在主力的刻意操纵之下，投资者如果按照上面的思路进行分析，往往会得出错误的判断。

例如，有时候主力在建仓时并不主动往上买，而是采用在下方挂买单的方式等待抛盘，那么如果这些买单成交的话，软件自然会统计为内盘，出现内盘大于外盘的情

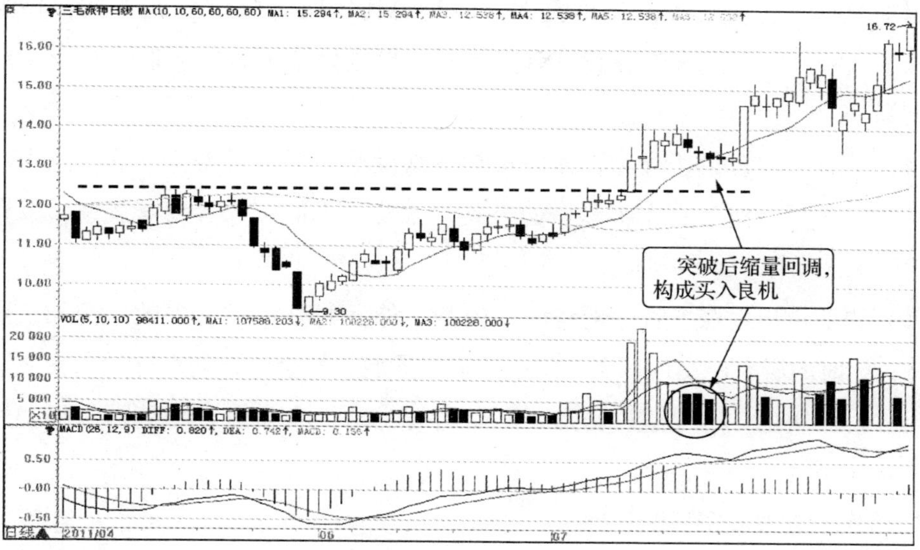

图 1—4 三毛派神（000779）日 K 线

形。如果投资者认为空方占优而卖出股票，就会掉入主力的诱空陷阱。一般在大势低迷时主力经常采用这种建仓手法。此时投资者可以密切关注，一旦股价开始走强，就可以跟庄买入。

有时候主力出货时不主动往下砸，而是在上方提前挂好卖单，然后自己主动往上买，制造走势强劲的假象，吸引很多跟风买盘，此时软件会显示外盘大于内盘。如果投资者据此买入的话，就掉入了主力的诱多陷阱。一般在行情火暴时主力经常采用这种拉高出货的手法。此时投资者不宜入场，即使入场也应立足短线，快进快出。

在大多数情况下，股价都会呈现“股价上涨、外盘大于内盘”或者“股价下跌、外盘小于内盘”的情形。在具体的实战分析中，投资者一方面要注意股价所处的位置，另一方面也要注意主力的操纵行为。

（1）当股价处于低位或者上升的初期，此时出现外盘大于内盘的情况，说明有资金主动入场，后市看涨。

（2）当股价处于高位或者阶段涨幅已大，此时出现内盘大于外盘的情况，说明有资金主动卖出，后市看跌。

（3）当某日外盘大于内盘，而股价却不涨反跌时，投资者要注意买 1 卖 1 的真实成交情况。当出现大买单时，如果投资者发现软件显示的是以卖 1 的价格成交，外盘增加，但是卖 1 价位的挂单却没有相应减少，而买 1 价位的买单则少了好多，就说明主力用“先卖后买，买小卖大，同时委托，同时成交”的方式，将大卖单包装成了大买单，以此来欺骗投资者。此时如果股价处于高位的话，投资者应注意及时离场。

（4）当某日内盘大于外盘，而股价却不跌反涨，投资者需要注意，主力可能在用“伪装”的手法掩盖真实买盘。如果此时股价处于低位或者横盘震荡，投资者应注意进行买入操作。

（5）当股价出现涨、跌停走势时，内盘、外盘的分析就会失效。例如，当股票涨停时，此时的所有成交均以买1价格成交，炒股软件会将他们全部计入内盘，显示内盘远远大于外盘。出现这种情形，不是因为主动性卖盘多，而是因为主动性买盘太多。

3. 从换手率看股票活跃程度

换手率，就是当天或者一段时期内的成交量与总流通股数的比值，反映的是股票转手买卖的频率。换手率高，说明该股受关注程度高，买卖活跃。

（1）如何衡量换手率的高低

一般而言，换手率的高低有以下五种情况：

A. 换手率低于1%，属于绝对地量。

B. 换手率处于5%左右，属于成交活跃。

C. 换手率处于10%左右，属于明显放量。

D. 换手率处于15%左右，属于巨量水平。

E. 换手率超过20%，属于过度放量。

当股价经过长期阴跌，出现换手率低于1%的情形时，往往预示着底部即将来临；当股价经过大幅度上涨后，换手率出现超过15%的情形时，往往意味着机构已经开始出货，股价即将见顶；如果高换手率出现在股价刚启动时，那么往往预示着行情仍可看高一线。

（2）通过换手率对比选择板块龙头

换手率高的股票，往往是当前市场的短线炒作热点，放量越明显的股票，成为热点龙头的概率越大。由于各个股票的流通股本大小不同，无法用绝对成交量来对比不同股票之间的放量情况，而使用换手率来进行对比就可以解决这个问题。例如，同板块的股票，在启动时换手率高的股票，往往就是这个板块中的龙头品种。

2011年10月中旬，中共中央决定深入文化体制改革，出版传媒板块随之成为炒作热点，并在2011年11月12日正式进入炒作的高潮阶段。那么这个板块中，哪只股票才是龙头品种呢？短线投资者可以通过K线走势和换手率的对比，来寻找龙头品种。

图1—5、图1—6、图1—7分别是出版传媒板块中的天舟文化（300148）、时代出版（600551）和中南传媒（601098）的走势图。投资者要想从中找出龙头股，可以从走势和换手率两方面进行对比。

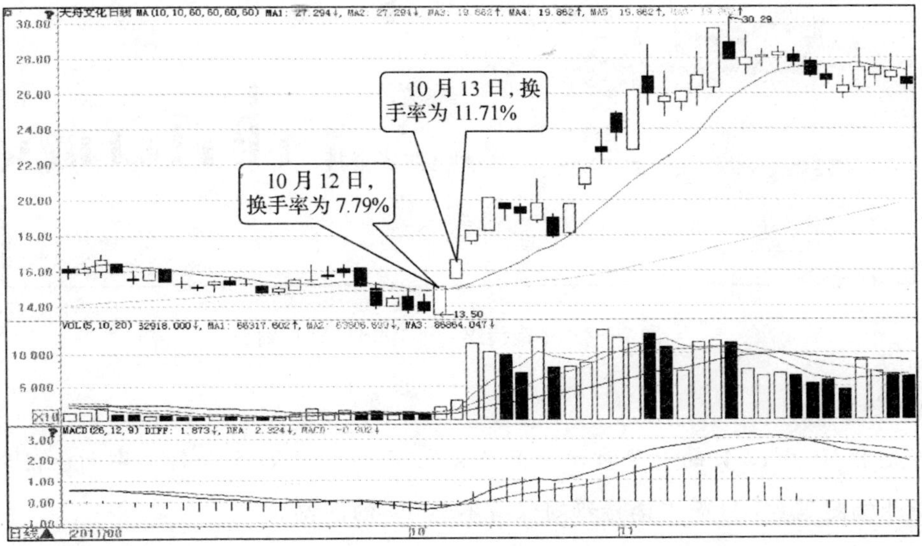

图1—5　天舟文化（300148）日K线

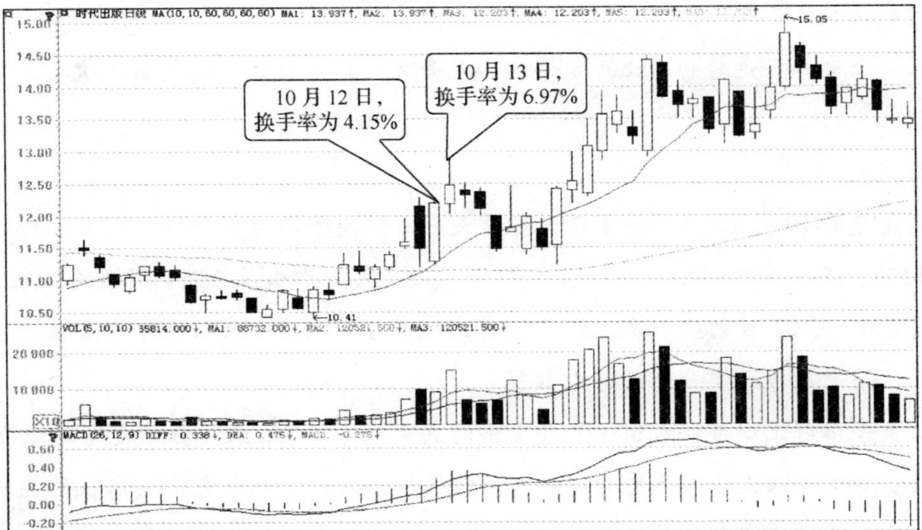

图1—6　时代出版（600551）日K线

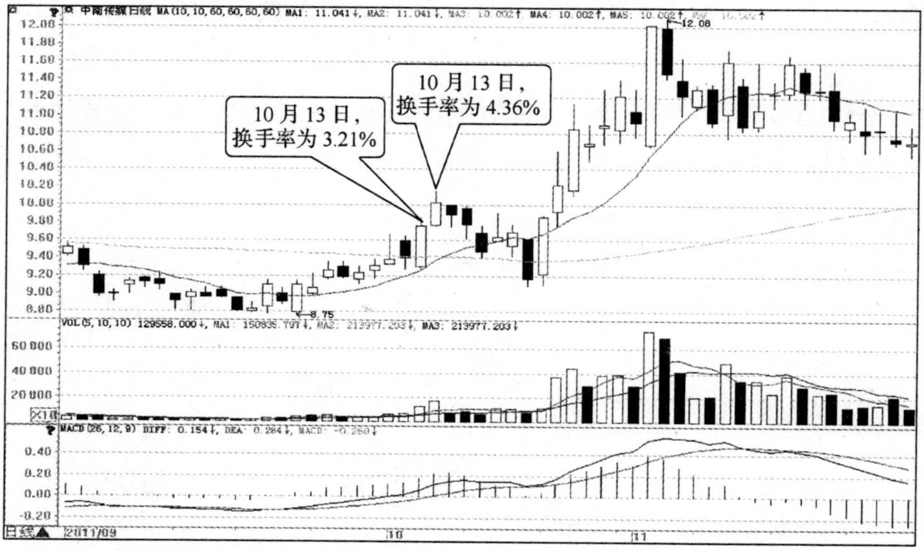

图1—7　中南传媒（601098）日K线

A. 走势对比。

首先看10月12日的走势对比。天舟文化下午开盘后15分钟内即封上涨停，时代出版涨幅超过6%，而中南传媒则仅有不到4%的涨幅。

再看10月13日的走势对比。天舟文化开盘半小时内封住涨停；时代出版涨幅虽然不足3%，但其上冲试探了上方压力；中南传媒的涨幅也是约为3%，但其振幅明显较时代出版低。

从两个交易日走势的对比可以看出，天舟文化走势最强，时代出版次之，中南传媒最弱。

B. 换手率对比。

还是先看10月12日的换手率。当天天舟文化换手率为7.79%，时代出版换手率为4.15%，而中南传媒换手率仅有3.21%，由此可以看出最活跃的是天舟文化。

再看10月13日的换手率。当天天舟文化换手率为11.71%，时代出版换手率为6.97%，而中南传媒换手率仅有4.36%。

从换手率对比中可以看出，天舟文化的成交最为活跃，最受短线资金的追捧。

投资者通过以上两方面的对比，可以轻松得出结论：天舟文化是出版传媒板块的龙头品种，是短线交易的首选品种。

从这三只股票的后续走势中，投资者也可以看出，天舟文化的涨幅和上涨力度，远远超过其他两只同板块个股。

在通过对换手率进行对比来寻找热点品种时，投资者应注意，要在同一板块、同一概念内进行比较。不同板块的股票之间，不宜使用换手率进行对比。例如，投机程度高的创业板或者中小板股票，换手率在5%都属于低水平，而对于银行板块来说，5%的换手率已经属于明显放量水平。

图1—8是中小板股票新和成（002001）和沪市主板股票浦发银行（600000）在2009年的换手率对比。投资者可以看到，新和成和浦发银行的换手率相差近三倍，但是并不能认定新和成要比浦发银行更加活跃。实际上，在2009年两者涨幅的差距并不大，甚至在衡量股票活跃度的振幅上，浦发银行还超过了新和成。因此不同板块的品种，投资者不能简单地用换手率来衡量活跃程度。

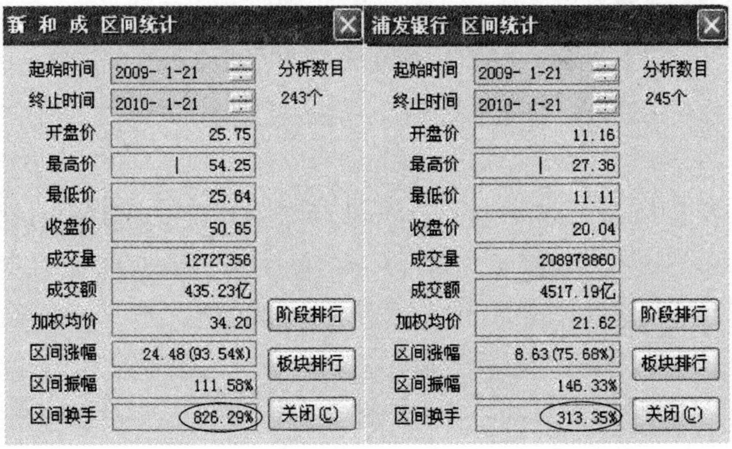

图1—8 新和成（002001）和浦发银行（600000）2009年换手率对比

第二节　短线之早盘实战看点

开盘后第一个半小时的交易时段，也就是9:30—10:00，一般称为“早盘”；收盘前半小时的交易时段，也就是14:30—15:00，一般称为“尾盘”；在早盘和尾盘之间的交易时段，即10:00—11:30、13:00—14:30，一般称为“盘中”。

如果投资者注意观察的话，就会发现，每天的早盘和尾盘时段，是一天中成交量最大的时段，尤其是早盘时段最为明显。这是因为，上一个交易日结束后，消息面往往会有新的变动，而多空双方经过盘后的冷静分析之后，会制订出新的交易计划，开盘后正是初步实施的阶段。因此早盘是多空搏杀最为激烈的时段，也是短线看盘的重点时段。

另外，当投资者跟踪一只股票一段时间后，有时就会发现该股票走势的一些特殊的“习性”，或者称为“股性”。这是因为主力做盘经常会有自己的一些习惯。例如，有的主力喜欢在早盘做打压动作，有的主力习惯在尾盘拉高等。看盘时也应注意总结股票或者主力的习性，做到有针对性地看盘。

本书中的看盘要点，论述的是较为普遍的一些看盘规律。具体股票的股性，需要投资者自己通过细致地看盘，来总结其波动规律。

一、盘前实战看点

在每个交易日的开盘前，短线投资者都需要关注以下几点内容：

（一）看欧美股市、汇率、黄金、石油等国际资本市场走势

随着经济全球一体化的不断推进，各个国家股市的联动性越来越强，尤其是中国股市和美国股市之间的相互联动。如果在我国晚间美股出现大跌，那么第二天我国股市的开盘价至少也会出现低开。

如图1—9所示，2011年8月10日，美股出现大跌，受其影响，8月11日我国股市大幅低开，低开跌幅约为2%。但大盘在低开后迅速走高，收盘涨幅达到了1.5%，全天振幅超过3%。如果投资者在股指低开后及时入场，将能把握住一轮上升走势。

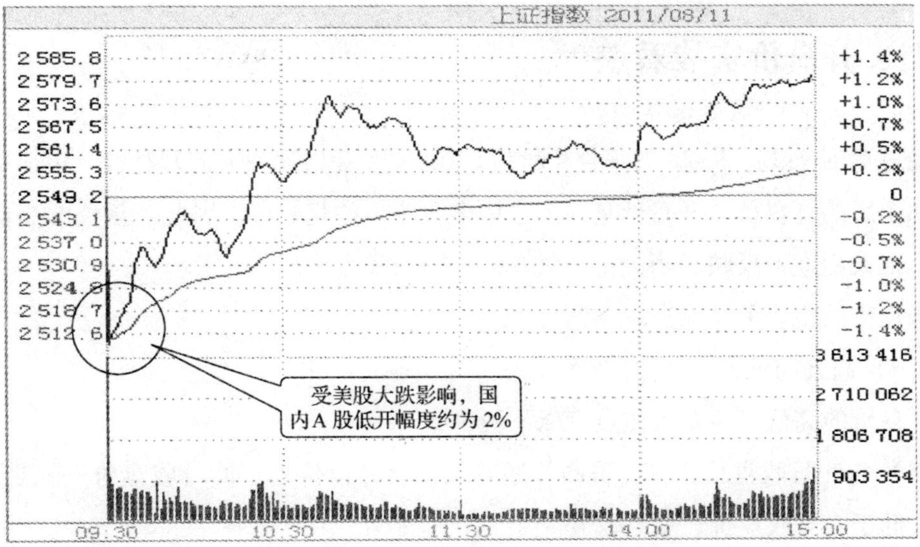

图 1—9 上证指数分时走势（2011.8.11）

再比如，如果国际黄金价格出现大涨，那么国内股市中的黄金板块也会出现上涨走势。

另外，美元汇率也是投资者需要重点关注的。美元汇率的涨跌，会对以美元计价的国际原油、黄金价格产生重大影响。一般来说，美元涨，则原油、黄金价格跌；美元跌，则原油、黄金价格涨。

（二）关注重要财经新闻

这些重要的财经新闻，包括政策变动、行业新闻、货币信贷政策等。这些新出台的重大新闻，都将对当日的盘面构成较大影响。看到这些新闻，投资者应该分析是利空还是利好，对股市的影响是整体的还是局部的，是短期影响还是中长期影响。做出这些判断，投资者就可以采取相应的投资对策。

（三）浏览重要股票论坛

投资者通过浏览股票论坛，可以了解市场人气状况，知道目前广泛讨论的话题是哪些，多空双方的主要观点是什么，尤其是和自己相反观点的内容，更要客观地进行分析。这样可以弥补自己可能的疏忽之处，更好地把握市场热点和脉络。

（四）再一次审视自己的交易计划

当做完以上三步后，投资者应该在开盘之前再一次认真审视自己当天的交易计划。如果需要对计划进行调整，应该在盘前完成，尽量不要在盘中一时兴起改变交易计划。

二、开盘价实战看点

经过盘前9:15—9:25的集合竞价后，在9:25会出现当天的开盘价，包括指数开盘价和个股的开盘价。开盘价是一天之中多空斗争的起始点，因此开盘价的高低和成交量，很大程度上反映了当天主力做盘的意图和实力。

开盘价的主要关注点有以下两个：

（一）高开与低开

开盘价的高低，主要关注点有以下两个：

（1）与昨日收盘价比较，看高开还是低开。开盘价高于昨日收盘价，就是高开；开盘价低于昨日收盘价，就是低开。

（2）与昨日最高价和最低价比较，看是否有缺口。开盘价高于昨日最高价，就是跳空高开；开盘价低于昨日最低价，就是跳空低开。

开盘价的高低，很大程度上反映了市场做多或者做空的意愿。高开反映市场做多意愿强烈，低开表明市场做空意愿强烈。

（二）集合竞价的成交量

集合竞价的成交量，预示着当天股票的活跃程度。集合竞价成交量大，就说明开盘时参与者多，多空分歧较大，那么当天该股往往会走势活跃；集合竞价成交量小，就说明开盘时参与者少，该股乏人关注，预示着该股当天的活跃程度会比较低。

投资者需要注意的是，集合竞价的成交量大，说明参与者多，同时也说明市场分歧较大。那么当天的走势，会呈现要么剧烈震荡，要么大涨大跌的情形。

如图1—10所示，三峡水利（600116）在2011年12月8日开盘时，集合竞价的成交达到了4 715手，量比达到6.85，说明当天多空分歧明显，而且参与度很高，那么当天的走势出现大涨大跌的可能性就很大。如果该股开盘后能够持续强势，那么将是一个很好的短线交易品种。如果开盘无法走强，那么短线将不宜入场。

如图1—11所示，三峡水利在开盘后的半小时中，尽管多空争夺较激烈，但涨幅始终处于0轴上方，表明上涨动能较强。临近上午收盘时，该股放量突破均价线。这种情况下短线投资者可以买入。该股在当天出现大涨，涨幅达3.14%。

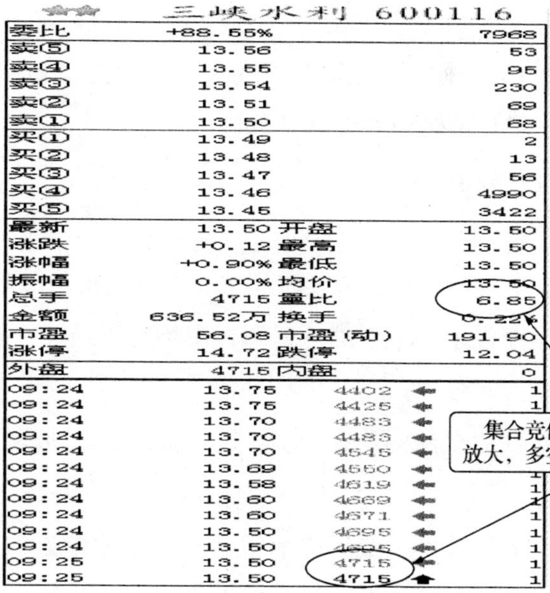

图 1—10　三峡水利（600116）开盘价（2011. 12. 08）

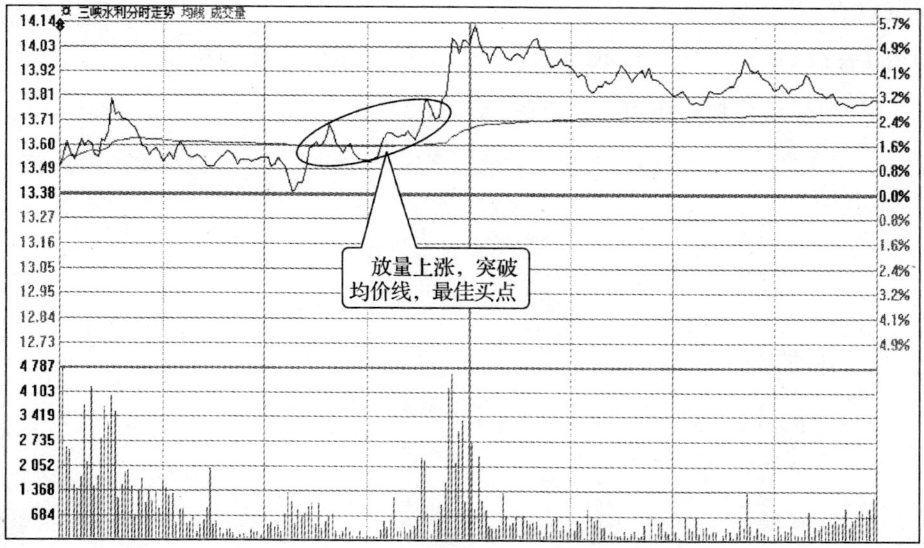

图 1—11　三峡水利（600116）分时走势（2011. 12. 08）

三、早盘实战看点

开盘后的半小时，是一天中最重要的看盘时段，投资者需要重点关注以下两个方面：

（一）看大盘强弱

市场的整体强弱状况，是短线交易必须关注的内容。在强势市场中进行短线交易，自然会如鱼得水。而在弱势市场中，自然是危机四伏了。

判断大盘强弱的几个看点如下：

1. 看涨幅榜第一页

一般来说，开盘后的半小时内投资者需要密切关注沪深两市的涨幅榜。

（1）如果沪深两市有 5 家以上的股票涨停，那么市场处于强势，投资者可以大胆选股，进行短线操作。

（2）如果涨幅榜第一页的股票涨幅均在 4% 以上，那么市场同样处于强势，投资者仍然可以短线积极参与。

（3）如果涨幅榜上没有股票涨停，或者涨幅超过 3% 的股票数量较少，那么市场处于弱势，投资者对于短线交易要非常慎重。

（4）如果整体市场没有超过 3% 涨幅的股票，那么说明市场处于比较严重的弱势，短线投资者应该保持观望。

如图 1—12 所示，2012 年 12 月 12 日沪市开盘半小时后，在涨幅榜第一页中，只有新上市的 N 东吴上涨幅度较大，且涨幅超过 3% 的股票只有 15 只，最后一名 *ST 宝诚的涨幅仅有 2.23%。这说明市场当前的人气非常低迷。投资者在进行短线交易时需

序号	代码	名称●¤	昨收	最新	涨跌	涨幅↓	现手
1	601555	N东吴 ¤	6.50	7.50	+1.00	15.38%	1584
2	002464	金利科技	18.74	20.61	+1.87	9.98%	5
3	002594	比亚迪 ¤	22.60	24.00	+1.40	6.19%	271
4	002236	大华股份¤	44.76	47.10	+2.34	5.23%	70
5	600609	ST金杯	2.88	3.02	+0.14	4.86%	644
6	000617	石油济柴	10.95	11.44	+0.49	4.47%	2
7	600213	亚星客车	8.63	9.01	+0.38	4.40%	23
8	002612	朗姿股份	33.28	34.59	+1.31	3.94%	45
9	300021	大禹节水¤	12.11	12.55	+0.44	3.63%	11
10	002065	东华软件	22.21	23.00	+0.79	3.56%	32
11	600636	三爱富	23.31	24.12	+0.81	3.47%	37
12	002015	霞客环保	9.57	9.89	+0.32	3.34%	27
13	600160	巨化股份	17.90	18.49	+0.59	3.30%	103
14	600858	银座股份	17.98	18.57	+0.59	3.28%	21
15	002450	康得新 ¤	22.60	23.32	+0.72	3.19%	5
16	300022	吉峰农机	12.02	12.40	+0.38	3.16%	121
17	000546	光华控股¤	9.37	9.65	+0.28	2.99%	5
18	002227	奥 特 迅	24.52	25.17	+0.65	2.65%	72
19	000606	青海明胶	6.48	6.65	+0.17	2.62%	11
20	000957	中通客车	7.75	7.95	+0.20	2.58%	5
21	002460	赣锋锂业	24.45	25.08	+0.63	2.58%	
22	600523	贵航股份	12.04	12.35	+0.31	2.57%	
23	300159	新研股份	32.09	32.89	+0.80	2.49%	
24	000791	西北化工	6.08	6.23	+0.15	2.47%	
25	000852	江钻股份	11.80	12.08	+0.28	2.37%	
26	002166	莱茵生物¤	19.80	20.30	+0.50	2.53%	47
27	600844	丹化科技	16.53	16.93	+0.40	2.42%	
28	002060	粤 水 电 ¤	9.11	9.33	+0.22	2.41%	
29	600502	安徽水利	13.36	13.67	+0.31	2.32%	16
30	600892	*ST宝诚	12.54	12.82	+0.28	2.23%	183

2.23% 的涨幅就可以排在了第一页，行情处于弱势

图 1—12　沪市开盘半小时涨幅榜（2011. 12. 12）

要非常慎重。当天沪市大盘开盘后下跌1.02%，并在随后几个交易日中持续呈现弱势行情，如图1—13所示。

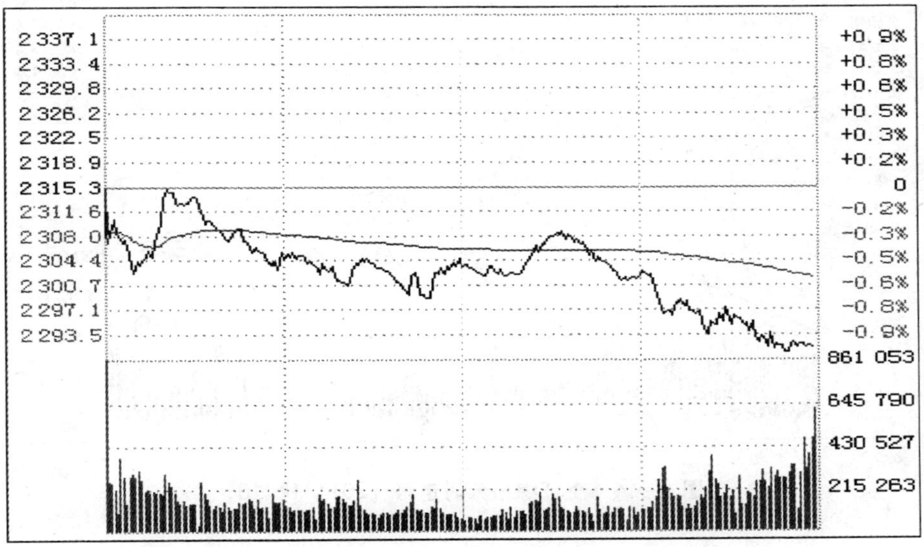

图1—13　上证综指日K线

2. 看成交量变化

大盘涨时有量、跌时无量，说明量价关系健康正常。大盘涨时无量、跌时有量说明量价关系不健康，投资者需注意规避风险。

我们以2011年11月16日的大盘分时走势为例，如图1—14所示，股指走势与成交量变化之间，出现了三次明显的“价跌量增”的情形。当出现这种走势时，说明大盘正处于明显的弱势，短线投资者不宜参与。

3. 看涨跌家数

涨跌家数的大小对比，可以反映大盘涨跌的真实情况。

（1）大盘涨，同时上涨家数大于下跌家数，说明大盘上涨自然，涨势真实，投资者可以考虑短线操作。

（2）大盘涨，而下跌家数却大于上涨家数，说明主力通过拉抬指标股控制指数，虚涨的成分较大，投资者对于短线应保持一定谨慎。

（3）大盘跌，同时下跌家数大于上涨家数，说明大盘下跌自然，跌势真实。投资者应避免短线操作。

（4）大盘跌，相反上涨家数却大于下跌家数，说明主力通过打压指标股压制指数，跌势虚假。投资者可对目标个股进行逐步低吸。

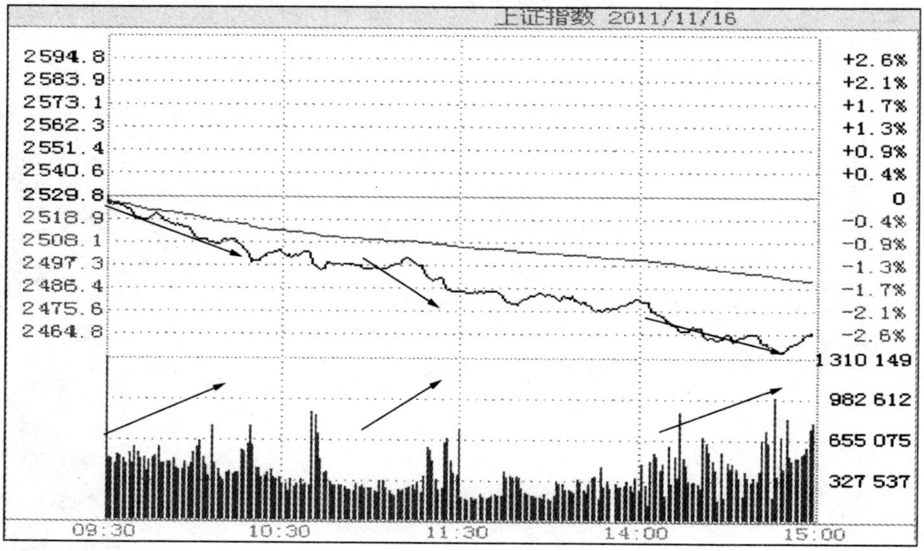

图 1—14　上证综指分时走势（2011. 11. 16）

（二）看个股走势找强势股

很多强势股，其强势特征在早盘就已经体现无疑。尤其是刚刚从底部启动的强势股，由于主力要迅速脱离成本区，因此开盘后往往会选择迅速拉升。

如果个股高开后继续走高，同时成交量持续放大，股价涨势非常流畅，那么往往意味着该股在整个交易日内保持强势的概率极大，甚至有可能在早盘就封上涨停。当投资者发现个股出现这种走势时，如果大盘趋势配合，同时股价的阶段性幅度不大，那么短线可以积极追涨。

如图 1—15 所示，2011 年 10 月 26 日，雷曼光电（300162）直接高开，开盘后迅速开始拉升，经过三波拉升后封上涨停。在这三波拉升过程中，走势干脆利索，成交量呈现逐步递增态势，价量配合良好。投资者可以积极追高，进行短线操作。该股在随后的半个多月中最高涨幅达 80%，如图 1—16 所示。

开盘半小时就涨停的强势股，毕竟属于少数。有不少股票在早盘的走势，虽然没有上例中雷曼光电那么强劲，但是仍然属于强势股，值得短线积极参与。

图 1—17 是久其软件（002279）在 2011 年 10 月 24 日的分时走势图。投资者可以看出，虽然该股当天有所低开，但是开盘后沿着均价线一路走高，同时成交量呈现递增态势。投资者再看该股的 K 线走势，如图 1—18 所示，可以发现该股此前的阶段性涨幅并不大，投资者可以积极地短线参与。

在 10 月 24 日之后的 9 个交易日内，该股持续上涨，最高涨幅近 40%，如图

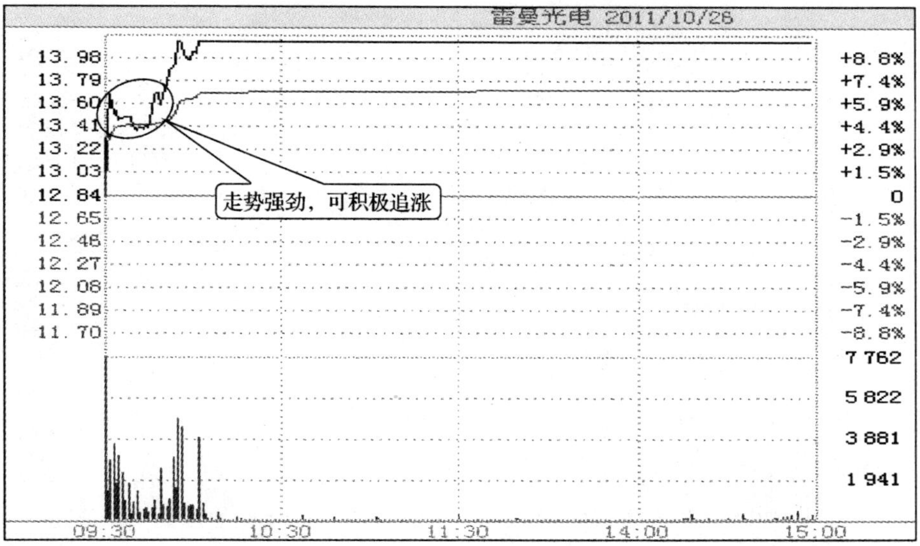

图 1—15　雷曼光电（300162）分时走势（2011.10.26）

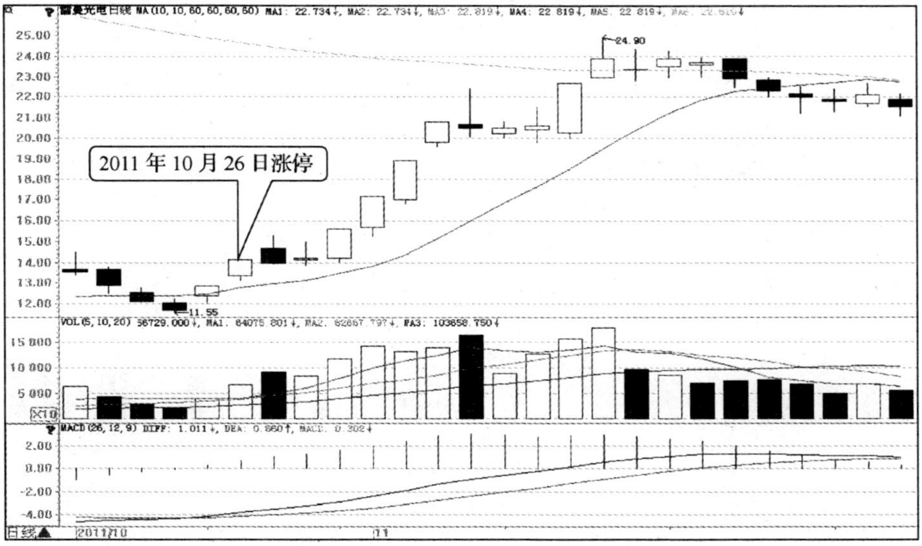

图 1—16　雷曼光电（300162）日 K 线

1—18 所示。

在全天的任意交易时段，均可以使用以上几个看盘要点来分析盘面走势。

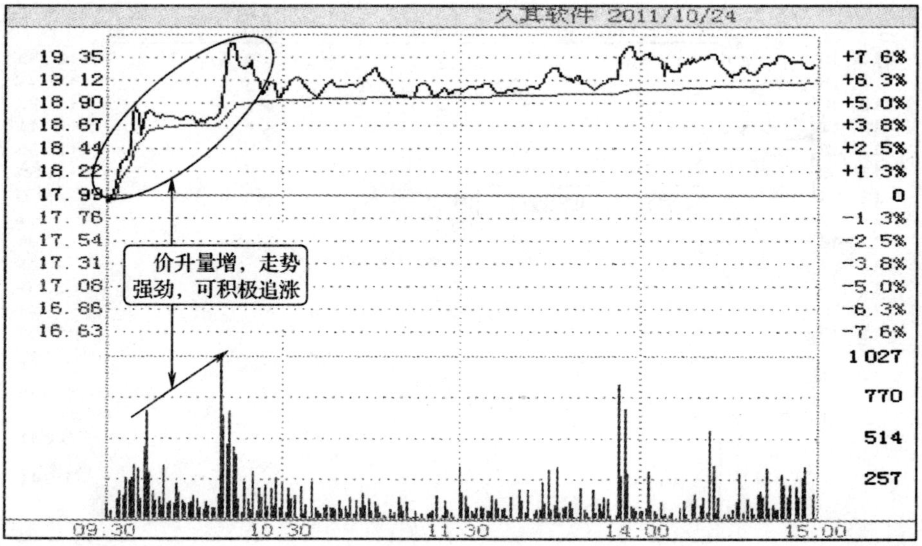

图 1—17　久其软件（002279）分时走势（2011. 10. 24）

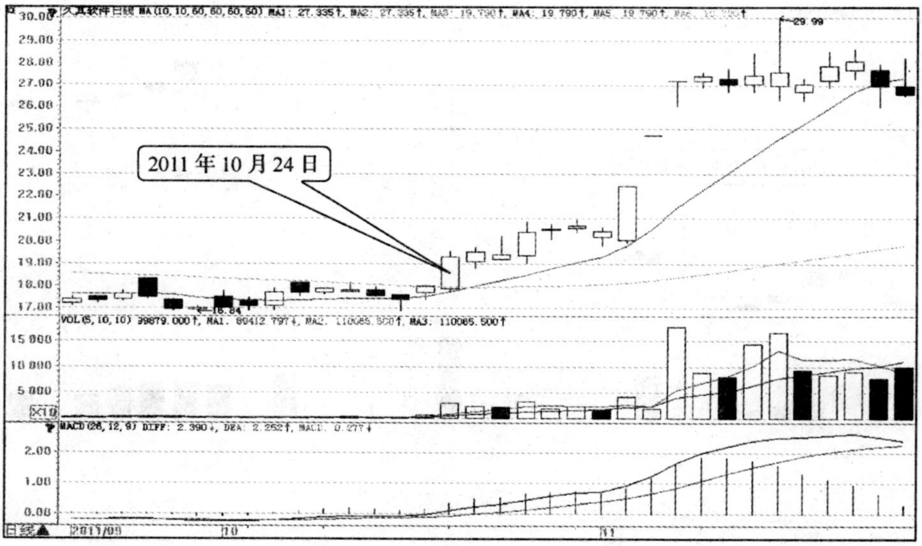

图 1—18　久其软件（002279）日 K 线

第三节　短线之盘中实战看点

一般来说，刚刚开始拉升，或是日线图上刚出现突破迹象的个股，其盘中的走势往往比较稳健，最大特点就是主力很少将股价再打到均价下方运行，均价线对股价构成强有力的支撑。

一、盘中均价线支撑的买点

投资者如果错过了开盘强势的个股，在盘中时段，要及时发现能够温和放量，并将股价运行于均价线上方的个股，投资者可以选择在均价线附近介入这类股票。

图 1—19 是通策医疗（600763）在 2011 年 10 月 28 日的分时走势图。该股经过早盘的一波上涨后，在盘中的走势有所回软，呈现横向震荡态势。投资者可以发现，均价线对该股股价构成了强力支撑。短线投资者可以选择在均价线处逐步买入。该股在随后三个交易日内继续上涨，如图 1—20 所示。

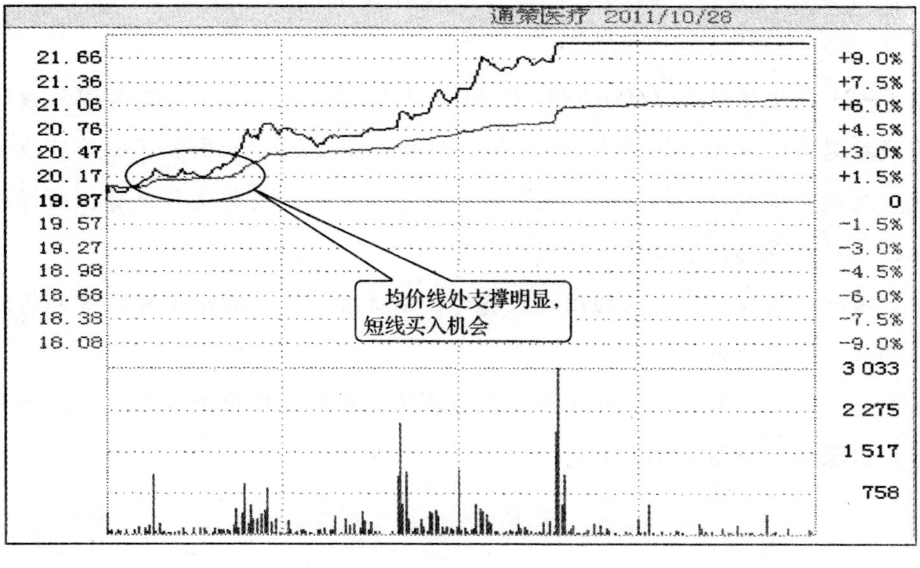

图 1—19　通策医疗（600763）分时走势（2011.10.28）

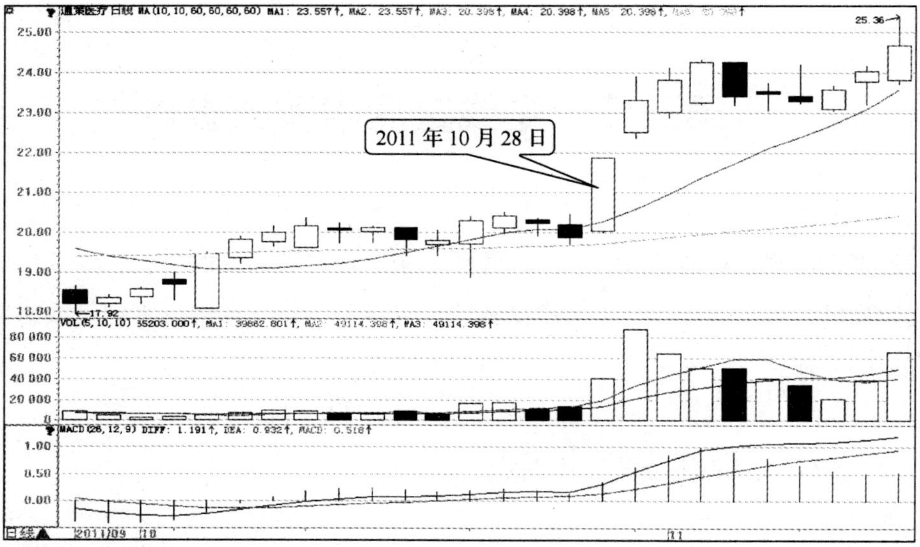

图1—20　通策医疗（600763）日K线

二、盘中跌破均价线的看点

如果个股早盘虽然冲高，但是盘中走势不仅走弱，而且跌破均价线并回抽无力，此时投资者要保持警惕，因为有可能该股在开盘的冲高，仅仅是主力的一个诱多动作。

图1—21是中体产业（600158）在2011年11月04日的分时走势图。该股盘中突然直线拉起封上涨停，但是上午10点半左右涨停板打开，并在下午开盘后跌破了均价线。跌破均价线后，该股始终无法再次收复均价线。遇到这种走势，短线投资者应该保持一定的谨慎，不必急于入场。

早盘该股冲高过程中追入的短线投资者，应观察该股的后续走势，如果仍然无法转强，那么应考虑卖出操作。

在11月04日冲高之后，中体产业在随后的几个交易日中走势疲软，短线投资者应执行卖出操作，如图1—22所示。

图 1—21　中体产业（600158）分时走势（2011. 11. 04）

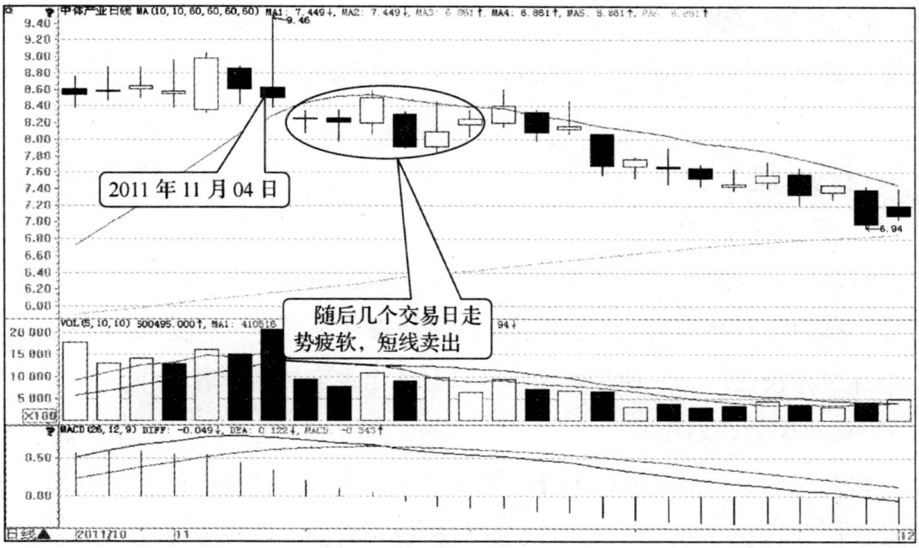

图 1—22　中体产业（600158）日 K 线

第四节　短线之尾盘实战看点

收盘价是一天当中最重要的价格，其决定了当日多空双方争斗的最终结果，也将为下个交易日的开盘价提供重要依据。因此，尾盘往往是多空双方争斗最激烈的时刻。

另外，由于早盘和盘中的走势具有较多的不确定性因素，到了尾盘，许多不确定性因素已经消失，多空双方的力量对比已基本可以确定，因此不少短线投资者喜欢在尾盘进行交易。

庄家也充分利用大家对尾盘的关注程度，经常在尾盘突然地拉高或打压股价。这些动作，在股价的不同位置，有着不同的含义。因此，对于尾市异动，投资者需要综合分析，进行仔细鉴别。

在尾盘的异动中，主要有“拉尾盘”和“砸尾盘”两种情形。

一、拉尾盘

尾盘时某股的股价突然出现大幅上涨，而且收盘价往往都是当天的最高价，或者相距不远，称为“拉尾盘”。拉尾盘主要有两种表现形式，一种是两点半之后即开始拉升，拉升时间较长；另一种是直到临收盘时才出现突然的拉升动作。

（一）两点半后开始拉升

个股在两点半之后出现大幅上涨，成交放大，尤其是拉升后的股价创出当天的新高，并且在拉升后股价仍能保持强势，此时投资者需要保持高度关注。如果这种走势出现在一个阶段性的低位，同时全天的成交量出现放大情形，一般来说就意味着股价开始启动，短期内行情仍可看高一线。此时投资者可以短线参与。

图 1—23 是象屿股份（600057）在 2011 年 11 月 09 日的分时走势图。该股早盘以及盘中的走势都比较稳健，盘面波澜不惊。到了两点半前后，股价突然被大单拉起，成交非常活跃，不仅创出当天的新高，而且走势强劲。收盘前还出现了一波放量冲高，表明有短线资金在收市前集中买入。

此时投资者可以观察该股近期的 K 线走势，如图 1—24 所示，可以发现该股此前

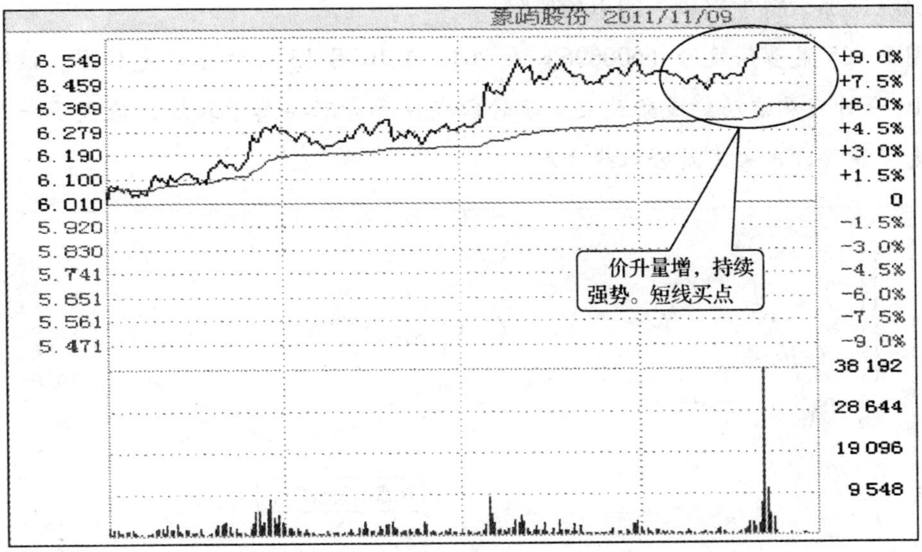

图 1—23　象屿股份（600057）分时走势（2011. 11. 09）

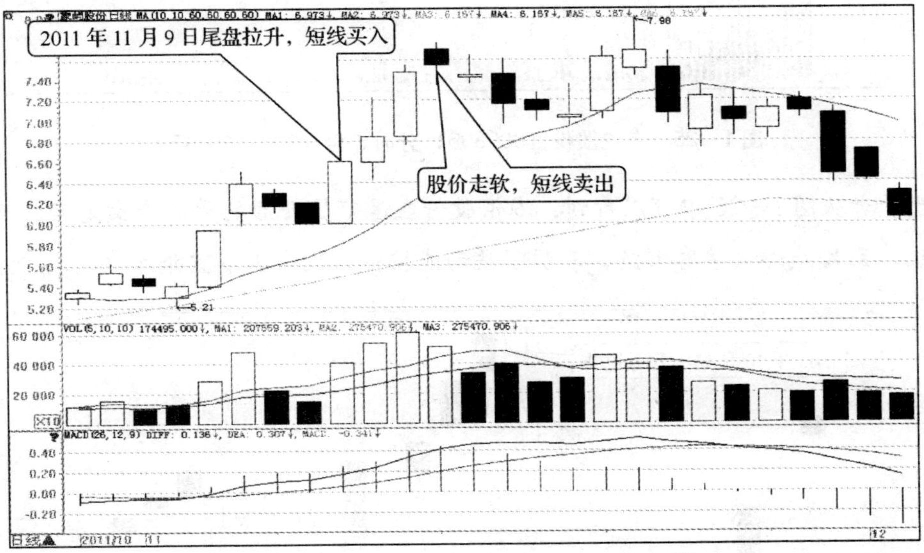

图 1—24　象屿股份（600057）日 K 线

一直在回调当中，今日尾盘的启动，预示着短线调整到位。此时投资者可以短线买入，待股价一旦走软即可进行卖出操作。

（二）临收盘时拉升

在个股的尾盘走势中，经常出现临收盘才开始大幅拉升的情况。这种拉升持续的时间太短，因此无法评价股价走势的真正强度。在这种情况下，如果短线投资者急于入场追涨，那么将承担较大的市场风险。

图1—25是多伦股份（600696）在2011年10月13日的分时走势图。该股在收盘前10分钟突然启动，成交放大。此时短线投资者不要急于入场，应视下一个交易日的走势强度，来决定是否短线介入。

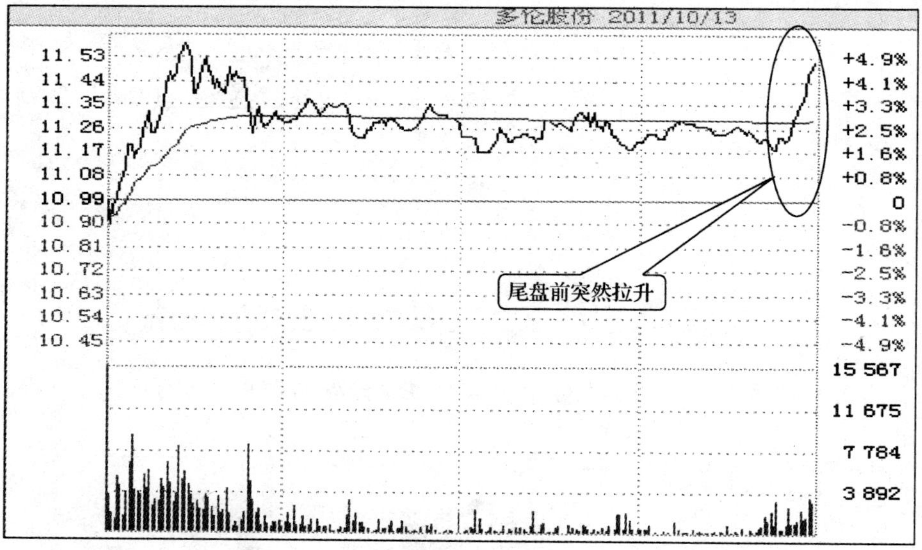

图1—25　多伦股份（600696）分时走势（2011. 10. 13）

投资者从图1—26中可以看到，多伦股份在尾市拉升后的第二个交易日，全天走势疲软，且K线形成孕育形态，表明下跌动能较强。投资者不宜介入。

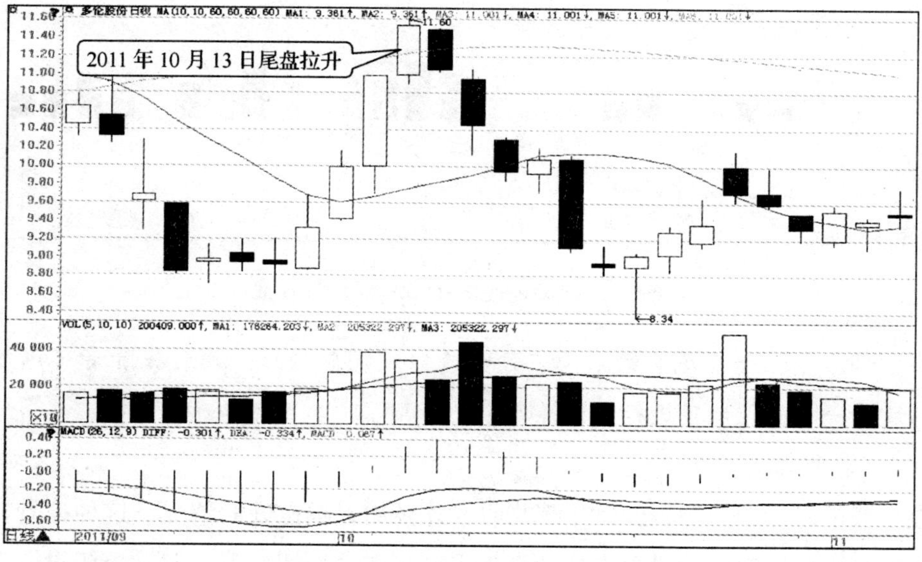

图1—26　多伦股份（600696）日K线

二、砸尾盘

尾盘下跌，也分为两点半开始下跌和临收盘才下跌两种情形。一般情况下，尾盘下跌有可能是主力利用尾市突击打压出货，也有可能是主力在打压洗盘。不过不管哪种情形，投资者都不要急于参与。因为即便是主力在打压洗盘，那么第二个交易日往往还有低点出现。

图 1—27 是登海种业（002041）2011 年 6 月 20 日的分时走势图。该股在当天的大部分时间里，都在均价线下方震荡，走势为弱势。下午两点左右，股价突然向上升然后又快速下跌，被打压至当天的最低位置。投资者观察下跌过程中的放量情况，可以发现成交并没有明显放大。

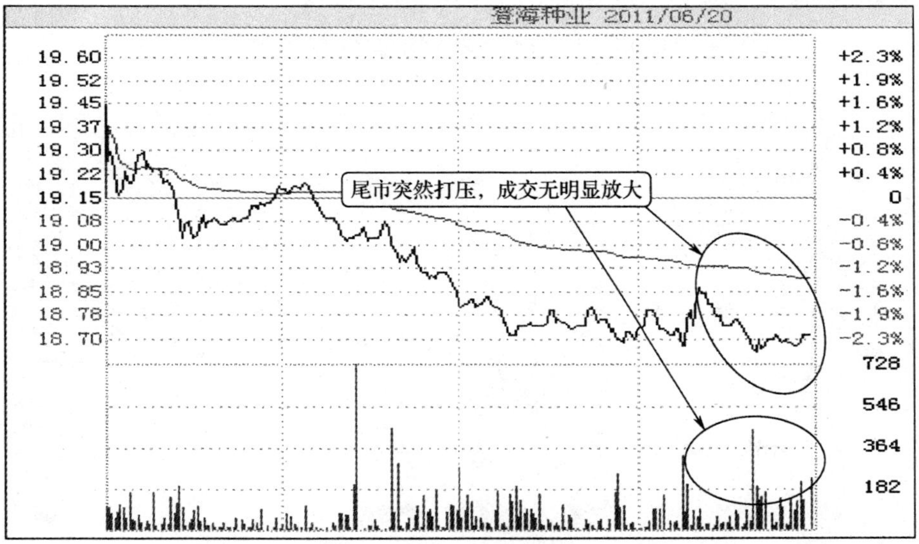

图 1—27 登海种业（002041）分时走势（2011. 06. 20）

投资者再观察该股近期的 K 线走势（如图 1—28 所示），可以发现此时该股自低点回升的幅度并不大。综合以上分析，主力利用尾市打压洗盘的可能性较大。投资者可保持密切关注，不必急于介入。尾盘打压后的下一个交易日，登海种业盘中继续下跌，午后开始回升，最终收出一根带有长下影线的小阴线。

不过对于短线投资者而言，最合适的买入时机应该在 6 月 21 日，即尾盘打压后的第二个交易日。如图 1—29 所示，当日该股一直保持在均价线上方运行，尾盘出现了价量齐升的拉升走势。此时短期内调整结束，开始上涨的态势已经初步明朗，是短线买入的好时机。

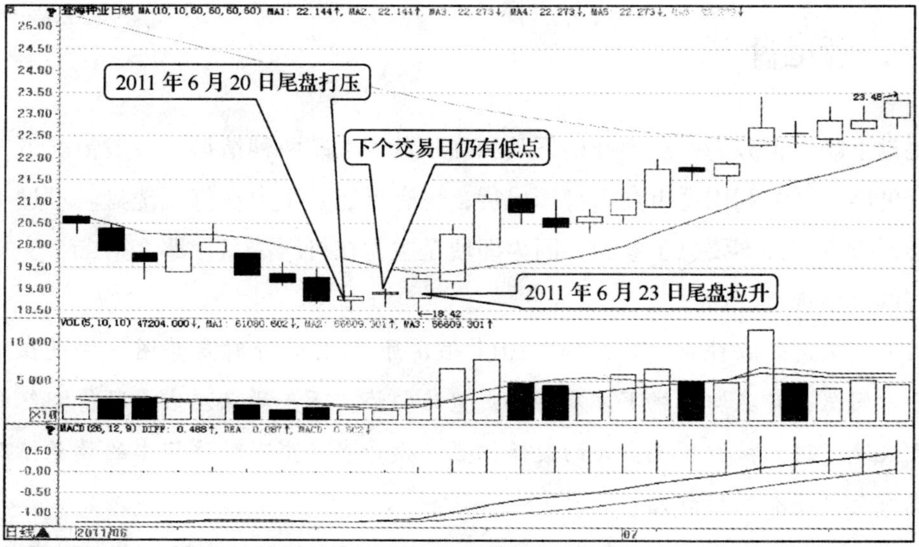

图 1—28　登海种业（002041）日 K 线

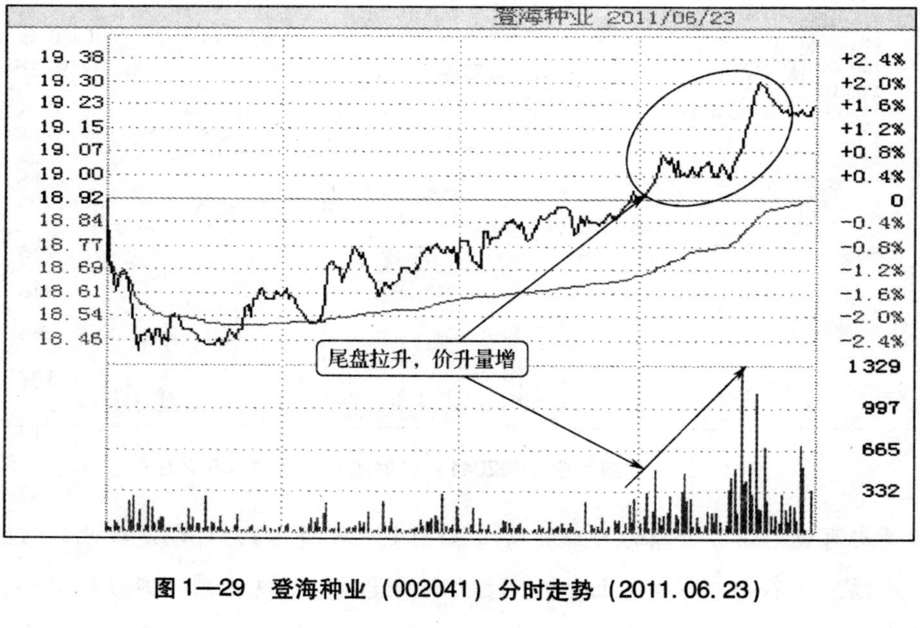

图 1—29　登海种业（002041）分时走势（2011. 06. 23）

第五节　分时图的看盘技巧

一、利用均价线看走势强弱

在判断个股盘中走势强弱时，均价线有着非常重要的参考意义。在本书上面的内容中已经提到了利用均价线判断走势强弱的一些方法，下面我们再深入地介绍一下这一技巧。

（一）均价线的实战看点

均价线表示的是当天买入股票的所有投资者的平均成本。当股价在均价线上方运行时，表示当天买入的大多数投资者都处于赢利状态；当股价在均价线下方运行时，表示当天买入的大多数投资者都处于亏损状态。

让大多数人都处于赢利状态的行情，无疑是强势行情；而让大多数人都处于套牢状态的行情，无疑是弱势行情。因此均价线就可以作为投资者判断当日走势强弱的一个重要参考。

从主力运作的角度分析，如果主力在当天的运作中，以拉升为主，那么它往往不会让股价跌破均价线，防止其他投资者低位买入；如果主力在当天的运作中，以出货或者打压为主，那么它往往不会让股价涨至均价线上方，防止其他投资者高位卖出。因此均价线就会对股价的运行产生支撑或者阻力的作用。

当股价在均价线上方运行时，均价线对股价会产生支撑作用；当股价在均价线下方运行时，均价线对股价会产生阻力作用。

（二）从均价线看走势强弱

当股价能够保持在均价线上方，回落时不跌破均价线，就说明当天股价的走势强劲，同时也预示着短期内继续走强的概率较大，投资者可以短线买入；当股价跌破均价线后，无法重新回到均价线上方，或者当天一直在均价线下方运行，就说明股价走势疲弱，同时也预示着股价在短期内继续低迷的概率较大，投资者应保持观望，短线不宜买入。

图 1—30 是北巴传媒（600386）在 2011 年 3 月 11 日的分时走势图。投资者可以

看到，2011年3月11日，北巴传媒股价始终保持在均价线上方，上午10点半之后虽然有所回落，但在均价线处获得支撑。午后继续上扬，逐步脱离均价线，收盘价几乎是全天的最高价。这一切都是强势的表现，短线投资者可以在盘中逐步买入。

图1—31是北巴传媒（600386）在2011年3月28日的分时走势图。当天该股在午后跌破均价线，并在随后的两次回升中始终无法收复均价线，走势出现转弱迹象。此时投资者应提高警惕，如果后市这种转弱趋势仍没有得到扭转，那么就需要把握短线卖出时机。

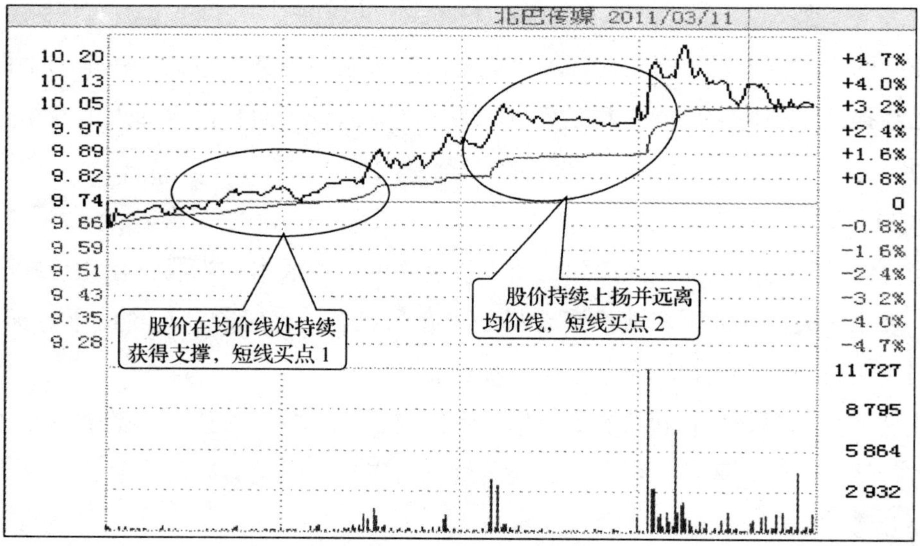

图1—30　北巴传媒（600386）分时走势（2011.03.11）

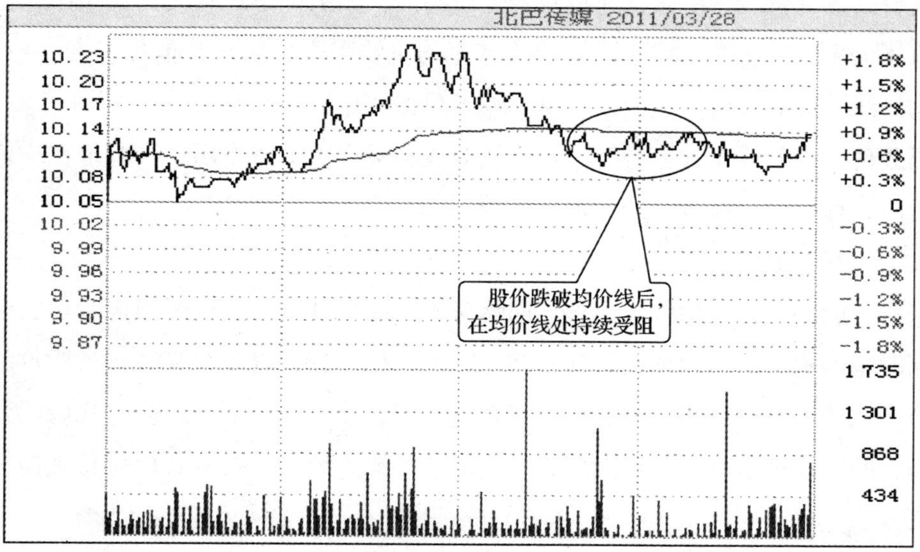

图1—31　北巴传媒（600386）分时走势（2011.03.28）

图 1—32 是北巴传媒（600386）在 2011 年 3 月 30 日的分时走势图。当天该股开盘后持续走低，并且在整个交易日内，股价始终受到均价线的压制，几次回升均无法突破均价线。弱势特征非常明显，投资者应注意持币观望。

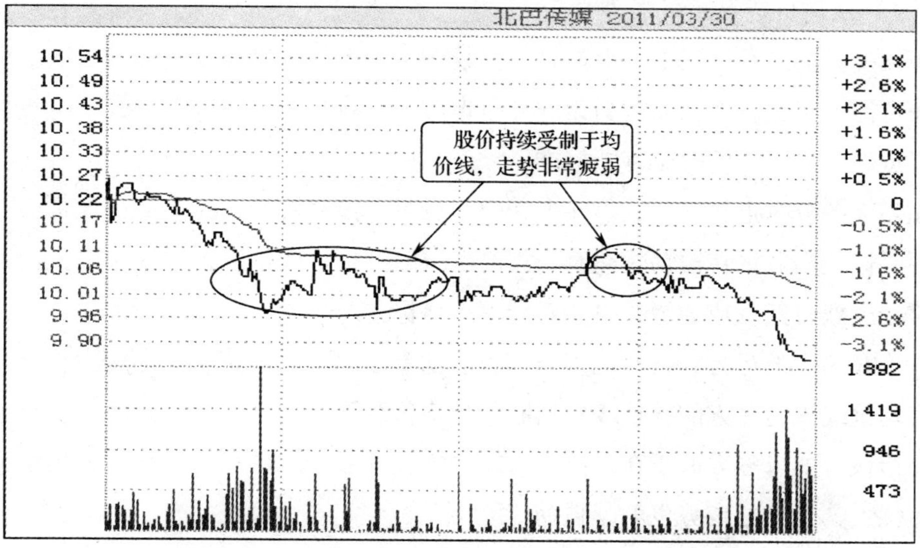

图 1—32 北巴传媒（600386）分时走势（2011. 03. 30）

图 1—33 是北巴传媒（600386）3 月和 4 月的走势。投资者可以看出，3 月 11 日的分时走势最强，后续三个交易日内股价持续上涨；3 月 28 日的走势较弱，之后股价

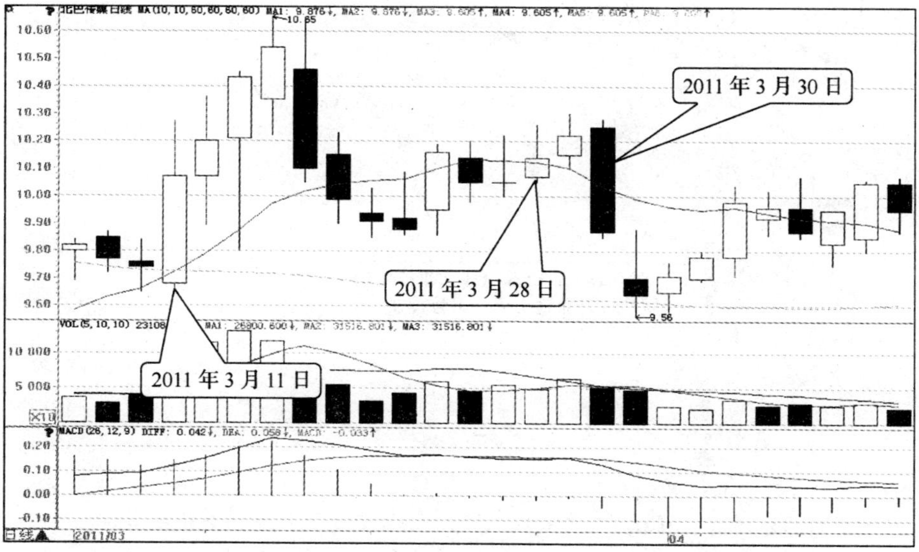

图 1—33 北巴传媒（600386）日 K 线

略有冲高后即开始回落；3月30日走势最弱，股价大幅杀跌，次日股价跳空低开，表明下跌动能较为强劲。从4月开始，股价略有反弹，如果反弹不能收复3月30日的大阴线，则投资者不要轻易买入股票。

（三）从均价线看超级强势股

短线交易的品种，其走势自然是越强越好。当天的走势越强，那么后续继续保持强势的可能就越大。怎么通过当天的分时走势，寻找超级强势股呢？股价与均价线的距离远近，就是其中的一个判断标准。

在当天的分时走势中，股价在上涨中很少有直接涨停的，在中途往往都会有震荡休整的时候。当股价在震荡休整时，震荡区域距离均价线越远，就说明当天的走势越强，这个股票自然就成为短线投资者的首选目标。

股价在盘中的运行，就好比多空双方在进行交战。当股价在均价线上方运行时，可以将均价线视为多方的补给线；当股价在均价线下方运行时，可以将均价线视为空方的补给线。如果多方敢于在远离补给线的情况下和空方作战，那么多方的信心和实力必然强大，当天的走势也就越强劲。

图1—34、图1—35分别是南京化纤（600889）在2011年3月4日和23日的分时走势图。在这两个交易日，南京化纤都出现了盘中的震荡攀升，都是在尾盘加速上涨，当天的上涨都是经过一段时间调整后的第一次启动。不过如果投资者仔细观察股价和均价线的距离，可以发现这两天走势的一个不同之处。

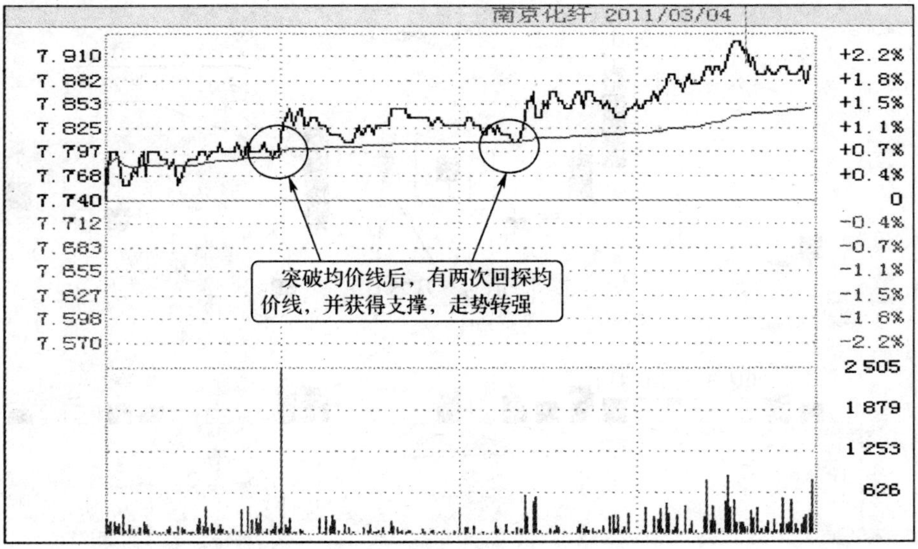

图1—34　南京化纤（600889）分时走势（2011.03.04）

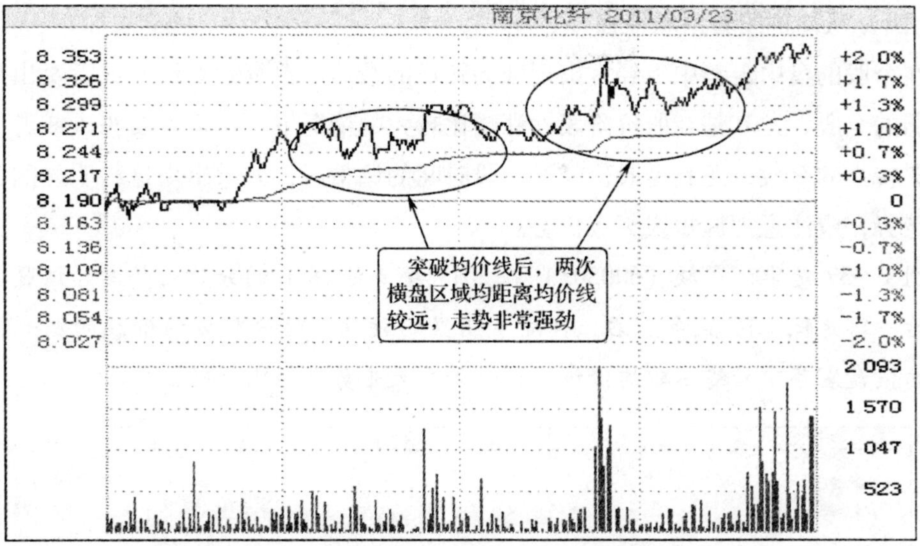

图 1—35 南京化纤（600889）分时走势（2011.03.23）

3 月 4 日的分时走势中，股价在突破均价线之后，有两次对均价线的回踩，并在均价线处获得支撑。而在 3 月 23 日的分时走势中，股价在突破均价线后，两次横盘震荡的区域，均发生在距离均价线较远的位置。那么毫无疑问，23 日的走势更加强劲。

从图 1—36 中，投资者可以看到，3 月 4 日后，南京化纤连续小幅上涨三日后，股价出现横盘调整走势。而在 3 月 23 日后，南京化纤开始连拉三个涨停板。这种走势上的巨大区别，在启动当天股价与均价线的距离中就可以看出端倪。短线投资者应该积极介入这种超级强势股。

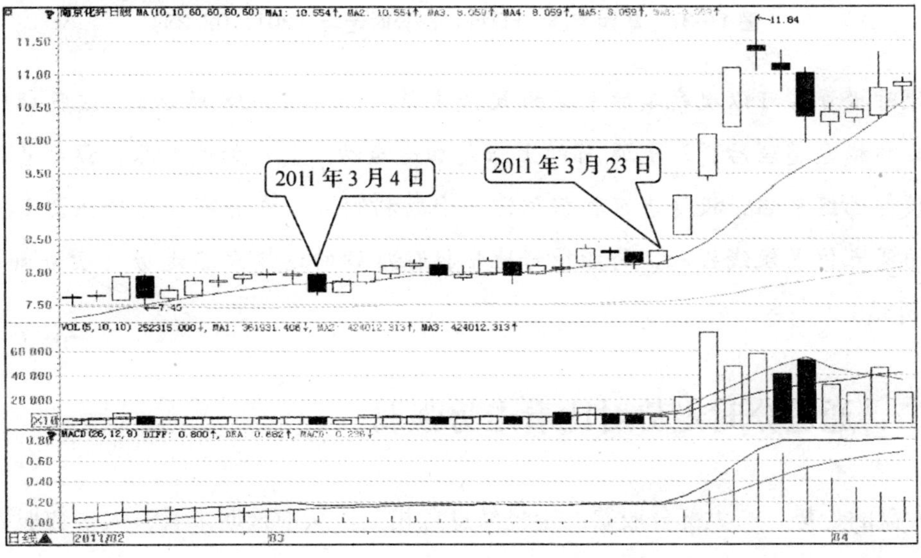

图 1—36 南京化纤（600889）日 K 线

（四）从均价线看由弱转强

在个股的盘中走势中，经常出现强弱转换的情形。投资者要回避或者卖出那些由强转弱的个股，尤其是在股价阶段性涨幅比较大的情况下。投资者要买入或者关注那些由弱转强的个股，尤其是股价经过一段时间的调整后，如果出现这种明显的由弱转强的走势，应注意把握短线买入机会。

图1—37是华丽家族（600503）在2011年2月28日的分时走势图。该股在当天高开后一路走低，10点半左右，伴随着明显的放量，股价突破均价线的压制，并在随后的横盘震荡中始终不破均价线，预示着当天走势已经由弱转强。

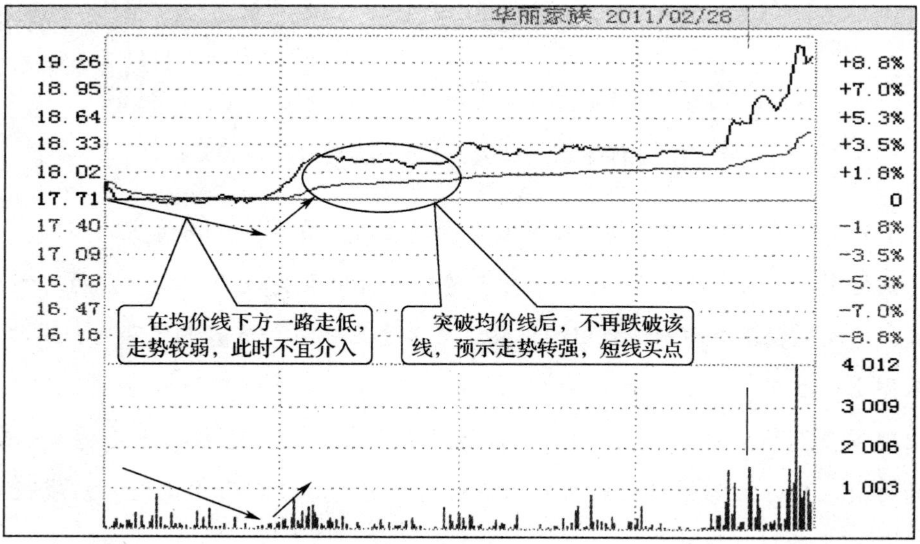

图1—37　华丽家族（600503）分时走势（2011.02.28）

此时投资者可以观察华丽家族的K线走势（如图1—38所示），该股经过5个交易日的横盘整理后，2月28日的上涨是加速启动。盘中加速上涨，预示着该股阶段性顶部已经来临，投资者可把握住这一小段利润。投资者可以选择在图1—38中所示的买点位置短线买入，将能很好地把握住后续的连续大涨走势（卖点如图1—38中所示）。

二、通过分时走势对比看走势强弱

大盘的走势，与大部分股票的走势都息息相关。从中长期来看，大多数股票的走势，都与大盘走势基本保持一致。但是就短期而言，有不少股票的走势与大盘并不同

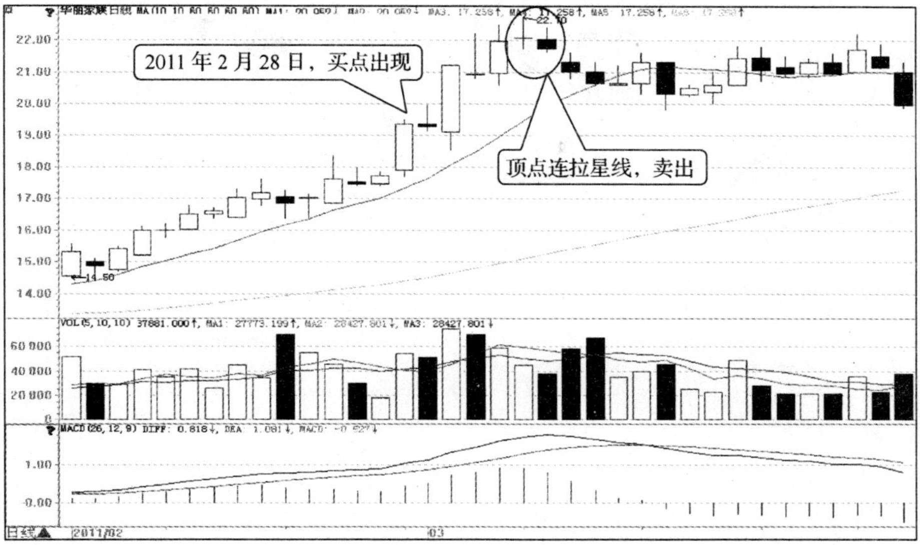

图 1—38 华丽家族（600503）日 K 线

步。走势强于大盘的股票，意味着在短期内其走势也要比大多数股票强，这类股票自然就是短期的强势股；而走势弱于大盘的股票，意味着也要比大多数股票的走势弱，这类股票自然就是弱势股。

因此投资者可以将大盘的分时走势作为参照物，将个股走势与之进行对比。那些走势强于大盘的股票，就是短线交易的首选目标。

在绝大多数炒股软件中，都可以将个股的盘中走势与相应的大盘指数的盘中走势进行叠加，例如，沪市个股可以选择上证综指进行走势叠加，这样就可以非常直观地进行走势对比，一目了然地判断当天走势的强弱。

图 1—39、图 1—40 分别是 2011 年 10 月 24 日浙报传媒（600633）、ST 博元（600656）这两只股票与上证综指的盘中走势对比。投资者可以很直观地发现，ST 博元的走势远远落后于上证综指的走势。尤其是刚开盘时，上证综指快速上涨，而 ST 博元则快速下跌。短线投资者选择交易品种时，应注意规避这种弱势股。

而浙报传媒的走势则远远强于大盘。下午开盘后该股加速上涨，不仅上涨幅度、上涨速度均超过大盘，而且该股股价能够在远离均价线的位置横盘震荡，更加确认了这种强势特征。最后强势上涨，幅度很大。如果短线投资者入场的话，这只股票自然是首选品种。

从 2011 年 10 月 24 日之后的 K 线走势中，投资者也可以看出这种强弱的区别。ST 博元持续走弱，而浙报传媒则持续走强，如图 1—41、图 1—42 所示。

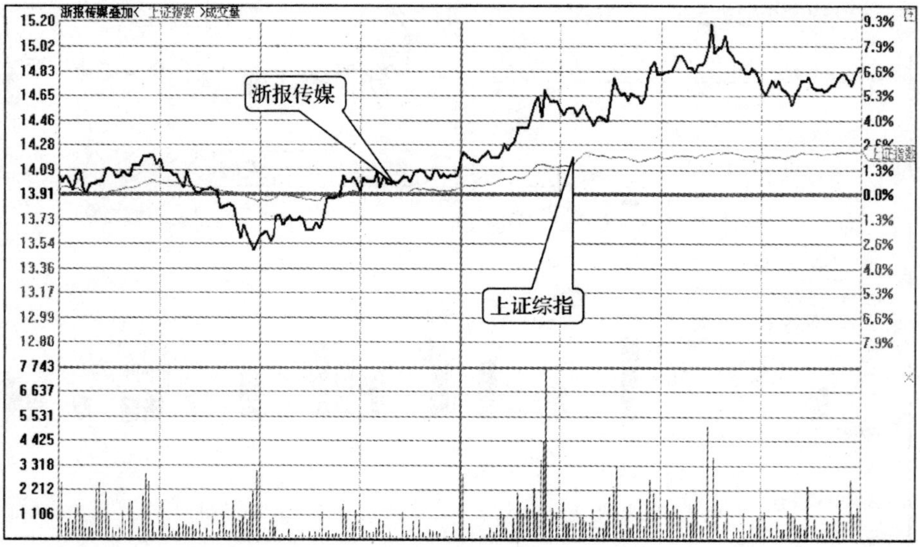

图 1—39　浙报传媒（600633）与上证综指分时走势对比（2011. 10. 24）

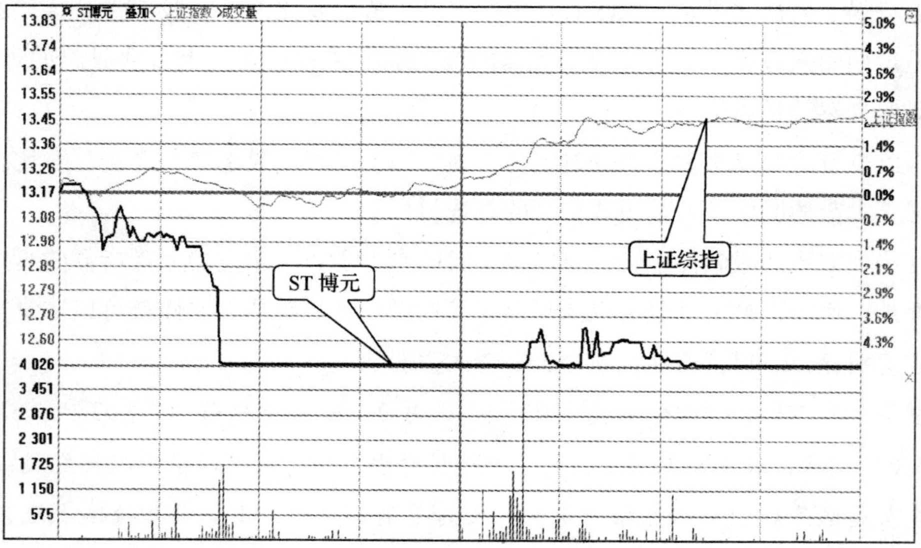

图 1—40　ST 博元（600656）与上证综指分时走势对比（2011. 10. 24）

三、从分时图中看形态买点

指数和个股的分时走势固然千变万化，难以捉摸，但是在不少时候，也会呈现一定的形态特征。此时投资者可以根据这些形态，把握盘中分时走势的买卖点。

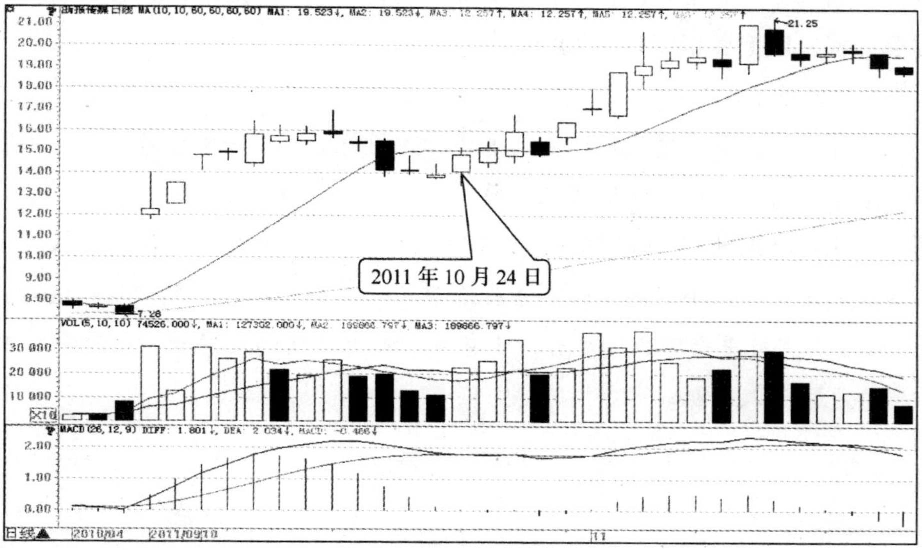

图 1—41　浙报传媒（600633）日 K 线

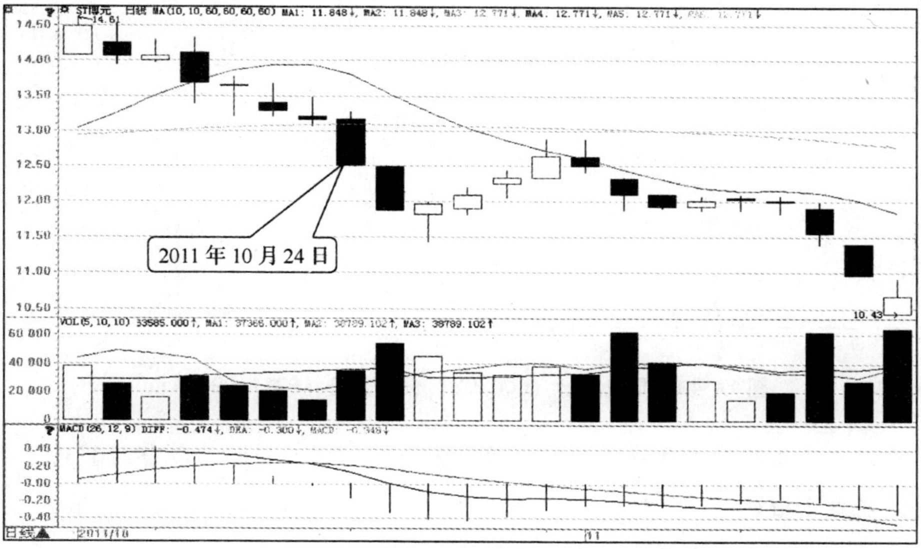

图 1—42　ST 博元（600656）日 K 线

这里介绍两个比较常见的盘中分时买点：

买点 1：双底形态买点

很多投资者都知道，底部形态有双底、三重底、V 形底等。当股价突破这些底部形态的有效位置时，就是买入时机。在本书后面的章节中，会详细介绍这些形态特征和买点选择。

股价在当天盘中的走势，有时也会呈现这些底部形态，如果投资者能够及时发现这些形态，就可以把握相应的买入时机。

买点 2：突破平台买点

股价在盘中经常会出现横盘震荡的走势，此时就形成了一个整理平台。当股价突破这个整理平台时，往往会构成买入时机。

图 1—43 是曙光股份（600303）在 2011 年 9 月 14 日的分时走势图。投资者可以看到，该股构筑了一个小震荡平台，当股价形成一个 V 形底，并突破均价线时，买点 1 出现。该股在突破平台下边线之后，还有一个对上边线的回踩动作，这种突破后的回踩，同样也是买入时机。

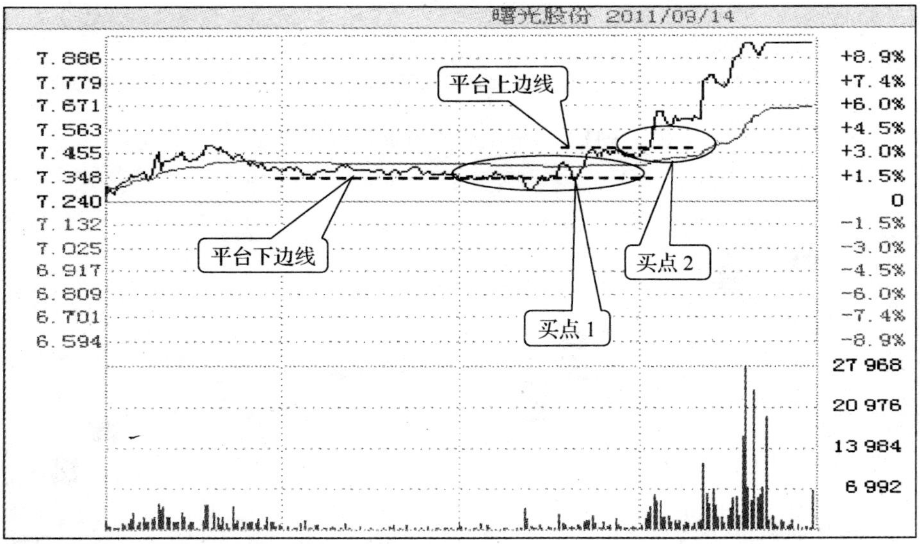

图 1—43 曙光股份（600303）分时走势（2011. 09. 14）

随后该股远离均价线并在受到压力后徘徊一段时间，当股价放量后突破了平台的上边线，买点 2 出现。

该股在随后的 5 个交易日内涨幅超过 20%，如图 1—44 所示。

注意：短线买点，需要买在向上趋势得到确认的时候。投资者不用急于逢低就买，而是应该耐心等待，当价短期上涨趋势基本明确时，投资者再入场也不迟。

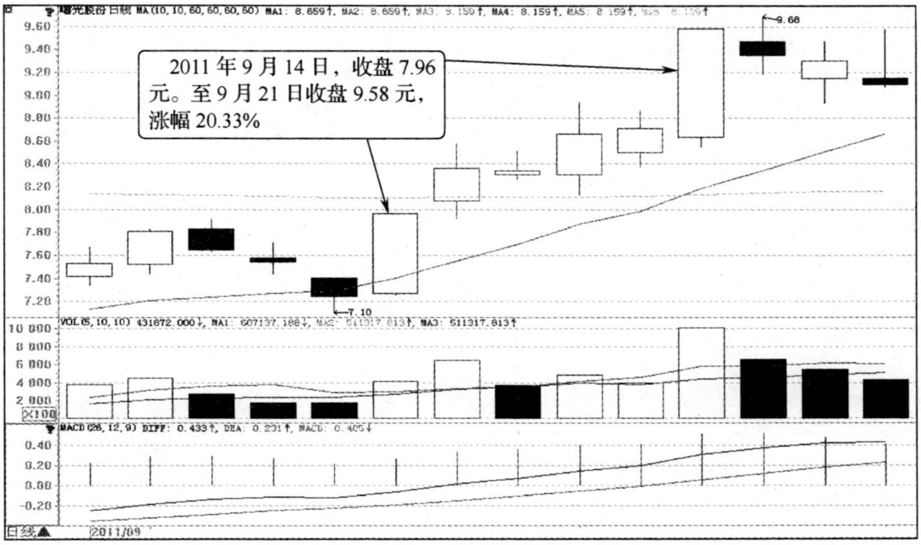

图 1—44　曙光股份（600303）日 K 线

第二章

看懂 K 线语言

第一节 单根K线的看点

K线图，也称“蜡烛图”，是目前国内证券、期货市场上使用最广泛的价格信息载体。能够看懂K线图，并能熟练地使用K线分析技术，是技术分析投资者的一项重要技能。

K线以每个交易日（或分析周期）的开盘价、最高价、最低价和收盘价绘制而成。例如，周K线以本周第一个交易日的开盘价作为周K线开盘价，以本周最后一个交易日的收盘价作为周K线的收盘价，本周的最高价作为周K线的最高价，本周的最低价作为周K线的最低价。其他诸如月K线、年K线均以此类推。

K线的颜色表示了当天的涨跌。在我国，红色K线表示当天的收盘价高于开盘价，即今日出现上涨，称为“阳线”；绿色K线表示当天的收盘价低于开盘价，即今日出现下跌，称为“阴线”。

图2—1是阳线和阴线的示意图。阳线实体部分的下边线代表开盘价，上边线代表收盘价；阴线则相反，上边线代表开盘价，下边线代表收盘价。实体的长度代表股价当天的涨跌幅度，实体越长，说明当天的涨跌幅越大。

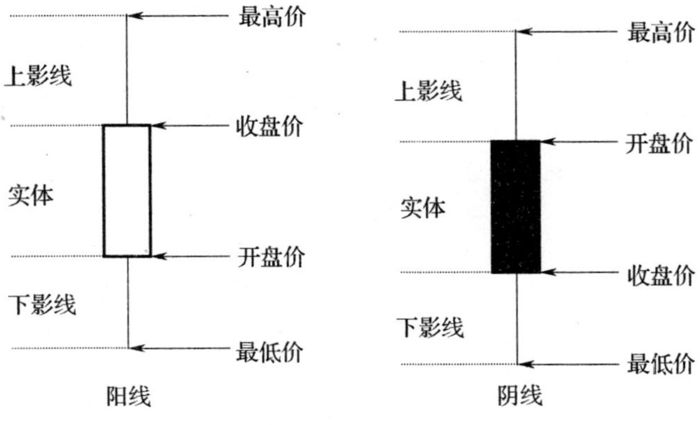

图2—1 K线组成

处于K线实体上方的影线，称为“上影线”，其最顶端代表当日的最高价；处于K线实体下方的影线，称为“下影线”，其最低端代表当日的最低价。上下影线的长度代表了当天股价运动的整体波幅。没有上影线的K线，称为“光头”K线；没有下影线的K线，称为“光脚”K线；既没有上影线，也没有下影线的K线，称为“光头光脚”K线。

投资者需要注意的是，K线中最重要的部分是实体部分。实体代表了实质性的价格变化，而影线仅仅代表了附属性的价格变动，其重要性要低于实体。

第二节　单根K线的买卖看点

实战中，K线分析中有一个特点，就是包含的K线数量越多，其涨跌信号的可靠性就越强。两到三根K线组成K线组合，多个K线组合又组成了某个大的K线形态。那么K线组合的信号强度就大于单根K线，而某个大的K线形态的信号可靠性又大于某个K线组合。

另外，包含的K线数量越多，发出的信号所代表的周期越长。例如，一个大的K线形态，其发出的信号常常具有中长期意义，而单个K线或者两三根K线的组合，其发出的信号往往只有短期含义。

下面介绍几个比较典型的、涨跌含义比较强烈的单根K线形态。另外，下面所说的涨跌与反转，指的都是短线的涨跌与反转。

一、光头光脚大阳线

在一个交易日，如果股价收出一根阳线，同时其实体很长，而上影线或者下影线则较短的话，那么这根阳线一般就称为“大阳线”。如果这根大阳线没有上、下影线，就称为“光头光脚大阳线”。

这种K线形态表明多方彻底控制了当天的局势，在与空方的作战中取得完胜。强烈的涨势往往预示着短期内股价仍将继续上涨，尤其是股价经过一定的筑底过程之后，这种形态的看涨含义就更加强烈。如果在股价的阶段性涨幅较大的情况下出现，往往预示着短期涨势很可能进入最后的疯狂，也就是尾声阶段，投资者需要保持一定的警惕。

图2—2中，香江控股（600162）从2011年10月13日开始，在11个交易日内出现了3个大阳线，在图2—2中分别以“K线1”“K线2”“K线3”表示。K线1出现后，股价继续上涨。而K线2出现后，此时该股在短期内的涨幅已经超过20%，股价很快进入了一个调整走势。当K线3出现后，股价涨幅已达30%，该股处于高位，投资者应尽快卖出股票。

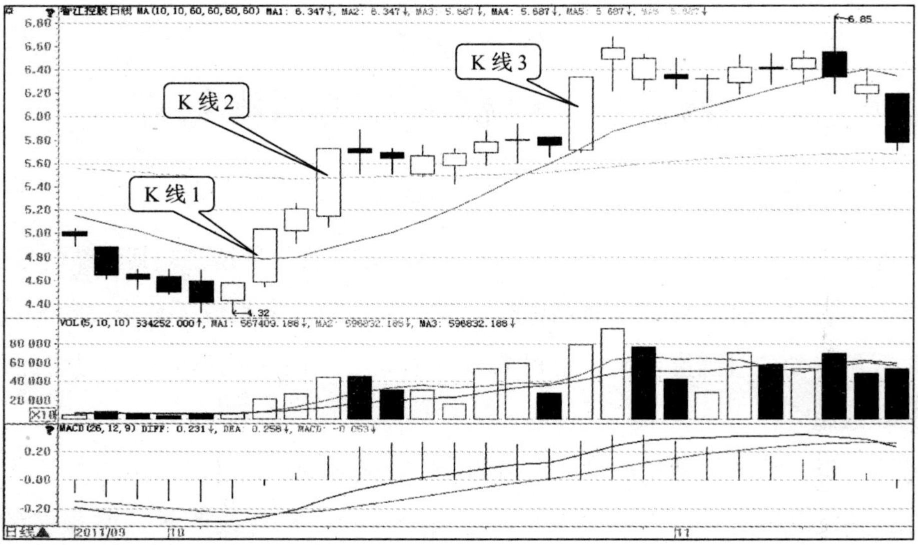

图2—2　光头光脚大阳线

二、光头光脚大阴线

如果在某个交易日，股价收出一根阴线，同时其实体很长，而上影线或者下影线则较短的话，那么这根阴线一般就称为“大阴线”。如果这根大阴线没有上、下影线，就称为“光头光脚大阴线”。

这种K线形态，表明空方彻底控制了当天的走势，在当天的作战中取得完胜。猛烈的跌势往往预示着短期内股价仍将继续下跌，如果在股价的阶段性涨幅较大、股价上涨乏力的情况下出现，这种下跌信号会更为强烈。不过，当股价已经出现较大的阶段性跌幅之后，出现这种K线形态，往往预示着短期跌势很可能进入尾声阶段，股价随时都可能会出现反弹。

图2—3中，东睦股份（600114）在2011年9月底进入调整走势，在整个调整过程中，共出现3个大阴线，图2—3中分别以“K线1”“K线2”“K线3”表示。K线1出现在下跌初期，预示着股价仍将继续下跌。当K线2和K线3出现时，股价阶段性的跌幅已经较大，此时的大阴线预示着空方的打压很可能进入最后的疯狂阶段，也就是下跌的尾声。在K线3出现后，股价出现了连续的反弹走势。

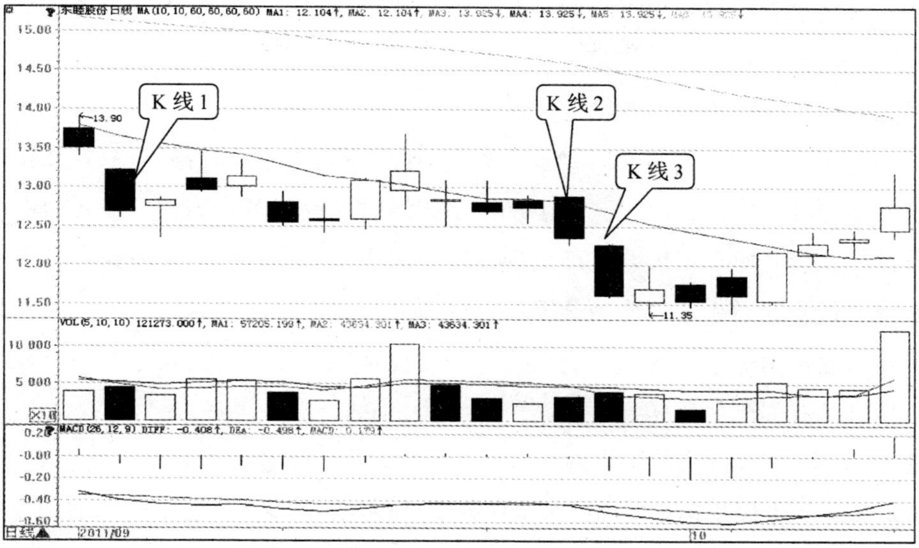

图2—3 光头光脚大阴线

三、十字星线

如果在某个交易日，收盘价和开盘价完全相同，K线形态只有上下影线，而没有实体部分，非常像一个“十”字，这个K线形态就称为“十字线”。如果收盘价与开盘价的差距很小，也就是说K线的实体部分很小，那么仍然可以近似地认为这是个十字线形态。

十字线的出现，表明当天市场中多空双方处于势均力敌的状态，或者双方均处于犹豫不决之中。如果市场此前处于单边的上涨或者下跌行情之中，这种势均力敌或者犹豫不决的情形表明力量对比正在发生变化，预示着股价即将发生转折。

运用十字线判断市场是否反转，需要注意以下几个问题：

第一，十字线的颜色不具有信号含义。

不论是阳十字星，还是阴十字星，其信号含义并没有区别，在这一点上，与大阳线、大阴线并不相同。

第二，在单边行情后出现十字线，其反转信号更加可靠。

由于十字线代表着多空双方处于一种暂时的均衡状态，那么在单边上涨或下跌后，出现十字线形态，就说明股价从前期的不均衡状态转为均衡状态，状态的改变预示着股价运行方向也将发生改变。

如果在横盘震荡走势中出现十字线，由于此时股价本身就处于均衡状态，因此出现的十字线往往不具有信号意义。

第三，在上涨中更具有预警意义。

股价上涨就像走上坡路，需要多方提供源源不断的动力。当多空双方开始势均力敌，或者多方开始犹豫不决时，即出现十字线线时，说明多方的动力或者信心出现问题，股价往往会开始走下坡路，即出现反转。而股价下跌就像走下坡路，仅靠重力就可以实现下行，此时十字线作为预警信号的可靠性要低一些。

尤其当股价出现了较大幅度的上涨，同时技术指标处于超买状态时，出现十字线这种情形，具有强烈的反转意义。

图2—4中，长城电脑（000066）在2009年3月的横盘震荡中，频繁出现十字线，此时的形态不具备信号意义。该股在4月9日开始连续涨停，并于4月15日出现十字线形态。此时投资者观察RSI指标，可以发现当前股价已经处于严重的超买状态，此时的十字线具有比较强烈的反转意义。十字线之后，该股进入了一个短期调整走势。

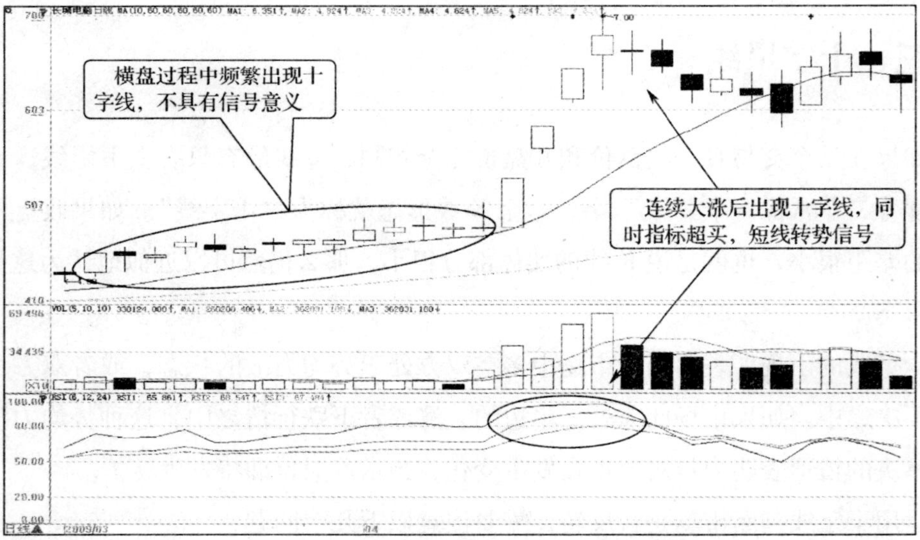

图2—4 长城电脑（000066）十字线形态

四、锤子线与吊颈线

在一波上涨或者下跌趋势中，如果某个交易日的K线，其下影线很长，没有上影线或者上影线很短，而K线的实体部分很短，同时实体处于当天价格的顶端位置，整体形状很像一个锤子形状，那么就说明当天多空双方的争夺非常激烈，趋势有出现转势的较大可能。

投资者可以从以下三个方面来识别这种锤子形状的 K 线：

第一，在整体趋势中，当日的 K 线实体应该处于趋势的末端位置。

第二，下影线较长，其长度应至少达到实体长度的 2 倍。

第三，没有上影线，或者上影线很短。

如果这种形态出现在下跌趋势中，就称为“锤子线”，有强烈的看涨含义；如果出现在上涨趋势中，就称为“吊颈线”，有强烈的看跌含义，如图 2—5 所示。

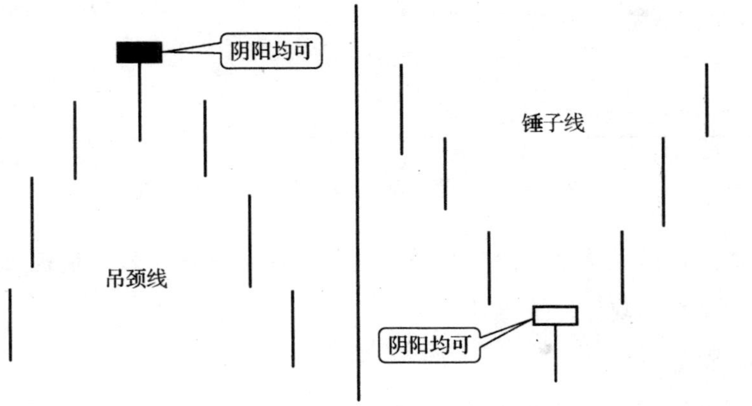

图 2—5　锤子线与吊颈线

投资者需要注意的是，无论是锤子线还是吊颈线，对其颜色并没有要求，无论阴线、阳线都可以。不过“阳锤子线”的看涨含义更强烈一些，而“阴吊颈线”的看跌含义更强烈一些。

（一）锤子线

投资者可以将锤子线理解为“用锤子砸出了底部”。当股价在一段下跌趋势中出现锤子线形态，说明当天虽然空方一度占据上风，将股价打压至较低水平，但是多方开始奋起反击，并且在收盘时将价格推高至当天的最高位置（或接近最高），这就意味着多方力量开始转强，而空方力量开始转弱，股价随时可能见底回升。

锤子线的下影线越长，实体部分越短，那么趋势反转的意味就越强。尤其当出现锤子线后，股价不再继续下跌，那么其反转信号的可信度大大加强，投资者可以积极把握买入机会。

图 2—6 中，江苏三友（002044）经过连续下跌后，于 2011 年 6 月 20 日出现先跌后涨走势，当天 K 线下影线长度超过实体长度 2 倍，同时没有上影线，构成了标准

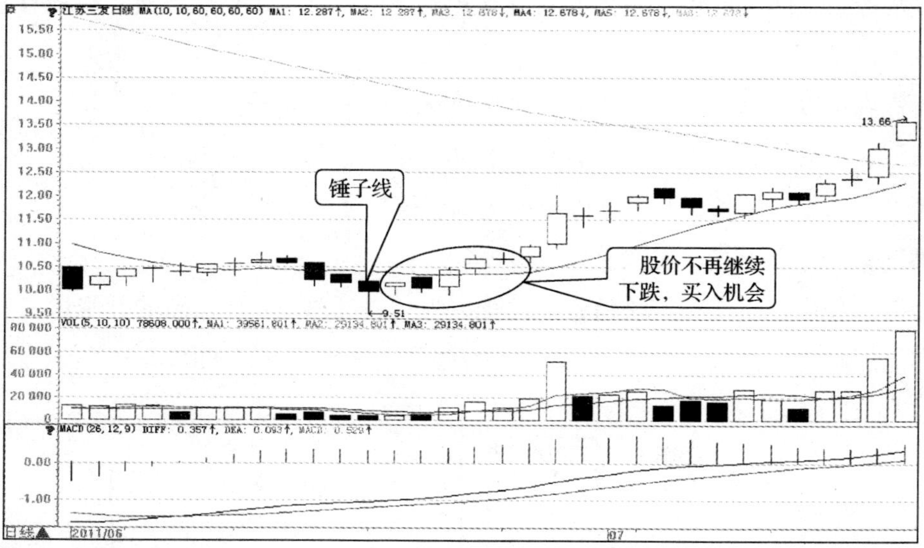

图 2—6　江苏三友（002044）锤子线形态

的锤子线形态。此时投资者可以保持高度关注。此后该股开始震荡筑底，股价不再继续下跌，买入机会出现。

（二）吊颈线

吊颈线这种形态，“就像一个人吊在绞刑架上一样”，投资者从名称上就可以直观地理解，这种形态具有强烈的看跌意味。在一段上涨趋势的末端出现这种形态，表明当天空方一度占据上方，但收盘时多方重新将股价推到高位。从这个过程中可以看出，当前空方已经开始转强，而多方颇有些力不从心的感觉，股价随时可能反转下跌。

与锤子线相同，吊颈线的下影线越长，实体部分越短，那么看跌的意味就越强。当实体部分非常小（甚至成为一条直线），即收盘价与开盘价非常接近时，此时吊颈线的形态非常像一个图钉，其看跌意味也是最为强烈的。

在一段上升趋势中出现吊颈线形态时，反转信号出现，投资者需要保持高度警惕，不过此时可以不必急于卖出。如果在吊颈线的下一个交易日，其收盘价低于吊颈线的收盘价，表明此前吊颈线的看跌信号得到了验证，投资者此时可以卖出离场。

图 2—7 中，粤高速 A（000429）在连续上涨后，于 2010 年 11 月 8 日出现先跌后涨的走势，其收盘价略高于开盘价，下影线较长，同时这根 K 线出现在一段上涨趋势的末端，形成吊颈线形态。第四个交易日，即 11 月 12 日，粤高速 A 跌幅高达

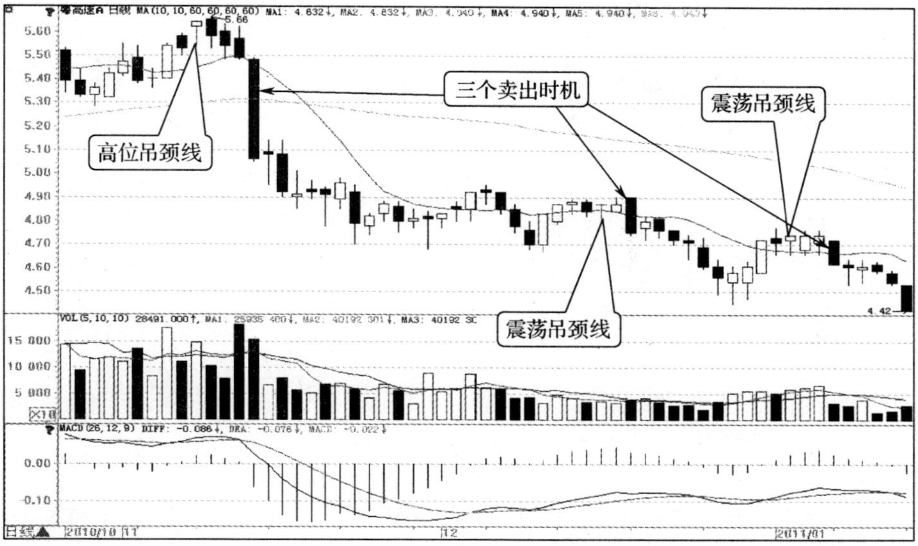

图 2—7 粤高速 A（000429）吊颈线形态

7.83%，卖出时机出现。

此后的下跌过程中，粤高速 A 进入中期震荡整理中，但于 12 月 16 日再一次出现吊颈线形态，并在第二个交易日中继续下跌，此为投资者的第二个卖出时机。最后在 2011 年 1 月 5 日，再次出现的吊颈线形态为第三次卖出时机。

五、射击之星与倒锤子线

有时 K 线形态上，会出现与锤子线完全相反的形态。其上影线很长，而下影线很短或者没有，同时 K 线的实体部分很短。这种 K 线形态，好像把“锤子线”倒过来一样，投资者可从以下三个方面进行识别：

第一，在整体趋势中，当日的 K 线实体应该处于趋势的末端位置。

第二，上影线较长，其长度应至少达到实体长度的 2 倍。

第三，没有下影线，或者下影线很短。

这种形态，如果出现在一段上涨趋势中，称为“射击之星”；如果出现在一段下跌趋势中，称为“倒锤子线”，如图 2—8 所示。

与锤子线和吊颈线相同，这种形态对 K 线的颜色并没有要求，无论阴线、阳线，都可以。

（一）射击之星

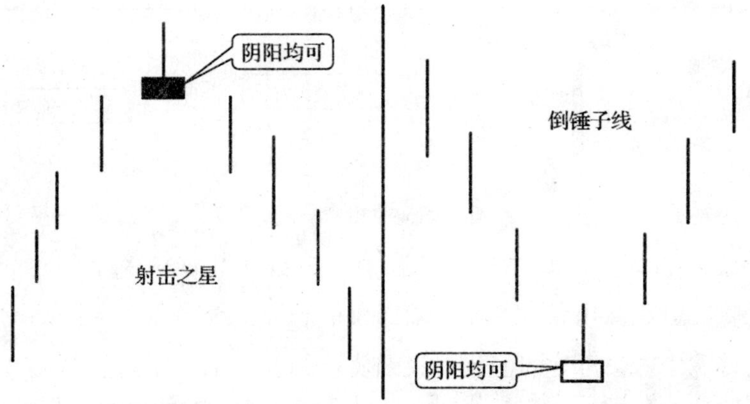

图2—8 射击之星与倒锤子线

在准备了相当长时间之后，射手终于将箭射出，也就意味着射击动作告一段落。因此从射击之星的名称中，投资者可以体会到看空的意味。

当某个交易日出现射击之星的形态时，意味着虽然当天多头一度占据上方，但是随着空头力量的转强，多方失去了当天的大部分战果，股价收在了当天的较低位置。由于这个形态出现在一段上升趋势中，因此空方的转强往往意味着行情可能将发生反转。

在射击之星的形态中虽然出现转势信号，但是投资者需要根据第二个交易日的走势来确定这个信号的可靠程度。如果第二个交易日股价走势疲软，那么证明转势信号可靠，投资者可以进行卖出操作。

图2—9中，有研硅股（600206）在连续上涨之后，于2011年07月18日出现冲高回落走势，上影线长度是实体部分的两倍，没有下影线，同时这根K线出现在一段上涨趋势的末端，符合射击之星的形态要求。投资者应保持高度警惕。

出现射击之星后的第三个交易日，股价跌破射击之星底点，卖出信号出现，投资者需把握卖出机会。在此后的多个交易日中，该股持续下跌。

（二）倒锤子线

倒锤子线，其形态与射击之星完全相同，不同之处在于，射击之星出现在一段上涨趋势的末端，而倒锤子线则出现在一段下跌趋势的末端。

倒锤子线的涨跌含义与锤子线完全相同，表明经过一段时间的下跌后，多方开始发动反击，不过空方仍然占据一定优势，股价收在当天的较低位置。

从倒锤子线的形成过程可以看出，这个形态具有一定的见底意味，但是强度不够，需要和其他反转信号进行相互佐证，才能证实股价是否真正见底反转。

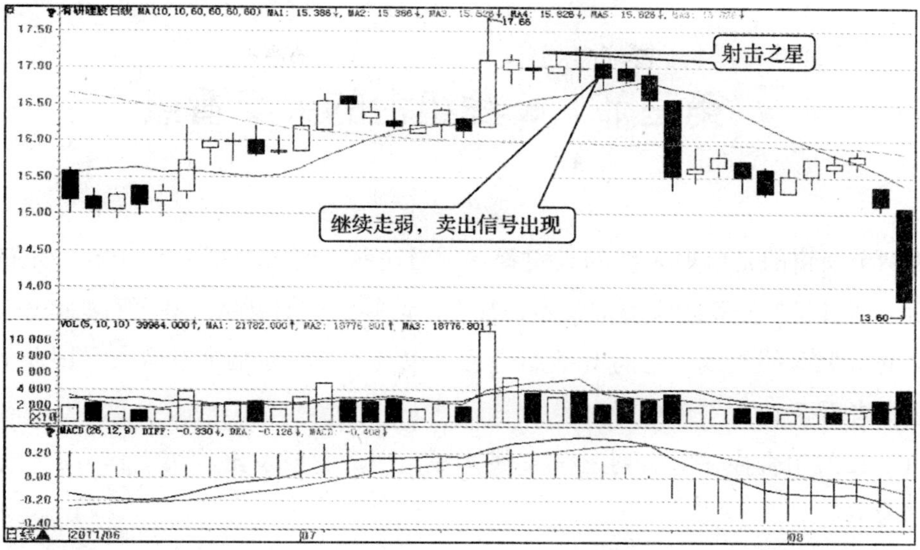

图 2—9　有研硅股（600206）射击之星形态

图 2—10 中，立思辰（300010）经过一段时间的下跌后，于 2010 年 2 月 1 日出现倒锤子线形态，发出反转信号。不过此时投资者不宜入场，而应耐心等待其他反转信号的出现。出现倒锤子线之后的第二个交易日，即 2 月 3 日，该股出现锤子线形态，再次发出见底反转信号。在锤子线出现后的 4 个交易日内，该股不再继续下跌，反转信号最终得到证实。此时投资者可以把握买入机会。

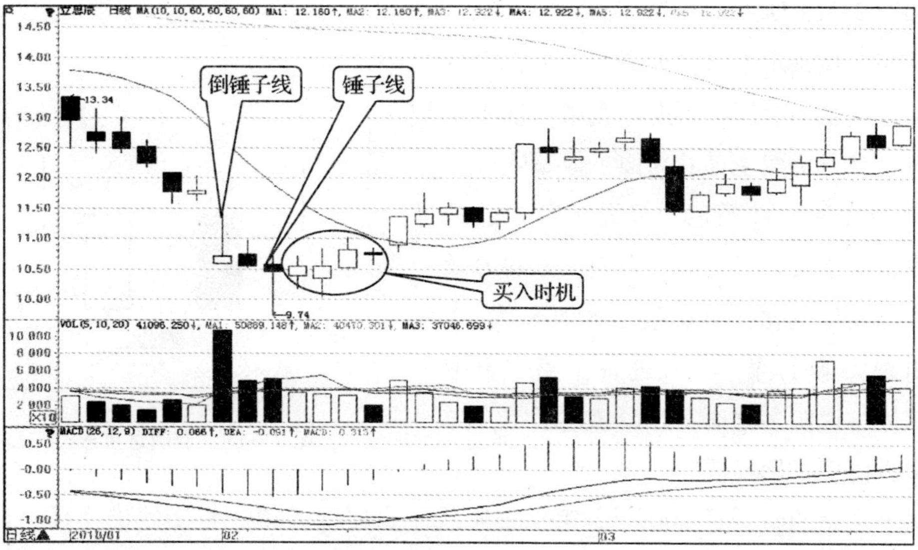

图 2—10　立思辰（300010）倒锤子线形态

第三节　K 线组合的买卖看点

前两节所讲的是单根 K 线的买卖看点。当这些不同的单根 K 线组成一定的 K 线组合后，所具备的涨跌含义更加强烈，其涨跌信号也更加可靠。甚至有些并不具有分析意义的单根 K 线组成一定的 K 线组合后，也具备了一定的涨跌含义。因此 K 线组合是投资者看 K 线的一个重要内容。

由于 K 线组合往往由两到三根 K 线构成，因此它所发出的买卖信号，仍然以短线信号为主。

一、启明之星与黄昏之星

（一）启明之星

启明之星形态是由三根 K 线组成。在一段下跌趋势中，先是出现一根实体较长的阴线，然后是一根实体较短的 K 线（或十字星），并且这两根 K 线的实体之间出现跳空情形。形态的最后是一根阳线，同时这根阳线的实体要进入第一根阴线的实体之内，如图 2—11 所示。

启明之星预示着即将天亮，从名称中可以看出，这是一个反转形态。在第一根阴线出现时，空方仍然主导着局面。但是随后的小 K 线，无论何种颜色，都说明空方已经无法再将价格大幅度打压，多空双方的力量对比开始发生变化。出现第三根阳 K 线时，市场出现大幅上涨，并且进入了第一根 K 线的实体，说明多方力量开始超过了空方力量，多方已经开始反攻。

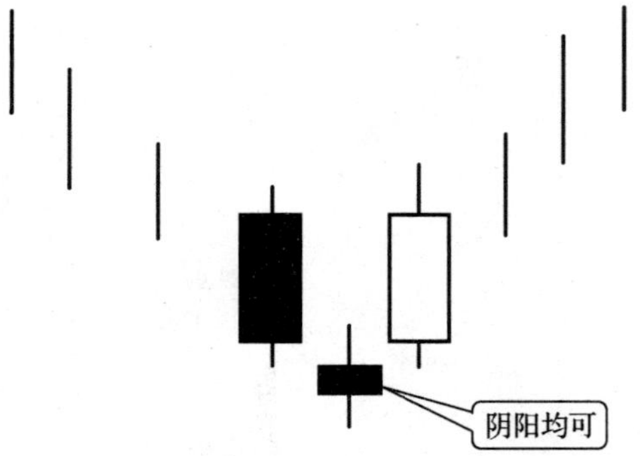

图 2—11　启明之星形态

这个形态的研判重点在于，第三根阳线一定要探入第一根阴线的实体，探入越多，说明多方力量越强大，反转的力度也将越大。有些时候，中间的小 K 线与第一根阴线之间没有跳空，这种形态也可以认为是一个近似的启明之星形态，只不过信号强度有所降低。

图2—12是长园集团（600525）在2009年下半年的走势图，投资者可以看到，该股在这段时间内共出现三个启明之星形态。

图2—12中启明之星1所示区域内，共包含三根K线。第一根大阴线后，出现了一个实体很短的小阴线，第三个交易日中股价跳空上涨，股价突入了第一根大阴线的实体部分。这三根K线构成了启明之星形态，预示着此前的下跌趋势结束。此后股价进入了一个小幅反弹周期。

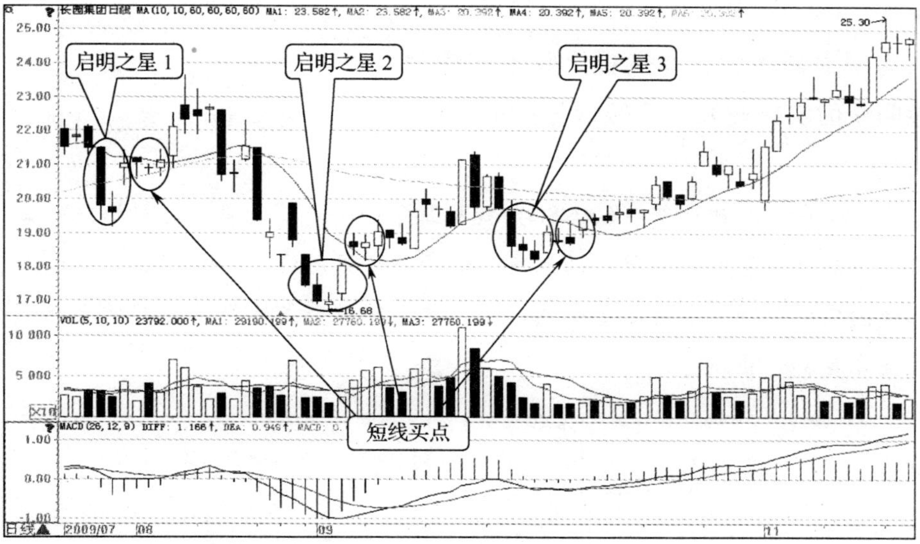

图2—12 长园集团（600525）启明星形态

图中启明之星2所示区域，是一个非常容易辨认的启明之星形态。阴线之后，出现一个十字星，随后的阳线将第一根阴线彻底吃掉。强劲的阳线，说明多方力量彻底超过空方。此后该股进入一个中期上涨波段，启明之星2成为了这个波段的起点位置。

图中启明之星3所示区域，是启明之星的一个变化形态。在这个变化形态中，中间部分包含了两根小实体的K线。数量的区别并不影响这个形态的信号含义。启明之星3结束了此前的短线调整，股价开始逐步攀升。

这三个启明之星形态出现后，如果股价不再继续下跌，那么就构成买入时机，如图中的买点所示的三个区域。

（二）黄昏之星

黄昏之星是启明之星的顶部对应形态。该形态同样由三根K线构成，第一根K线是一根阳线；随后是一根实体较小的K线；最后是一根阴线，其实体部分进入了第一根阳线的实体区域，如图 2—13 所示。

黄昏之星是一个看跌形态，预示着夜幕即将降临。形态的第一根阳线，说明多方正在掌控局面。但是随后的小 K 线却反映出多方并没有能够大幅度地扩大战果，多空双方力量对比开始发生变化。当第三根阴线出现时，进一步说明了空方开始占据优势，反转信号出现。

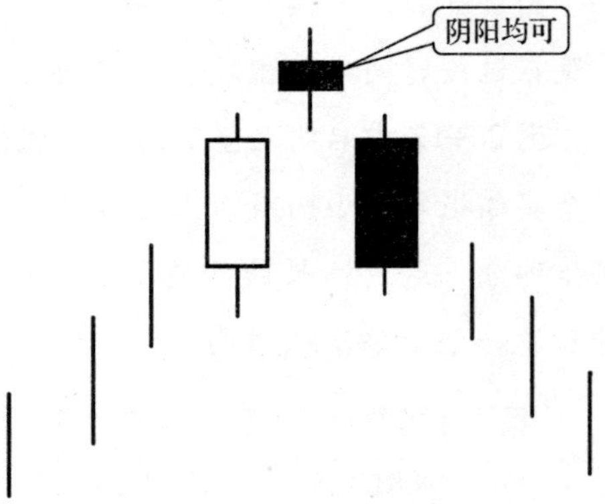

图 2—13　黄昏之星形态

与启明之星类似，在黄昏之星形态中，第三根阴线的实体越长，反转信号的可靠性就越高。

图 2—14 中，北矿磁材（600980）就构筑了一个典型的黄昏之星形态。先是一根大阳线，然后是跳空的实体很小的阳线，最后是一根阴线，并且阴线实体进入了第一根大阳线的实体范围，黄昏之星形态成立。这个反转形态终结了此前的上涨趋势，投资者应注意把握卖出机会。

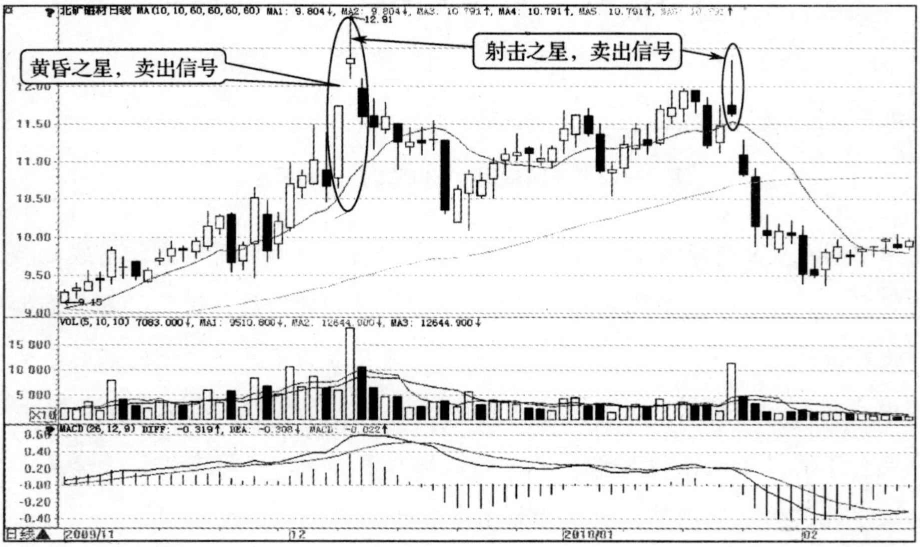

图 2—14　北矿磁材（600980）黄昏之星形态

在图 2—14 中，投资者还可以看到，在北矿磁材的这个黄昏之星中，还包含了一个射击之星形态。两个反转形态的共同出现，使得反转信号更加可靠。另外，在该股后续的反弹行情末端，再次出现射击之星，股价此后开始大幅下跌。

二、乌云盖顶与曙光初现

（一）乌云盖顶

乌云盖顶形态，是由两根颜色不同的K线组成。先是一根大阳线，第二个交易日直接高开后，收盘却反而下跌。股价不仅收在当天的低位，形成了一根阴线，同时这根阴线的实体还探入了前一根阳线的实体范围内。这根阴线，就像乌云一样盖在了K线的上方，因此称为“乌云盖顶”，如图2—15所示。

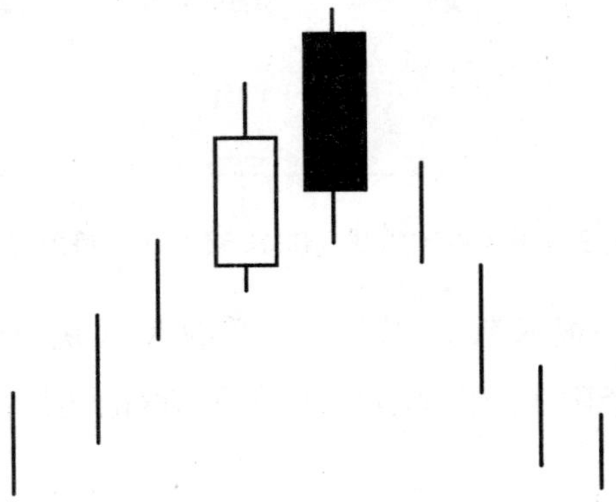

图2—15　乌云盖顶形态

乌云盖顶形态如果出现在上升趋势的末端，将构成一个反转形态。第一根大阳线表明多方占据优势，第二天的高开，说明多方打算乘胜追击，但是到收盘时，阴线实体探入阳线实体的情形，则说明多方不仅失去了当天的全部战果，而且连上个交易日的战果也失去了不少。这就预示着空方开始转强，反转信号出现。

乌云盖顶形态发出的反转信号的可靠性，与形态在当前趋势中所处的位置密切相关。如果形态出现在股价低位或者上涨趋势的初期，那么形态出现后投资者不宜急于卖出。因为如果多头强劲的话，这个形态有可能演变成“多方炮”形态（后面有专门介绍）。当形态发生在一个长期上涨趋势之后，或者发生在某个重要的阻力位，那么形态的反转信号将会可靠很多。

图2—16中，2011年7月6日，中国神华（601088）在经过一波上涨走势之后，其K线组合形成乌云盖顶形态，表明空方在短期内已经占据优势。投资者要注意及时卖出持股。之后股价顺利跌破均线。

（二）曙光初现

曙光初现形态，是与乌云盖顶相对应的底部反转形态。两者的构成类似，不同的

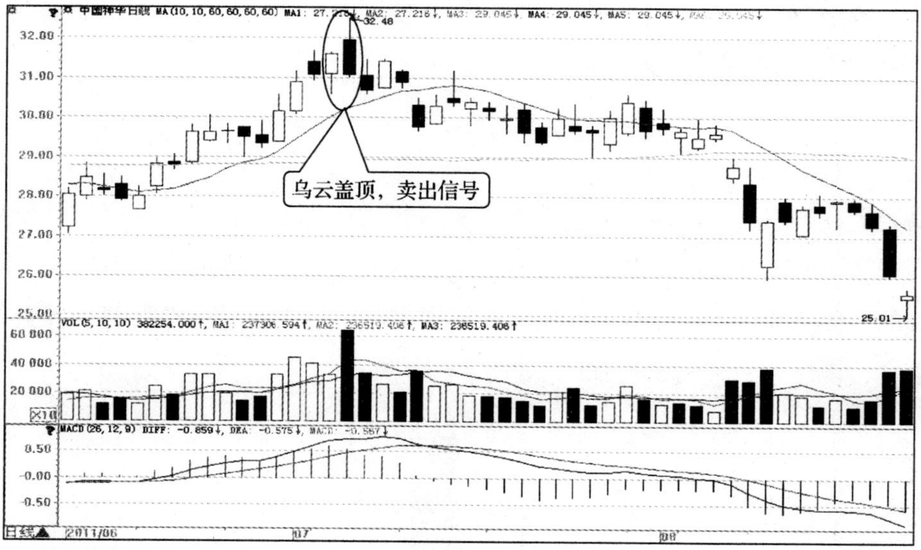

图 2—16　中国神华（601088）乌云盖顶形态

是，曙光初现形态的第一根 K 线是阴线，随后的 K 线跳空低开，但是收盘价上涨，收出一根阳线，同时这个阳线的实体探入了前边阴线的实体范围，如图 2—17 所示。

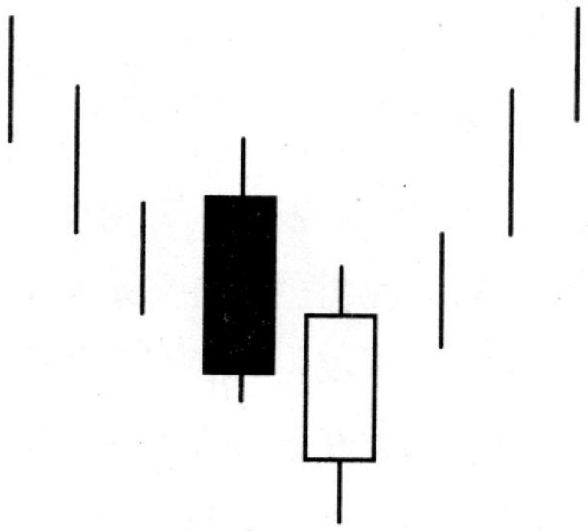

图 2—17　曙光初现形态

既然是曙光初现，那么此时天还没有大亮。出现这种形态后，股价往往还有一个蓄势过程，因此投资者不必急于买入。这也符合短线交易的一个风险控制原则，就是“买入可以晚一点，卖出可以早一点”。

如图 2—18 所示，2011 年 10 月 21 日和 24 日，许继电气（000400）在一波下跌走势中出现曙光初现形态，表明经过蓄势之后，多方在短期内已经占据优势，为看涨信号。第二天，该股继续上涨，验证了看涨信号的可靠性，投资者要注意及时短线买入。

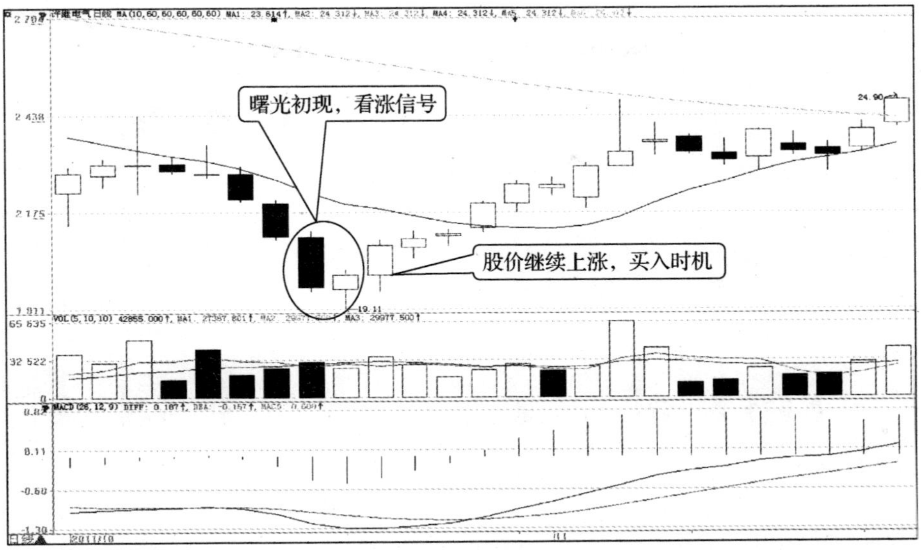

图 2—18　许继电气（000400）日 K 线

三、阳包阴与阴包阳

在乌云盖顶和曙光初现中，如果第二根 K 线的实体长度更长，不仅只是探入前一根 K 线的实体，而且是将其彻底覆盖，或者说完全吞没了，这就构成了包线形态，也叫抱线、吞没形态。相比乌云盖顶和曙光初现，这种形态的反转信号更加强烈。

（一）阳包阴

在一段下跌趋势中，如果在一根阴线之后出现一根阳线，同时这根阳线的实体将前面阴线的实体完全包容，就构成阳包阴形态，也叫看涨吞没形态，如图 2—19 所示。

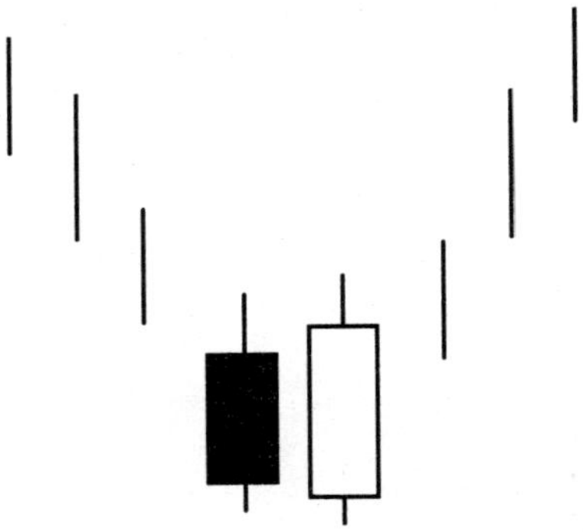

图 2—19　阳包阴形态

在识别这个形态时，投资者应注意，这里只考虑实体部分，上下影线是否包容并不重要。

这个形态说明，原本空方占据优势，但是突然被多方逆转，阳线能够完全包住阴线，说明此时的多方力量大大超过了空方力量，反转信号出现。

图 2—20 中，山西汾酒（600809）在 2011 年 6 月 20 日、21 日连续两个交易日的 K 线组合，构成阳包阴形态。这个形态结束了此前的大幅下跌，股价开始不断攀升。

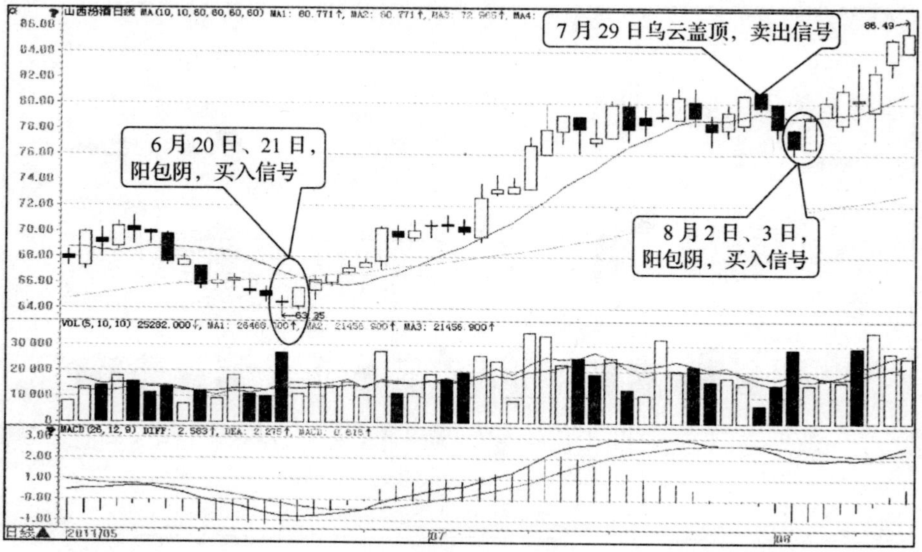

图 2—20　山西汾酒（600809）阳包阴形态

投资者可在形态出现后逐步买入。

7 月 29 日，一个乌云盖顶形态结束了此前的连续上涨，股价开始进入调整走势。8 月 2 日、3 日的 K 线组合又一次构成了阳包阴形态，买入信号再次出现。此后股价结束调整，开始连续上涨。

（二）阴包阳

与阳包阴形态相反，如果在一段上涨趋势中，在一根阳线之后出现一根阴线，同时这根阴线的实体将前面阳线的实体完全包容，就构成阴包阳形态，也称看跌吞没形态，如图 2—21 所示。

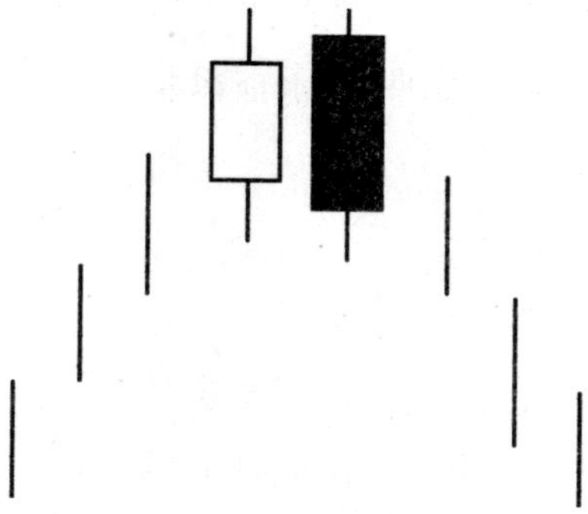

图 2—21　阴包阳形态

这个形态说明，本来多方占据优势，但是突然被空方逆转。阴线将阳线完全包容，说明空方力量大大强于多方力量，反转信号出现。

图2—22中，古越龙山（600059）在2011年8月29日、30日连续两个交易日的K线组合构成“阴包阳”形态，卖出信号出现。这个形态结束了此前的小幅上涨，股价随后出现单日大跌走势。

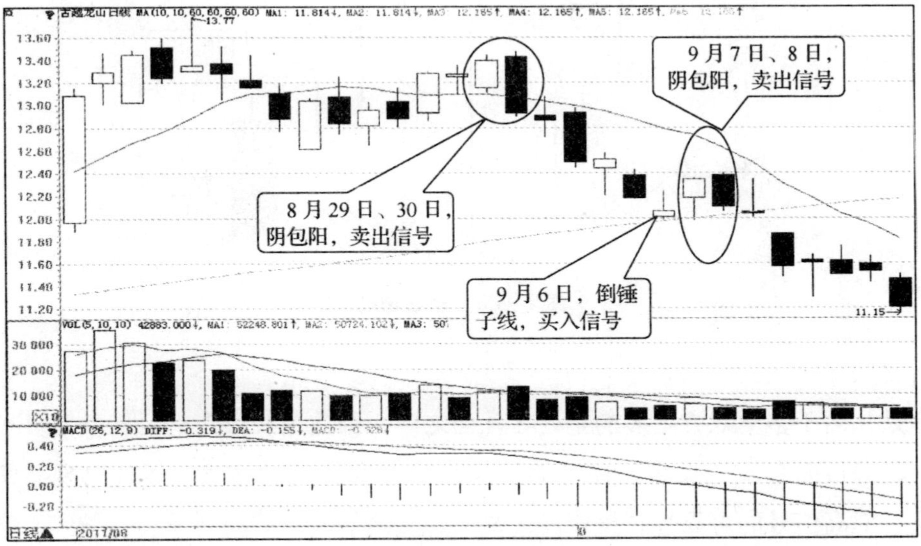

图2—22　古越龙山（600059）阴包阳形态

9月6日，古越龙山收出低开的小阳线，同时小阳线构成倒锤子线形态，买入信号出现。此后该股反弹一日，但于9月7日、8日的K线组合再次构成阴包阳形态，卖出信号出现。之后的下跌也说明了该卖出信号的威力。

四、孕线

孕线形态由一长一短两根K线组成，前一根K线实体较长，而后一根K线实体较小，并且“隐藏”在前一根K线的实体之内，就好像前面的长K线“怀”了一个短K线，因此称为孕线，如图2—23所示。

孕线的两根K线，前长后短，和包线的“前短后长”正好相反。另外，包线形态要求两根K线颜色相反，而孕线则没有这个要求，后二根较短的K线，无论是阳线还是阴线，对信号的涨跌含义都没有影响。

孕线形态表达了市场的一种犹豫心理。例如，在上升趋势中，形态的前一根长阳线说明多方占据着上风，但是到了第二个交易日，却收出一根“隐藏”起来的小K线，说明多方开始犹豫不定，向上的推动力正在减弱。因此，孕线形态具有一定的趋

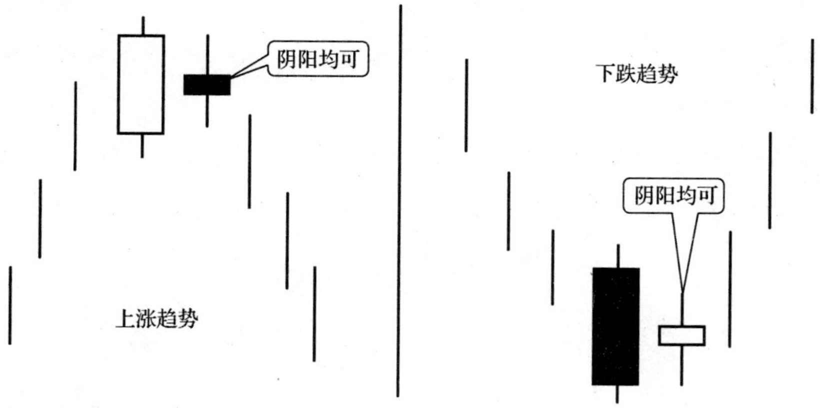

图2—23 孕线形态

势反转含义。

但是，由于多空双方更多的是处在犹豫之中，因此孕线形态的反转信号并不是很强烈。趋势可能会发生反转，也可能仅仅只是一次暂时的停顿。因此出现孕线形态时，为了提高信号的可靠性，投资者需要结合其他信号来共同判断。

图2—24中，经过连续上涨后，浪莎股份（600137）在2011年3月8日、9日的K线组合，构成孕线形态，同时后一根K线有着长长的下影线，构成了吊颈线形态。两个形态共同发出看跌信号，其信号可靠性得到增强。投资者应注意把握卖出机会。此后该股持续下跌。

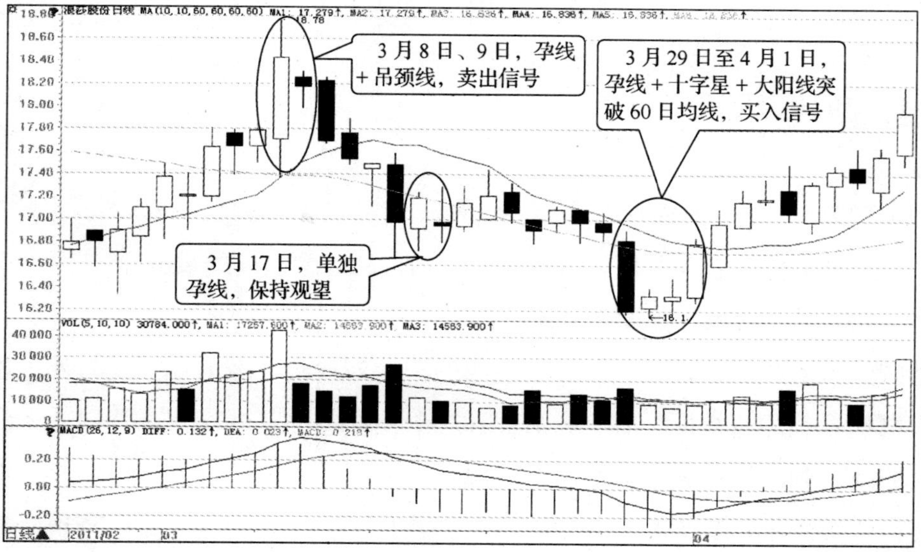

图2—24 浪莎股份（600137）孕线形态

3月17日时，该股再次出现孕线形态，但是此时没有出现其他反转形态，看跌信号并不强烈，因此投资者不能就此做出“反转”的判断。此次孕线形态后，该股进入了一个横盘震荡走势。

3月29日至30日，浪莎股份再次出现孕线形态。之后该股出现两根阳线，第一根阳线为十字星形态，第二根阳线为大阳线，且向上突破60日均线。在4个交易日中三个看涨信号同时出现，上涨意味大大增加。投资者要注意把握买入机会。

五、平底与平顶

当连续两根或者三根K线的最高价（最低价）处于同一个价位，或者处于非常接近的价位时，这两根K线就构成“平头”形态。这个形态，如果在下跌趋势中出现，就称为“平底”；如果在上升趋势中出现，就称为“平顶”，如图2—25所示。

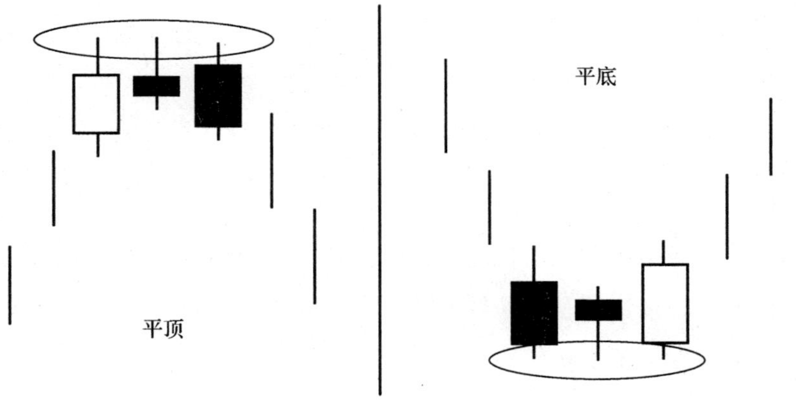

图2—25　平头形态

平头形态也是一个反转形态，与孕线形态一样，但其反转信号并不强烈，需要借助其他反转信号来共同判断。

（一）平底

平底形态的含义是：形态出现之前，股价处于下跌趋势，空方持续占优，但是平底形态的出现，说明空方在这几个交易日内已经无法继续压低股价，多空双方的力量对比发生了变化，股价出现反转信号。

如果平底形态出现的同时，还有其他看涨形态出现，那么发出的反转信号将更加强烈。

图2—26中，在一轮下跌趋势后，用友软件（600588）于2011年6月20日、21日、22日、23日连续四个交易日，最低价均保持在19.56的价位，四个最低价完全相同，构成平底形态。另外，该股在23日的阳线与22日的阴线形成阳包阴形态。两个形态共同发出看涨信号，投资者注意把握买入机会。

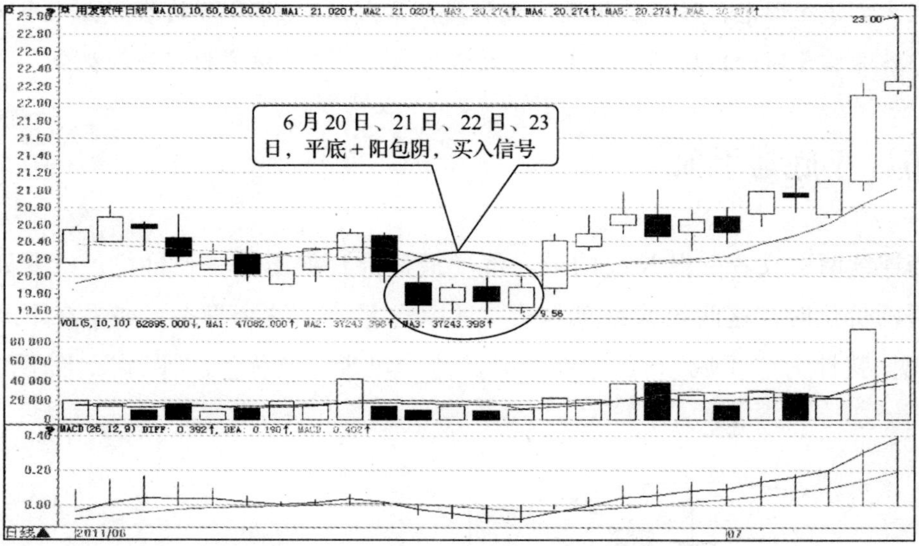

图2—26 用友软件（600588）平底形态

（二）平顶

平顶形态的含义是：形态出现之前，股价处于上涨趋势，多方占优，但是平顶形态的出现，说明多方在这几个交易日内已经无法继续推高股价，多空双方的力量对比发生了变化，形态发出了反转信号。

如果平顶形态出现的同时，还有其他看跌反转形态出现，那么发出的反转信号将更加强烈。

图2—27中，在一段上升趋势后，金种子酒（600199）于11月25日、28日、29日连续三个交易日，最高价均在19.96元附近，构成“平顶”形态。同时，25日的阳线和28日的阴线构成“孕线”形态。两个形态共同发出看跌信号，投资者注意把握卖出机会。

六、上升三法与下降三法

上升三法与下降三法形态，均属于持续形态，即形态出现后，预示着股价将延续

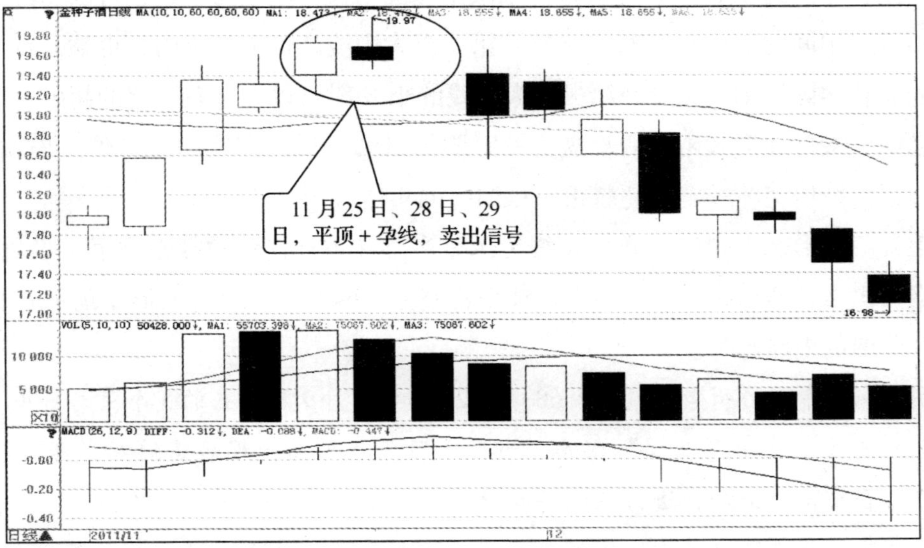

图2—27 金种子酒（600199）平顶形态

形态之前的趋势方向。

（一）上升三法

在一段上升趋势中，如果某个交易日出现一个实体较长的阳线，紧随其后的是几根实体较小的K线（阴线或阳线均可），同时这些小K线均处于第一根阳线的价格范围内，并且往往呈现下降排列。最后还是一根大阳线，并且其收盘价要高于第一根大阳线的收盘价，这种K线组合就构成“上升三法”形态，如图2—28所示。

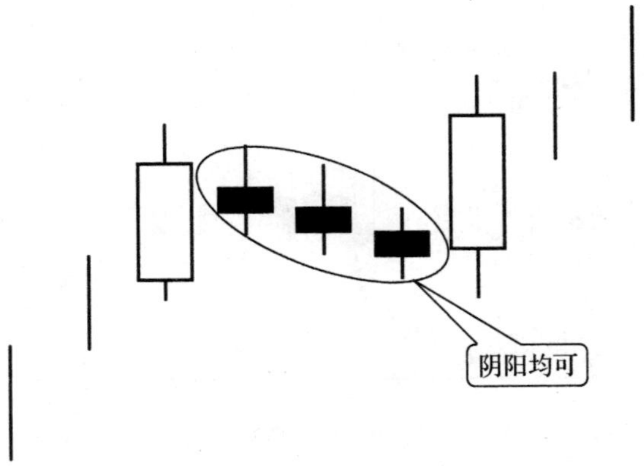

图2—28 上升三法形态

识别上升三法形态，投资者应注意以下四个方面：

第一，夹在两根大阳线中间的小K线，其颜色并不重要，阴线、阳线均可。

第二，中间的小K线，其数量并不限定在三根，可以是两根，也可以超过三根。

第三，中间的这些小K线，必须在第一根大阳线的价格范围内，也就是在上下影线之间。在实际应用中，紧邻第一根大阳线的小K线可以允许有一定的超出。

第四，最后一根大阳线的收盘价一定要超出第一根大阳线的收盘价。也就是说，最后一根阳线的实体一定要超越第一根阳线的实体。

上升三法形态中间的一群小K线更像是多方在占据优势后故意后撤，设置陷阱，引诱空方出击，然后在最后一根大阳线中将空方一网打尽，因此该形态预示着股价仍将延续此前的上涨趋势。

图2—29中，泸州老窖（000568）在2009年6月9日开始的5个交易日中，其K线组合就构成了“上升三法”形态，预示着股价在形态出现后将继续上涨。空仓投资者可以在形态出来后，进行短线买入操作。

在图中，买点选在了形态出现后的第二个和第三个交易日，这样虽然更加稳妥，但是也容易出现一些问题。那就是，上升三法形态虽然是个持续形态，但上升趋势还能持续多久并不确定，可能再持续一天，也可能再持续一段时间。在T+1的交易制度下，如果行情仅能持续一天的话，投资者可能无法及时地获利卖出。

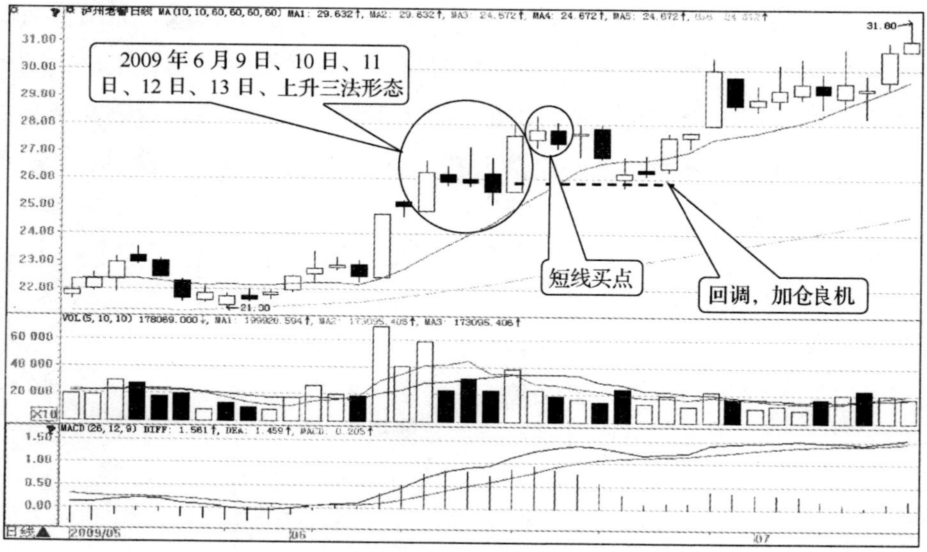

图2—29　泸州老窖（000568）上升三法形态

为解决以上问题，激进一些的投资者可以选择在形态最后一根大阳线收盘时及时买入，此时形态已经基本成形，第二个交易日继续冲高的概率较大。买入后投资者可以借助其他卖出信号来把握卖点。

图2—30中，在2009年3月26日至4月1日的5个交易日中，象屿股份（600057）的K线组合构成上升三法形态。

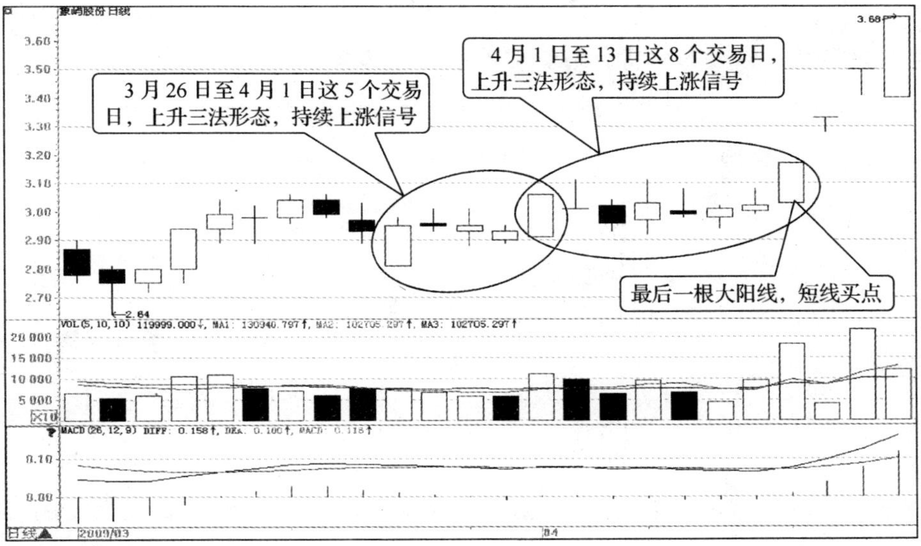

图2—30　象屿股份（600057）上升三法形态

4月1日至13日的8个交易日中，象屿股份（600057）的K线组合再次构成“上升三法”形态。这两个上升三法形态接连出现，表明上涨动能强劲。投资者要注意积极买入。

（二）下降三法

下降三法的形态，与上升三法正好相反。在一段下降趋势中，如果某个交易日出现一个实体较长的阴线，紧随其后的是几根实体较小的K线（阴线或阳线均可），同时这些小K线均处于第一根阴线的价格范围内，往往呈现上升排列。最后仍以一根大阴线结束，并且这根阴线的收盘价要低于第一根阴线的收盘价。这种K线组合，就构成“下降三法”形态，如图2—31所示。

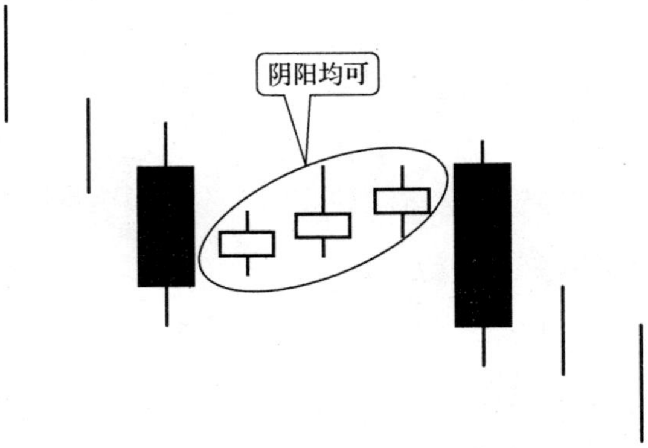

图2—31　下降三法形态

下降三法形态的识别要点与上升三法相同，这里不再重复。投资者需要注意的就是，最后一根大阴线的收盘价，需要低于第一根大阴线的收盘价。

下降三法的实战含义也与上升三法相同：空方故意示弱，然后突然出击，大获全胜。这个形态，预示着此前的下跌趋势仍将延续。

图2—32中，在2011年5月9日至23日的交易日中，出现下降三法形态，发出继续下跌的信号。空仓投资者此时不宜入场，应继续观望。

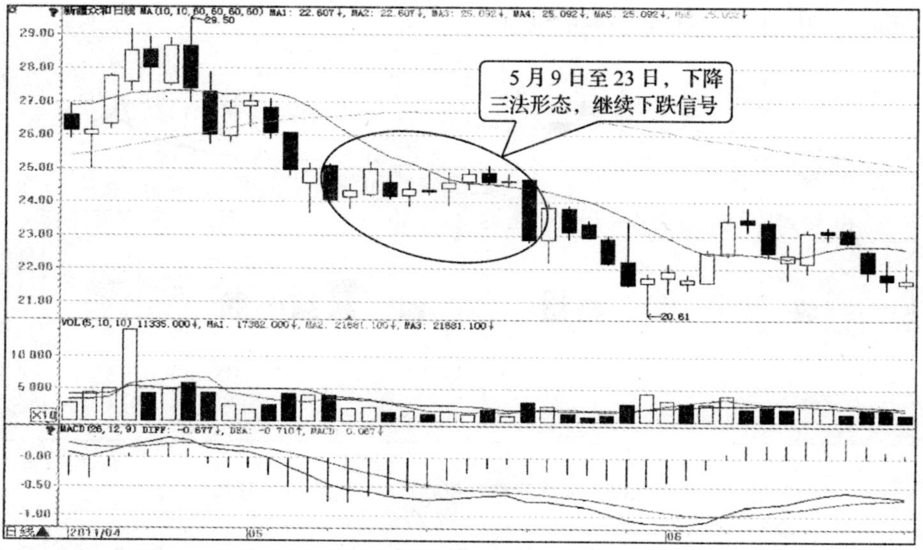

图2—32　新疆众和（600888）下降三法形态

在上升三法中，如果两根大阳线中间只有一根阴线，就称为“多方炮”，其应用法则与上升三法相同；在下降三法中，如果两根大阴线中间只有一根阳线，就称为“空方炮”，其应用法则与下降三法相同，如图2—33所示。

七、红三兵与三只乌鸦

红三兵形态与三只乌鸦形态均属于持续形态，意味着形态出现后的趋势仍将延续此前的趋势发展方向。

（一）红三兵

红三兵形态由三根连续上涨的阳线构成。这个形态，表明股价在稳健上升之中，多方力量还没有充分释放，预示着后市仍将延续这三根阳线的趋势方向，继续上涨。

红三兵形态很容易识别，不过需要注意的一点是，这三根阳线的实体之间，最好不要有缺口，或者即使有缺口也不要过大。也就是说，每根阳线的开盘价最好低于前

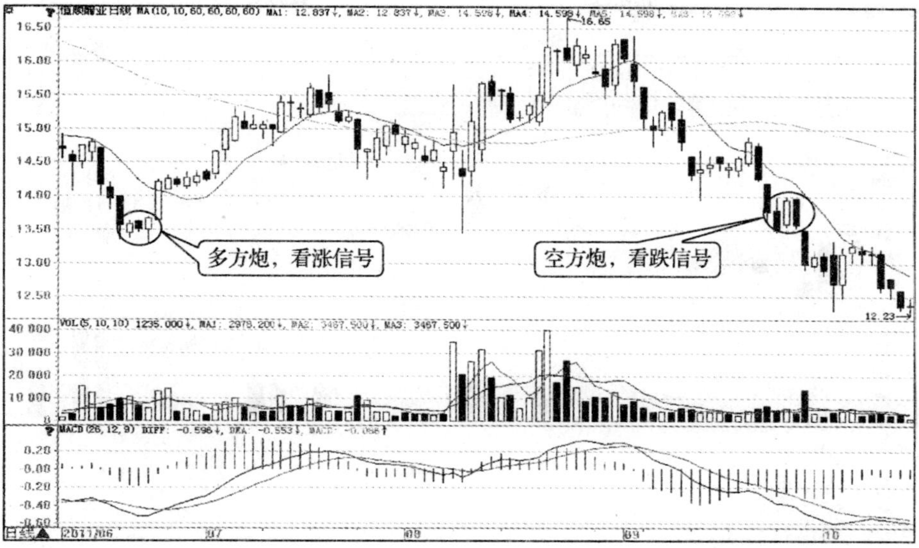

图2—33 恒顺醋业（600305）多方炮与空方炮形态

日的收盘价，或者比较接近。因为一旦出现过大的缺口，就说明多方有过于兴奋的嫌疑，失去了该形态应该具备的“稳健”含义。

当股价在某个位置稳定一段时间之后，如果出现该形态，那么股价转强的意味就更加浓厚。

图2—34中，康恩贝（600572）在横盘震荡一段时间后，于2011年2月14日、15日和16日这三个交易日连续出现三根阳线，构成红三兵形态，不过此时股价的短期涨幅已经不小，此次形态的信号强度又因为2月16日的一个射击之星，要弱于一般红三兵形态。此时，投资者不宜介入。

2月28日、3月1日和2日这三个交易日，该股在经过短暂的调整之后，再次出现红三兵形态。它表明上涨动能再次占据优势，投资者可以短线买入。

（二）三只乌鸦

三只乌鸦形态，是由三根连续下跌的阴线构成。这个形态与红三兵类似，也体现出一种“稳健”的含义，因此预示着跌势仍将继续。

如果三只乌鸦形态出现在一段上涨行情的顶端，那么可以将此前上涨的一系列K线看做树枝，而这三根阴线就好像三只乌鸦站在枝头上，就称为“三只乌鸦站枝头”，具有强烈的看跌意味。

图2—35中，青岛碱业（600229）在一段上涨行情后，于2011年7月6日、7日和8日连跌三天，构成了三只乌鸦站枝头形态。从这个形态开始，股价反转向下，开

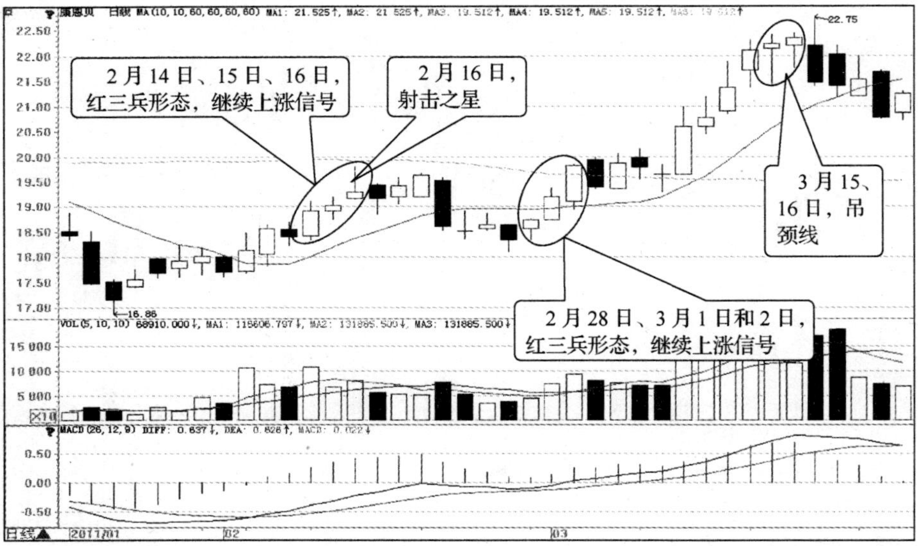

图2—34　康恩贝（600572）红三兵形态

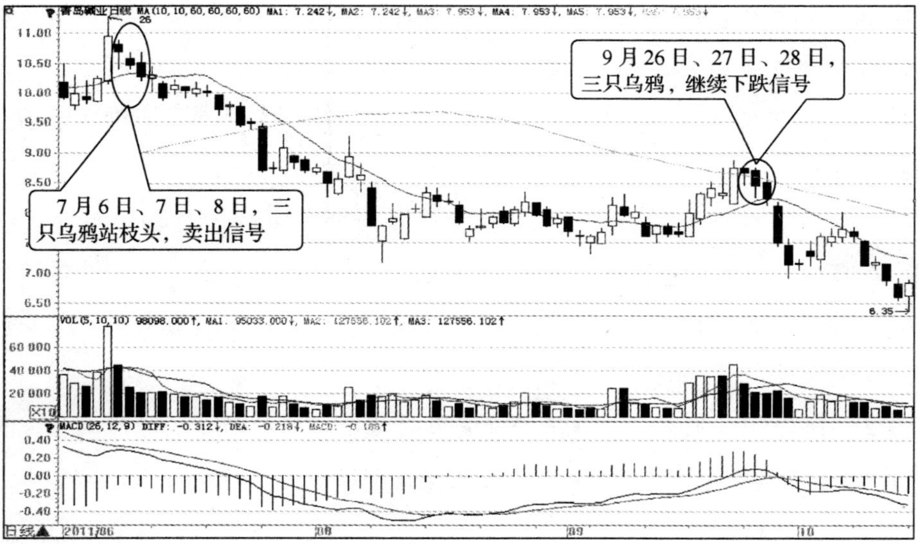

图2—35　青岛碱业（600229）三只乌鸦形态

始了新的一轮跌势。

9月26日、27日和28日，青岛碱业再次出现三只乌鸦形态。由于本次形态出现在股价反弹的顶部，因此又构成站枝头形态，预示着股价仍将继续下跌。

第四节　周 K 线、月 K 线的买卖看点

在前面“单根 K 线的看点”中介绍过以该周第一个交易日的开盘价作为周开盘，最后一个交易日的收盘价作为周收盘，该周的最高价与最低价作为上下影线，可以绘制出周 K 线；以该月第一个交易日的开盘价作为月开盘，以该月最后一个交易日的收盘价作为月收盘，以该月的最高价和最低价作为上下影线，可以绘制出月 K 线。

这里需要纠正部分投资者实战中的一个误区。

K 线代表的周期越短，那么发出信号的涵盖周期就越短；K 线代表的周期越长，那么发出信号的涵盖周期就越长。例如，日 K 线发出的反转信号表示行情即将出现日线级别的反转，而月 K 线发出的反转信号则表示行情即将出现月线级别的反转。如果投资者仅仅通过对几根日 K 线的分析就对中长期趋势作出判断，显然是不够严谨的，其失误率会非常高。

一、周 K 线的买卖看点

投资者在看周 K 线时，找的是中长期趋势的反转信号，而中长期趋势扭转不是一朝一夕可以完成的。因此在实战看盘中，投资者需要细心地进行观察，寻找多种不同类型的反转信号，将这些信号互相印证。如果这些信号均指向同一个方向，那么将大大增加这些信号的可靠性。

为进一步提高准确性，投资者应该选取一定时间跨度内的周 K 线进行综合分析。如果同方向的反转信号不断出现，这些信号的叠加，无疑将增加这些信号的可靠性。

（一）周 K 线的顶部看点

当行情经过了长期的上涨，此时投资者最主要的关注点，就是顶部何时来到。此时周 K 线的看盘重点，就在于寻找各种顶部反转信号。如果在一段时间内，顶部反转信号密集出现，就说明行情反转的概率极大。

图 2—36 是上证综指 2007 年 6 124 点顶部区域时的周 K 线。从 2007 年 10 月 8 日到 11 月 9 日，上证综指共出现 5 根周 K 线。投资者可以发现，第二根和第四根周 K 线构成了射击之星形态，其中第二根周 K 线创出新高 6 124 点。前三根周 K 线共同构

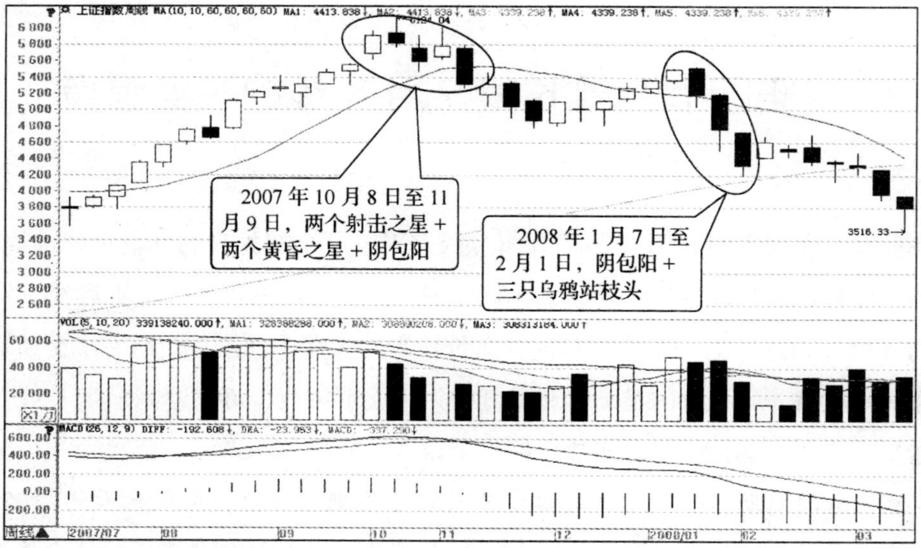

图 2—36　上证综指周 K 线

成黄昏之星形态，而后三根周 K 线不仅组成黄昏之星形态，同时还出现阴包阳形态。这 5 根 K 线的组合，密集地出现了 5 个反转信号，行情见顶的意味非常浓厚。此时投资者应保持高度警惕，进行减仓操作。

2008 年 1 月 7 日到 2 月 1 日，上证综指共出现 4 根周 K 线。前两根周 K 线一阴一阳，构成阴包阳形态，后面三根阴 K 线组成了三只乌鸦站枝头形态。两个形态共同发出看跌信号。这两个信号的出现，进一步证实了此前 5 个反转信号的正确性。投资者此时应注意清仓卖出。

（二）周 K 线的底部看点

当行情经过了长期的大幅下跌，此时投资者的关注点将是底部何时到来。此时周 K 线的看盘重点，就在于寻找各种底部反转信号。与顶部时的分析思路一样，如果在一段时间内，底部反转信号密集出现，那么就说明行情反转的概率极大。

图 2—37 是上证综指在 2008 年 1 664 点底部时的周 K 线。2008 年 10 月 27 日至 11 月 7 日的两根周 K 线，其最低价比较接近，构成平底形态，同时也构成了一个近似的孕线形态，反转信号出现。11 月 10 日至 14 日这一周，收出光头光脚大阳线，具有强烈的看涨意味。而 2008 年 12 月 22 日至 2009 年 1 月 9 日的这三周，其周 K 线构成启明之星形态。这四个看涨反转信号，预示着大盘底部的来临，投资者应注意把握买入机会。

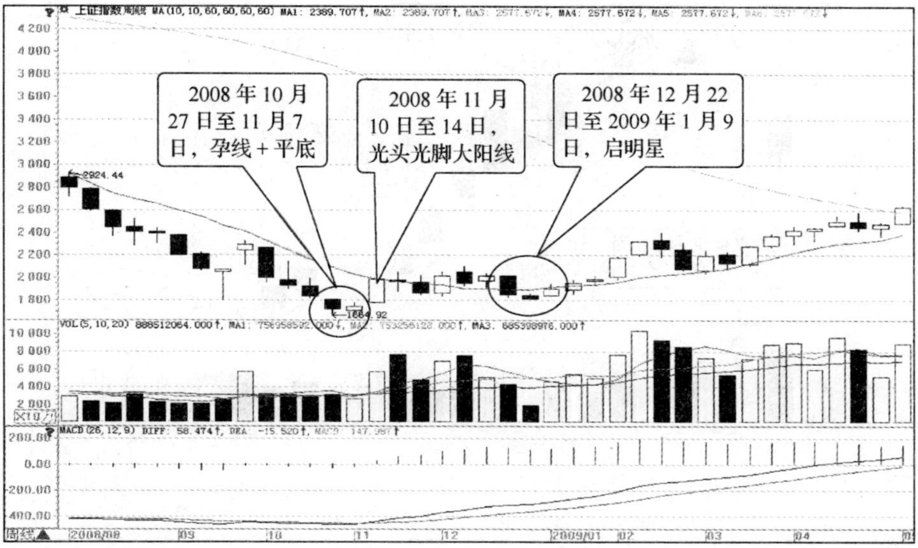

图2—37　上证综指周K线

二、月K线的买卖看点

在对月K线的分析中，投资者需要注意的是，由于月K线本身涵盖的时间周期就已经比较长，因此只要相邻的几根月K线出现多个反转信号，那么投资者就可以据此进行买入卖出操作。

图2—38中，经过长期上涨后，民生银行（600016）于2007年8月最高涨至18.09元。在8月、9月、10月、11月这4根月K线组合中，第一根、第三根和第四根月K线的最高价非常接近，构成平顶形态；第二根、第三根、第四根月K线构成了黄昏之星形态；第三根和第四根月K线又构成阴包阳形态。这三个形态均发出见顶反转信号，投资者应注意卖出操作。后续的三只乌鸦形态，进一步证实了顶部的来临。

2008年10月，民生银行最低跌至3.78元。在10月、11月、12月以及2009年1月这4根月K线组合中，第一根和第二根月K线组成孕线形态，第二根和第三根月K线均构成了“倒锤子线”形态，这4根K线还共同构成了启明之星形态。这些形态的反转信号叠加在一起，使得见底信号非常强烈，投资者应注意把握买入机会。后续的红三兵形态，进一步证实了底部的来临。

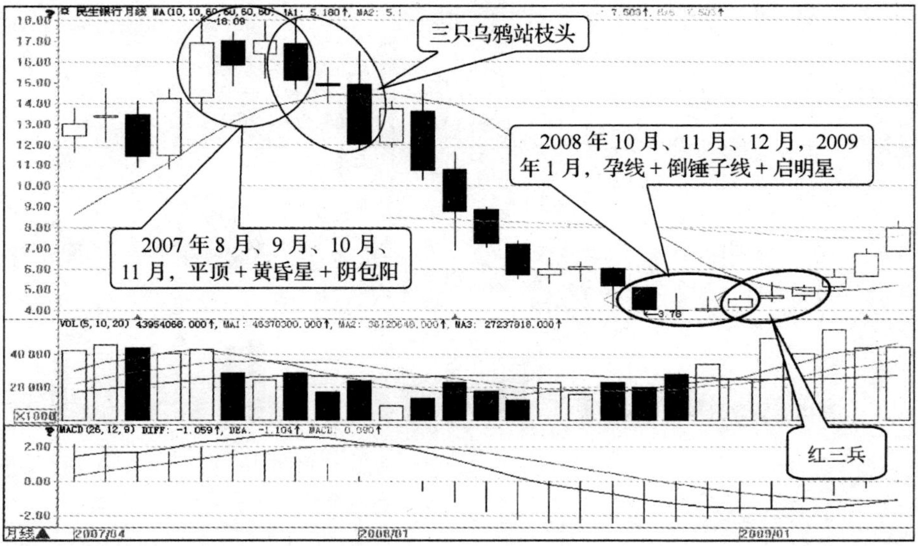

图 2—38 民生银行（600016）月 K 线

第五节　缺口的买卖看点

缺口，是指在前一根K线的最高点和后一根K线的最低点之间，存在着一个价格断层。这个缺口如果是向上出现的，就称为“向上跳空缺口”；如果是向下出现的，就称为“向下跳空缺口”。

当缺口出现后，如果价格重新回到了缺口区域，就称为“回补缺口”。如果价格将缺口完全覆盖，就称为“完全回补”；如果只是部分地覆盖，就称为“部分回补”，如图2—39所示。

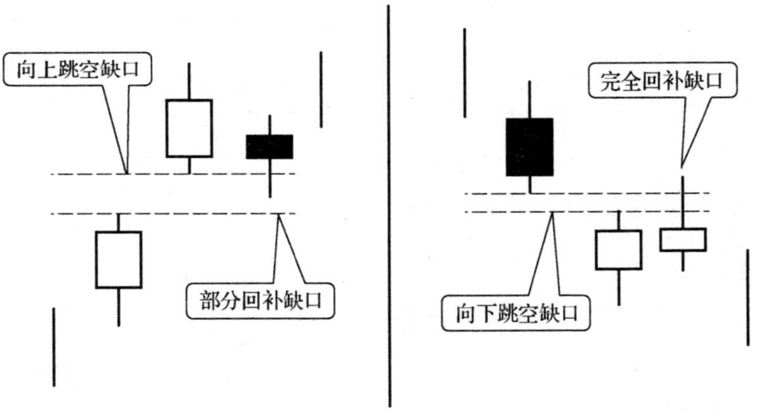

图2—39　缺口

整体而言，缺口形态是一个持续形态，预示着趋势将沿着缺口的方向继续发展。

一、缺口的实战看点

通常意义上，按照缺口出现的位置不同，一般将缺口分为四大类：

第一，普通性缺口。出现在横向震荡行情中，一般很快就会回补，对后市不具有指导意义。

第二，突破性缺口。一般发生在股价对重要压力位（或支撑位）突破的时候，或者对原先的股价形态进行突破的时候。突破性缺口对后市运行具有重要的趋势指导意义，是投资者最为关注的缺口形态。

第三，持续性缺口。发生在趋势进行当中，例如上升趋势中的向上跳空缺口，预示着趋势仍将继续沿着之前的方向发展。

第四，衰竭性缺口。发生在一段行情的尾声，往往前面已经出现了至少两个缺口。衰竭性缺口的出现，预示着行情已经进入尾声。实战中的难点在于，投资者很难在事前判断清楚这个缺口到底是衰竭性缺口还是又一个持续性缺口。

无论是何种缺口，在实战中的应用法则都基本一致。投资者可以重点关注以下三个看点：

第一，缺口方向。

由于缺口是一种持续形态，因此缺口方向是第一个重要看点。投资者的主要交易方向，将按照缺口的方向进行。

第二，缺口位置及个数。

如果缺口是此轮行情的第一个缺口，或者缺口成为了突破性缺口，那么对行情的预示信号就比较强烈。如果缺口出现时，前面已经有了至少两个缺口，那么投资者需要保持警惕，行情有较大概率出现反转。前面的缺口数量越多，那么行情反转的概率越大。

第三，支撑与阻力。

一般而言，缺口出现后，股价往往会再次向缺口靠拢。相应的，缺口会产生或强或弱的支撑或阻力作用。上升趋势中的向上的跳空缺口，对后市会产生支撑作用；下降趋势中的向下的跳空缺口，会产生阻力作用。缺口是否回补，以及回补后股价的运行趋势，将构成重要的买卖看点。

下面我们分别从买点和卖点两个方面，来介绍在实战中如何应用以上三个看点。

（注：由于 ST 股票经常出现连续涨跌停走势，因此这类股票的缺口不具有分析意义）

二、缺口的实战买点

当缺口出现后，股价如果出现以下四种走势特征，投资者应注意把握买入机会。

（一）低位出现第一个向上跳空缺口，同时股价不向缺口回落。

当股价经过一段时间的下跌后开始回升，如果在回升的初期首次出现向上跳空的缺口后，股价走势继续保持强劲，完全没有回补缺口的意图，预示着这个缺口是个突破性缺口。投资者可以及时入场，把握买入机会。

图2—40中，2010年10月8日，中国人寿（601628）在连续多日的横盘震荡之后，出现向上跳空缺口。此缺口出现在回升初期，同时在缺口出现后股价继续保持强势，表明上涨动能十分强劲。投资者要注意把握买入时机。

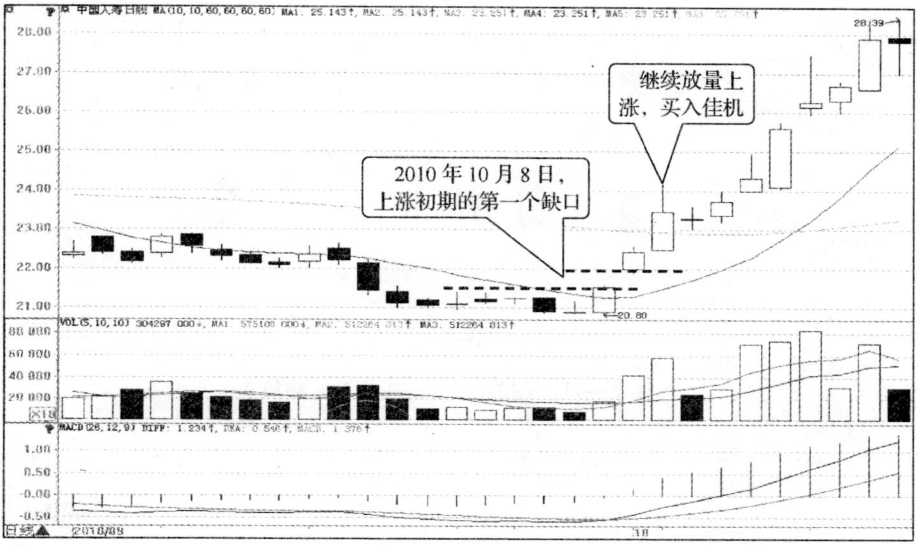

图2—40 中国人寿（601628）缺口

（二）向上跳空缺口的支撑买点

当向上缺口出现后，如果股价重新回到缺口位置，那么缺口将对股价产生较强的支撑作用，此时构成短线入场机会。

图2—41中，2010年9月9日，广晟有色（600259）高开高走，K线图上出现一个小跳空缺口。9月20日前后，该股回落至缺口上方后获得支撑，K线组合构成启明之星形态。投资者应注意把握买入时机。

（三）回补缺口，抛压消失

有时候，当股价将向上的跳空缺口回补之后，如果市场抛压大大减轻或者消失，股价开始筑底回升，投资者可以进行短线买入。如果市场抛压不减，股价继续下跌，则说明此前的上升趋势已经改变，投资者不宜入场。

图2—42中，2009年7月7日，亨通光电（600487）在上升途中出现跳空缺口。之后，股价冲高回落，在8月17日，亨通光电以大跌的方式将缺口完全回补。此后，该股抛压基本消失，在缺口附近开始筑底，并先后出现曙光初现和启明之星这两个见底形态，均构成了短线买点。

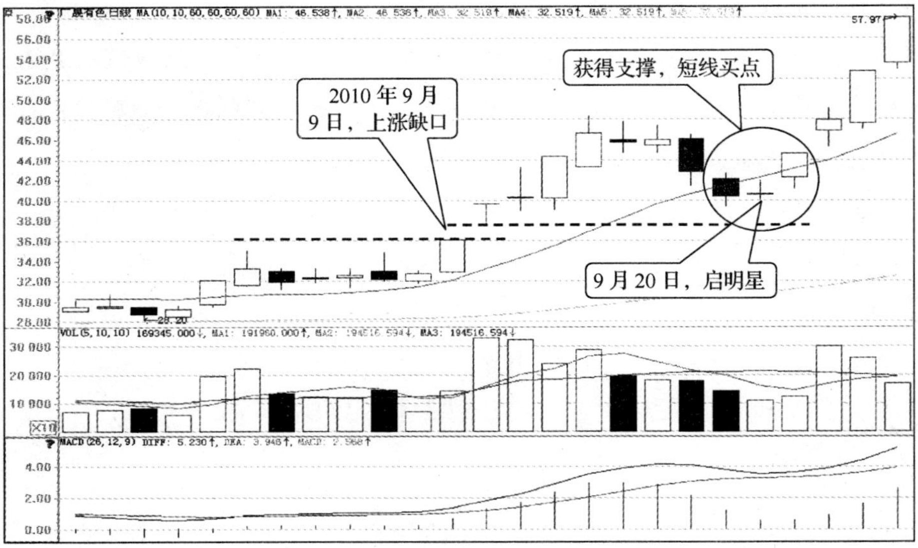

图 2—41　广晟有色（600259）缺口

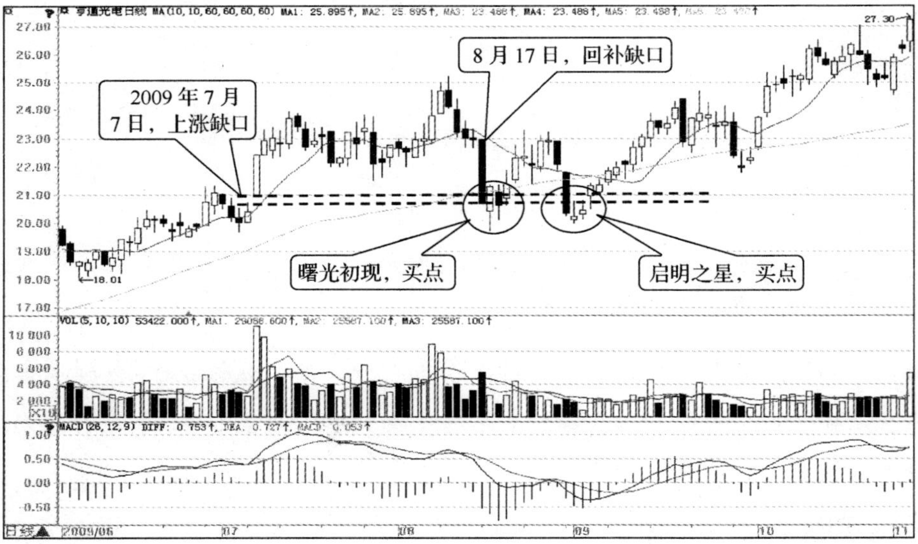

图 2—42　亨通光电（600487）缺口

（四）回补向下跳空缺口后，股价继续上涨

在一段下降趋势中出现向下的跳空缺口后，尤其是这个缺口出现前，股价已经经过了长期大幅度的下跌，此时如果股价将向下的跳空缺口回补后，仍然继续上涨，就说明此前的下降趋势已经结束，投资者可以把握买入时机。

图 2—43 中，经过近一年的下跌后，2008 年 11 月 3 日，鲁信创投（600783）

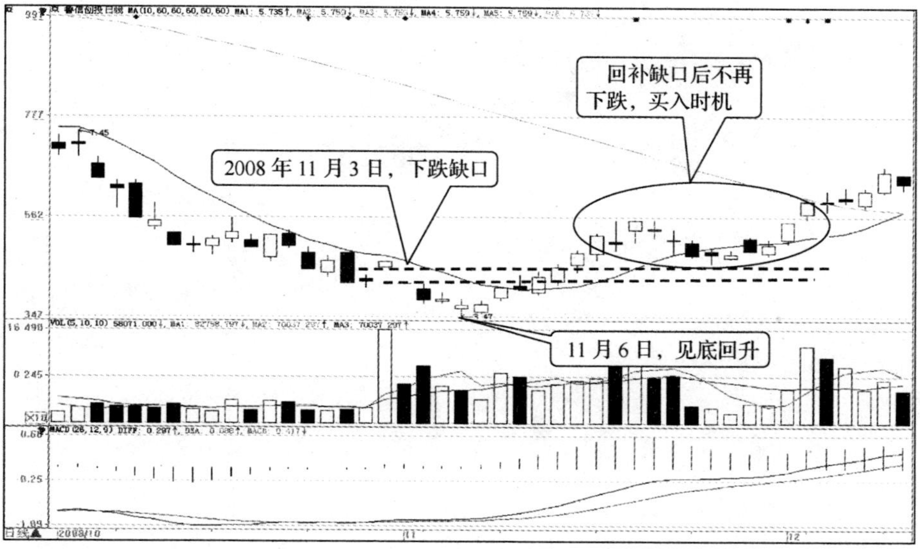

图2—43 鲁信创投（600783）缺口

受利空消息影响，开盘直接跌停，K线走势出现一个向下的跳空缺口。11月6日该股最低跌至3.47元后开始回升，并将3日的缺口完全回补。回补缺口后，股价不再回落，而是持续上升，预示着此前的下跌趋势已经结束，投资者应注意把握买入机会。

三、缺口的实战卖点

当缺口出现后，股价如果出现以下四种走势特征，投资者应注意把握卖出机会。

（一）高位出现第一个向下跳空缺口，股价不向缺口回升

当股价在高位的下跌初期出现了第一个跳空缺口，同时股价继续下跌，完全没有回补缺口的动作，预示着这个缺口很可能是个下跌突破性缺口。投资者应该果断卖出，空仓投资者也不要轻易入场。

图2—44中，烽火通信（600498）在2008年6月4日跳空低开，形成了第一个下跌缺口。投资者可以发现此前该股已经出现了黄昏之星和乌云盖顶两个看跌信号，这个缺口更加证实了股价已经见顶下跌。此时投资者应该进行减仓操作。

此后，该股股价持续下跌，并于6月10日再次出现下跌缺口，形成持续性缺口，预示着股价仍将继续下跌。投资者应该在第二个缺口出现后清仓卖出。图2—44中的画圈区域所示，即是投资者的卖出区域。

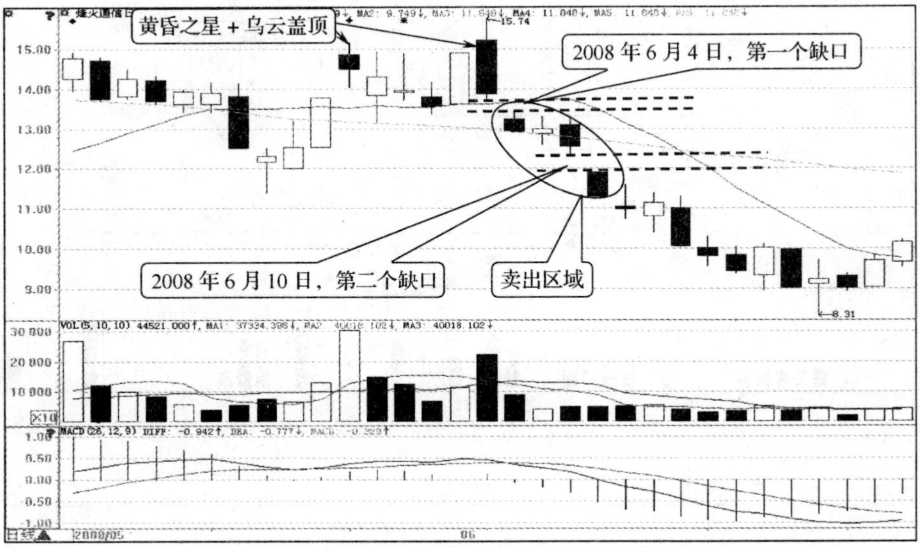

图2—44　烽火通信（600498）缺口

（二）向下跳空缺口的阻力卖点

出现向下跳空缺口后，股价在很多时候会再次向缺口位置靠拢，此时缺口将构成一个重要阻力位。如果股价在缺口处遇阻回落，投资者应抓住卖出时机。

图2—45中，上海贝岭（600171）在2009年7月21日低开低走，形成下跌缺口。股价在8月初的反弹中，在缺口位置明显遇阻，说明下跌趋势仍将继续。此时的K线形态也出现了黄昏之星的看跌信号，投资者应该把握卖出时机。

（三）回补向下的跳空缺口后，股价无力继续上扬

K线走势出现向下的跳空缺口后，如果后市股价虽然回补了缺口，但是在回补后股价却不再上涨，并开始重新下跌，说明下跌趋势仍将持续。投资者需把握卖出时机。

图2—46中，上海梅林（600073）在2008年3月18日跳空下跌，形成一个下跌缺口。此后股价很快回升，并将缺口完全回补。但是回补缺口后，股价反而失去了上涨动力，并出现黄昏之星的看跌信号，投资者应注意把握卖出时机。

（四）向上的跳空缺口回补后，股价继续下跌

股价出现向上的跳空缺口后，如果后市股价出现回落并将缺口回补，此时投资者应提高警惕。当股价回补缺口后，如果继续呈现低迷走势，那么就证明此前的上涨趋势已经结束，下跌趋势开始，投资者应把握卖出时机。

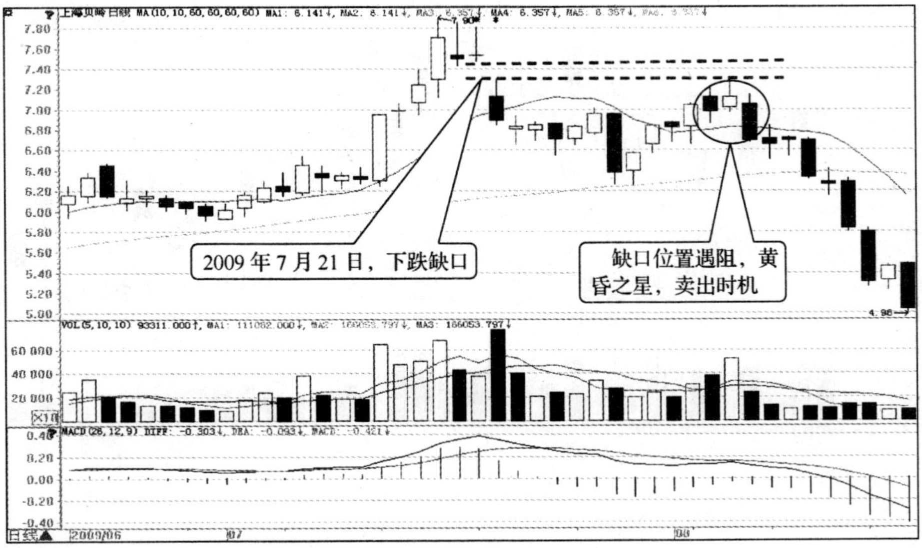

图2—45　上海贝岭（600171）缺口

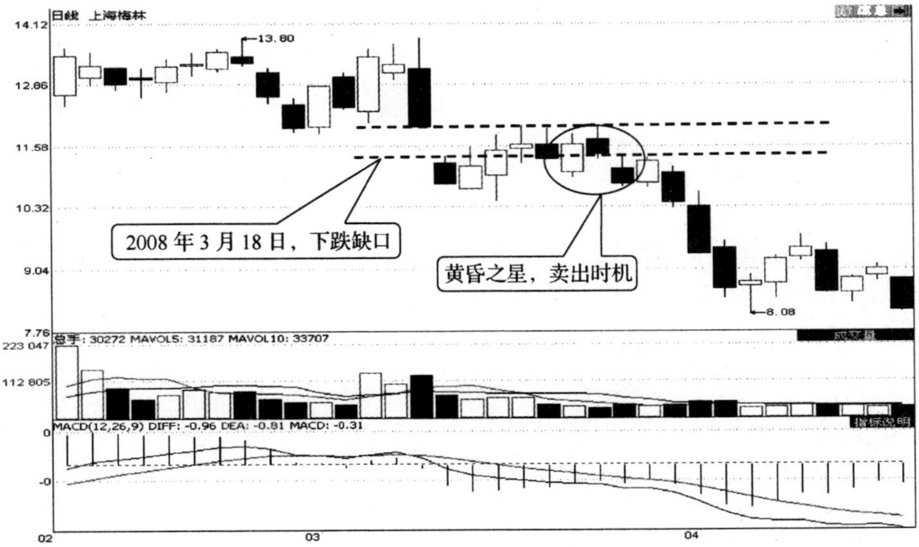

图2—46　上海梅林（600073）缺口

图2—47中，津劝业（600821）在2007年9月14日跳空高开，出现缺口形态。在随后的5个交易日内，这个缺口都发挥了支撑作用。9月26日，该股出现大跌走势，并一举将缺口回补。补完缺口后，该股走势仍然持续低迷，说明此前的上涨趋势很可能已经结束，此时投资者应把握卖出时机。

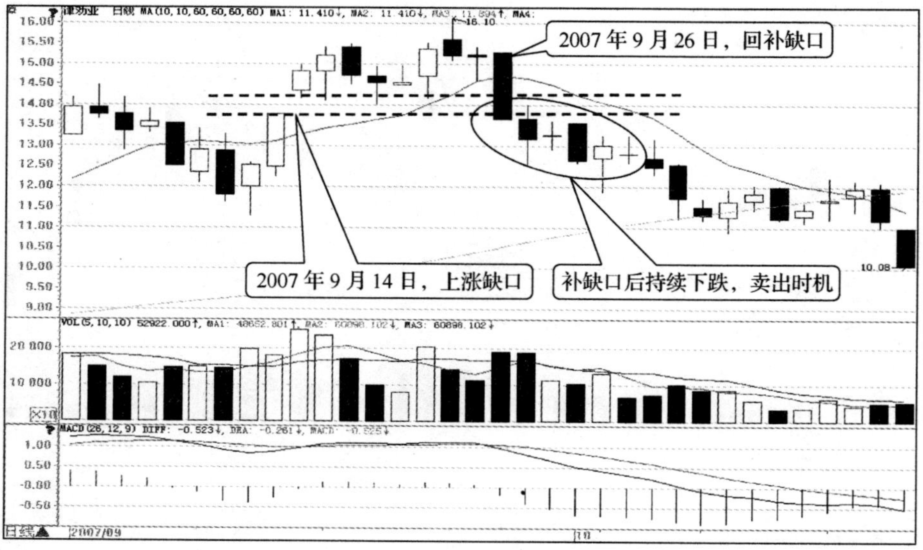

图2—47　津劝业（600821）缺口

第三章

看清均线方向

第一节　移动平均线的实战看点

一、什么是移动平均线

移动平均线，简称“均线”，是将一段时间内股票的平均价格连成曲线，用以显示股价趋势的一种技术指标。这里的一段时间，可以由投资者自行设置。一般情况下，大多数炒股软件使用较多的时间段，包括 5 日、10 日、20 日、60 日等。投资者还可以按照自己的习惯进行设定，例如 13 日、21 日等。均线的表现形式如图 3—1 所示。

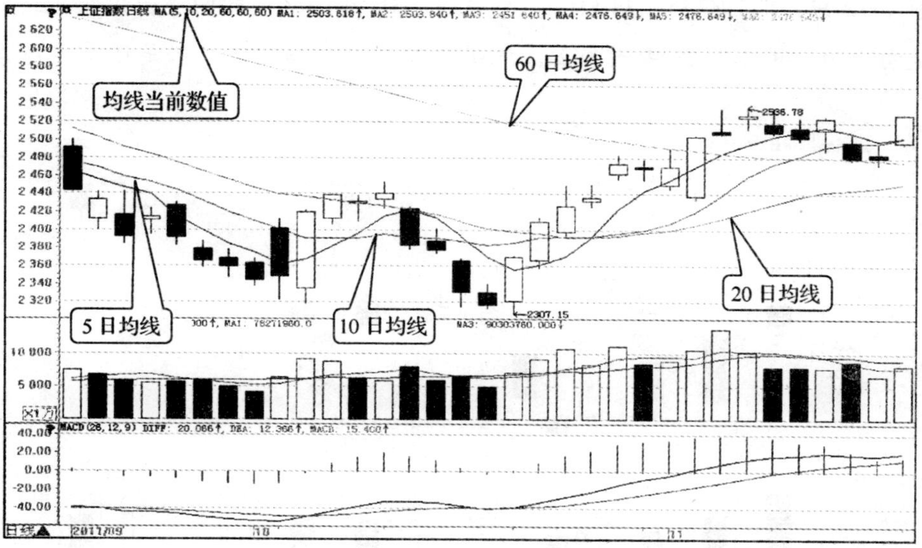

图 3—1　均线

均线的计算过程比较简单。例如，将当日收盘价与此前 4 个交易日的收盘价作为计算对象，计算这 5 个收盘价的算术平均值，得出当日的 5 日均价。每个交易日均重复这一计算过程，然后将这些均价连起来，就构成了 5 日均线（当日开盘后收盘前的 5 日均线按照当时的实时价格计算）。其他诸如 10 日均线、20 日均线、60 日均线等的计算过程与之完全相同。只要设定好时间段，炒股软件都会自行画出相应的均线。

由均线的计算过程可以知道，均线大致上代表着一段时间内的市场平均成本，这也是均线能够对股价波动产生影响的根本原因。

以上所说的是简单移动平均线，还有加权移动平均线，就是将距离计算日的日期远近作为权数，计算日当天收盘价所占的比重最大；日期距离越远的，所占比重越小。加权均线使用得不多，本书所讲的主要是简单移动平均线。

二、移动平均线的实战看点

在实战中，均线的重要看点包括以下内容：

（一）均线的方向

不同周期均线的方向，体现了相应周期内股价的趋势方向。例如，如果 5 日均线向上，则表示短期内趋势是向上的；如果此时 60 日均线方向向下，那么则表明中期趋势方向是向下的。

图 3—2 中，北京银行（601169）的 5 日、10 日均线方向向下，说明股价的短期趋势是向下的。60 日均线略微向上，说明中期趋势开始转强，但是还需要继续进行观察。

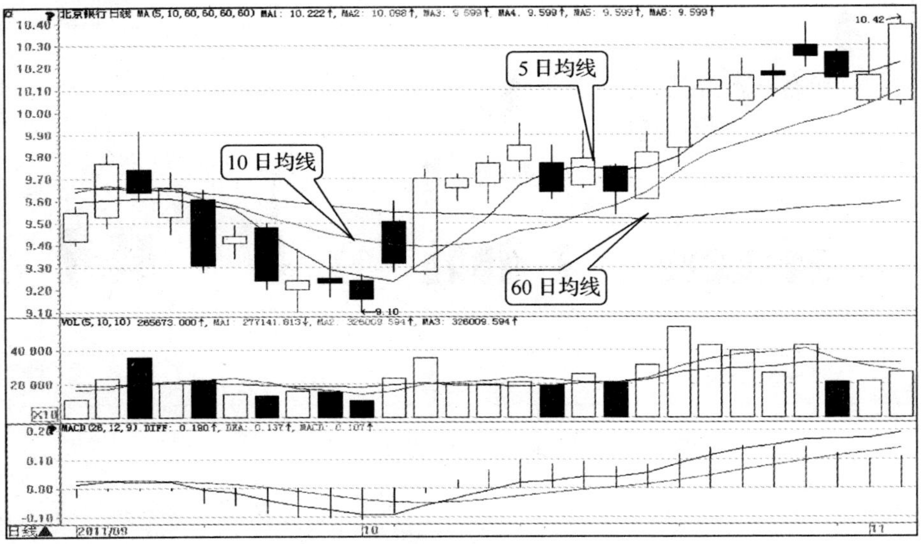

图 3—2　北京银行（601169）均线

（二）股价与均线的位置关系

投资者可以通过观察股价是在均线上方还是下方，来判断趋势方向。例如，当股价处于短期均线之上时，就说明当前股价的短期趋势是向上的；当股价处于长期均线之上时，就说明当前股价的长期趋势是向上的。反之亦然。

由此，投资者可以将股价对均线的突破，作为买卖点的一个重要参考。当股价自下而上突破某条均线时，说明趋势开始向上，发出买入信号；当股价自上而下跌破均线时，说明趋势开始向下，发出卖出信号。

另外，均线对股价具有一定的引力作用。例如，当股价在5日均线上方，且距离5日均线过远时，就说明这5天内买进的投资者获利丰厚，那么投资者获利卖出的欲望就比较强烈，股价很可能会出现下跌走势。

具体应用技巧我们将在“利用均线找到买卖点”中进行详细介绍。

（三）均线的支撑与阻力

均线有一种“平均成本”的含义，例如，10日均线，可以近似地看做近10个交易日的平均成本。投资者都知道，密集成本区对股价具有支撑与阻力作用，那么均线也不例外。当股价在均线之上时，均线将对股价产生支撑作用；当股价在均线之下时，均线将对股价产生阻力作用。

投资者可以利用均线的支撑与阻力作用，寻找合适的买卖点。应用技巧我们同样将在“利用均线找到买卖点”中进行详细介绍。

（四）均线的排列方式

随着股价的不断起伏，各条均线之间的排列方式也在不断变化。

当周期越短的均线，其位置越靠上；周期越长的均线，其位置越靠下；同时各条均线方向均向上时，就称为“均线多头排列”，如图3—3所示。

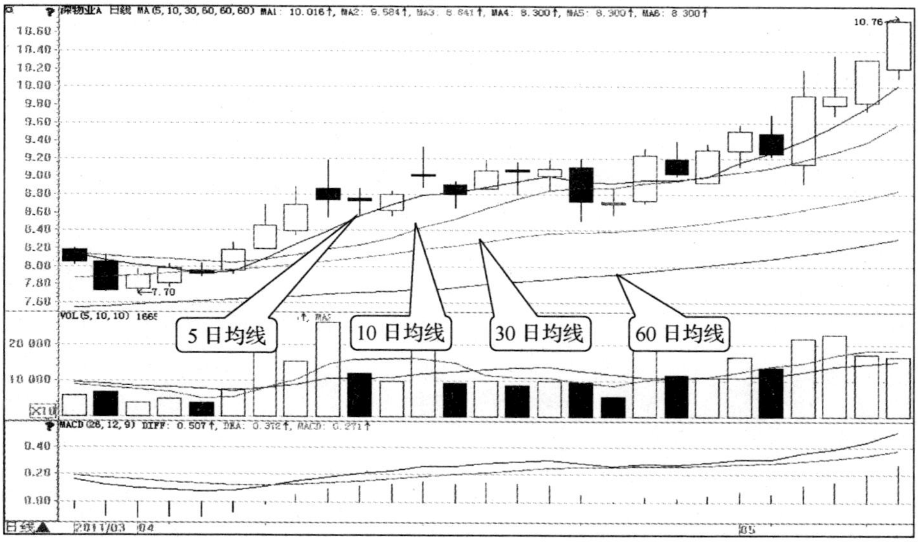

图3—3 深物业A（000011）均线多头排列

均线出现多头排列，说明股价此时的趋势是向上的，而且上涨趋势强烈。大多数的强势股，其均线都会呈现这种排列特征。

与多头排列相反，如果周期越长的均线，其位置越靠上；周期越短的均线，其位置越靠下；同时各条均线方向均向下时，就称为“均线空头排列”。说明此时股价趋势是向下的，而且下跌趋势强烈，如图 3—4 所示。

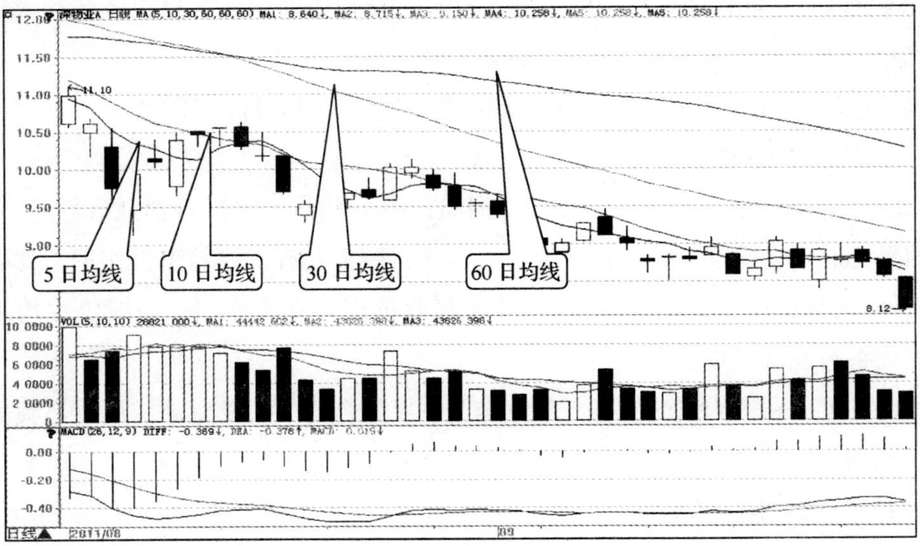

图 3—4　深物业 A（000011）均线空头排列

投资者利用均线的排列方式，可以寻找正在强势上涨的股票，规避弱势下跌的股票。

第二节 利用均线看清趋势方向

股价的K线波动比较剧烈，尤其是日K线级别的波动更是如此。对于趋势研判来说，很多波动就像噪声一样，容易使投资者陷入其中，看不清真正的趋势方向。而均线，就相当于将K线进行了平滑处理，可以过滤掉很多无意义的波动，能很好地辅助投资者看清趋势方向。

由于均线表示的是一定时间内股价的平均价，因此均线所表示的周期越短，当前股价变动对均线的影响就越大，均线对当前股价变动的反应就越敏感，波动也就越频繁；均线表示的周期越长，当前股价变动对均线的影响就越小，均线对当前股价变动的反应就越滞后，均线的波动也就越平缓。投资者利用均线研判股价趋势时，要注意这一区别。

一、从均线方向看趋势方向

上面曾经提到过，均线方向代表了股价运动的趋势方向。短期均线只能说明短期趋势的方向，而长期趋势则只能说明长期趋势的方向，两者不可混淆。另外，均线对股价波动的反应存在一定的滞后性，均线的周期越长，其滞后性就越明显。

例如，对于年线（250日线）来说，虽然稳定性很好，发出信号的可靠性也较高，但是当股价趋势已经逆转时，反映到年线的转向上，会有一个相当长的滞后期。此时投资者根据年线方向来判断趋势的话，将失去在顶部卖出股票的机会。

凡事有得必有失，没有绝对完美的指标或者技巧。投资者在分析判断股价趋势时，要注意多种分析方法综合运行，这样可以取长补短，互相弥补缺陷，大大提高判断的准确性。

图3—5中，华夏银行（600015）从2011年3月22日开始，进入调整走势中。先是5日均线掉头向下，接着是10日均线。这两条短期均线的向下，预示着股价的短期趋势向下，短线投资者应注意归避该下跌风险。

投资者观察中期均线，可以发现30日、60日均线方向仍然向上，同时股价也处于这两条均线上方，因此股价的中期趋势并没有发生反转。此时中线投资者可以继续

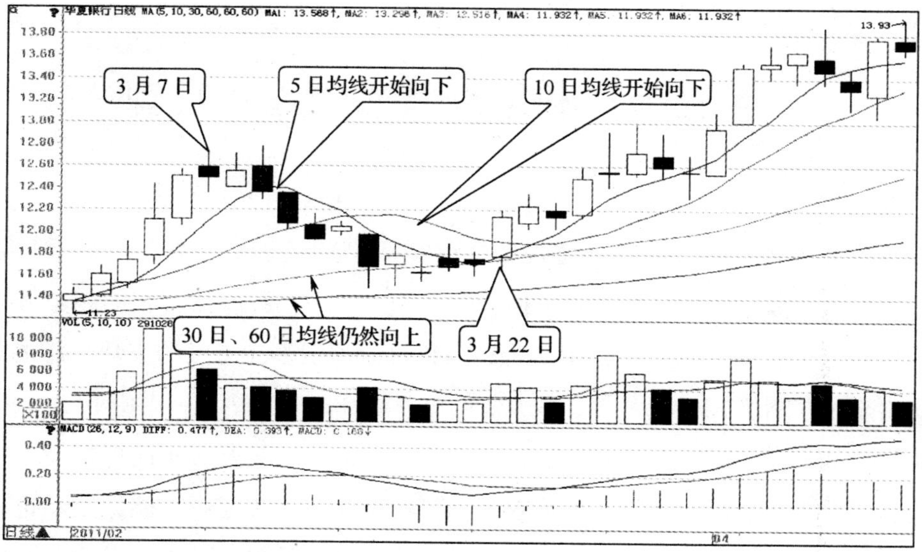

图3—5　华夏银行（600015）均线

持股待涨。

3月22日前后，该股股价虽然跌破30日均线，但是仍处于60日均线上方，同时30日均线并没有掉头。因此投资者不能认定中期趋势已经反转。3月22日之后，该股开始震荡上扬，股价重新回到各条均线上方，同时5日、10日均线也开始掉头向上，说明此时短、中期的趋势方向均向上，新一轮上涨趋势开始。

二、从均线的缠绕和发散看趋势方向

当股价呈现横盘震荡走势时，其均线系统也必然是缠绕在一起，反复交叉的。所谓"合久必分，分久必合"，当股价从横盘震荡中走出来，其均线系统也必然会重新开始发散。因此，投资者可以通过均线的缠绕和发散，来判断股价趋势的转变。

图3—6中，中国联通（600050）在2009年12月14日之前，各条短中期均线互相缠绕，股价也处于横盘震荡之中。12月14日之后，股价开始震荡上扬，各条均线开始发散，同时股价能够持续保持在5日、10日均线之上，说明该股股价已经结束了此前的横盘走势，开始了一轮上涨走势。此时，投资者若能把握好时机，果断买入，就会有不错的回报。

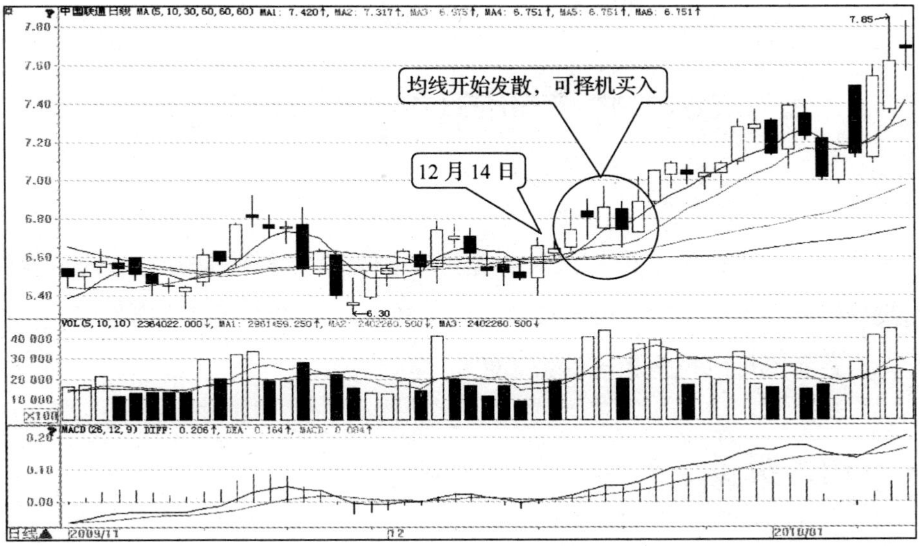

图 3—6　中国联通（600050）均线

第三节　利用均线找到买卖点

在实战中，均线最重要的作用，就是可以作为投资者把握买卖点的重要参考依据。当股价对均线出现了向上突破或跌破的走势，以及均线对股价产生了支撑或阻力作用时，投资者就可以把握相应的买卖时机。

一、均线买卖点 1：均线的突破与跌破

当股价自下而上突破某条均线时，预示着股价趋势开始向上，买入信号出现；当股价自上而下跌破某条均线时，预示着股价趋势开始向下，卖出信号出现。

投资者要想准确把握买卖时机，就需要注意以下两点：

第一，越是长期的均线，股价对其向上突破或跌破时，所发出的交易信号就越可靠。而周期很短的均线，例如 3 日线和 5 日线，其交易信号可靠性就较差。因此，建议投资者只在中长期均线上使用这个交易技巧。

第二，当股价经过一段较长时间的上升或者下跌趋势后，向上突破或者跌破均线发出的交易信号可靠性较强。当股价与均线反复缠绕时，向上突破与跌破就不具有信号意义了。

（一）突破均线的买入信号

由于股价突破均线后，往往会再次回落至该均线附近，如果获得支撑将继续上涨。这个回落的过程，一般被称为“回调确认突破的有效性”。因此股价向上突破均线时，实际上包含着两个买点。

买点 1：股价向上突破均线时，买点 1 出现。

买点 2：股价对均线回调确认完毕时，买点 2 出现。

图 3—7 中，2009 年 10 月 19 日，金自天正（600560）的股价突破 60 日均线，买点 1 出现，投资者可以进行初次买入。此后该股出现回落，并在 60 日均线处获得支撑并重新上涨，表明回调确认结束，本次突破有效。此时买点 2 出现，投资者可以加仓买入。

（二）跌破均线的卖出信号

与向上突破均线的买入信号相同，股价跌破某条均线后，后市往往会再次向均线

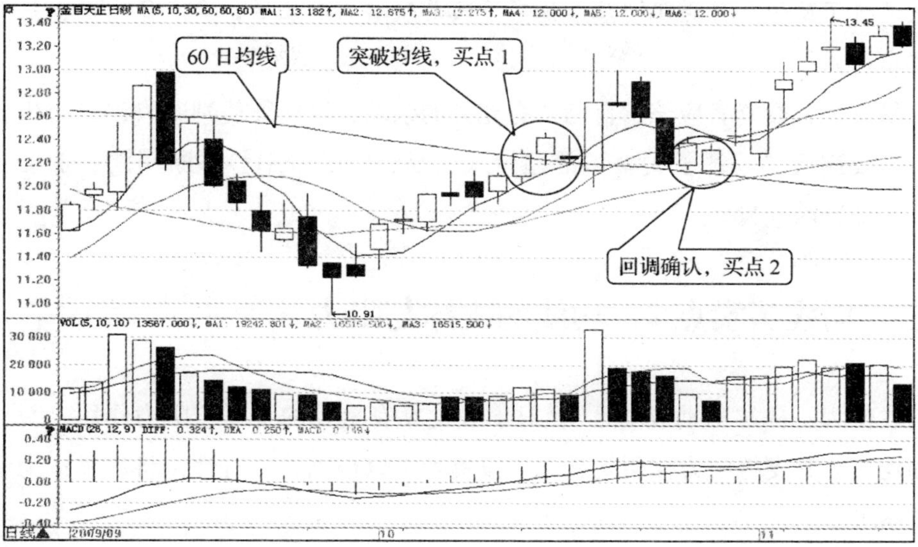

图 3—7　金自天正（600560）突破均线买点

处靠拢。如果遇到阻力将继续下跌，称为“反弹确认跌破的有效性”。因此股价跌破均线时，也包含着两个卖点。

卖点 1：股价跌破均线时，卖点 1 出现。

卖点 2：股价反弹确认完毕，卖点 2 出现。

图 3—8 中，2010 年 2 月 1 日，经过连续下跌的中国联通（600050）跌破 120 日均线（半年线），卖点 1 出现，投资者应该进行减仓操作。3 月 2 日前后，该股对 120

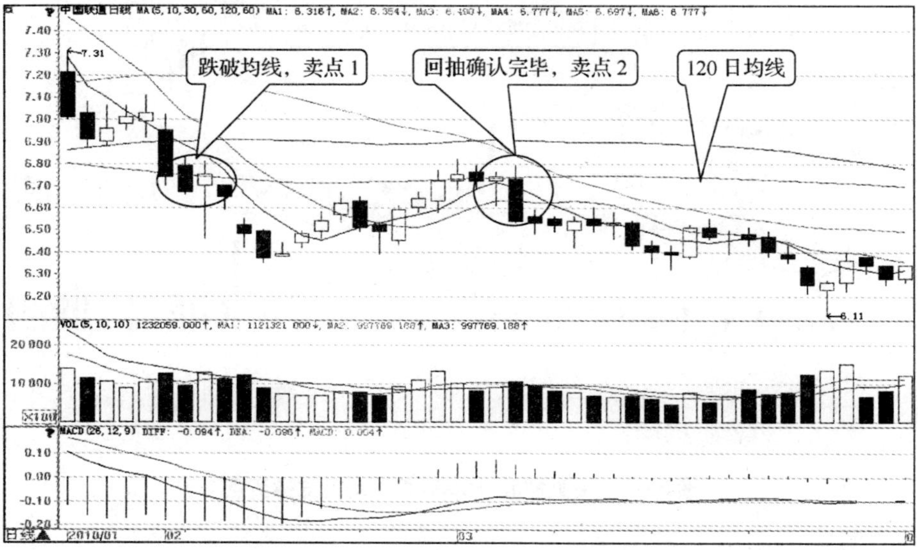

图 3—8　中国联通（600050）突破均线卖点

日均线进行了反弹，并遇阻回落，证实了此前跌破的有效性，卖点2出现，投资者应将股票出清。

交易当中，投资者应该给自己留有充分的余地，这样即使判断失误也有机会进行纠正。不要进行“一锤子买卖”的赌博式交易，应随着趋势不断明朗和加强，进行跟随性的加仓减仓操作。

二、均线买卖点2：均线的支撑与阻力

均线作为一种“移动成本区”，对于股价具有重要的支撑与阻力作用。而且越是长期的均线，其支撑阻力作用就越强。投资者可以根据这个特性，将均线作为重要的买卖点参考。

（一）均线的支撑买点

当股价自上方回落到某条均线处时，如果获得支撑开始回升，那么买入信号出现，投资者就需要注意把握买入时机。

图3—9中，海虹控股（000503）在2009年8月跟随大盘大幅下跌，但在跌至250日均线（年线）位置后，连续两次获得支撑后开始连续回升，股价重新站在5日、10日均线之上，买入信号出现。

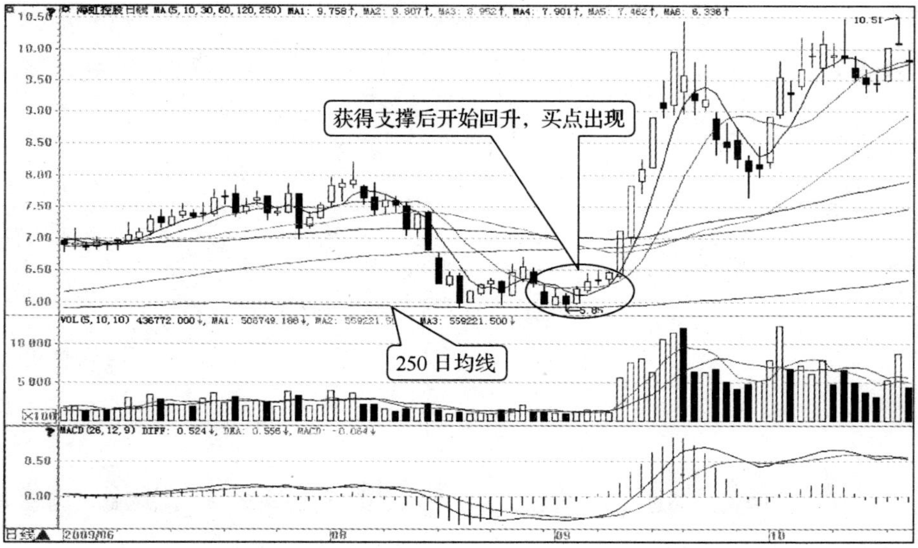

图3—9　海虹控股（000503）均线支撑买点

（二）均线的阻力卖点

当股价自下方回升到某条均线处时，如果遇到阻力开始回落，那么，也就意味着

卖出信号出现。投资者应注意把握卖出时机。

如图 3—10 所示，上海建工（600170）在 2010 年 3 月下旬出现反弹行情。4 月 12 日，该股反弹至 120 日均线处后，连续遇阻回落，卖出信号出现。

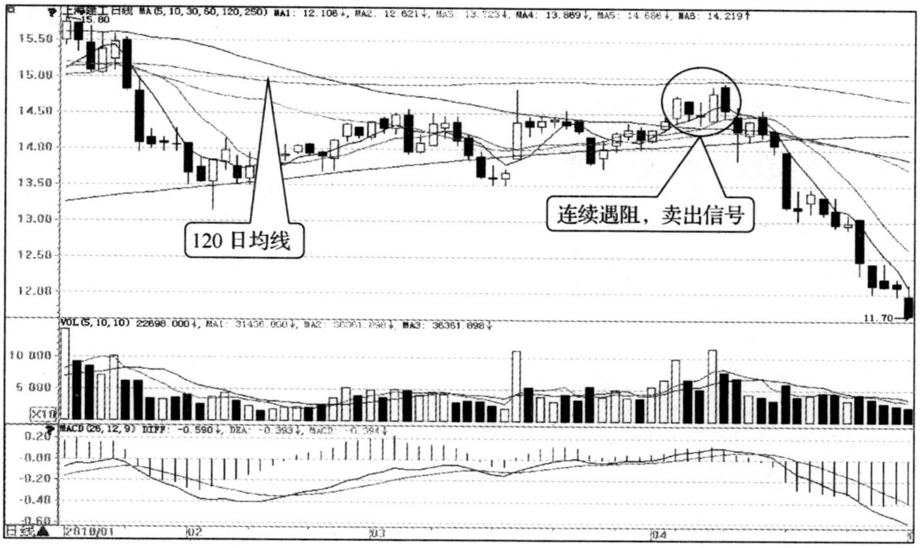

图 3—10　上海建工（600170）均线阻力卖点

第四节　利用均线找到强势股

一、强势股的均线特征

能够及时介入强势股，是短线投资者的最大目标。从均线上来看，强势股大多具有以下特征：

第一，均线多头排列。

当强势股票连续放量上涨时，必然会带动各条均线一起上行。而越是短期的均线受到的带动影响就越明显，由此会带来均线系统的多头排列。

第二，均线逐渐发散。

由于长期均线对股价变动的反应比较滞后，而短期均线则比较敏感。因此当股价连续强势上涨时，越是短期的均线，其上涨速度越快，而长期均线则上涨速度较慢，各条均线之间的距离越来越远，均线系统将呈现一种发散的情形。

第三，股价沿短期均线上涨。

由于多头资金积极买入，因此强势股在上涨过程中，回调洗盘的幅度往往不会太大。另外，庄家在大力拉升过程中，也不会进行大幅度的洗盘，防止踏空资金有低位买入的机会。股价往往沿着5日、10日等短期均线上扬，很少跌破10日均线，即使跌破也将在短时间内拉回。

二、强势股的均线买点

基于强势股以上的均线特征，短线投资者追逐强势股时，有以下两个买点供选择。

买点1：均线形成多头排列的初期。

买点2：股价回落至5日或者10日均线附近时。

如图3—11所示，2011年2月9日，迪康药业（600466）在经过年初的横向震荡走势之后，均线形成多头排列，表明上涨趋势形成，买点1出现。

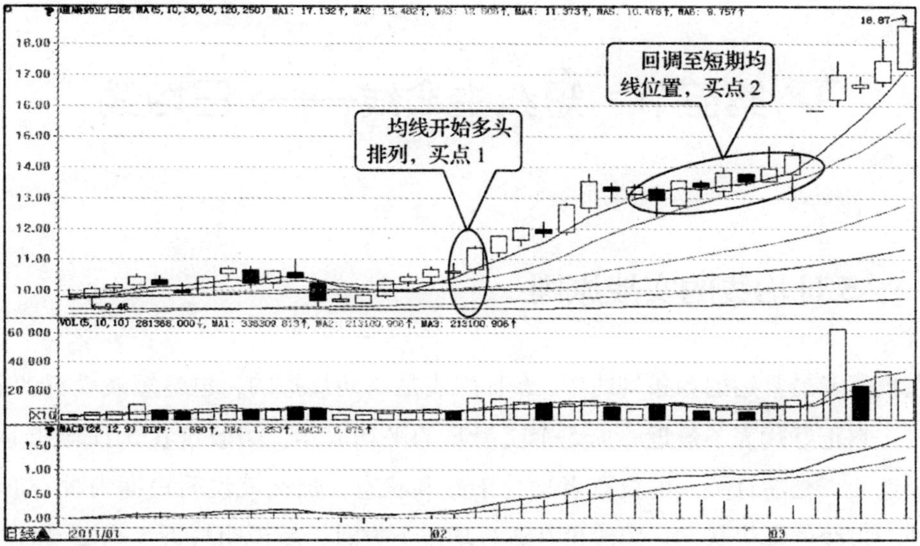

图3—11 迪康药业（600466）均线

之后该股大涨后回落，在10日均线处受到支撑，买点2形成。投资者要注意把握这两个买入信号。

大多数股票在牛市中都有自己的主升浪。利用均线把握强势股的技巧，同样可以用来把握每个股票的主升浪。投资者可以参照上例来把握主升浪的均线买点，这里不再重复。

第五节　短线生命线——5 日均线

一、5 日均线的实战原则

在投资者最常用的各条均线中，5 日均线是周期最短的，也是短线投资者最关注的均线。它正好代表了最近一周 5 个交易日的平均成本。当股价在 5 日均线上方时，说明最近 5 个交易日买入的投资者均处于赢利状态，那么就说明短期内没有套牢盘，股价处于短线的强势状态。当股价在 5 日均线下方时，就说明最近 5 个交易日买入的投资者都处于套牢状态，那么股价处于短线的弱势状态。

短线交易中，投资者需要积极把握强势股，规避弱势股。因此，5 日均线作为判断股价短期强弱的重要参考，具有重要的实战意义。

短线投资者运用 5 日均线作为买卖参考时，应该注意把握以下两个原则：

第一，股价在 5 日均线上方才买。

第二，5 日均线方向向上才买。

二、5 日均线的实战技巧

下面介绍一个利用 5 日均线进行短线交易的技巧。

股价自低位开始回升，往往会带动 5 日均线上穿 10 日均线。如果此后该股股价展开调整，5 日均线也会转而向下。当 5 日均线回落至 10 日均线处时，如果获得了 10 日均线的支撑，即 5 日线不跌破 10 日线，往往预示着股价将会出现一个连续上涨走势。当股价重新向上突破 5 日、10 日均线时，就是短线的绝佳买点。

如图 3—12 所示，上风高科（000967）在 2010 年 1 月开始回升，并带动 5 日均线上行。2 月 4 日，5 日均线上穿 10 日均线后，股价开始进入一个调整走势，同时 5 日均线也开始向 10 日均线靠拢。此时投资者可以看到，在调整过程中，5 日均线并没有跌破 10 日均线，两条均线充分地粘合在一起。2 月 24 日，股价出现大涨，突破了 5 日和 10 日均线，短线买点出现。此后该股连续上涨。

上例中 5 日均线完全没有跌破 10 日均线。投资者在应用这个买入技巧时，有时

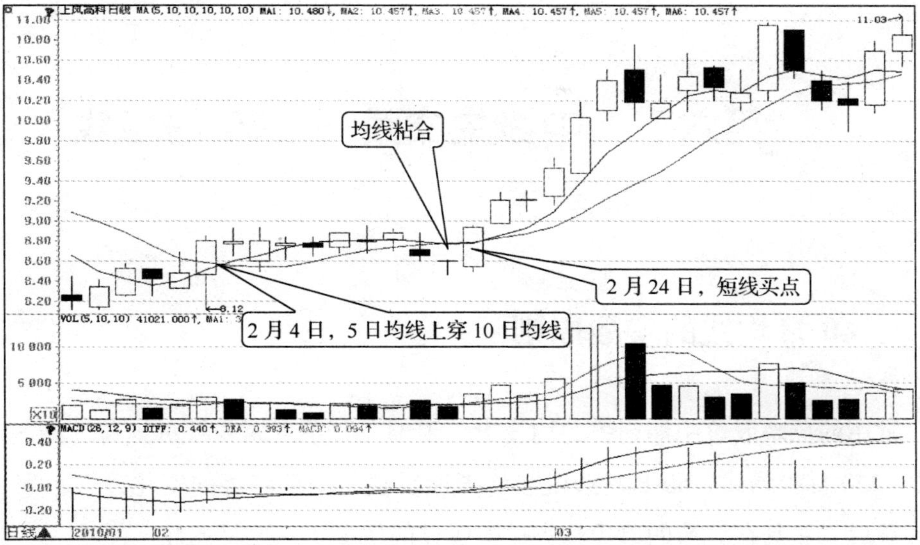

图3—12 上风高科（000967）均线

可以允许5日均线小幅度地跌破10日均线，此时仍然可以认为是买入信号。不过在这种情形下，股价的后续走势往往没有“不跌破”的强劲。

如图3—13所示，中银绒业（000982）股价的回升，带动5日均线于2009年12月29日上穿10日均线。此后随着股价的回落，5日均线开始向10日均线靠拢，并短暂下穿10日均线。2010年1月14日，随着股价再次突破5日、10日均线，5日均线重新上穿10日均线，买点出现。此后该股连续上涨，但涨势没有图3—12中的上风高科那么强劲。

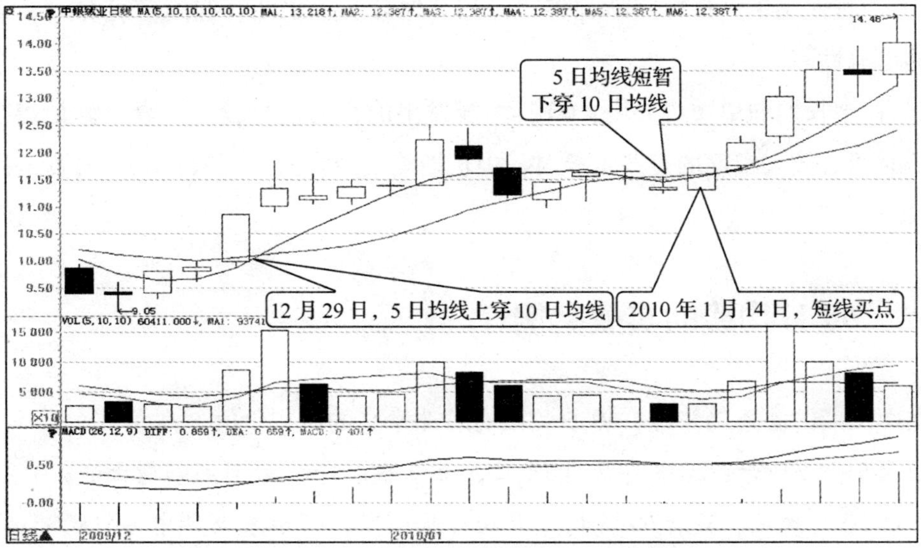

图3—13 中银绒业（000982）5日均线

第六节 中线生命线——60日均线

一、60日均线的实战原则

在常用的反映股价中期趋势的均线中，60日均线有非常重要的地位。相比30日、120日、250日等均线，60日均线既能清晰地反映出中期趋势的变化，又不那么的敏感或者滞后。尤其在行情的单边趋势比较明显的情况下，更是如此。

（一）投资者利用60日均线作为交易参考的判断原则

1. 股价在60日均线上方，且均线方向向上，可进行买入操作，或者继续持股待涨。

2. 股价在60日均线下方，且均线方向向上，此时不可买入，但是可以持股观望，观察60日均线是否出现掉头情况。

3. 股价在60日均线上方，且均线方向向下，此时不可买入，但可以持股关注。

4. 股价在60日均线下方，且均线方向向下，此时应作卖出操作。

（二）投资者利用60日均线作为交易参考的注意事项

1. 不宜使用单一指标判断趋势，应和其他分析手法结合起来综合分析，以提高信号的可靠性。

2. 在中长期的单边趋势中，60日均线发出的交易信号较为可靠。但是当行情处于较长时间、较大幅度的震荡走势时，中长期均线经常发出无效信号。投资者须格外注意。

二、60日均线的实战案例

在中长期的单边趋势中，60日均线有着非常高的研判价值。

如图3—14所示，2011年2月14日，上证综指突破60日线短暂上涨；4月28日股价跌破60日均线，随后60日均线开始掉头向下，预示着大盘中期行情开始转势。此时中线投资者可以卖出股票，开始空仓。

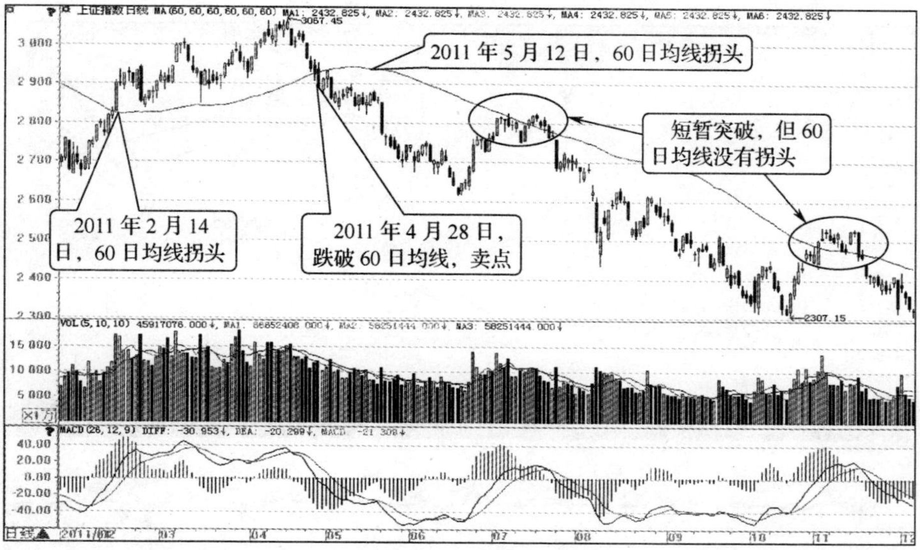

图3—14 上证综指60日均线（3067—2307）

上证综指2011年4月18日见顶3 067点之后，开始震荡下跌，60日均线自5月12日开始拐头向下，预示着大盘中期趋势开始反转。（见图3—14）在大盘自3 067点至2 307点的下跌过程中，虽然出现数次较大规模的反弹，其中有两次还突破了60日均线。但是60日均线方向始终向下，预示着大盘中期走势并没有真正转强。对于以60日均线作为交易参考的中线投资者来说，这些反弹都不是入场时机。

如图3—15所示，在大盘由998点涨至6 124点的大牛市中，虽然指数有三次曾短暂跌破过60日均线，但60日均线方向始终向上，预示着大盘中期趋势方向仍然向上。中线投资者可以继续持股。

如图3—16所示，2007年10月16日，上证综指创下此轮牛市的最高点6 124点后开始回落。到了11月22日，60日均线开始掉头向下，发出中期行情转势的信号。中线投资者可以进行卖出操作。在2008年1月初大盘曾一度突破60日均线，但60日均线方向仍然向下，表明中期趋势并没有扭转。此后大盘在60日均线下方持续下跌，虽然屡有反弹，但始终无法站在60日均线上方，表明下跌趋势一直在持续。

2008年10月28日，大盘见底1 664点开始回升，2009年1月16日60日均线也开始拐头向上，预示着中期上涨趋势的来临。此时投资者可以考虑买入操作。

从上面的3个图中投资者可以看到，60日均线在大盘中长期趋势的研判方面具有非常重要的作用，尤其是单边的中长期趋势中。虽然60日均线的拐点相对K线走势有所滞后，但其发出转势信号时行情仍然处于顶部或者底部区域。因此，对中线投资者来说，这也是可以接受的范围。

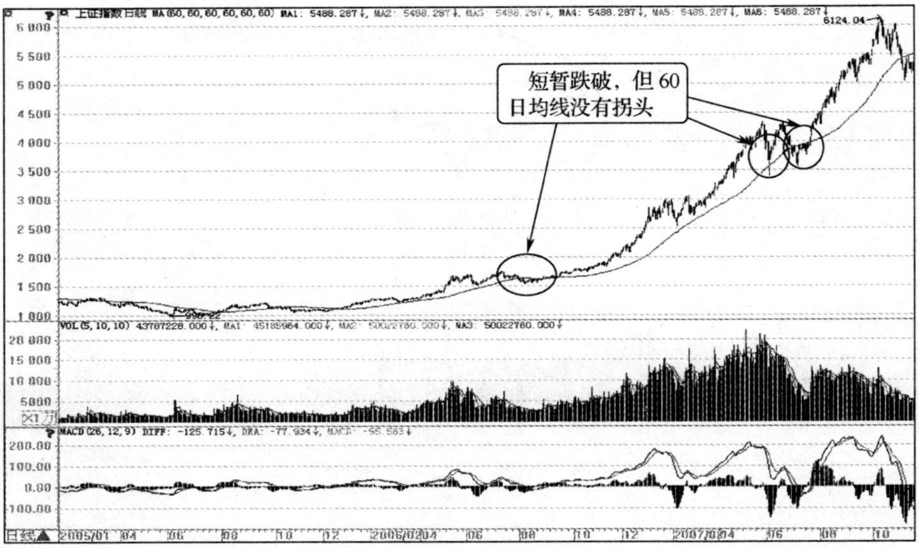

图 3—15　上证综指 60 日均线（998—6124）

图 3—16　上证综指 60 日均线（6124 ~ 1664）

第四章

看清价量关系的实质

成交量分析在股票分析中的地位，仅次于价格分析（也就是趋势分析）。股价与成交量的关系，就像汽车和油门的关系。油门的大小，决定了汽车前进的力度、速度和可持续性。相应的，成交量代表了股价变动的内在动力，因此会有“量是因，价是果”“量在价先”等股市谚语。

对于股票分析来说，投资者如果单独看成交量，那么其本身的放大与缩小对趋势方向并没有太多的预示含义。对成交量的分析，必须和价格分析结合起来，也就是我们常说的“价量关系”。

一般来说，股价上涨，成交量同步放大；股价下跌，成交量同步缩减，就称为“价量同向”，或者是“价量配合”。股价上涨，成交量同步出现缩减；股价下跌，成交量反而出现放大，就称为“价量背离”。各种不同的价量关系，对于后市趋势有着不同的预示意义，这是投资者尤为需要注意的。

第一节　价升量增的实战买卖点

价升量增，是指随着股价的不断攀升，成交量也在同步放大，就好比汽车在上坡过程中，油门也在不断加大。一般称这种价量关系为“价量齐升”，是最理想的价量关系，表明随着股价的上升，上升动力也在不断增强，预示着股价仍将继续走高。

一、底部回升时的价量齐升

当股价经过长期大幅度下跌之后，出现这种“价量齐升”的情形，往往是股价见底的标志，表明资金开始持续入场，投资者应注意把握抄底买入时机。

如图4—1所示，经过2008年的大幅度下跌后，海虹控股（000503）在最低跌至3.65元后开始回升，股价稳步上涨，同时成交量逐步放大，出现“价量齐升”的走势特征，预示着股价很可能进入新的一轮上升周期。投资者可以逐步地逢低买入，把握底部入场机会。在这个“价量齐升”过程结束后，股价展开大幅度震荡，但是不再跌进前期的“价量齐升”区间，见底迹象更加明显。

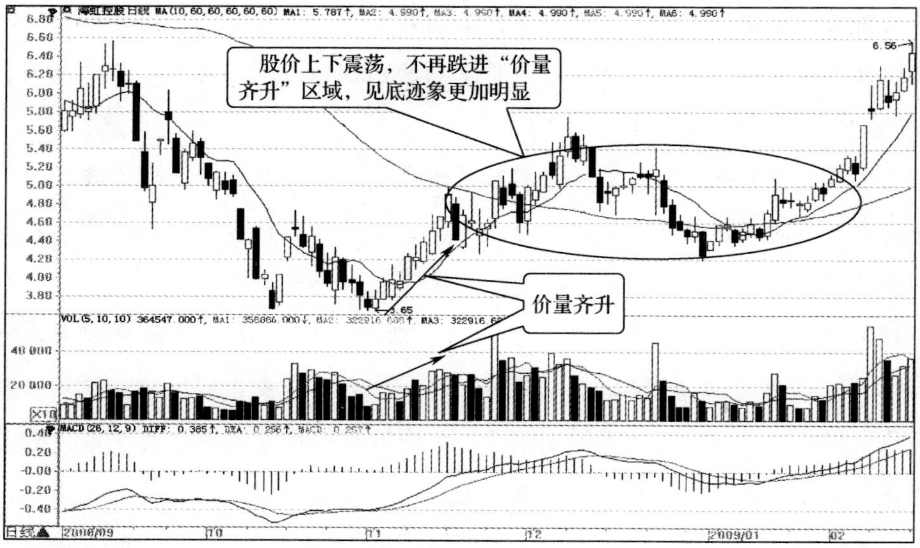

图4—1 海虹控股（000503）价量齐升

二、上涨趋势中的价量齐升

图4—1所示实例，是在一个短期的局部走势中，出现“价量齐升”的走势特征。在一轮中长期上涨行情中，随着股价一浪接一浪地走高，很多时候成交量也会呈现逐步增加的态势，预示着中期上涨行情仍将持续。在这个过程中，股价每次缩量回调时，都构成了投资者的入场时机。

如图4—2所示，在2006年至2007年的大牛市中，国投中鲁（600962）不断震荡攀升。随着股价的走高，成交量也呈现不断放大的态势，预示着中期走势非常健康，上涨趋势仍将延续。投资者可以持股待涨，或是在每次缩量回调时进行买入操作。

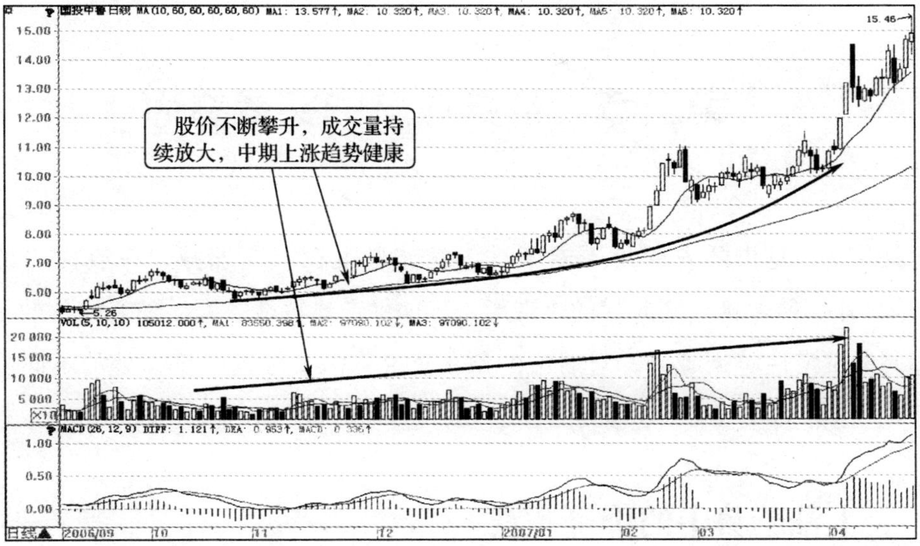

图 4—2 国投中鲁（600962）价量齐升

第二节 价跌量减的实战看点

价跌量减，是指随着股价不断下跌，成交量也在不断缩减，一般称“价量齐跌”，是另外一种“价量同向”的表现形式。这种走势特征，表示随着股价的不断下跌，筹码的锁定性越来越高。对后市的预示意义，需要根据股价所处的不同趋势来判断。

一、上涨趋势中的价量齐跌

在一轮上涨趋势中，如果股价在到达一个阶段性高点后开始下跌，同时随着股价的走低，成交量也在不断缩减，那么往往预示着这是一次正常的回调。调整结束后，股价仍将继续上涨。这种牛市中的回调，为踏空投资者提供了很好的介入时机。

看到这种上涨趋势中的价量齐跌时，出于安全考虑，投资者应该等待股价真正调整到位并已经开始回升时，再开始介入。

如图4—3所示，经过2009年9月前半月的连续上涨后，联创光电（600363）出现下跌走势。在股价不断走低的过程中，成交量出现了持续的萎缩，预示着这是一次

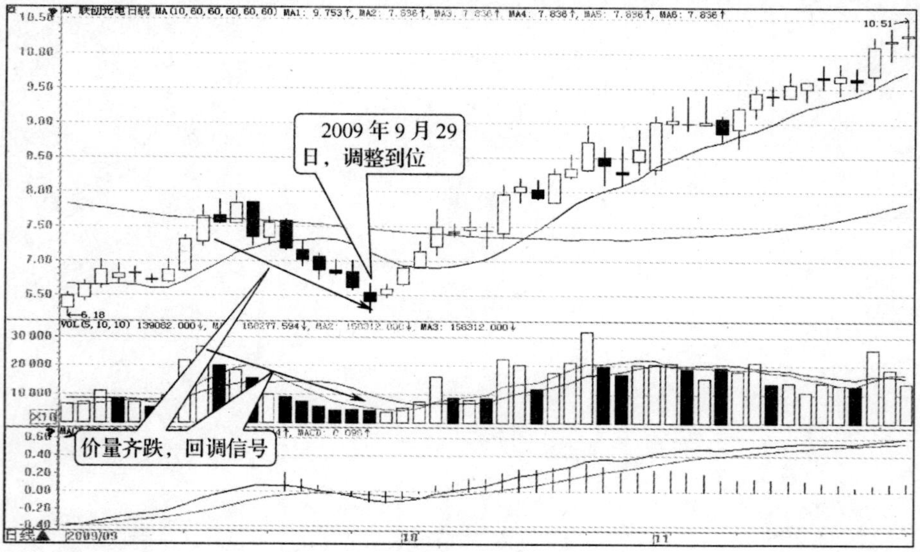

图4—3 联创光电（600363）价量齐跌

正常的洗盘回调，持有该股的投资者可以继续持股。9月29日之后，该股开始逐步攀升，同时成交量开始逐步放大，预示着调整结束，股价重新进入上升周期，此时空仓投资者可以逐步逢低买入。

二、下跌趋势中的价量齐跌

当股价处于下跌趋势中，出现“价量齐跌”的走势时，说明筹码虽然逐步锁定，但是买盘也非常稀少，投资者应注意保持观望，不要急于入场。原因很简单，就如同一个人开汽车下坡时，即使不踩油门，汽车也会不断往下走。股价在下跌过程中，是不需要成交量配合的。

如图4—4所示，2011年7月，五矿发展（600058）股价开始不断走低，进入下跌行情。8月底，该股经过短线反弹后继续下跌，在股价下跌过程中，成交量同步持续缩减，形成典型的价量齐跌走势。在下跌趋势没有明显的扭转迹象之前，投资者宜保持观望。

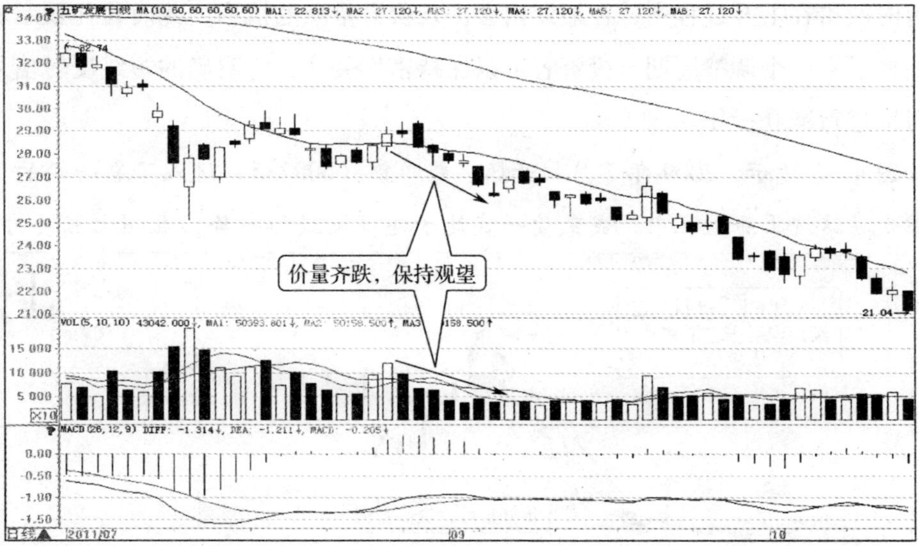

图4—4　五矿发展（600058）价量齐跌

第三节　价升量减的实战看点

价升量减，是指随着价格的上涨，成交量却在不断缩减，是最主要的“价量背离”表现形式。就好比汽车在上坡过程中，油门在逐渐减少，那么汽车依靠惯性上升一段后，将逐渐地停止下来。

当出现这种走势特征时，往往预示着股价即将见顶下跌。由于股价仍有上涨的惯性，因此投资者不用急于卖出，而是要保持高度警惕，当发现股价出现明显的见顶迹象后，再及时进行卖出操作。

一、短期内的价升量减

有时股价在上升过程中，在短期内会出现价升量减的情形，此时往往预示着股价很可能要进入一个调整周期。投资者可以保持密切关注，待明确的短线反转信号发出后，可以进行减仓操作。

如图 4—5 所示，2009 年 7 月初开始，新华锦（600735）进入了新一轮的上涨过程，但是在这波上涨过程中，成交量一直处于逐步缩减的态势，表明上涨动力不足，

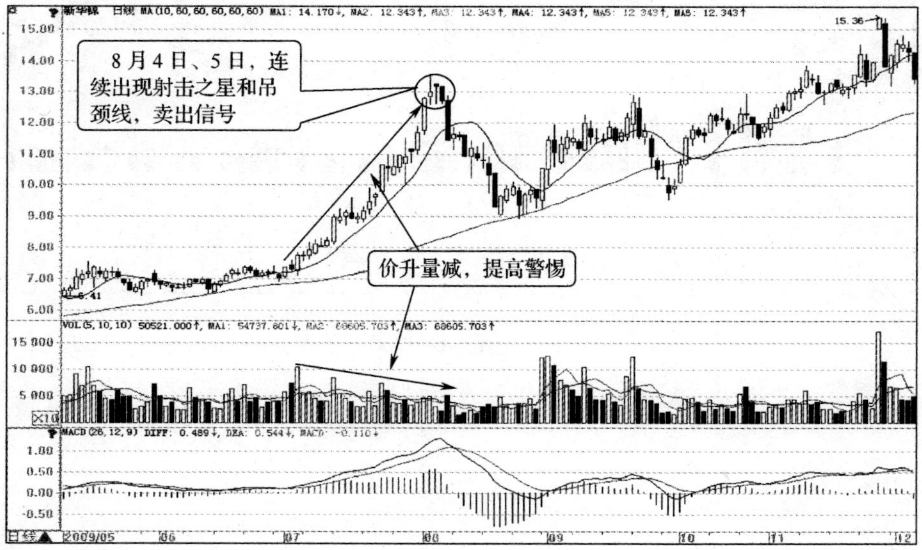

图 4—5　新华锦（600735）价升量减

后市很可能将有一个较大幅度的回调走势。8 月 4 日和 5 日这两天的 K 线，分别出现射击之星和吊颈线的见顶信号，预示着股价短线到顶，投资者此时可以进行减仓操作。

二、中长期的价升量减

如果出现了长时间、大范围的价升量减情形，那么往往预示着股价即将构筑中长期顶部，投资者需要保持高度警惕。当投资者发现中长期见顶信号后，应全部清仓离场。

如图 4—6 所示，上证综指在 2007 年 5 月 30 日之前，在中期上涨过程中，一直呈现“价量齐升”的健康态势，投资者可以持股待涨。5 月 30 日之后，上证综指进入一个调整周期。调整结束后，上证综指一直涨至 6 124 点。此时投资者可以发现，在这轮上涨过程中，成交量水平和 5 月 30 日之前的水平相比，明显缩减了许多，出现了长时间、大范围的价升量减。投资者此时需要提高警惕，注意大盘见顶风险。当大盘在 6 124 点之后逐波走低时，投资者应全部清仓卖出。

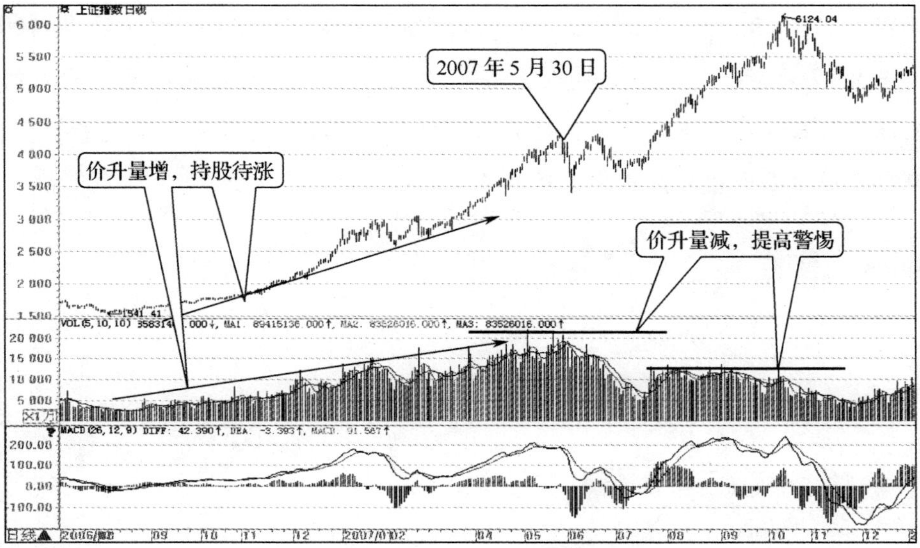

图 4—6　上证综指价升量减

第四节　价跌量增的实战看点

价跌量增，是指随着股价的不断下跌，成交量反而出现持续放大。就好比汽车在下坡时，油门反而一直在加大，下坡速度自然也会越来越快。这种走势，反映出随着股价的下跌，买方力量在不断增加的同时，卖方力量增加幅度更大，股价仍然会节节下跌。

一、股价高位时的价跌量增

如果当股价处于高位区域时，尤其是股价出现滞涨后，出现价跌量增的走势，是非常强烈的看跌信号。这种信号往往也预示着获利筹码开始疯狂杀跌出局，投资者注意适时进行减仓操作。

如图 4—7 所示，经过一年左右的上涨，2009 年 12 月 25 日，上海汽车（600104）在最高涨至 27 元后，开始下跌走势。在下跌过程中，成交量呈现逐步放大的态势。这种长期上涨后的放量下跌，是强烈的卖出信号，需要引起投资者高度警惕。在下跌过程中逐步地减仓卖出，是投资者最稳妥的选择。

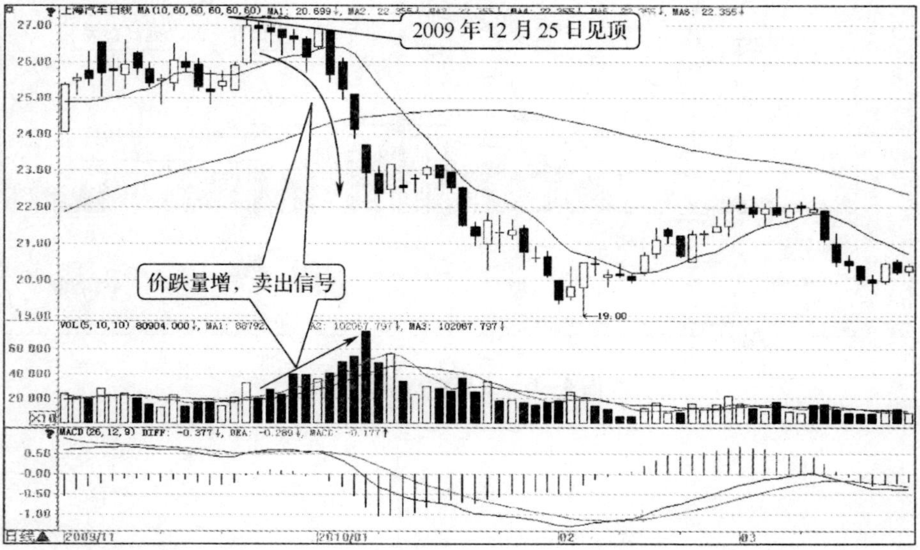

图 4—7　上海汽车（600104）价跌量增

二、股价低位时的价跌量增

当股价处于低位时，尤其是经过了长期大幅度的下跌之后，出现价跌量增的走势，说明虽然此时空方实力仍然强大，但是已经有资金开始在下跌中逢低买入，多方已经开始准备反击。此时的价跌量增，可能是空方力量的最后释放，这是股价见底的信号之一。投资者可以保持密切关注，如果后市股价出现明显的企稳走势，就可以择机入场。

如图4—8所示，经过近一年的下跌后，2008年10月22日，中国平安（601318）从100元上方跌至25.02元。在此后的四个交易日中，该股继续下跌，最低跌至19.90元。投资者可以发现，在这四个交易日的下跌过程中，成交量出现逐步的放大。此时的价跌量增，发出了见底信号。之后该股股价明显企稳，在震荡中不断攀升，股价见底基本得到确认。投资者可以逢低买入，把握底部建仓的机会。

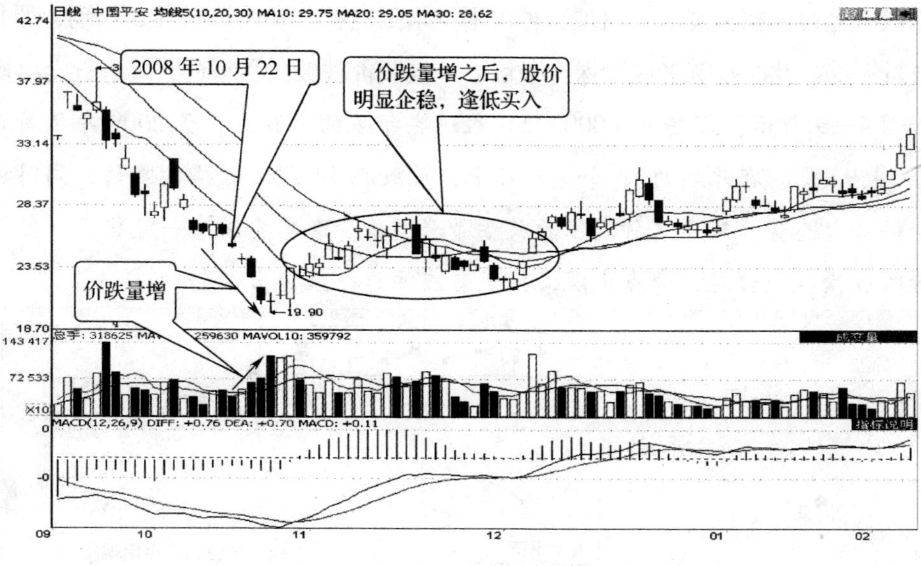

图4—8 中国平安（601318）价跌量增

第五节　价平量增（减）的实战看点

价量关系中，还有一种略微特殊的表现形式，就是价平量增（减）。价平量增（减），是指价格在一个区间内横向震荡，而成交量则或增加，或减少，或持平。

如果一只股票出现价平量增（减）的走势，投资者应该将关注重点放在股价后市的突破方向上，根据股价的突破方向来决定交易策略。如果股价向上突破横盘区间，那么买入信号出现；如果股价向下跌破横盘区间，那么卖出信号出现。

一、高位的价平量增

当股价经过大幅上涨后，出现这种价平量增的走势，说明筹码开始松动，股价已经开始放量滞涨。此时投资者应该保持警惕，一旦股价跌破横盘平台，应进行卖出操作。

如图4—9所示，万科A（000002）经过半年多的上涨后，于2009年7月6日最高涨至14.94元。在此后的16个交易日中，该股在14元附近横盘震荡，同时成交量出现小幅放大态势。对于这种高位的放量滞涨，投资者需要保持一定警惕。当7月29日股价跌破横盘平台时，卖点出现，投资者应注意把握卖出机会。

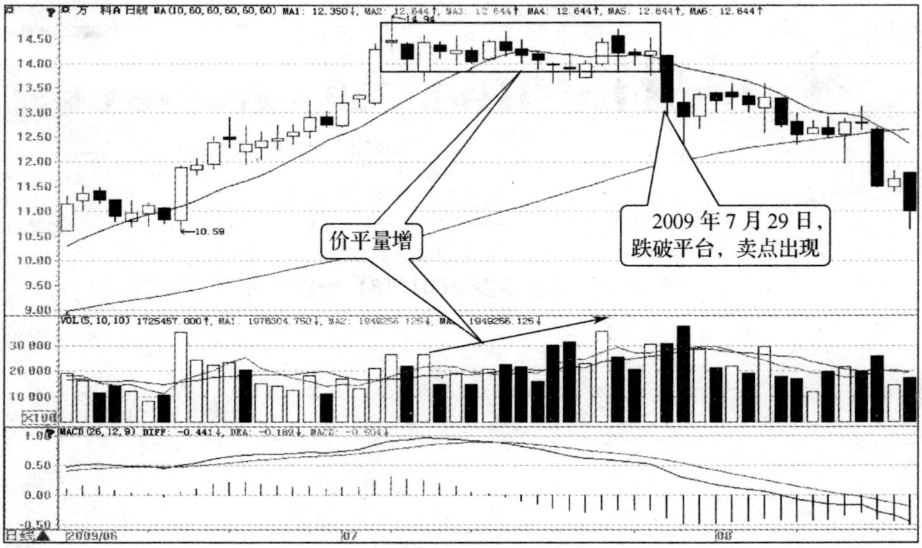

图4—9　万科A（000002）价平量增

二、趋势进行中的价平量减

当股价在上涨或者下跌趋势中，出现价平量减的走势，往往预示着股价正在进行横盘整理。待整理结束后，股价仍将延续之前的趋势方向。与上例相同，为控制风险，投资者仍应等价格出现突破走势时，再采取相应的买卖操作。

如图4—10所示，2007年6月15日，中国船舶（600150）涨停，报收137.52元。此后该股进入一个横盘震荡走势。在横盘过程中，成交量逐渐缩减，预示着此次横盘很可能是一次洗盘整理走势，完毕后股价仍将继续上涨。持有该股的投资者可以继续持股关注。7月16日，该股股价突破横盘区间，正式宣布调整结束，股价开始了新一轮的上涨。投资者也可以在股价突破横盘区间后，进行短线买入操作。

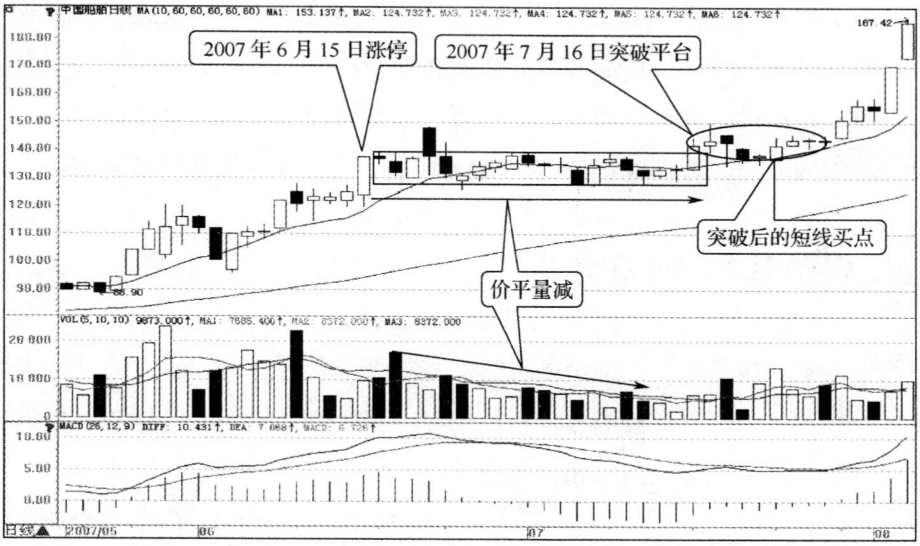

图4—10　中国船舶（600150）价平量减

第六节　从成交量变化看上涨启动点

在一轮牛市中，几乎所有股票都有自己的主升浪。主升浪所具有的特征是：

第一，连续上涨，甚至连续飙升。

第二，途中较少回调，即使出现回调，下跌幅度也不深。

第三，股价整体涨幅巨大。

能够及时把握住股票主升浪的启动点，是每一个投资者，尤其是短线投资者的最大愿望。

主升浪的启动点，基本都具有一个特征，那就是成交量的明显或者急剧放大。就好比汽车将要全速前进，在启动之时自然要将油门加大。关注明显放大的成交量，同时将其与股价运动结合起来，投资者就能够及时地发现主升浪的启动点。

主升浪的启动点，按照表现形式，可以分为放量突破和放量加速两种。

一、启动点1：放量突破

当股价放量突破某个长期的阻力位时，往往预示着将迎来一轮大幅上涨走势。突破时的放量越明显，那么突破的有效性就越高，后续涨势的强度就越高。当出现这种走势时，投资者可以及时跟进，积极把握启动点。

如图4—11所示，在2009年7月7日之前的半年中，老白干酒（600559）整体呈现横盘震荡走势，股价重心有缓慢上移的态势，但高点始终受到一条趋势线的压制（如图4—11中虚线所示）。7月7日，该股在盘中突然启动，封上涨停。当天的成交量创下一年来的最大成交量，换手率达到21.63%，同时股价突破了之前的阻力线。这种走势，预示着股价结束了此前的横盘震荡期，将要进入一个快速拉升期。

二、启动点2：放量加速

除了图4—11中突然启动的情形外，在很多时候，股价启动会有一个由慢到快的过程，类似汽车逐渐加速一样。在股价由慢到快的转折点，同样会出现成交量的明显放大。

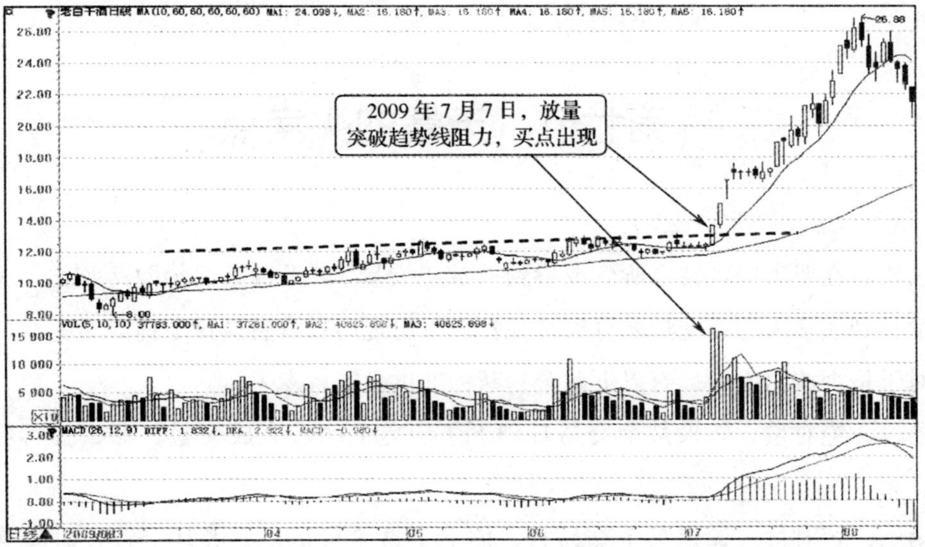

图4—11　老白干酒（600559）放量突破

一只股票，经过一段缓慢爬升阶段后，在某一个或几个交易日突然放量，同时涨幅加大，往往预示着股价即将加速上涨。这个放量加速的过程同样是一个理想的短线买点。

如图4—12所示，经过缓慢攀升后，2009年7月29日开始，熊猫烟花（600599）成交量开始连续放大，同时股价涨速也开始加快。这种走势预示着股价已经进入一个加速上涨的阶段。投资者应及时跟进，把握后续的连续大涨走势。

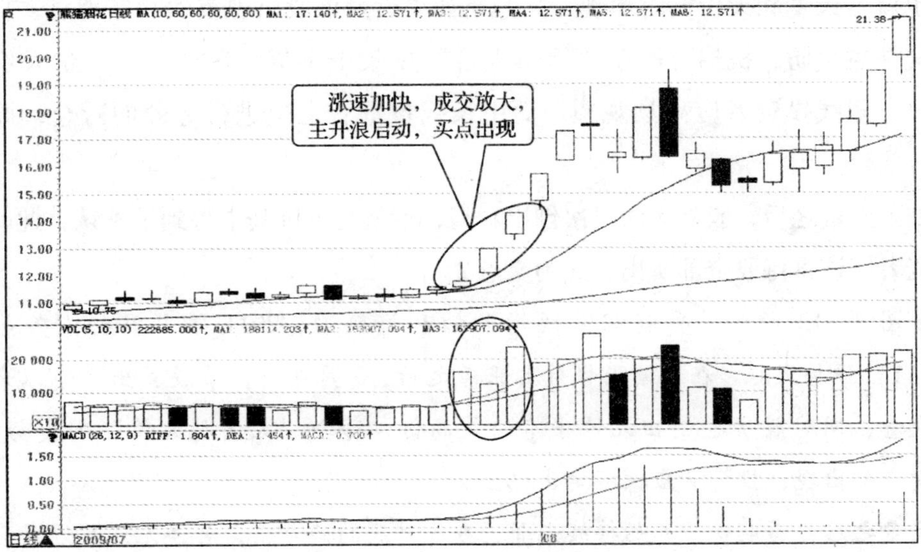

图4—12　熊猫烟花（600599）放量拉升

第七节　天量的买卖点

投资者在股市中经常会听到或看到“放出天量”“天量见天价”等词语，但是何为天量？到底多大的成交量才算天量呢？天量出现后投资者应该如何应对呢？

对于是否放出天量，有以下两个判断标准供投资者参考：

第一，绝对量。如果某个交易日创下了历史上的最大成交量，那么就可称之为天量。

第二，相对量。如果某个交易日，创下了这轮行情，或者某个较长时间（如一年）以来的最大成交量，同时在短期内不大可能再次出现更大的成交量，这个成交量就可以称为天量。

相应的，“天量”“地量”“天价”“地价”都可以按照以上的标准进行判断。

一、天量卖点之“天量见天价”

当个股经过长时间上涨后，如果在某个交易日创下天价，同时成交量也成为天量，也就是天量和天价同时出现，尤其是如果近期该股出现重大利好消息，那么投资者应注意提防，机构可能在“天量天价”中集中出货。在这个“天量天价”的交易日，短线投资者应离场观望，而中长线投资者也应进行部分的减仓，此为卖点1。

如果天量之后，股价无法再次创出新高，也就是天价基本得到了确认，此时中长线投资者应该将持股全部卖出，此为卖点2。

如图4—13所示，受利润大幅增长的利好刺激，2011年1月份，盛屯矿业（600711）强势上涨。在连续强势封上涨停之后，3月4日，该股放出上市以来的最大成交量，同时股价也创出此轮牛市的最高价，符合“天量见天价”的走势特征。此时卖点1出现，投资者应把握卖出机会。

天量之后，盛屯矿业开始持续走弱，在3月底的回升中，始终无法越过天量价位再创新高，天价得到确认，卖点2出现，此时投资者应清仓离场。

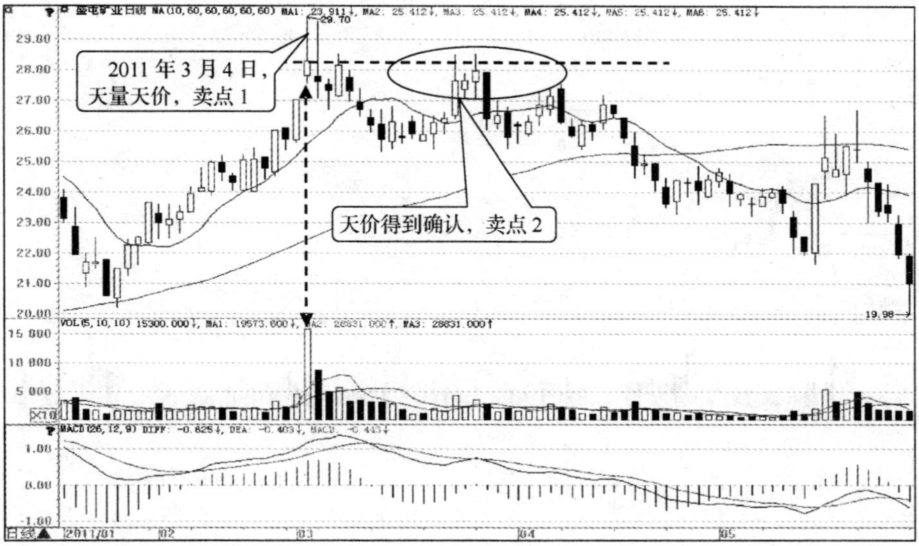

图4—13 盛屯矿业（600711）天量天价

二、天量买点之“天量之后的天亮”

有时天量并非伴随着天价，股价在天量之后的一段时间内，经常会突破“天量位置”，这种情形可以发生在下跌过程中，也可以发生在上涨过程中。既然股价能够突破天量，就说明此前的天量中，机构不仅没有出货，反而在大举买入，而股价突破机构大举建仓的天量位置，就预示着机构建仓、洗盘过程已经结束，拉升过程正式开始。

因此，“天量之后的天亮”，就构成了一个非常重要的中线与短线买点。当股价出现天量之后，投资者可以保持密切关注。当股价突破天量位置后，此时“天已大亮”，投资者应及时入场，把握后续的拉升过程。

如图4—14所示，2010年5月31日，通策医疗（600763）当天的成交量创下自下跌以来的天量水平。“天量”之后，该股出现大幅震荡走势，并在天量处遇阻回落。

8月11日，通策医疗股价终于突破天量价位，并能在该价位上方反复企稳，天量之后出现天亮，买点出现。投资者应积极把握买入机会。后市该股进入了牛市主升浪，整体涨幅较大。

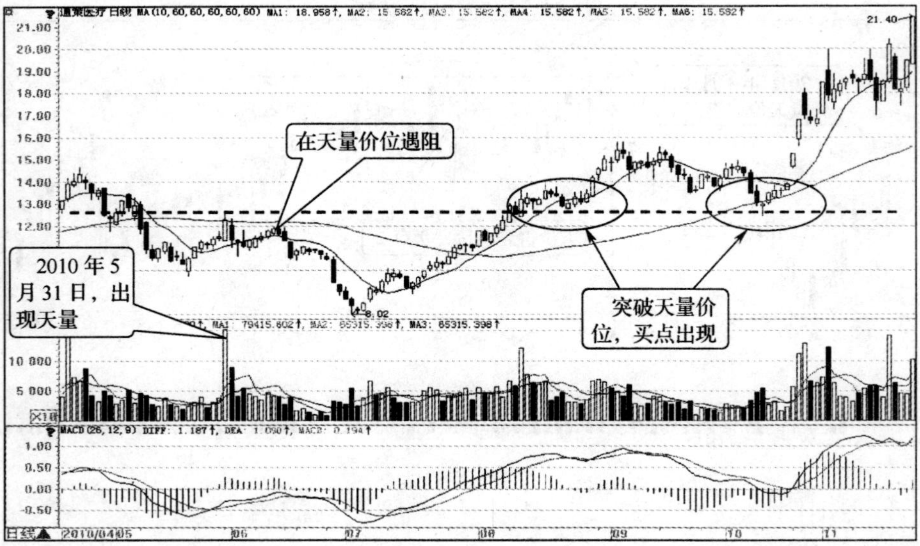

图4—14　通策医疗（600763）突破天量价位

第八节　地量的买卖点

地量，也是股市中比较常见的一种成交量情况。与天量的判断标准类似，地量也分为“绝对地量”和“相对地量”。如果某个交易日的成交量创下了上市以来的历史最低，就称为绝对地量；如果是此轮行情中，或者是某个较长时间段（如一年等）内的最低成交量，就称为相对地量。

一、熊市中的“地量见地价”

天量可能出现在行情的任何阶段，而地量则往往出现在下跌趋势中，例如熊市的末端，或者牛市中调整走势的末端，这也是为什么有“地量见地价”的说法。

不过投资者需要高度注意的是，熊市的末端经常会出现地量，但是反过来，出现地量并不代表着熊市已经到了末端。

第一，在地量出现之后，我们无法判断后面是否还有更低的地量。

第二，地量之后股价仍可能继续下跌，尽管后面不再出现更低的地量。

如图4—15所示，2004年4月7日，上证综指在涨至1783点后，开始了熊市中

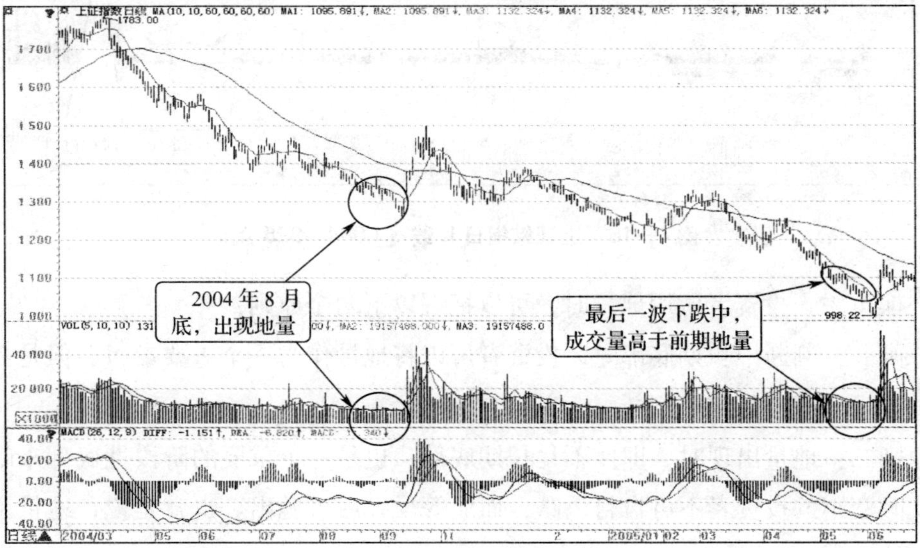

图4—15　上证综指日K线（1783~998点）

的新一轮下跌，最低跌至2005年6月6日的998点，才真正见到了熊市最低点，并开始了998点至6 124点的大牛市。投资者观察从1 783点至998点下跌中成交量的变动情况，可以发现，这波下跌中的地量出现在2004年8月底的1 300点附近，但是本次地量，见到的仅仅是“阶段性低点”，而不是“熊市低点”。股指经过短线反弹后继续下跌。在后续的下跌中，成交量再没有低于过这次地量水平。尤其在998点之前的最后一波下跌中，成交量明显要比前期的地量水平高出不少。

在上面的图4—15中，地量并没有见到真正的地价。而在下面的例子中，则出现了“地量见地价”。

如图4—16所示，1993年12月8日，上证综指见顶1 044点之后，开始了新一轮的大幅度下跌走势。1994年6月下旬，股指持续下跌，同时成交量也异常低迷，创出下跌以来的最低成交水平，出现地量。此后不久，7月9日股指见底325点后开始强劲上涨。325点也成为上证综指长期上涨的起点位置。在本例中，地量见到了地价。

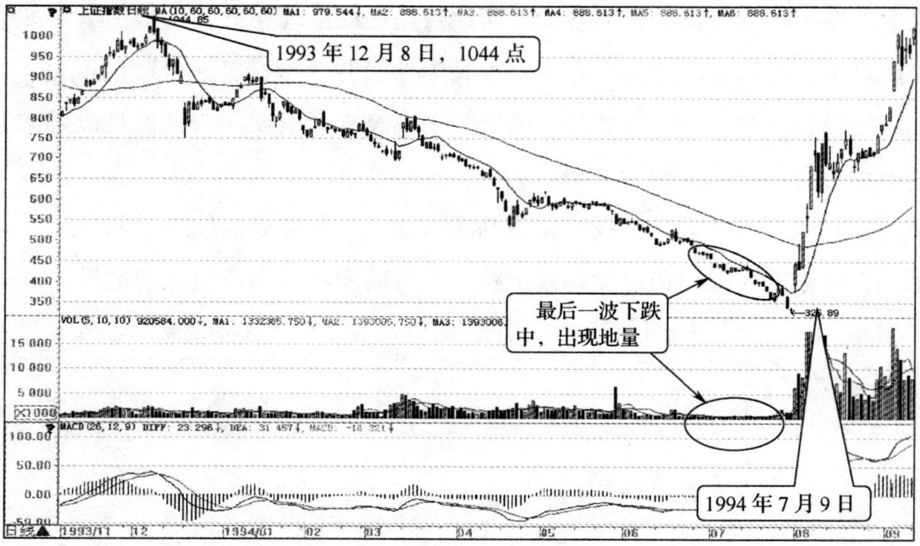

图4—16 上证综指日K线（1 044～325点）

在熊市中，投资者应用地量时，可以把握以下两个原则：

原则一：判断中长期底部时，投资者可以将地量作为一个重要参考，但是需要结合多种技术手段进行综合判断。

原则二：地量出现时，即使不是长期底部，也是一个重要的阶段性底部来临的先兆。此时套牢的投资者不可盲目杀跌，而应等反弹后再抛出。也就是说，地量出现时不宜继续做空。

二、牛市中的"地量见地价"

"有钱难买牛回头"，牛市中的回调是踏空投资者绝佳的介入机会。这种回调过程，在成交量上的最大特征，就是缩量。当成交量缩至某个低水平后，股价不再下跌并企稳回升，往往预示着回调过程结束，新一轮上升阶段即将开始，空仓投资者可以积极把握买入良机。

投资者请注意，此时的地量，是这波回调走势中的相对地量，而非绝对地量。

如图4—17所示，2010年2月初，德赛电池（000049）在回调至9元上方后，成交量极度缩减，创出本轮回调以来的最低水平，同时股价开始企稳并逐步回升，出现"地量见地价"。此时投资者可以逐步入场，将能很好地把握住下一轮的大涨行情（如图4—17中买入时机1所示）。

有趣的是，德赛电池在两个涨停后，3月4日放量震荡，成交量创出历史最高量。当后市股价突破这个"天量"价位时，出现另一个买入良机（如图4—17中买入时机2所示）。

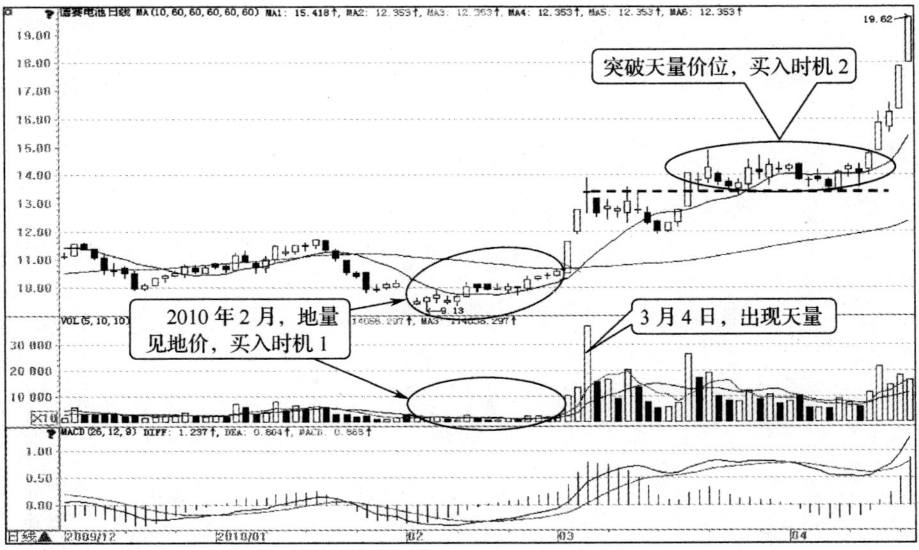

图4—17 德赛电池（000049）相对地量

第五章

看懂技术指标的奥秘

技术指标，是指运用一定的数理统计方法以及特定的运算公式，来判断趋势走势的一种量化的分析工具。不同的技术指标，有着不同的应用法则。下面介绍一些比较常用的技术指标的用法，以及在实战中的买卖点选择。

第一节　平滑异同移动平均线 MACD 实战看点

一、MACD 的实战看点

平滑异同移动平均线（简称“MACD”），是一个常用的中长期技术指标，由 DIF 线和 DEA 线这两条曲线，以及 MACD 柱线构成，如图 5—1 所示。

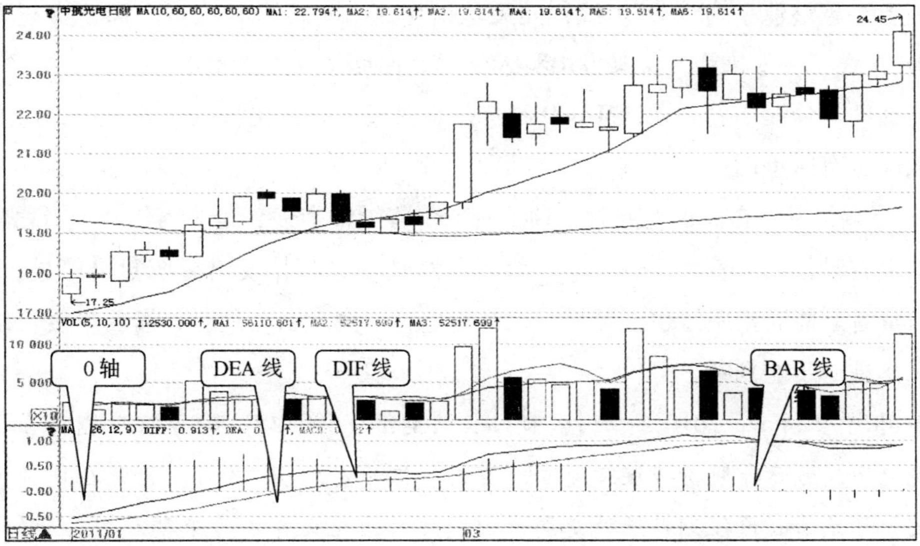

图 5—1　中航光电（002179）MACD 指标

DIF 线是快速平均线，变动较为灵敏；DEA 线是慢速平均线，变动较为平缓；中间的横线是 0 轴。DIF 线、DEA 线指标值在 0 轴以上时为正值，在 0 轴以下时为负值。

围绕 0 轴上下波动的柱状线，是 MACD 柱线，其计算公式为 DIF 值与 DEA 值之差的两倍。当 DIF 线位于 DEA 线上方时，MACD 柱线位于 0 轴上方，显示为红色；

当 DIF 线位于 DEA 线下方时，MACD 柱线位于 0 轴下方，显示为绿色。MACD 柱线越长，说明 DIF 线距离 DEA 线的距离越远。

MACD 指标的实战看点主要包括：DIF 线与 DEA 线的交叉，DIF 线、DEA 线与股价走势的背离，MACD 柱线与股价走势的背离。下面我们从把握买卖点的角度分别介绍这三个看点。

二、MACD 的实战买卖点

MACD 指标由三条指标线组成，其构成较其他技术指标更为丰富，相应的在实际应用中发出的交易信号也比较多。下面我们在这些信号中，选择可靠性较高的部分信号进行详细介绍。

（一）金叉与死叉的买卖点

与移动平均线金叉、死叉的定义相同，MACD 指标的金叉是指快速平均线 DIF 线自下而上穿越慢速平均线 DEA 线；死叉是指快速平均线 DIF 线自上而下穿越慢速平均线 DEA 线。一般来说，金叉发出买入信号，而死叉发出卖出信号。

与移动平均线不同的是，MACD 指标的金叉或者死叉出现的位置不同，所发出的信号强度也有所不同。

1. 当金叉发生在 0 轴上方时，预示着股价将继续走强，是买入信号；当死叉发生在 0 轴上方时，预示着股价进入一个短期下跌调整过程，发出短线卖出信号。但是，此时投资者不能断定中线也已经见顶，是否进行中线卖出，这时，需要投资者结合其他指标作进一步的判断。

如图 5—2 所示，2010 年 9 月 8 日，长园集团（600525）的 MACD 指标在 0 轴上方出现金叉，预示着股价将继续走强，为买入信号。10 月 12 日，指标在 0 轴上方出现死叉，预示着股价短期将继续走弱，但是此时的死叉并不是中期趋势转弱的信号，中线投资者不能据此进行卖出操作。此后该股经过了一定的短期调整后，重新开始了上涨走势。

2. 当金叉发生在 0 轴下方时，股价发出由弱转强的信号，但投资者不宜立即入场，而应继续观察，如果短期内出现第二次金叉，同时第二次金叉的位置高于第一次金叉位置，此时买入信号的可靠性较高，投资者可以进行买入操作。

当死叉发生在 0 轴下方时，预示着股价将继续走弱，发出卖出信号，投资者可以进行卖出操作。

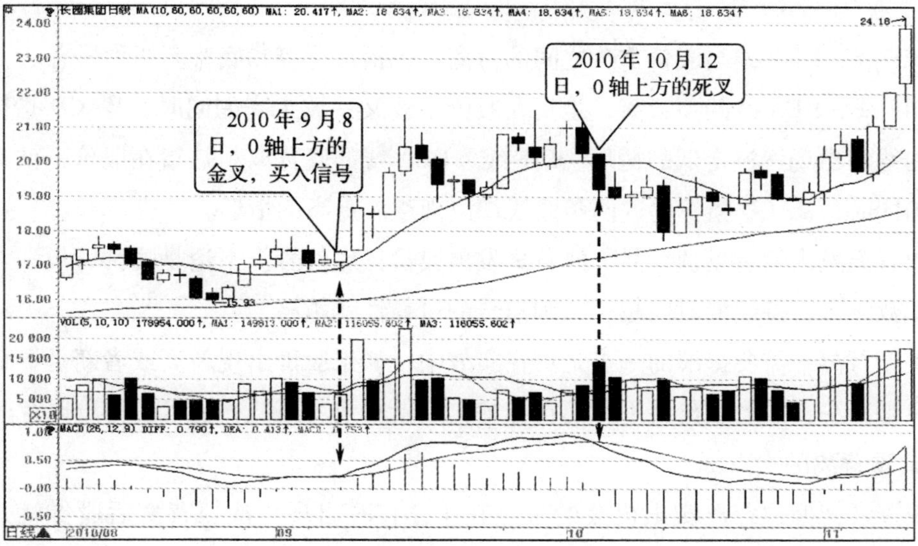

图5—2　长园集团（600525）MACD指标

如图5—3所示，经过一轮下跌后，ST传媒（000504）开始逐步回升，2010年1月5日，该股的MACD指标在0轴下方出现第一次金叉，预示着股价开始由弱转强，此时投资者可以开始关注，但不用急于入场。2月8日，该股的MACD指标再次于0轴下方出现金叉，同时第二次金叉的位置要高于第一次金叉，技术指标发出买入信号。投资者此时可进行买入操作，把握后市的上涨波段。

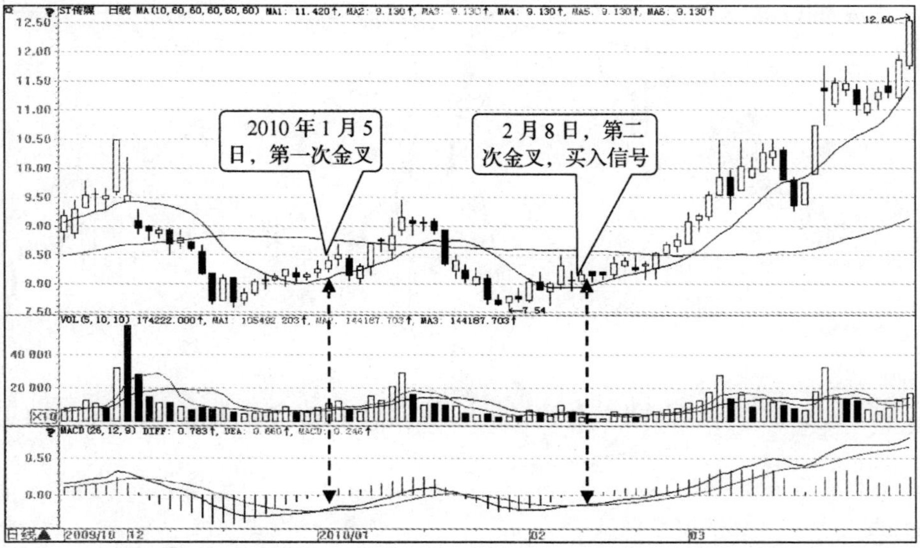

图5—3　ST传媒（000504）MACD指标

（二）顶背离与底背离的买卖点

DIF 线、DEA 线与股价走势之间的背离，包括顶背离和底背离两种形态。

DIF 线、DEA 线的顶背离，是指在股价一波又一波走高的同时，MACD 指标的这两条曲线却出现逐波走低的情形。DIF 线、DEA 线的底背离，是指在股价一波又一波走低的同时，MACD 指标的这两条曲线却出现逐波走高的情形。

顶背离发出股价见顶信号，底背离发出股价见底信号。不论是哪种背离，背离出现的次数越多，持续的时间越长，则信号的可靠性就越高。

关于背离，需要提醒的一点是：在实战中，如果股价出现新高或者新低，而指标仅仅只是持平，或者股价持平，而指标却出现新高或者新低，也可视为出现背离。

1. 顶背离的卖点

投资者把握顶背离卖出机会的难点在于，有时出现一次顶背离后股价就开始下跌，而有时则要出现两三次顶背离后股价才开始下跌。投资者可以在每次出现顶背离时就分批减仓，待出现明显的见顶下跌信号后，再全部清仓离场。

我们仍以上海汽车（600104）为例说明顶背离的卖点把握。如图 5—4 所示，上海汽车在 2009 年 11 月中旬涨至 26 元附近后，开始缓慢地震荡攀升。与此同时，MACD 指标的 DIF 线和 DEA 线却开始逐步走低，指标与股价的顶背离出现，发出了卖出信号。投资者应把握机会逐步减仓离场。当后市该股出现价跌量增的看跌信号后，如果投资者全部清仓离场，就可以规避后续的大跌走势。

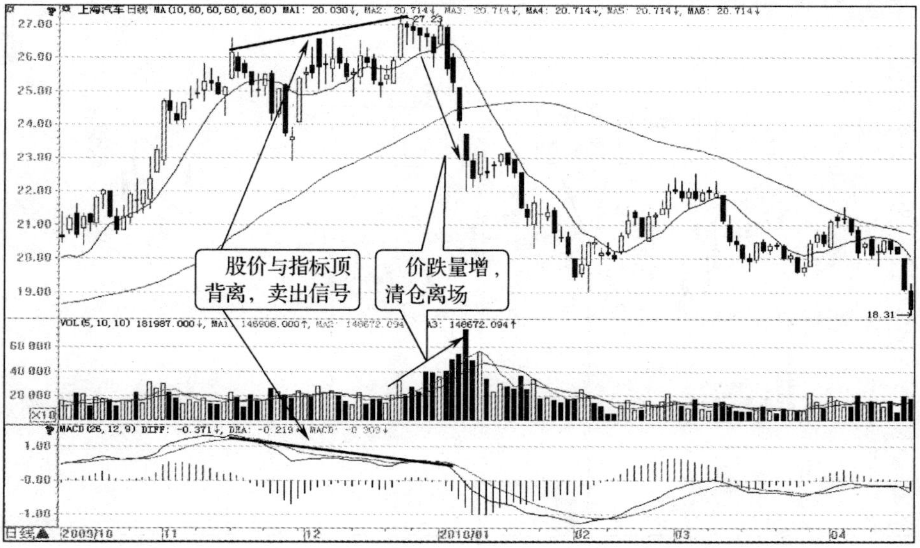

图 5—4 上海汽车（600104）MACD 顶背离

2. 底背离的买点把握

MACD指标底背离的交易策略，与顶背离类似。不同的是，为安全起见，当出现底背离形态时，投资者不必逐步逢低买入，而是应继续观察是否有其他见底信号。如果同时出现其他见底信号，投资者方可进行买入操作。

如图5—5所示，旭光股份（600353）在2010年5月21日出现一个下跌低点，此时MACD指标也同步创出新低。该股股价经过短暂反弹后继续下跌，并于7月2日再创新低，与此同时MACD指标却没有再创新低，底背离出现，发出见底信号。另外，7月2日前后的四个交易日内，该股连续收出两组孕线形态。三个买入信号相继出现，增加了买入的可靠性。投资者此时可以积极入场，该股随后出现了一波较大的上涨趋势。

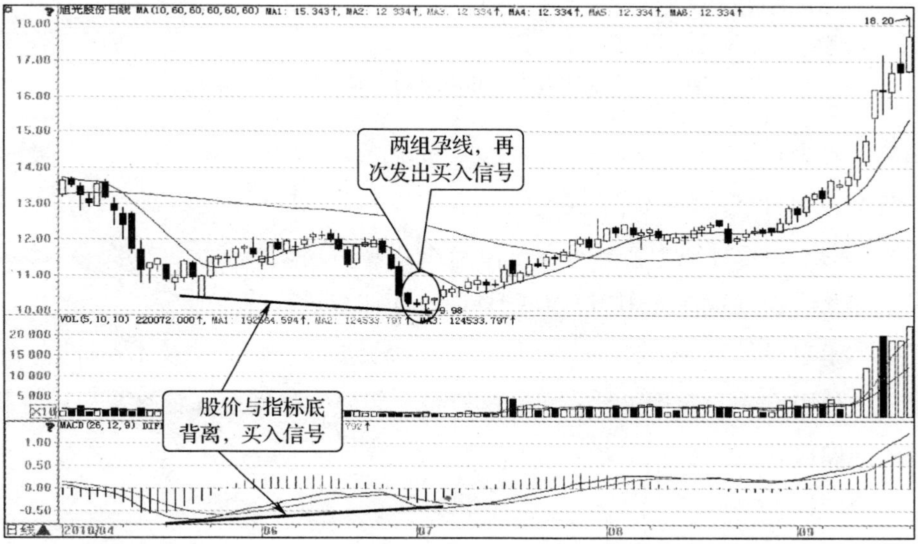

图5—5　旭光股份（600353）MACD底背离

（三）MACD柱线背离的买卖点

MACD柱线的顶背离，是指在股价逐波上涨的同时，柱线的高度却反而出现了降低，此时指标发出卖出信号；MACD柱线的底背离，是指在股价逐波下跌的同时，柱线的高度却反而出现了升高，此时指标发出买入信号。

如图5—6所示，大商股份（600694）于2009年12月18日创出调整新低37.37元，与此同时，MACD柱线却没有同步创出新低，底背离出现，投资者注意把握短线买入机会。这次底背离后，该股出现大幅上涨，最高涨至46.60元后回落。在股价第二次涨至46元的前期高点位置时，MACD柱线却低于前高，顶背离出现，投资者注

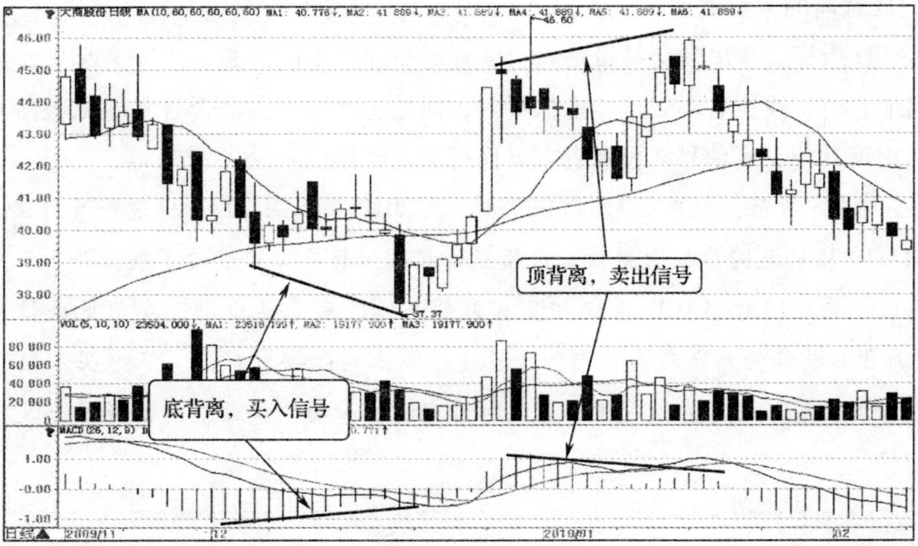

图5—6 大商股份（600694）MACD指标背离

意把握短线卖出机会。

在图5—6中投资者可以看到，大商股份这两次创新低与创新高的过程中，在MACD指标的三根指标线中，只有MACD柱线出现背离，其余指标线均与股价走势保持同步。因此，投资者在应用MACD指标时，应注意进行综合分析。

其实不单单只是MACD这一个指标，就是投资者在使用其他技术指标时，也要注意运用多种分析方法和分析工具。只有这样，才能最大限度地降低交易风险，提高交易信号的准确度和可靠性。

第二节 相对强弱指标 RSI 实战看点

一、RSI 的实战看点

相对强弱指标（简称 RSI），是利用一段时间内股价的平均收盘涨幅和平均收盘跌幅的比值，来反映市场走势强弱的指标，指标的取值范围在 0～100 之间。

这里的“一段时间”，在很多炒股软件中，默认的天数为 6 天、12 天和 24 天，投资者也可以自行设定。设定的时间段越小，对股价波动的反应就越敏感。例如，6 日 RSI 指标对股价波动的反应，就比 24 日 RSI 指标要敏感。投资者需要注意的是：天数设定过短，指标变动就会过于频繁，会发出很多无效的交易信号；天数设定时间过长，对短期波动反应迟滞，则会失去一些短线机会。在实战中，投资者可以通过不断地观察，选择更适合自己的天数设定。

RSI 指标的表现形式如图 5—7 所示。

RSI 指标的看点，主要在超买超卖和背离两个方面。

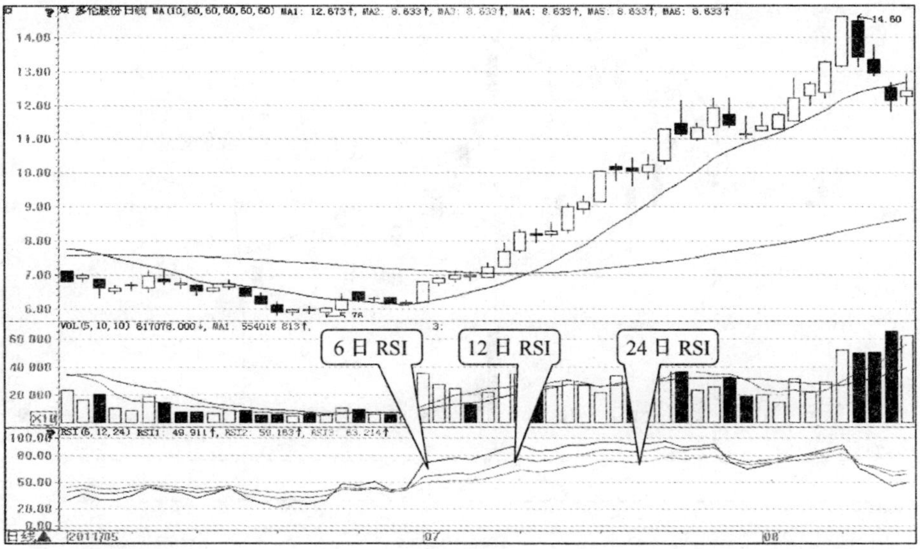

图 5—7　多伦股份（600696）RSI 指标

二、RSI的实战买卖点

（一）超买超卖

股市中，同样有着“盛极而衰”“阳极生阴、阴极升阳”的规律。例如，当买方占尽优势，股价持续上涨之时，一旦上升趋势已经“超出了买方的实力”，也就是出现“超买”，那么就要小心“阳极生阴”，投资者应该做卖出准备；当卖方占尽优势，股价持续下跌之时，一旦下跌趋势已经超出了卖方的实力，也就会出现超卖，那么就要小心“阴极生阳”，投资者需要做买入准备。

那么，投资者应该如何判断什么时候就开始超买或者超卖了呢？许多技术指标都会给出具体的判断标准。

以RSI指标为例，大部分时候，该指标值都在30~70之间运行。当RSI指标值超过70时，就预示着上涨开始进入超买状态，股价随时可能下跌；当RSI指标值低于30时，就预示着下跌开始进入超卖状态，股价随时可能上涨。

如图5—8所示，2010年11月8日，上海梅林（600073）以涨停报收，当天6日RSI指标值、12日RSI指标值均超过了70，出现超买，股价随后开始回落。12月21日，6日RSI指标值再次超过了70，出现超买，股价随即下跌。2011年1月17日，该股的6日RSI指标值跌至30以下，出现超卖，股价随后开始回升。

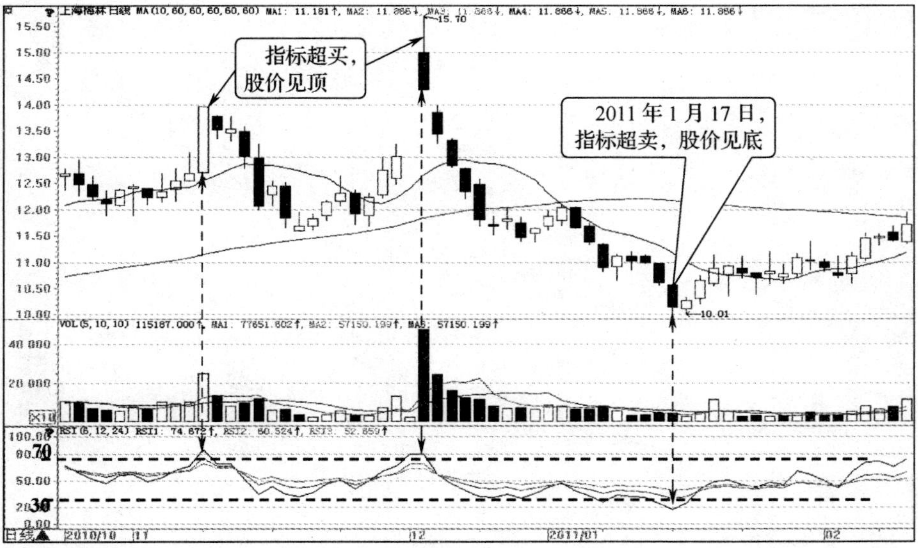

图5—8　上海梅林（600073）RSI指标

以上的 RSI 指标值 30 与 70，只是一个大致的判断标准。在实战中，超买超卖的认定很难有一个统一的标准。不同的股性、不同的大势环境，其认定标准应当有所不同。例如，股价波幅较小的大盘股，其超买超卖的认定标准自然要小于波幅较大的小盘股。牛市中市场行情火爆，那么超买超卖的认定标准肯定要和熊市中有所不同。

在实际应用中，投资者可以按照下面两个标准来判断超买超卖。

第一，中小盘品种或者近期的热门品种，RSI 指标超过 80 为超买，低于 20 为超卖；大盘品种或者冷门品种，仍然按照“30，70”的判断标准。

第二，牛市中，超过 80 为超买，低于 30 为超卖；熊市中，超过 70 为超买，低于 20 为超卖；震荡市中，仍然按照“30，70”的标准。

另外，在单边的强势市场中，例如牛市中的连续上涨或者熊市中的连续下跌中，技术指标的超买超卖信号会出现失效情况，一般称为“钝化”。也就是说，虽然指标已经进入超买或者超卖区，但是股价仍然继续上涨或是下跌，此时指标会在高位或者低位反复震荡，基本失去了判市意义。此时指标发出的信号属于无效信号，投资者需要格外注意。

如图 5—9 所示，吉峰农机（300022）在上市后连续上涨，导致 RSI 指标在 80 以上的超买区严重钝化，此时指标的超买信号失去参考意义。

钝化问题，是使用技术指标判断市场趋势时经常遇到的一个难题。要较好地解决

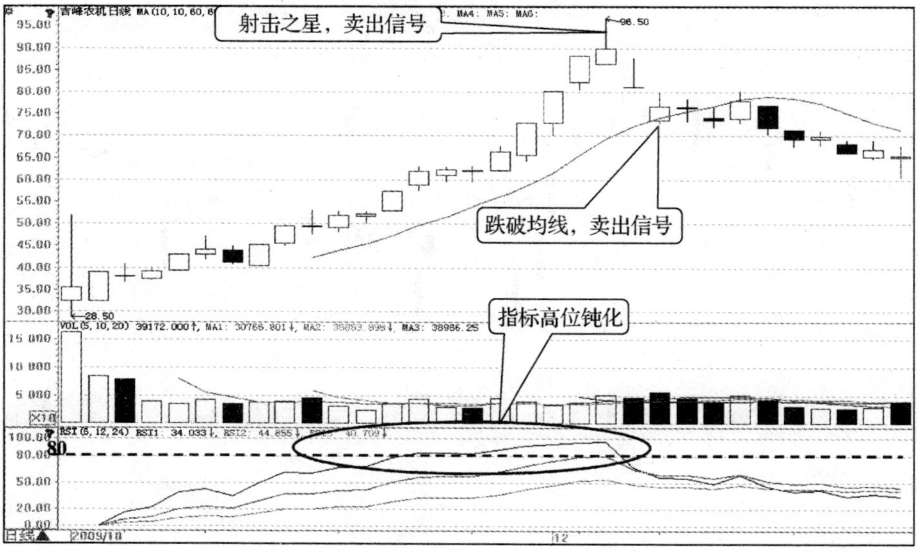

图 5—9　吉峰农机（300022）RSI 指标

这个问题，就需要投资者结合其他分析手段进行综合分析。

例如，在图5—9中，投资者可以综合运用K线分析和均线分析方法，来判断股票的卖出时机。当K线出现射击之星形态时，第一个卖出信号出现；当股价跌破3日均线时，发出第二个卖出信号，投资者可以根据这两个信号进行卖出操作。

（二）背离

RSI指标同样有顶背离和底背离两种走势形态。顶背离发出卖出信号，底背离发出买入信号。

在实际走势中，RSI指标有时出现一次背离股价就出现反转，有时则会出现两次到三次股价才出现反转。投资者事先很难判断到底会出现几次背离股价才会反转。因此交易当中，投资者可以结合其他分析手段把握卖点，或者可以采用分批卖出的方法来规避风险。

如图5—10所示，黄河旋风（600172）在2009年7月20日的盘中出现冲高回落走势，同时RSI指标超过80，进入超买区间，投资者可以进行第一次减仓卖出（如卖点1所示）。7月28日，该股又一次冲高回落，在股价创出新高的同时，RSI指标并没有同步创出新高，反而低于前期高点，第一次顶背离出现，投资者可以进行第二次减仓卖出（如卖点2所示）。8月6日，该股再次冲高回落，RSI指标出现第二次顶背离，投资者可以进行第三次减仓卖出（如卖点3所示）。

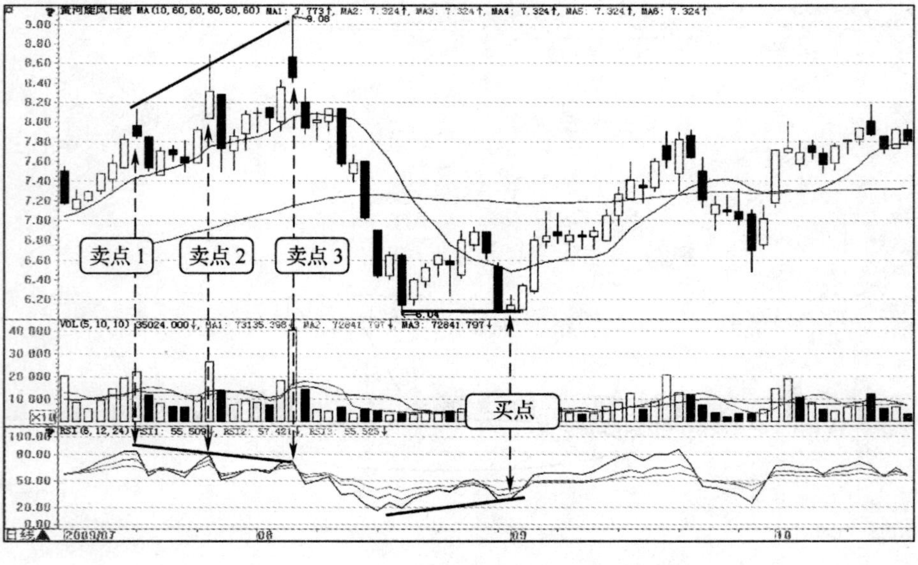

图5—10 黄河旋风（600172）RSI指标

这两次顶背离之后，黄河旋风股价出现大幅下跌，最低跌至6.04元，然后开始反弹。9月1日该股再次跌至前低6.04元附近，而RSI指标却高于前低，底背离出现。与此同时，K线形态出现孕线的反转形态，买点出现，此时投资者可以把握底部买入机会。(如图5—10中买点所示)

第三节　随机摆动指标 KDJ 实战看点

一、KDJ 的实战看点

随机摆动指标（简称 KDJ），一般用于股市的中短期趋势分析，是根据统计学原理，通过一个特定周期（通常设定为 9 日、9 周等）内出现过的最高价、最低价及最后一个计算周期的收盘价，通过一系列计算后得出 K 值、D 值与 J 值，并绘成相应的曲线图来研判股票走势。

KDJ 指标由三条指标线构成，分别是指标线 J、指标线 K 和指标线 D。其中，指标线 J 波动最为灵敏，其次是指标线 K，最后是指标线 D，如图 5—11 所示。

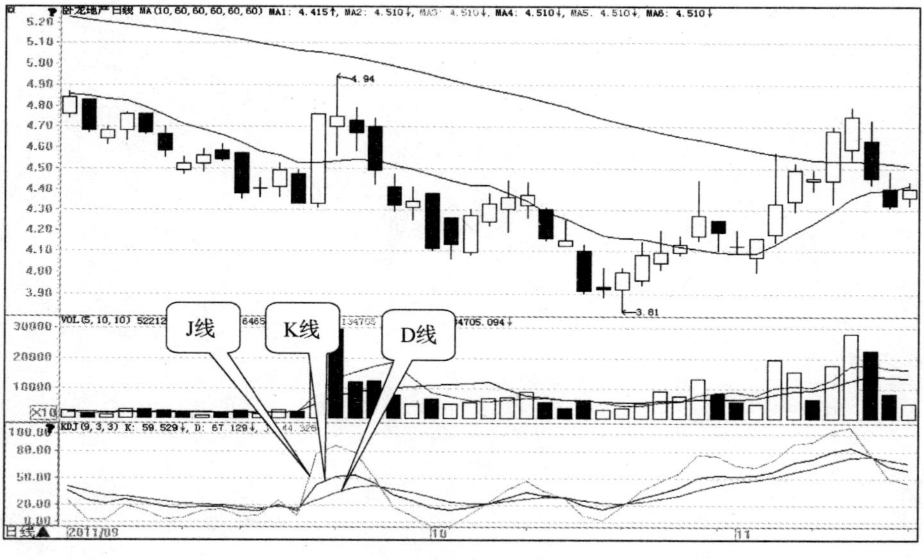

图 5—11　卧龙地产 KDJ 指标

KDJ 指标主要有超买超卖和交叉这两个实战看点。

第一，当 J 值 >100，K 值或 D 值 >80 时，股价处于超买状态，随时可能出现回落；当 J 值 <0，K 值或 D 值 <20 时，股价处于超卖状态，随时可能出现回升。

第二，当指标线 K 向上穿越指标线 D，也就是说出现金叉时，为买入信号；当指标线 K 向下穿越指标线 D，也就是说出现死叉时，为卖出信号。

第三，当指标在低位时，指标线 K 两次上穿指标线 D，是上涨趋势得到确认的信号；当指标在高位时，指标线 K 两次下穿指标线 D，是下跌趋势得到确认的信号。

第四，当指标线 K、指标线 D 在 50 上下反复缠绕时，指标失去信号意义。

第五，KDJ 指标对盘整行情非常灵敏，比较适合在大幅震荡市中使用。在比较强势的单边上涨或者下跌行情中，KDJ 指标非常容易钝化，此时的交易信号失效。

二、KDJ 的实战买卖点

（一）超买超卖

由于指标线 J 过于灵敏，因此常常在超买超卖区间出现高位钝化现象，而指标线 D 过于迟缓，发出的信号虽然可靠性较高，但是信号数量少，容易错过合适的交易机会。从实际使用中来看，表现居于两者之间的指标线 K，在超买超卖的判断方面更加顺手。

对于过度活跃的指标线 J，投资者可以将其作为一个提醒信号，当该指标到达超买超卖区后，就在提醒投资者注意观察其他指标，随时准备把握卖出机会。对于相对迟缓的指标线 D，一旦到达超买超卖区，就应引起投资者的高度警惕。

如图 5—12 所示，在 2010 年 1 月 15 日开始的三个交易日中，上海梅林 KDJ 指标的 K 值持续超过 80，指标出现超买，发出卖出信号，此后该股持续走低。1 月 28 日，

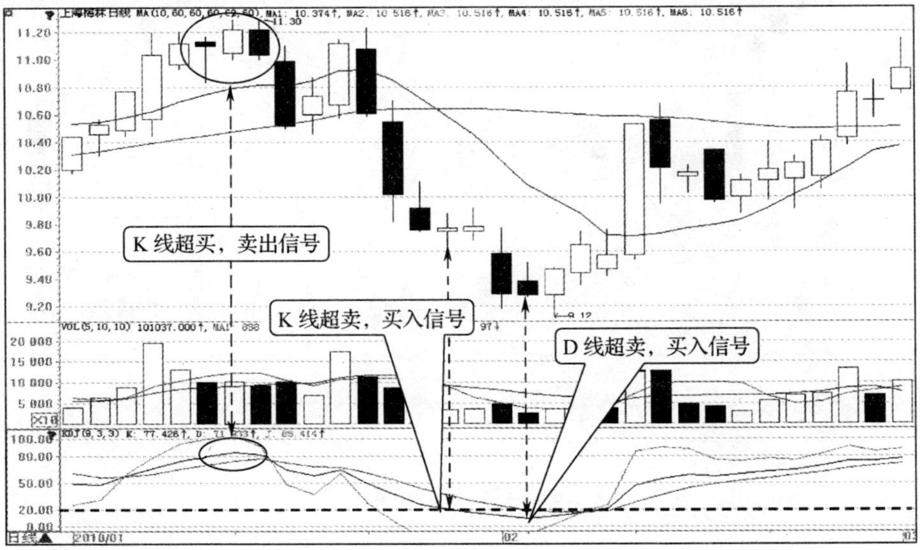

图 5—12　上海梅林（600073）KDJ 指标 1

K值开始低于20，进入超卖状态，发出买入信号。2月2日，D值开始低于20，也进入了超卖状态，再次发出买入信号。此后该股开始震荡上涨。

（二）金叉与死叉

在KDJ指标的看点中，我们介绍过，指标线K与指标线D的交叉，代表着相应的买卖信号。为了提高信号准确度，投资者可以设定一定的前提。

第一，如果指标线K在超买区开始回落，并且下穿指标线D，发出卖出信号，投资者可进行卖出操作；如果指标线K在超卖区开始回升，并且上穿指标线D，发出买入信号，投资者可进行买入操作。

第二，如果K线在没有到达超买区时就下穿指标线D，投资者可继续观察；如果出现第二次下穿，卖出信号出现，投资者可进行卖出操作；如果指标线K在没有到达超卖区时就上穿指标线D，投资者可继续观察；如果出现第二次上穿，买入信号出现，投资者可进行买入操作。

如图5—13所示，2009年8月24日，上海梅林（600073）KDJ指标中的指标线K，从超卖区下方回升并上穿指标线D，发出买入信号，投资者可以积极进行短线买入。9月11日，指标线K在非超买时下穿指标线D，出现死叉，此时投资者可以继续持股观望。9月18日，指标线K再一次在非超买时下穿指标线D。前后共出现两次死叉，卖出信号出现。投资者可把握机会卖出股票。

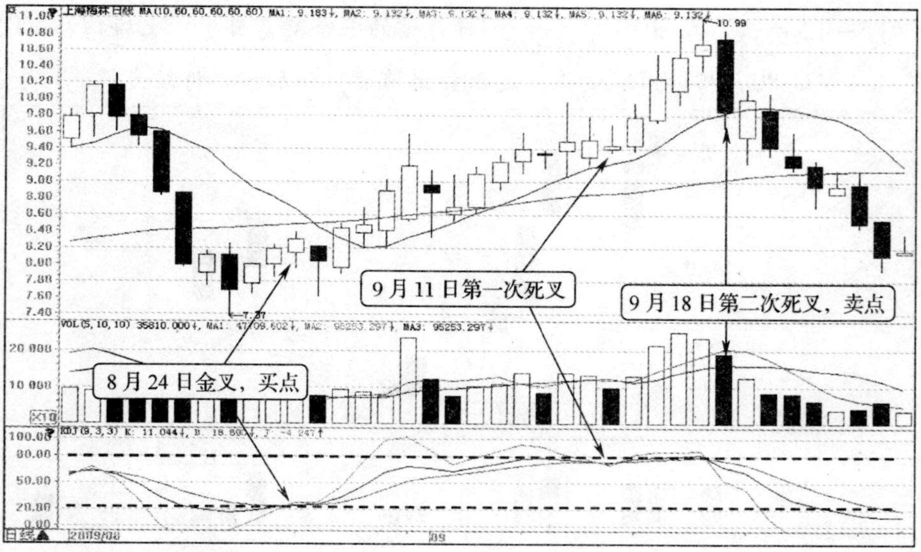

图5—13　上海梅林（600073）KDJ指标2

第四节　布林线指标 BOLL 实战看点

一、BOLL 的实战看点

布林线指标（简称 BOLL），是根据统计学中的标准差原理设计出来的技术指标。其设计原理是，股价总是围绕某个中轴在一定的范围内波动，可以利用统计原理求出股价波动的标准差，从而确定股价的波动范围。

体现在图形上，这个计算出的波动范围就形成了一个带状区间，股价就在这个区间的上限和下限之间进行波动。而这条带状区间的宽窄，也会随着股价波动幅度的大小而变化。股价涨跌幅度加大时，带状区变宽；涨跌幅度狭小盘整时，带状区则变窄。

布林线由三条曲线组成，分别是上轨线、中轨线和下轨线。指标的具体形态如图 5—14 所示。

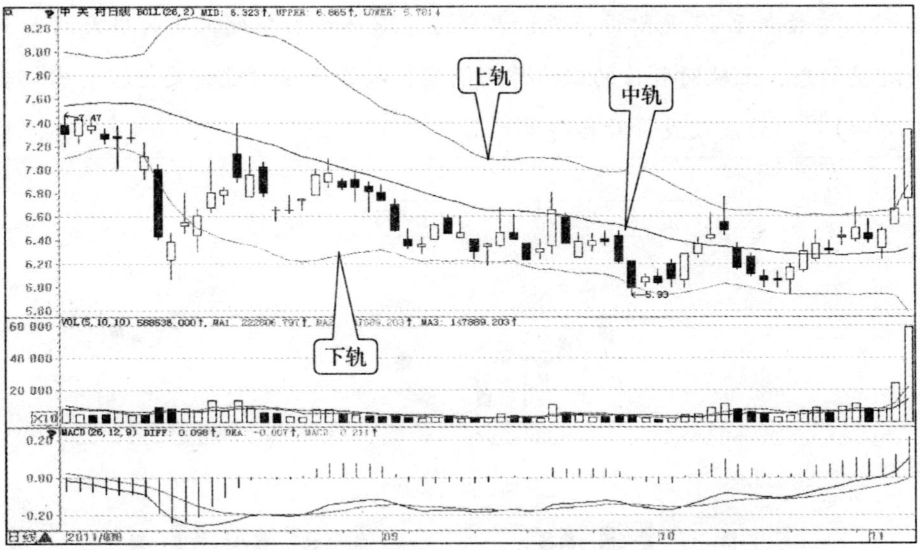

图 5—14　中关村（000931）布林线

投资者从图 5—14 中可以看到，布林线的主要表现形式是一个带状区域，在带状区域内运行着一根根 K 线。

布林线的实战看点有以下两点：

第一，支撑与阻力。一般来说，布林线的下轨对股价有支撑作用，上轨对股价有压制作用，中轨既有支撑也有压制作用。

第二，喇叭的收缩与扩张。随着股价波动幅度的不同，布林线的带状区域也会呈现相应的变化。当股价波幅逐渐减小时，布林线的带状区域也相应紧缩，类似一个紧口喇叭；当股价波幅扩大时，布林线的带状区域也相应扩张，类似一个开口喇叭。“分久必合，合久必分”，当布林线的喇叭口极度紧缩时，就预示着后市将迎来一轮单边的暴涨或暴跌行情。

二、BOLL 的实战买卖点

（一）震荡市中的支撑阻力

布林线的各条轨道线，对股价会产生一定的支撑与阻力作用。不过，这些支撑阻力作用，在震荡市中最为明显，在单边市中的实战指导意义较弱一些。投资者在应用中要注意这一点。

如图 5—15 所示，2009 年下半年，上海能源（600508）的股价处于震荡行情中。9 月 15 日，该股涨至 23 元附近，股价也到达了布林线上轨处，同时当天的 K 线构成了射击之星形态，上轨对股价的阻力作用明显，投资者这时就需要把握卖出机会（如卖点 1 所示）。此后该股股价开始持续回落。

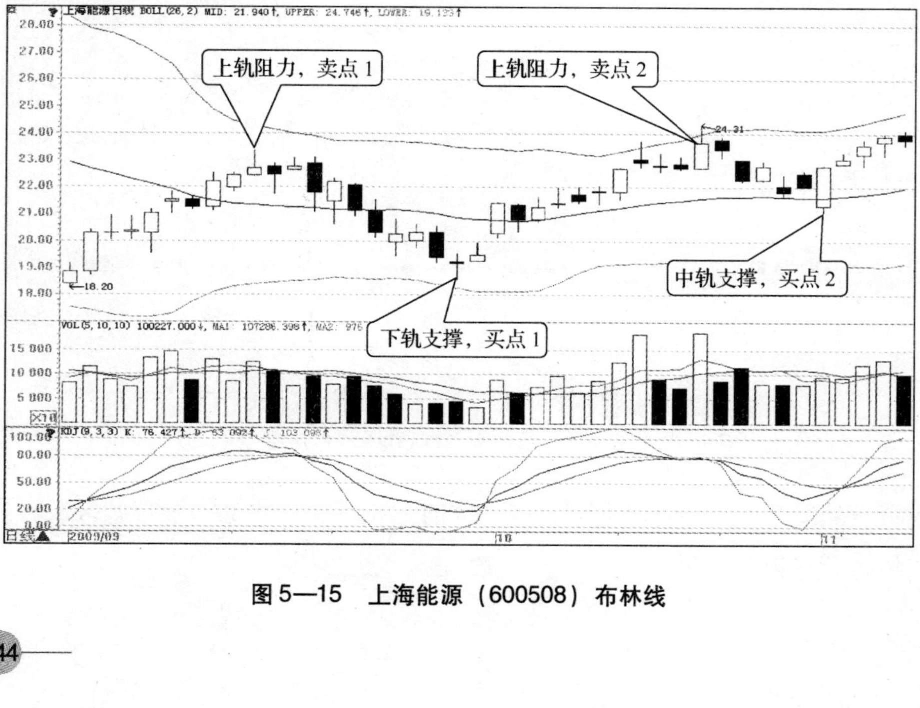

图 5—15　上海能源（600508）布林线

9月29日，上海能源跌至19元附近，股价也到达布林线下轨处，同时当天K线形态构成了锤子线，下轨对股价的支撑作用明显，投资者应注意把握买入机会（如买点1所示）。此后该股的股价开始回升。

10月23日，上海能源最高涨至24.31元，股价又一次到达布林线上轨处，同时当天K线上影线较长，上轨再次产生阻力影响，投资者应注意把握卖出机会（如卖点2所示）。此后该股出现短线回落。

11月2日，上海能源股价跌至布林线中轨位置，同时K线形态出现阳包阴看涨形态，说明中轨构成支撑作用，投资者注意把握买入机会（如买点2所示）。

（二）单边市中的顺势而为

当股价处于布林线的上轨和中轨之间，同时股价与布林线的方向同时向上时，说明此时股价处于单边上涨行情中，投资者应持股待涨，空仓投资者可以在股价回落至中轨时逢低入场。

如图5—16所示，2008年10月30日，广汇股份（600256）的股价突破中轨压制，此后一直在上轨和中轨之间运行，同时股价与布林线的方向同时向上，预示着股价进入了一个单边上涨行情。此时投资者应坚决持股待涨，空仓投资者可在股价回落至中轨时逢低吸纳（如图5—16中买点所示）。

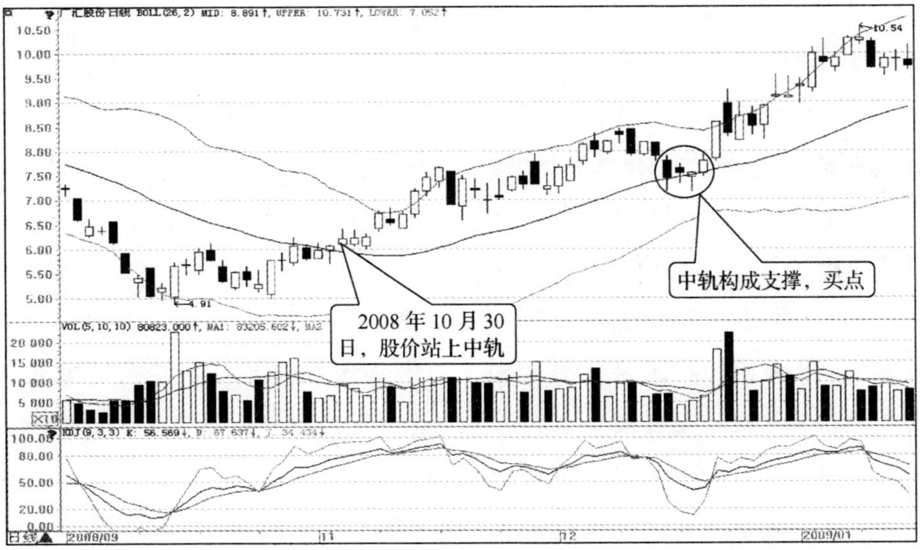

图5—16 广汇股份（600256）布林线

当股价处于布林线的下轨和中轨之间，同时股价与布林线的方向同时向下，说明此时股价处于单边下跌行情中，投资者此时不宜入场买入。

如图5—17所示，2011年11月8日，TCL集团（000100）股价跌破中轨后，一直在下轨和中轨之间运行，直至11月16日再次上探中轨受到压制。它预示着股价进入了单边下跌趋势，投资者应保持观望，不可轻易入场。

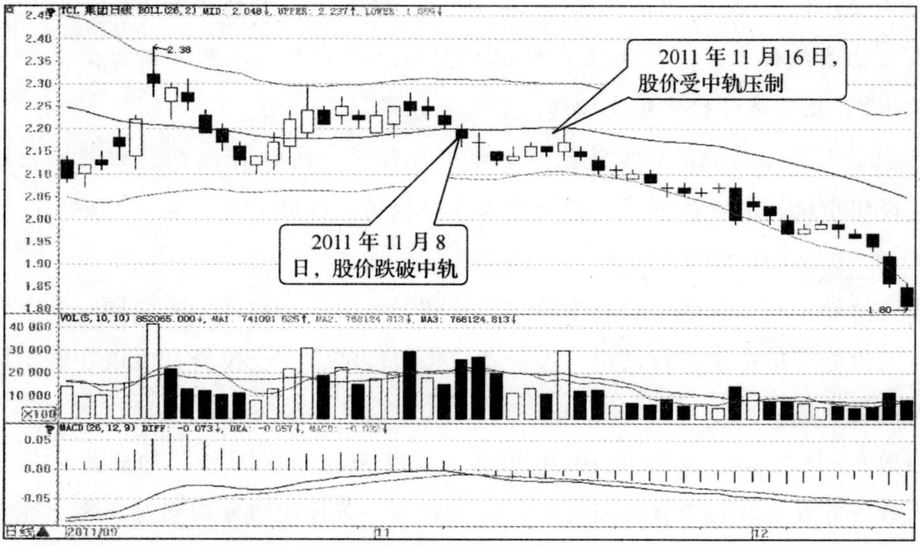

图5—17 TCL集团（000100）布林线

（三）收缩与扩张的短线暴涨

当股价出现横盘震荡走势，同时波幅日益减少时，布林线的上轨与下轨也会向一起靠拢，看起来就像收缩的喇叭口一样。当布林线的喇叭口极度收缩的时候，说明股价波幅也缩减到了一个比较极端的程度。投资者这时应该注意，股价很快将迎来方向上的选择，而且，一旦股价的运行方向选定，往往就是大涨大跌的走势。

当投资者发现布林线这种极度收缩的喇叭口时，要保持密切关注。当股价方向确定向上、喇叭口重新扩张的时候，就是短线介入的好时机。

如图5—18所示，2010年1月中旬，三木集团（000632）股价的波幅极度收敛。相应的，布林线也呈现缩口喇叭形态，说明股价即将面临方向上的选择，此时一旦向上将迎来一波短线暴涨，投资者应保持密切关注。1月20日，该股放量大涨，同时股价突破了布林线上轨，说明股价选定了向上的方向。同时布林线的喇叭口开始扩张，说明短线即将出现大涨。此时买点出现，投资者可以果断短线买入（如买点1所示）。

如图5—18中买点2所示，三木集团的股价在突破布林线上轨后，出现了一次短期回调，但是股价在布林线的中轨处获得支撑，此时投资者仍然可以买入。

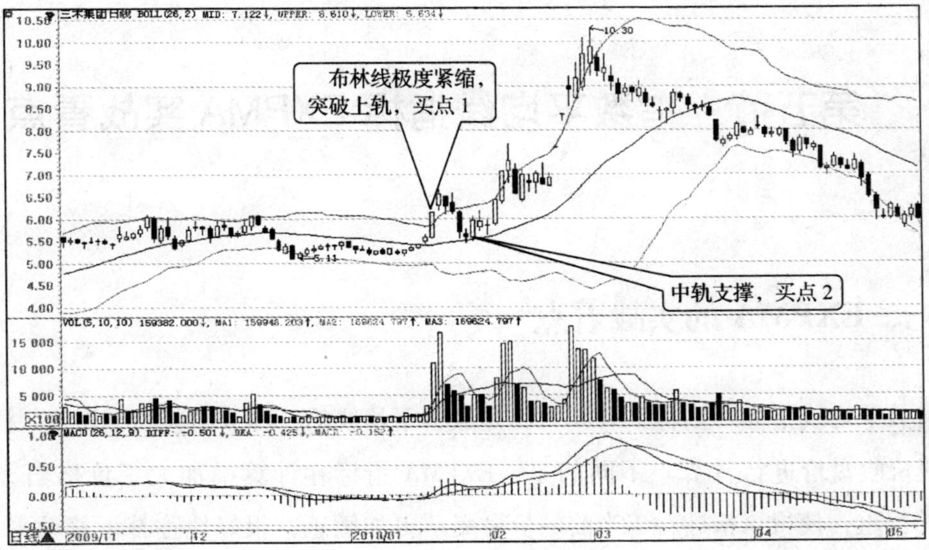

图 5—18　三木集团（000632）布林线

在布林线喇叭口扩张之后，有时股价会一直沿着上轨连续上涨，有时则会出现一定的回调。当股价回调时，布林线中轨将构成强力支撑，此时同样构成买入机会。

第五节　指数平均线指标 EXPMA 实战看点

一、EXPMA 的实战看点

指数平均线指标（简称 EXPMA），是股价平均线的一种，同移动平均线一样，都是对股价收盘价进行计算。不同的是，EXPMA 指标在计算中加大了价格当天（当期）的权重，使得该指标对于当前的价格变动更加敏感，很好地弥补了移动平均线、MACD 等技术指标滞后性的缺陷。

EXPMA 指标的周期，可以由投资者自行设定。在一些炒股软件中，系统提供两条指标线，默认的周期设定分别是 12 日和 50 日。12 日线被称为“快线”，50 日线被称为“慢线”。有些炒股软件中会提供四条指标线，默认的周期设定一般为 5 日、10 日、20 日和 60 日。不过从笔者个人经验来看，在实际使用中两条指标线往往更加简洁，更加直观，其使用效果会更加理想。投资者可以根据自身的习惯来自行设定。在本书中，将该指标设定为“12 日快线”和“50 日慢线”两条指标线，如图 5—19 所示。

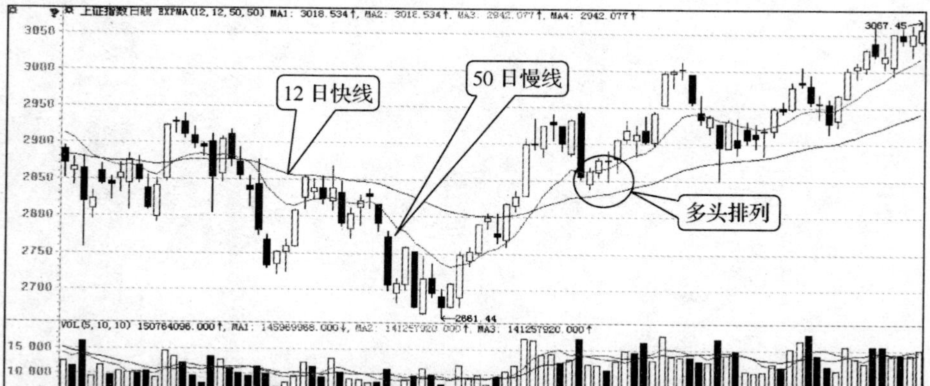

图 5—19　上证指数（000001）EXPMA 指标

实际应用中，EXPMA 指标的用法与移动平均线的用法类似，有以下三个重要看点：

第一，金叉与死叉。

当快线自下而上穿越慢线时，金叉出现，预示股价逐步走强，买入信号出现；当快线自上而下穿越慢线时，死叉出现，预示股价逐步走弱，卖出信号出现。

第二，多头排列与空头排列。

当反映股价走势的快线、慢线呈现从高到低的排列顺序时，就是多头排列，表明当前股价趋势向上（如图 5—19 中所示）；当反映股价走势的快线、慢线呈现从低到高的排列顺序时，就是空头排列，表明当前股价趋势向下。

第三，支撑与阻力。

在一段上升趋势中，当股价在快慢线的上方出现回落时，两条指标线往往会产生支撑作用。在一段下跌趋势中，当股价在快慢线的下方出现回升时，两条指标线往往会产生阻力作用。

二、EXPMA 的实战买卖点

实战中，EXPMA 的买卖点与移动平均线的买卖点基本相同。

（一）金叉与死叉的买卖点

如果股价经过一段时间的下跌后开始回升，当 EXPMA 指标中的快线自下而上穿越慢线时，买点出现，投资者应注意把握买入机会。

如图 5—20 所示，2010 年 7 月初，铜峰电子（600237）的股价超跌反弹，开始回升。8 月 23 日，该股 EXPMA 指标中的快线与慢线出现金叉，股价开始反转向上，买点出现。

如果股价经过一段时间的上涨后开始下跌，当 EXPMA 指标中的快线自上而下穿越慢线时，卖点出现，投资者注意把握卖出机会。

如图 5—21 所示，经过一段大幅上涨后，2010 年年初上海汽车（600104）的股价开始回落。1 月 13 日，EXPMA 指标中的快线与慢线形成死叉，卖点出现。

（二）支撑与阻力的买卖点

EXPMA 指标的支撑阻力作用，主要是由慢线来体现。当股价处于慢线下方时，上涨至慢线位置时可能会遇阻回落；当股价处于慢线上方时，下跌至慢线位置时可能会获得支撑开始回升。

图5—20　铜峰电子（600237）EXPMA指标

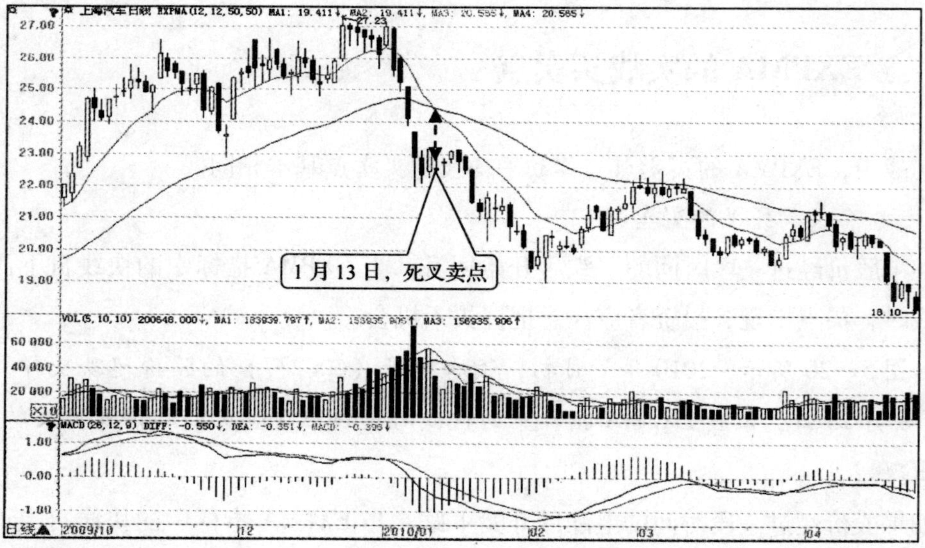

图5—21　上海汽车（600104）EXPMA指标

如图5—22所示，2010年年底，马钢股份（600808）股价在慢线下方展开回升，12月9日股价运行至慢线处时遇到明显阻力，K线形态出现射击之星，卖点出现。此后该股出现短期下跌走势。

2011年年初，该股再次回升，并突破了慢线的压制。3月初该股出现回调走势，并在慢线处反复获得支撑，买点出现。

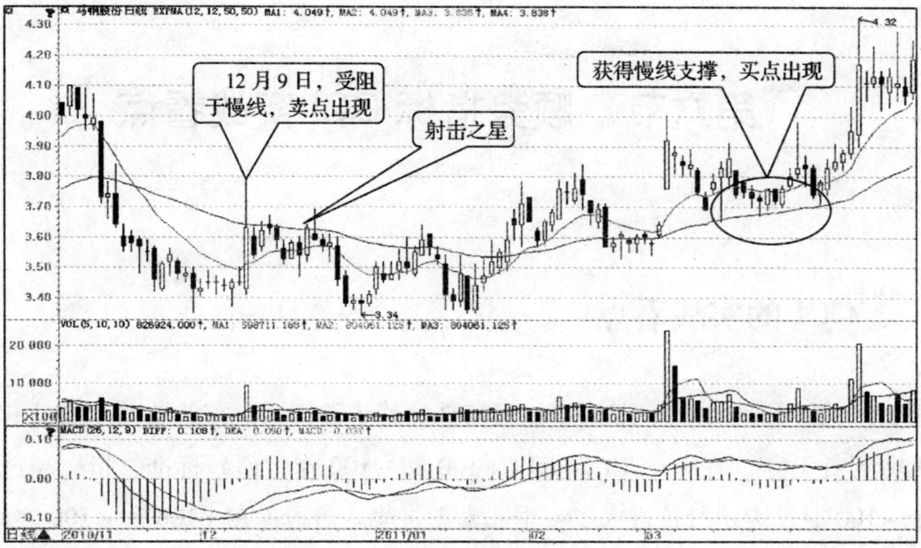

图 5—22　马钢股份（600808）EXPMA 指标

第六节　顺势指标 CCI 实战看点

一、CCI 的实战看点

顺势指标（简称 CCI），是一个比较特殊的趋势类指标。它的波动范围没有限制，从正无穷到负无穷。另外，CCI 指标以 +100 和 -100 作为研判标准，指标超过 +100 和低于 -100 时，表示股价进入了一个非常态走势。当指标在 +100 和 -100 之间时为震荡区，在震荡区内指标基本处于失效状态。

从上面可以看出，CCI 指标是专门用来描述股价异常波动的。也就是说，当行情处于常态时，指标处于无效状态。当市场处于非常态时，尤其是出现暴涨暴跌走势时，CCI 指标将有很好的参考意义。

从表现形式上来看，CCI 指标非常简单，仅由一根指标线组成，如图 5—23 所示。图中的两条虚线分别代表着 +100 和 -100 这两个位置。

在实战应用中，CCI 指标的看点有以下两个：

图 5—23　三维通信（002115）CCI 指标

第一，指标运行区间的看点。CCI 指标对 +100 和 -100 这两个位置的上下穿越，均发出不同的交易信号。

第二，指标的背离。CCI 指标和股价走势之间有时会产生顶背离和底背离，均发出相应的交易信号。这里需要注意的是，只有在 +100 上方的顶背离、-100 下方的底背离，才具有信号作用。

二、CCI 的实战买卖点

（一）正负 100 的买卖点

1. 当 CCI 指标从 -100 下方回升至 -100 上方时，预示着股价的探底阶段有可能结束，此时投资者可以考虑逢低买入。

2. 当 CCI 指标从下往上突破 +100 时，预示着股价进入一个非常态区间，上涨速度即将加快。尤其当这种突破伴随着明显放量时，信号的可靠性较高。此时投资者可以中短线买入。

3. 当 CCI 指标从上往下跌破 +100 时，预示着股价上涨趋势有可能结束，此时投资者可以考虑逢高卖出。

4. 当 CCI 指标从上往下跌破 -100 时，预示着股价跌势可能加剧，此时投资者应持币观望。

如图 5—24 所示，2011 年 10 月 25 日，东港股份（002117）的 CCI 指标从下往上

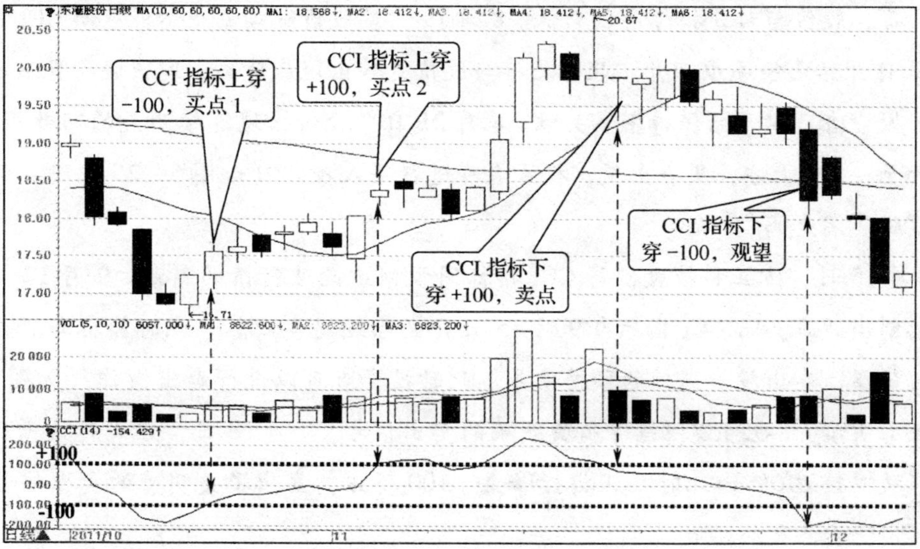

图 5—24　东港股份（002117）CCI 指标

超过 -100，预示着股价的下跌趋势可能结束，投资者应注意逢低买进（如图5—24中买点1所示）。此后该股开始缓慢地震荡攀升。11月3日，东港股份放量大涨，同时CCI指标自下而上越过了+100，预示着股价将进入一个非常态的快速上涨趋势，此时持股投资者应继续持股待涨，短线投资者可以积极买入（如图5—24中买点2所示）。此后该股涨速明显加快，CCI指标持续稳定在+100上方。

11月18日，东港股份在横盘5个交易日后，CCI指标跌至+100下方，预示着股价开始走弱，投资者此时可以获利卖出（如图5—24中卖点所示）。随后很快该股开始了下跌走势，CCI指标持续走低，并且跌至 -100下方，投资者此时应持币观望。

（二）背离的买卖点

CCI指标与股价走势的背离，与其他技术指标背离的表现形式相同。股价创新低，而CCI指标没有创新低，出现底背离，为买入信号；股价创新高，而CCI指标没有创新高，出现顶背离，为卖出信号。这种背离所发出的买卖信号，发生在股价真正反转之前，是一种提前预警的信号。

当投资者使用CCI指标“正负100的买卖点”把握买卖时机时，有时会出现一定的滞后性，尤其在股价波动快速剧烈的行情中。例如，股价在某个顶部位置突然大跌，当CCI指标跌破+100时，可能股价已经大跌了一两个交易日。

为避免这种情况，投资者除了可以通过多种分析手段综合研判外，还可以利用CCI指标的背离所发出的提前预警信号，更好更准确地把握买卖时机。

如图5—25所示，2009年8月中旬，方正科技（600601）出现连续下跌走势。8月17日，股价与CCI指标同创新低。8月19日，股价继续创出新低，而CCI指标自8月17日开始已经逐步回升。此时指标与股价走势出现底背离，发出股价见底的预警信号。投资者可以开始保持密切关注。8月21日，股价出现连续两天的回升后，CCI指标升至 -100上方，买点出现，投资者可进行买入操作（如图5—25中买点所示）。此后该股震荡走高。

9月15日，方正科技股价与CCI指标同步创出此波行情的新高。9月17日，股价继续创出新高，而CCI指标自9月15日开始已经逐步回落。此时指标与股价走势出现顶背离，发出股价见顶的预警信号。此时投资者可以进行卖出操作（如图5—25中卖点1所示），也可以继续等待更明确的卖出信号。9月18日，方正科技出现大跌走势，跌幅接近6%，此时CCI指标降至+100下方，发出了更明确的卖出信号（如图5—25中卖点2所示）。

从两个卖点的对比可以看到，投资者选择卖点1的话，将可以回避9月18日的

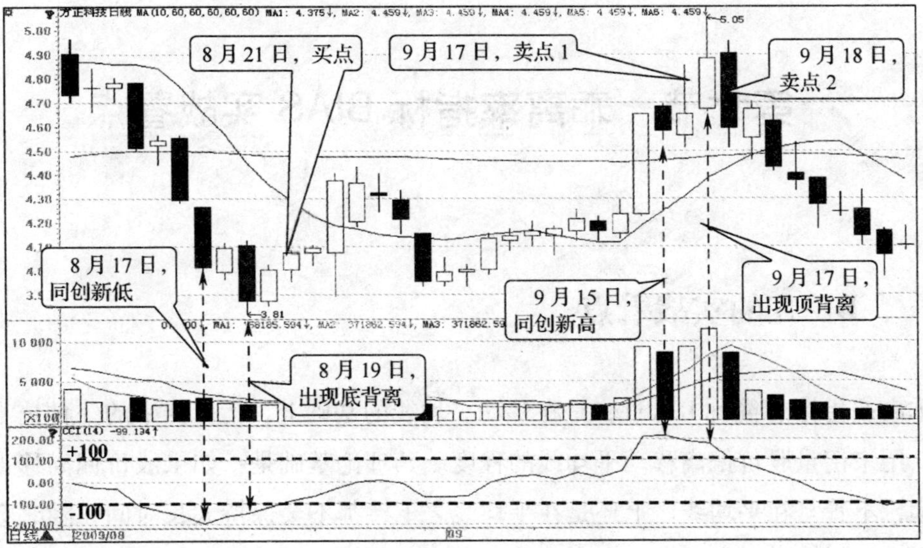

图5—25 方正科技（600601）CCI指标

大跌走势，避免利润出现大幅的回吐。

没有毫无缺陷、非常完美的技术指标，也没有十拿九稳，能够非常精确地把握最高最低点的交易方法。凡事有得必有失，在上例中，投资者提前卖出，虽然避开了大跌，但是如果后市股价继续上涨，投资者同样也失去了进一步提升利润的机会。

第七节　乖离率指标 BIAS 实战看点

一、BIAS 的实战看点

乖离率指标（简称 BIAS），是在移动平均线的基础上，衍生出来的一种技术分析指标，用来衡量股价偏离移动平均线的程度。其理论基础是：如果股价偏离移动平均线太远，不管是在平均线之上还是在平均线之下，都不会保持太长时间，随时会向移动平均线位置靠拢。

当股价在移动平均线之上时，BIAS 指标数值为正，此时数值越大，说明股价偏离移动平均线越远，下跌的可能性也就越大；当股价在移动平均线以下时，BIAS 指标数值为负，此时数值越小，表示股价偏离移动平均线越远，上涨的可能性也就越大。

BIAS 指标按照不同周期，分为 6 日、12 日、24 日三种，其表现形式如图 5—26 所示。

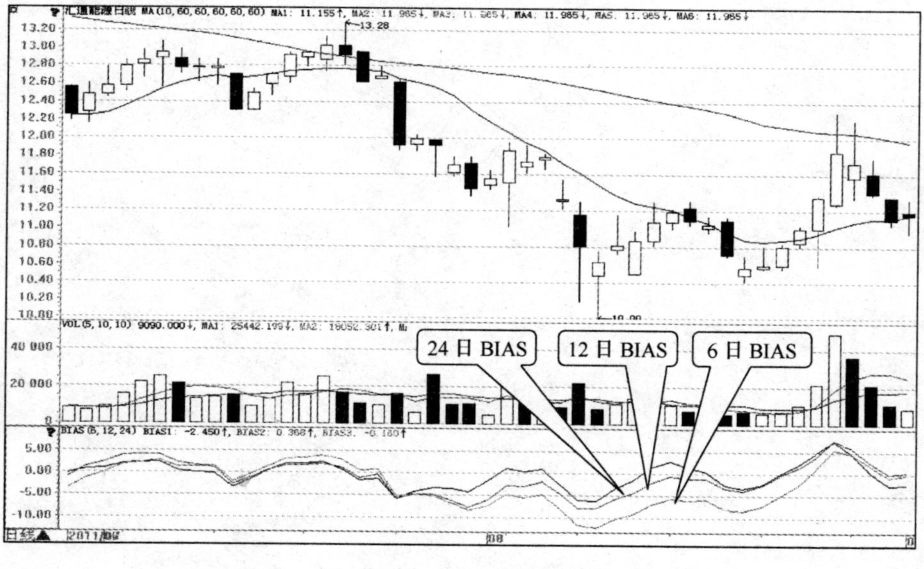

图 5—26　汇通能源（600605）BIAS 指标

在实战中，BIAS 指标的主要看点是三条指标线的超买超卖情况。

第一，当6日BIAS大于5%，12日BIAS大于7%，24日BIAS大于11%时，股价出现超买情况，是卖出信号。

第二，当6日BIAS小于-5%，12日BIAS小于-7%，24日BIAS小于-11%时，股价出现超卖情况，是买入信号。

二、BIAS的实战买卖点

在实战操作中，对于买入时机的判断来说，BIAS指标可以是一个较好的参考指标，但是在把握卖出时机时，该指标的信号可靠性并不高。另外，在比较均衡的行情中，利用BIAS指标可以较好地把握买卖点，而在突发性的暴涨或者暴跌中，尤其是强势上涨行情中，不适宜使用该指标。

另外，BIAS中的三条指标线中，最好同时有两到三条指标线均处于超买超卖状态，此时发出信号的可靠性较高。

我们以海虹控股为例，说明一下BIAS指标的实战使用技巧。

如图5—27所示，2009年3月2日，海虹控股（000503）最低跌至5.15元，此时6日、12日和24日BIAS分别为-7.93%、-9.24%和-5.03%，其中有两条指标线存在超卖情况，买入信号出现。此后该股震荡攀升。

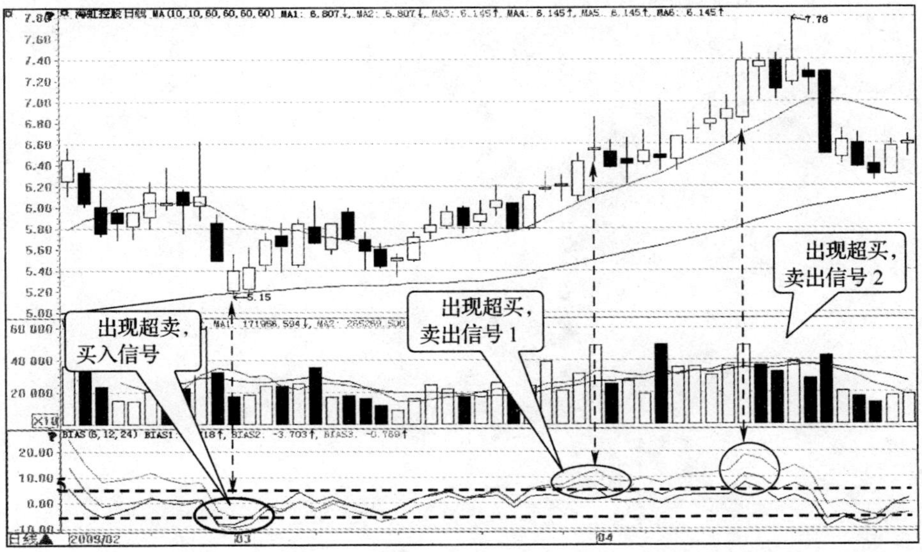

图5—27　海虹控股（000503）BIAS指标

4月1日，该股的6日、12日和24日BIAS分别为5.45%、8.31%和12.46%，均存在超买情况。但此后海虹控股横盘整理四个交易日后继续上涨，此处指标发出的卖出信号基本失效（如图5—27中卖出信号1所示）。

4月15日，海虹控股BIAS的三条指标线再次共同出现超买情况，此次指标发出的卖出信号比较有效（如图5—27中卖出信号2所示）。股价在横盘四个交易日后出现短线下跌走势。

第六章

通过看盘选个股

选股，是股票交易中非常重要的一个环节。投资者的每次交易，每次交易的赢利，最终都要通过具体的股票品种来实现。

投资者通过对大势、政策和经济基本面的研判，认为买入时机已经来临，就要进入选股环节。目前两市约有2 300只股票，而且这个数字还在不断增长。同时更重要的是，不同时期，不同阶段，各个品种走势的强弱差异很大。同一时期内，有的股票能够出现超过十倍的涨幅，而有的股票可能只有很少的涨幅，甚至可能只在“原地踏步”。如何尽可能地保证自己选择的股票涨势强劲、涨幅巨大，自然是每个投资者都需要考虑的重要问题。

本章中，我们将介绍如何通过看盘综合运用各种技术指标、成交量、均线、K 线走势等分析方法，选择强势牛股。

第一节　通过看盘把握牛市炒作主流

在牛市中，虽然大部分股票都会上涨，但是整体的涨幅却差异很大。那些成为牛市主流炒作热点的品种，涨幅惊人，行情持续时间也很长。例如，1999 年“5·19 行情”中的网络科技板块，大盘指数从 998 点至6 124点牛市中银行、地产、钢铁等“五朵金花”，均是当时的主流炒作热点。它们不仅涨幅远远领先于其他非主流品种，而且上涨行情贯穿整个牛市的始终，是牛市中的首选品种。

一、牛市主流品种的盘面特征

在漫长熊市的中后期，当大部分股票仍在不断下跌时，有一小部分股票已经开始悄悄走强。只不过在这些品种逐步崭露头角的时候，大多数投资者仍然沉浸在熊市思维当中，很难发现这些最早萌芽的主流品种。而这些品种能够在最寒冷的冬天就开始萌芽、生长，其生命力必然旺盛，运作资金的实力也必然强大。一旦冬去春来，它们将成为当仁不让的主流品种。

如果投资者能够抛开熊市中的恐惧心理，客观冷静地观察盘面，就能够发现，这些主流品种在熊市的中后期以及牛市的初期，都有着共同的盘面特征。

（一）长时间逆势走强

沧海横流方显英雄本色。主流品种最大的盘面特征，就是能够逆势走强，而且能够持续很长时间。总有股票能够在某一短时间内强于大势，但是如果无法持续较长时间，那么它只能是短期的热点股，而不能成为牛市的主流强势股。

投资者在选股时，可以通过个股与大盘在长时间内的走势对比，来发现这种主流强势股。

1. 中国船舶

图6—1是2003年11月至2006年3月，中国船舶（600150）和上证综指的走势对比图。2003年11月7日，中国船舶在创下此轮下跌的最低价5.02元后开始回升。11月13日，大盘见底1 307点后同样开始回升。2004年4月，中国船舶和上证综指先后见到了一个重要的阶段性高点，分别是9.25元和1 783点，然后开始回落。

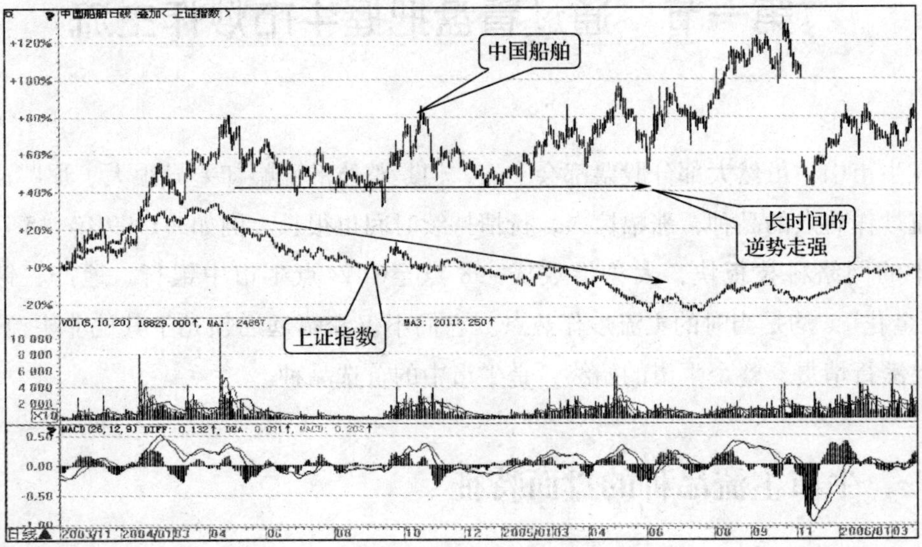

图6—1　中国船舶（600150）与上证综指走势对比图

此后两者走势发生了明显的不同。上证综指在1 783点后持续下跌，不断创出新低，直到2005年6月6日跌至998点后才见底反转。而中国船舶整体呈现横盘震荡走势，出现长时间逆势走强的情形。两者的K线走势，形成了一个明显的“喇叭口”形状。

在998点至6 124点的大牛市当中，中国船舶最高涨至300元，成为两市第一高价股，如图6—2所示。

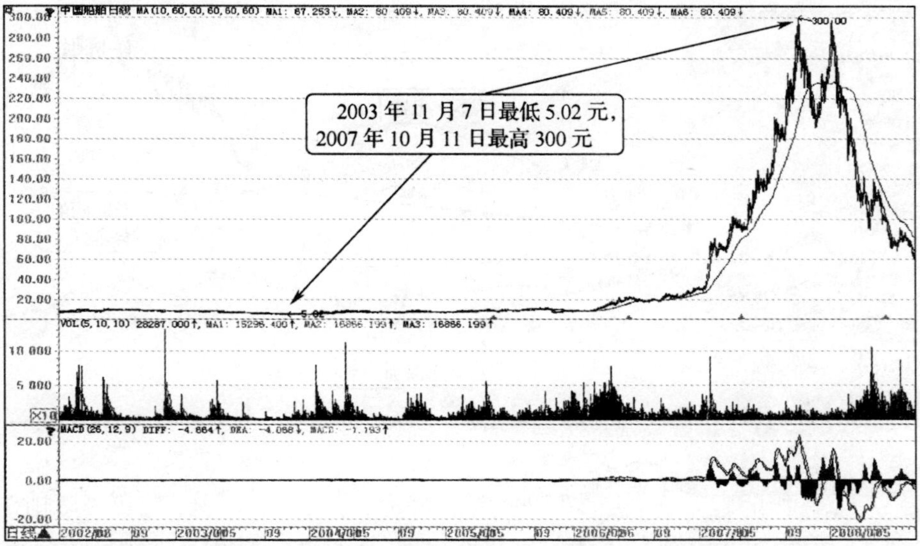

图 6—2　中国船舶（600150）日 K 线

2. 苏宁电器

个股走势与大盘走势之间出现的“喇叭口”形态，是主流品种在熊市中后期和牛市初期最主要的盘面特征。在很多强势品种身上，我们都能发现这一特征。

图 6—3 是苏宁电器（002024）在 2004 年 7 月 21 日首日上市后，到 2005 年 5 月与深成指的走势对比。由于苏宁电器送股频繁，因此，图 6—3 采用了向前复权走势。从两者的走势对比可以看出，苏宁电器与深成指出现了一上一下的长时间的背离，两者走势构成了一个大型喇叭口。该股在 998 点至6 124点牛市中也成了明星股票，按复权价格计，最高涨至 16.42 元，整体涨幅十分惊人，如图 6—4 所示。

（二）突破天量价位

牛市主流板块还有一个重要的盘面特征，就是在牛市初期就能够突破此前的天量价位。这个天量价位，可能出现在熊市中，也可能出现在牛市初期。

天量代表着大规模的换手，突破天量价位，意味着在此前的天量中主力以买入为主，因此能够顺利突破天量价位。股价突破天量价位，往往意味着主升浪的开始。例如，苏宁电器在上市首日的天量之后，股价就开始持续上升，如图 6—3 所示。中国船舶也是在突破了之前的两次大幅放量区间后，才开始了主升浪，如图 6—2 所示。

还有很多牛市中的强势股在启动之初都具有这样的盘面特征。

1. 万科 A

图 6—3　苏宁电器（002024）与深成指走势对比图（复权）

图 6—4　苏宁电器（002024）日 K 线（复权）

万科 A，998 点至6 124点牛市“五朵金花”中地产板块的领军品种，在牛市初期就出现了突破天量价位的盘面特征。

如图 6—5 所示，2005 年 8 月 12 日和 10 月 20 日，万科 A（000002）出现两次大幅放量过程，这两次放量，均创出了此前历史的最高成交量。12 月中旬，万科 A 股价突破了这两个天量价位，开始了牛市主升浪。

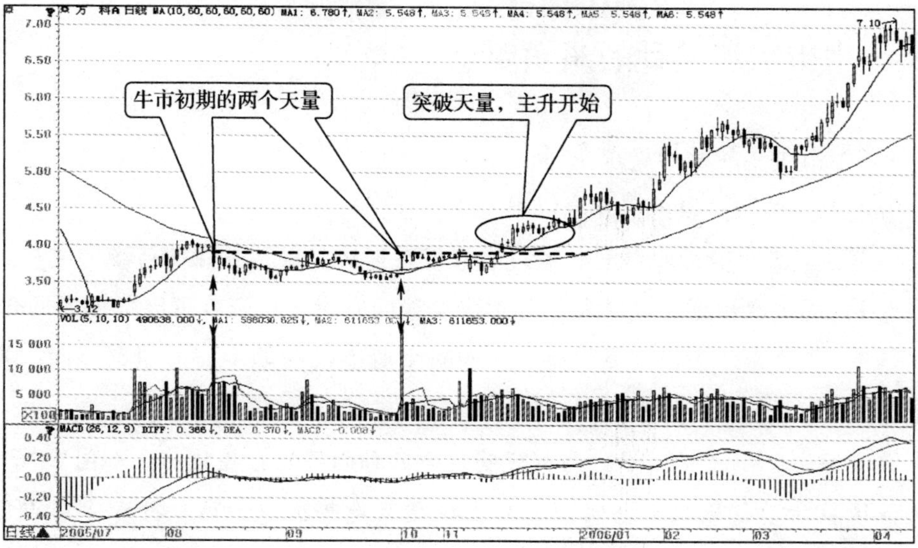

图 6—5　万科 A（000002）日 K 线

2. 大元股份

大元股份，以 663% 的涨幅，成为 2009 年年度涨幅榜第一名，在涨势初期也出现了突破天量价位的盘面特征。

如图 6—6 所示，2008 年 12 月 10 日，经过连续两个涨停后，大元股份（600146）放量震荡。若不计算上市首日的成交量，则本次成交量创下历史新高。2009 年 4 月，大元股份突破这次的天量价位，主升浪正式启动。

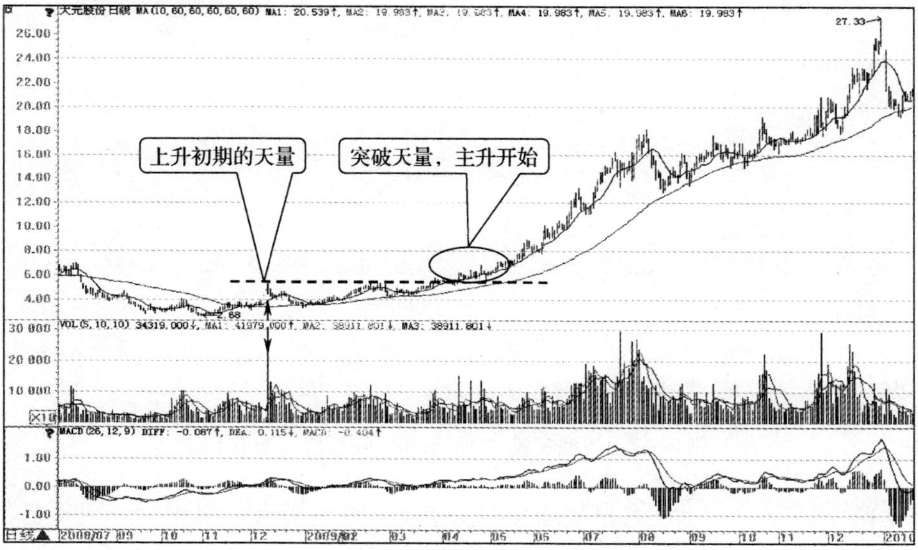

图 6—6　大元股份（600146）日 K 线（复权）

二、牛市主流品种的买卖要点

（一）牛市主流品种的买点选择

牛市主流品种的买点，主要有以下三个。

关注点：当大盘持续走低时，通过看盘发现逆势品种，并保持持续的关注。

买点1：当大盘出现见底迹象，并逐步企稳回升时，投资者可以分批逢低介入。

买点2：当大盘牛市已经基本确立，同时个股突破前期主要放量区间时，投资者可以全仓买入。

我们以海油工程（600583）为例说明这类品种的买点把握技巧。如图6—7所示，在“关注区”所示范围内，海油工程和上证指数走势出现背离，投资者可以保持密切关注。由于大盘底部还未探明，此时投资者不必急于入场。当上证指数见底1 000.52点之后，开始反复震荡筑底，海油工程逐步走强。此时买点1出现，投资者可以逐步逢低入场。后市大盘开始进一步回升，海油工程也一举突破此前的震荡区间，同时也突破了两个天量价位（在图6—7中更加明晰），买点2出现，投资者此时可以全仓买入。

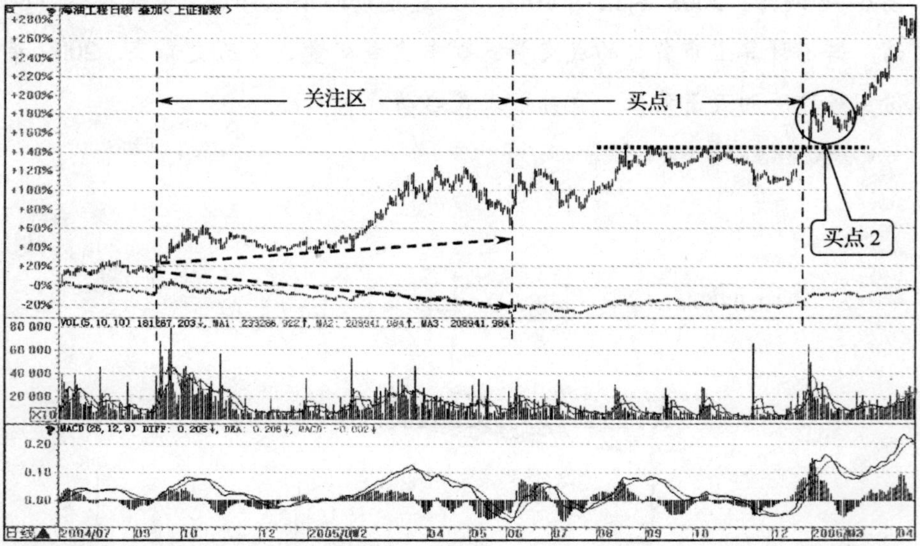

图6—7　海油工程（600583）日K线（复权）

以上两个买点中，建议大家重点关注买点2。虽然买点2出现时，股价已经有了一定的涨幅，买入成本相对会高一些，但其风险却是最小的。相对于后续的巨大涨幅来说，高出来的这一点成本投资者完全可以接受。

另外，部分风险承受能力强、资金量大、操盘水平高的投资者，在“关注区”就可以逐步入场。这就是所谓的“左侧交易”，即投资者在大盘见底之前就开始入场。不过对于大多数普通投资者来说，这种“左侧交易”并不适合，因为很容易陷入“抄底”不成反而被套的窘境。

（二）牛市主流品种的卖点选择

牛市中的主流热点，是主力资金集中运作的品种，其涨势往往贯穿牛市的始终。尤其是在牛市后期，很多非主流品种已经开始下跌，而主流品种仍然保持强势，这就给投资者充分的时间来判断、分析，从而可以从容地把握卖出时机。

当投资者持有牛市主流品种的时候，不要一看到些微的见顶迹象就急于卖出，也不要贪图一时的波段收益而试图高抛低吸。对于这一类品种，投资者要有坚定持股的信念，要抓住时机尽量将牛市利润赚足。当然，“坚定持股”并不意味着要坐“过山车”。为避免过早卖出出现踏空，同时也为了避免坐“过山车”，投资者可以选择在顶部的“右侧”位置卖出。

我们仍以海油工程（600583）为例。如图6—8所示，2008年1月24日、25日两个交易日，海油工程均出现冲高回落的走势，这两天的K线形态均构成“射击之星”，同时又组成了“看跌孕线”形态，并且MACD指标出现顶背离走势。这些见顶信号，预示着股价可能已经到达牛市顶部，卖点1出现，投资者可以进行部分减仓，如图6—8中卖点1所示。此后海油工程开始逐步下跌。

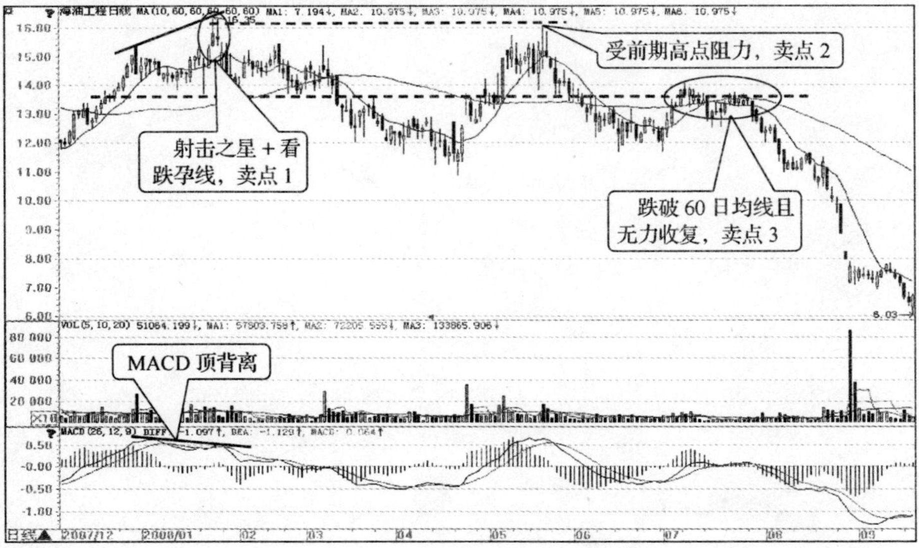

图6—8 海油工程（600583）日K线

3月11日，海油工程跌破60日均线后，于5月初突破60日均线，之后受到前期高点阻力，再次发出卖出信号，如图6—8中卖点2所示。投资者此时应再次进行减仓操作。这是卖出点位的次高点，该点位出现机会较少，要及时把握。

此后海油工程股价继续下跌，并且跌破了此前历时四个月所形成的震荡区间，出现破位走势。2008年7月中旬，海油工程股价对此次破位进行了反弹，并且无力收复此前的震荡区间。通过这种长期形态的破位以及反弹，基本可以确认长期顶部的形成，卖点3出现，投资者可以将余股全部卖出，如图6—8中卖点3所示。

第二节　通过看盘把握短线炒作热点

股市中有一句话，“市场中永远都有机会”，主要指的就是短线机会。不论市场处于哪个阶段，总会不断出现短线大涨的股票，这一点在牛市中表现得更加频繁和明显。如何能够及时地把握盘面热点和短期的强势股，无疑是短线投资者需要考虑的最主要问题。

一、短线炒作热点的盘面特征

（一）分时走势强劲

短线炒作热点在启动初期都具有一个共同的盘面特征，就是分时走势非常强劲。主要体现在以下三个方面。

第一，分时曲线流畅。热点强势股的分时走势非常顺畅自然，尤其是盘中拉升时，绝不拖泥带水，往往是一气呵成。

第二，上涨放量，下跌缩量。强势股在上涨过程中往往呈现价升量增、价跌量缩的价量配合关系。

第三，均线支撑有力。强势股股价在盘中回调时，往往不会跌破分时均线，分时均线对股价构成强力支撑。股价回调时，与均线的距离越远，就说明走势越强劲。

如图 6—9 所示，广晟有色（600259）在 2010 年 9 月 8 日的分时走势就具备了以上三个要素。

强势特征一：该股开盘后经过三波拉升后涨停，每次拉升的走势都非常流畅。

强势特征二：盘中出现过两次明显的回调过程，但是每次股价回调时，不仅没有触碰均价线，而且与均价线保持着相当的距离。

强势特征三：盘中每次拉升都伴随着放量，回调都伴随着缩量，而且随着股价的逐波上涨，成交量也呈现逐波递增的态势。

（二）K 线走势强劲

在 K 线走势方面，短期热点强势股也普遍具有如下的盘面特征。

第一，近期的 K 线组合为看涨形态。

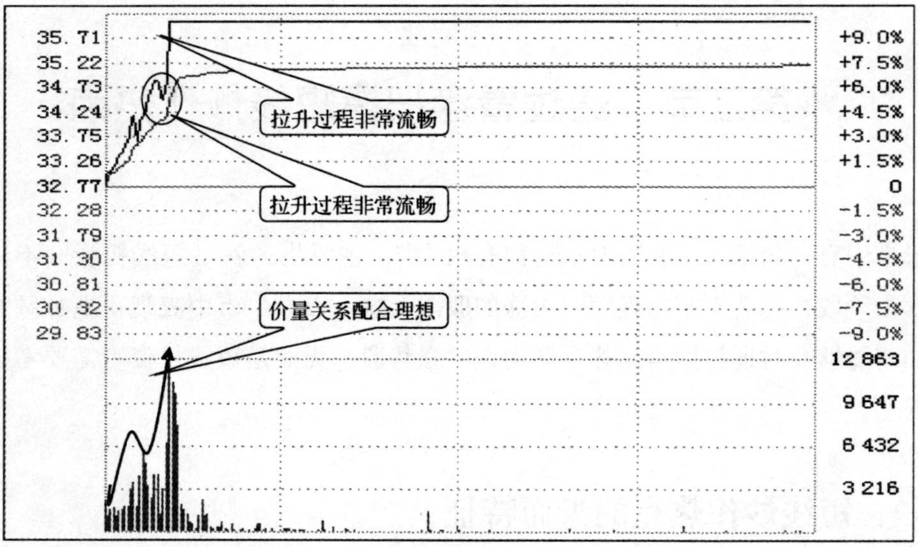

图6—9　广晟有色（600259）分时走势（2010.09.08）

第二，价量配合理想。与分时走势的成交量特征相同，热点强势股在K线走势上也呈现“价升量增”的态势。

第三，均线多头排列。热点强势股在拉升时，均线系统往往呈现多头排列。有时虽然没有出现多头排列，但是股价一般都在5日、10日均线上方。

第四，技术指标看涨。在热点强势股的拉升过程中，尤其是拉升初期，各项技术指标往往都呈现看涨态势，如MACD低位金叉、布林线喇叭口扩张等。

仍以广晟有色为例，其2010年9月8日涨停时（见图6—9）的K线形态就符合以上四个要素，如图6—10所示。

强势特征一：连续三根阳线，三根K线构成“红三兵”形态。

强势特征二：股价连续三天上涨，成交量也连续三天放大。

强势特征三：5日、10日、30日、60日均线多头排列，股价在所有均线上方。

强势特征四：技术指标发出看涨信号。MACD指标中BAR柱状线持续上扬。

广晟有色在9月8日后，在大盘不断下跌的情况下，短线继续大涨，并且在9月9日、13日两天出现涨停，如图6—11所示，这进一步证明该股正是当时的短线强势股。

二、短线炒作热点的买卖要点

（一）短线炒作热点的买点选择

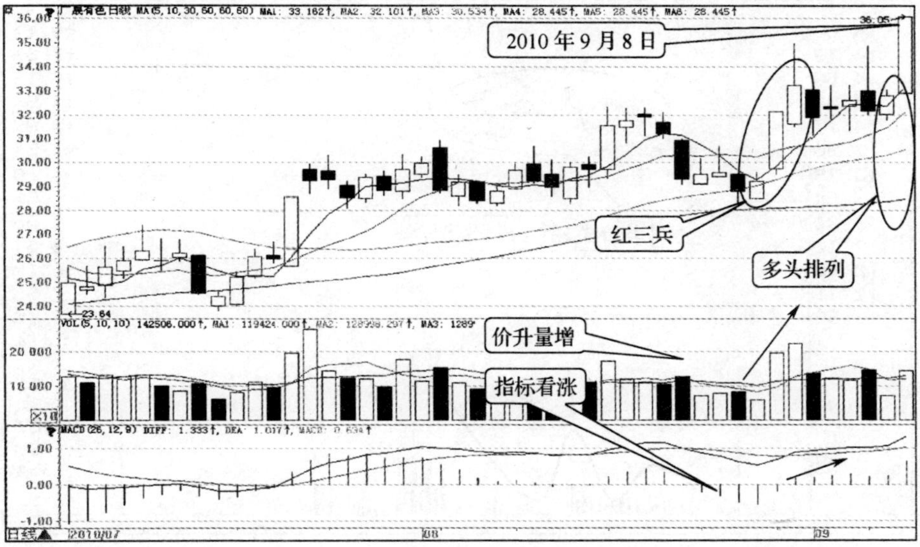

图 6—10　广晟有色（600259）日 K 线 1

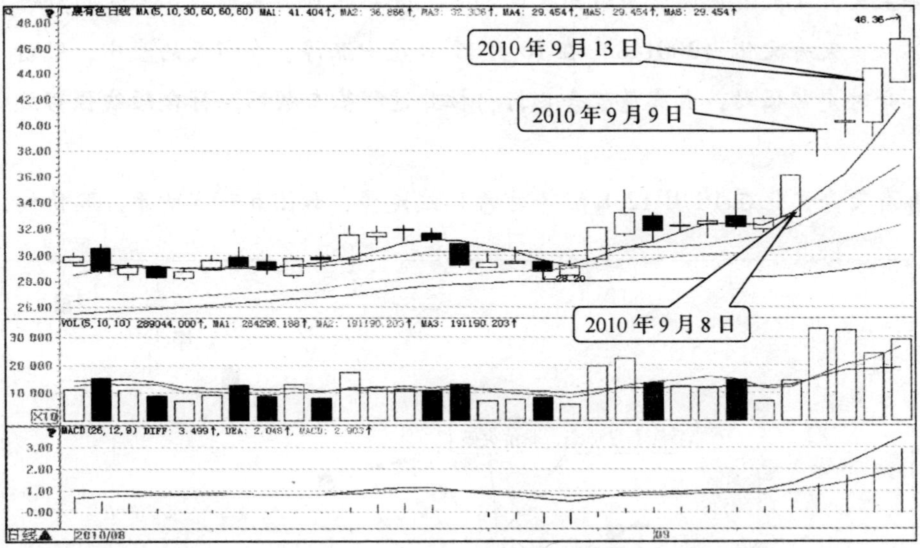

图 6—11　广晟有色（600259）日 K 线 2

短线的买点有很多种，例如突破时的买点，连续上涨中的买点，调整到位后的买点，急跌反弹时的买点，还有涨停板的买点，等等。对于短线热点品种来说，投资者可以将强势股的盘面特征和股价是否出现突破等强势走势结合起来，综合把握短线买点。

如图 6—12 所示，2011 年 10 月，中共十七届六中全会对深化文化体制改革、推

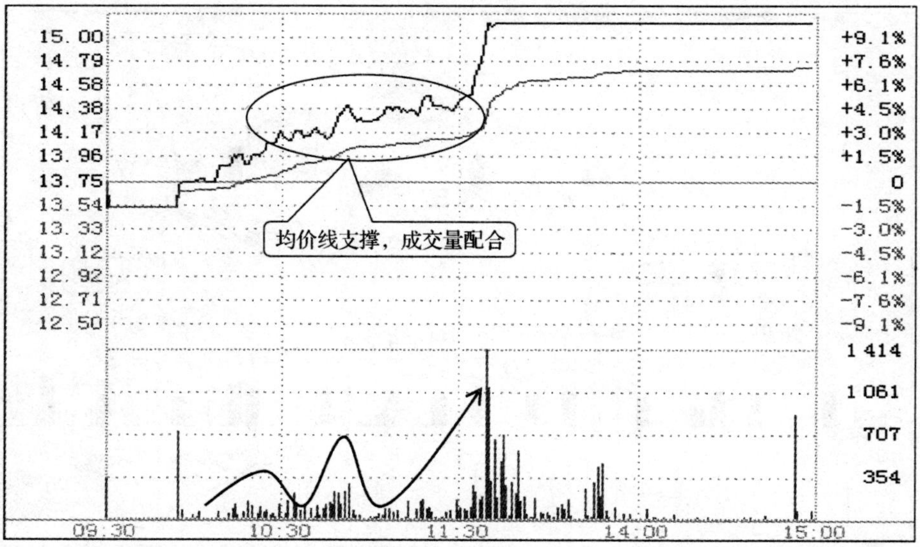

图 6—12　天舟文化（3000148）分时走势（2011. 10. 12）

动社会主义文化大发展大繁荣做出全面部署。受此利好消息刺激，文化传媒板块成为短线热点。天舟文化（300148）在 10 月 12 日盘中涨停。在当天的盘中，股价不破均价线，分时走势强劲，成交量配合良好，拉升过程基本顺畅，符合短线强势股的盘面特征。

再看天舟文化在 10 月 12 日涨停时的 K 线走势，如图 6—13 所示。股价向上突破

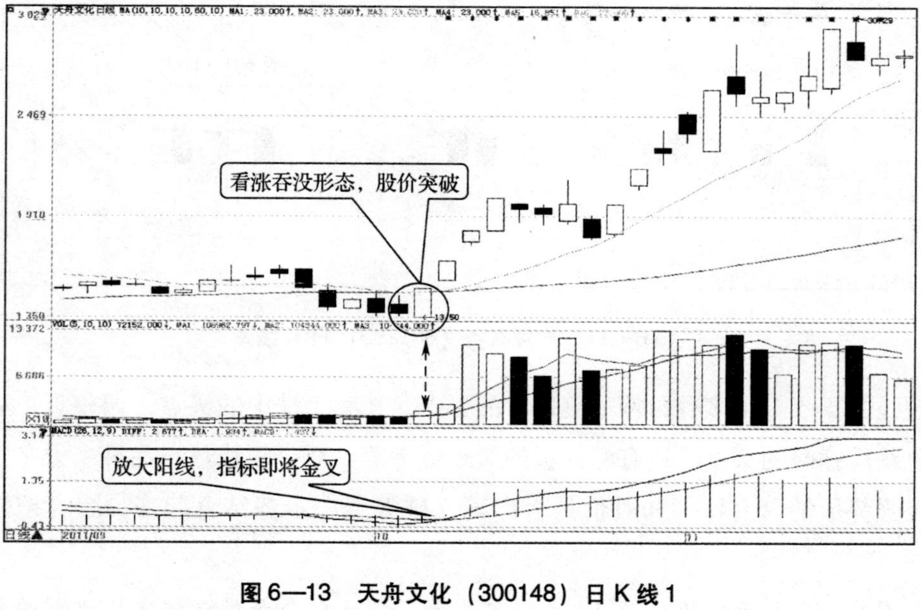

图 6—13　天舟文化（300148）日 K 线 1

10日均线和60日均线，MACD指标即将形成金叉，K线形成看涨吞没形态，同时成交量持续放大，以上均符合强势股的K线走势特征。该股股价即将向前期高点发起攻击。短线投资者此时有两个选择，一个就是先进行部分的买入操作，待后市股价实现突破后再继续加仓买入。另一个较为稳妥的策略，就是等股价真正实现突破后再短线买入。

在下一个交易日，即10月13日，天舟文化高开高走，继续保持强劲的上涨态势，如图6—14所示，同时成交量继续放大，股价突破了此前的阶段性高点，如图6—15所示，短线买入时机出现。此时的止损位可以设在前期高点位置。

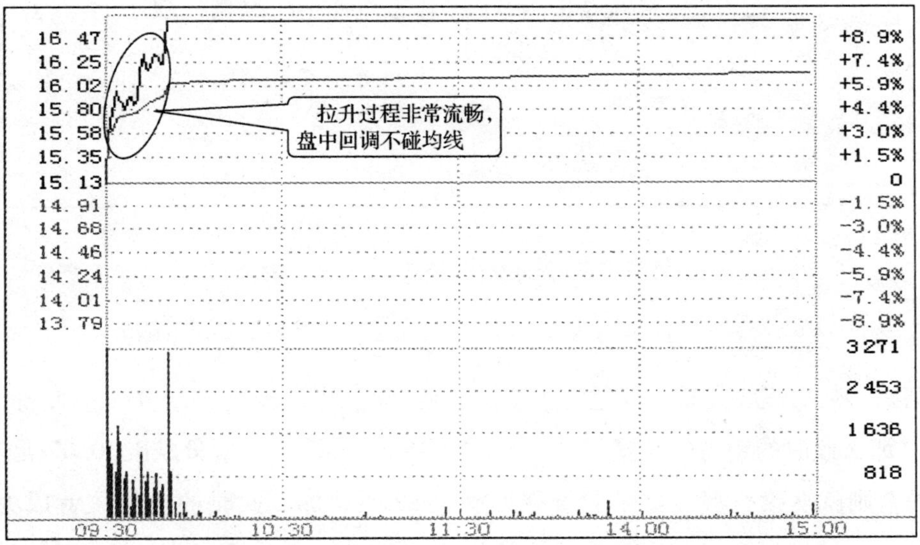

图6—14 天舟文化（300148）分时走势（2011.10.13）

（二）短线炒作热点的卖点选择

短线卖点方面，可以分为止损卖出和赢利卖出。

止损卖出方面，技术上的要求很简单，只要在买入之前设好止损位，跌破止损位就卖出即可。这里考验的主要是投资者的心理素质和执行力。

在赢利卖出（止盈）方面，技术上的要求则复杂一些。因为就本次交易而言，其整体上已经属于成功的交易，剩下的只是在不同的卖点选择下赢利多少的问题。投资者在止盈卖出时，可以有多种卖点的选择。

第一，固定卖点。投资者可以设定一个固定的赢利幅度，例如5%或者10%，达到这个幅度就卖出。

第二，浮动卖点。投资者可以设定一个跟随股价变动的固定比例，作为止盈

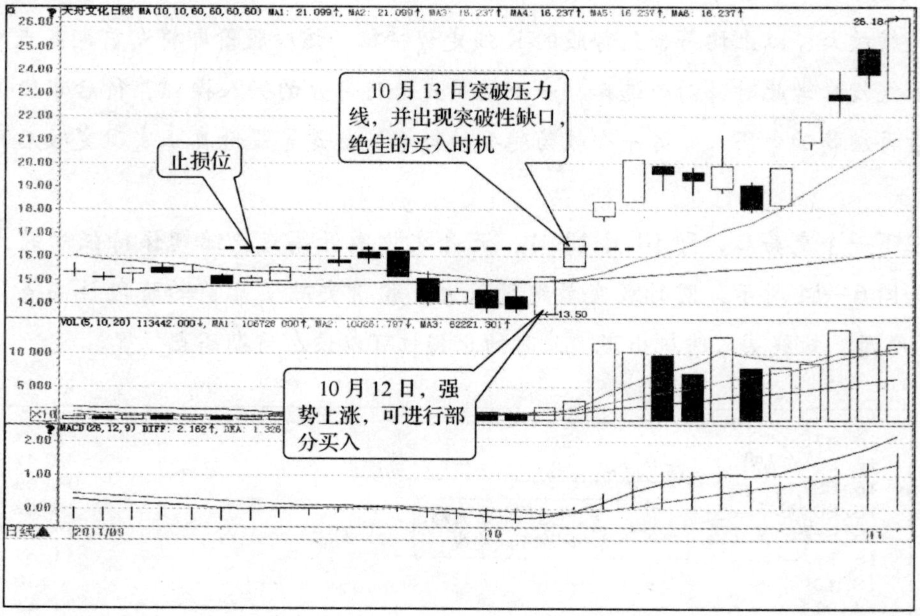

图6—15 天舟文化（300148）日K线2

价位。

例如，某次短线交易，设定的止盈比例是3%。买入价10元，买入后股价上涨至11元，那么此时的止盈位就是11×（1－3%）＝10.67元，股价跌破10.67元就止盈卖出，否则就继续持股。如果股价继续涨至12元，那么此时的止盈位就成为12×（1－3%）＝11.64元，以此类推。止盈位随着股价的变动而变动，是一个动态的浮动卖点。

第三，主观卖点。投资者可以依靠自己的看盘经验，随时观察股价变动。当投资者判断股价已经到达短期顶部时，就进行卖出操作。“固定卖点”和“浮动卖点”都属于有客观标准的卖点，而“主观卖点”则主要依赖于投资者的主观判断。同样的走势，不同的人会有不同的判断。

下面介绍两个具有较高准确率的主观卖点选择。

1. 连续涨停后的巨量阴线

短线炒作热点，往往会出现连续涨停的走势。当连续涨停之后，如果某天出现高开低走的放量阴线，那么短线投资者应注意卖出股票，以回避风险。若此时股价处于历史高位，也就是出现“高位放量滞涨”，则卖出信号更加可靠。

如图6—16所示，2011年10月底，市场掀起了“网络服务、云计算”的炒作热

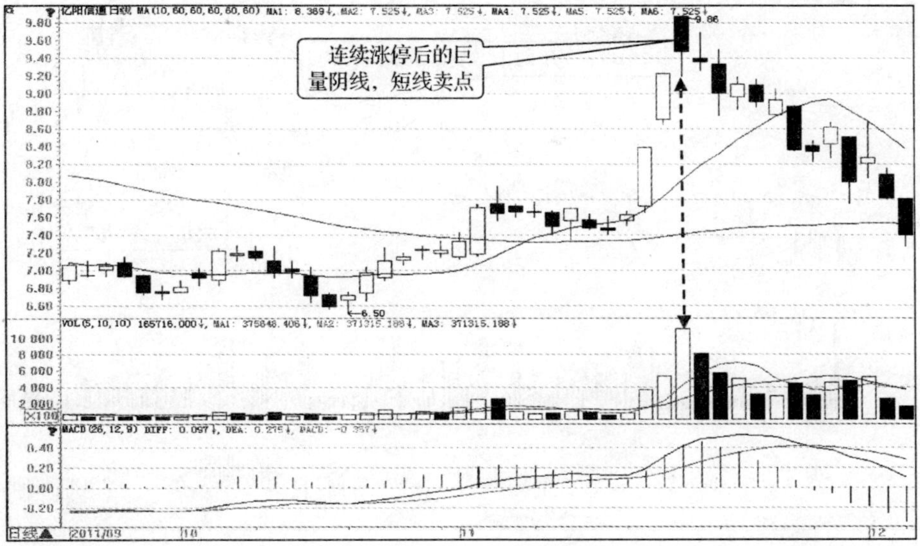

图 6—16 亿阳信通（600289）日 K 线

潮，亿阳信通（600289）成为热点品种，股价连续大幅上涨。经过连续两个涨停后，2 月 5 日该股高开低走，成交量放出历史天量，同时股价也创出下半年调整以来的新高。对于短线投资者来说，这种“高位放量滞涨”，是强烈的卖出信号。此后该股持续走低。

2. 连续上涨后的多个反转信号

当股价连续上攻后，如果连续出现了多个短线反转信号，投资者就应注意把握短线卖出机会。

如图 6—17 所示，2011 年 6 月 23 日，福建水泥（600802）突破前期高点后，开始不断震荡攀升。7 月 27 日、28 日和 29 日连续三个交易日，该股均出现“孕线”“射击之星”的 K 线形态。前面介绍过，“孕线”是一种反转形态。“射击之星”，再加上连续的“孕线”，预示着股价上升乏力，短线反转下跌的概率极大。此时，投资者可以把握卖出机会。

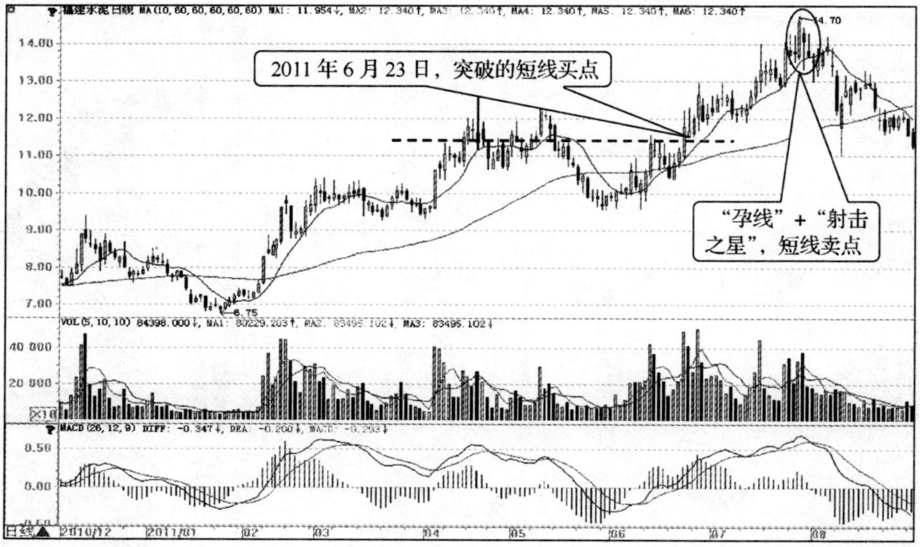

图 6—17　福建水泥（600802）日 K 线

第三节 通过看盘把握震荡市轮动热点

股市运行的趋势并不是非上即下，而是还有一种介于两者之间的横向趋势，即横盘震荡走势。此时股价的中长期趋势方向不明朗，整体呈现上下起伏的震荡走势。

在趋势方向明显的牛市、熊市中，大部分股票的走势均和大势保持一致。而在震荡市中，各个股票的走势存在较严重的分化情形。有的股票连续暴涨，有的股票则持续走弱，正确选股就成为震荡市赢利的关键因素。

一、震荡市轮动热点的盘面特征

（一）震荡市的整体走势特征

在震荡市中，市场经常起伏不定，往往在涨势强劲、明显可以看高一线的时候突然开始大跌，在跌势很猛烈的时候却突然翻身大涨。在这种走势中，如果投资者简单地采用追涨杀跌的方式，将很容易陷入“两头挨耳光”的被动局面。

如图 6—18 所示，上证综指在 2009 年 8 月初最高涨至3 478.01后，开始大幅下

图 6—18 上证综指日 K 线

跌，最低跌至2 639.76后开始企稳。此后该指数一直在2 800点至3 300点的500点范围内震荡。此时指数整体涨跌幅度有限，更多呈现的是横向震荡的运行格局。

如图 6—19 所示，福成五丰（600965）在 2007 年 5 月底涨至 12 元附近后，受“提高印花税”的利空打击，该股停止了上涨步伐，开始在 6 元至 12 元的区间内大幅震荡。在这个震荡期内，如果持股不动，将不会获得什么收益。而如果随着股价的波动，反复进行高抛低吸，那么收益将非常可观。

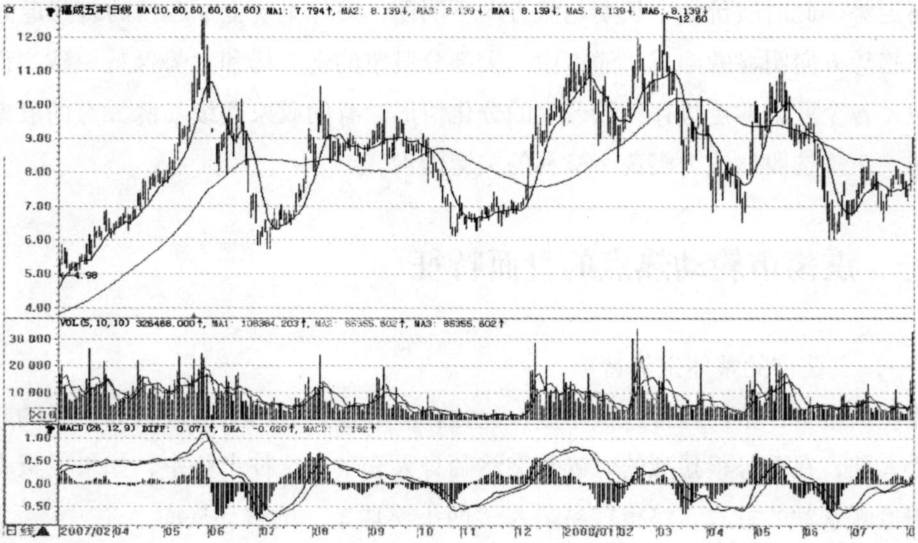

图 6—19　福成五丰（600965）日 K 线

（二）震荡市轮动热点的盘面特征

在震荡市中，板块轮动非常普遍。在大盘的每一次上涨过程中，都会出现不同的热点板块。这些板块之所以出现轮流炒作的局面，主要原因有以下两个。

第一，主力运作的周期不同。

主力不同，其运作节奏往往也会不同。即使同一主力，对不同品种的运作节奏也会存在差异。有的品种已经运作到了拉升阶段，而有的品种则可能正处于洗盘阶段。这种不同的运行阶段，很大程度上决定了股票走势的节奏差异。

第二，利好消息出现的时间不同。

例如，在 2011 年下半年，区域振兴规划不断出台。当“西咸新区”规划出台时，陕西板块就成为一时的热点；当十七届六中全会决定深化文化体制改革时，传媒与文化板块就成为新的热点。

在震荡市中，板块轮动热点一般都具有以下盘面特征：上涨之前都经过了充分的调整和蓄势；启动初期成交量密集放大，往往放出此轮行情的天量；在大幅启动之前，都有短期走势强于大盘的特征。

我们以传媒与文化板块中的龙头品种天舟文化为例，来说明一下这些盘面特征。

如图6—20所示，天舟文化（300148）在2011年4月底大幅下跌，随后在12元至17元区间，进行了长达数月的震荡整理，直到2011年10月中旬才突破盘整。这种长时间的整理，使得该股的洗盘蓄势非常充分，上涨基础非常扎实。一旦突破盘整，将引来爆发性的上涨行情。

另外投资者也可以从图6—20中看到，当该股在2011年10月中旬突破盘整时，成交量放大明显，创出了本轮行情以来的最大成交量。

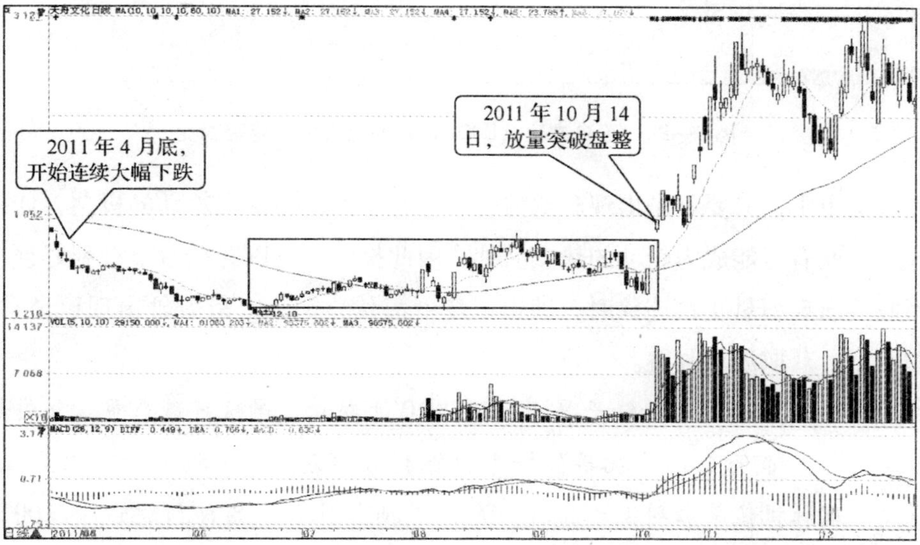

图6—20　天舟文化（300148）日K线

图6—21反映的是天舟文化2011年与上证综指的走势对比。投资者可以看出，在2011年10月12日之前的几个交易日，天舟文化走势基本弱于大盘走势。10月13日该股出现涨停，而同一交易日大盘微涨，个股走势明显强劲。从这一交易日开始，该股走势开始明显强于大盘。两者走势形成扩张的喇叭口形状。

二、震荡市轮动热点的买卖要点

在震荡市中，对于轮动热点，投资者有以下两个应对策略。

（一）逢低潜伏，拉高出货

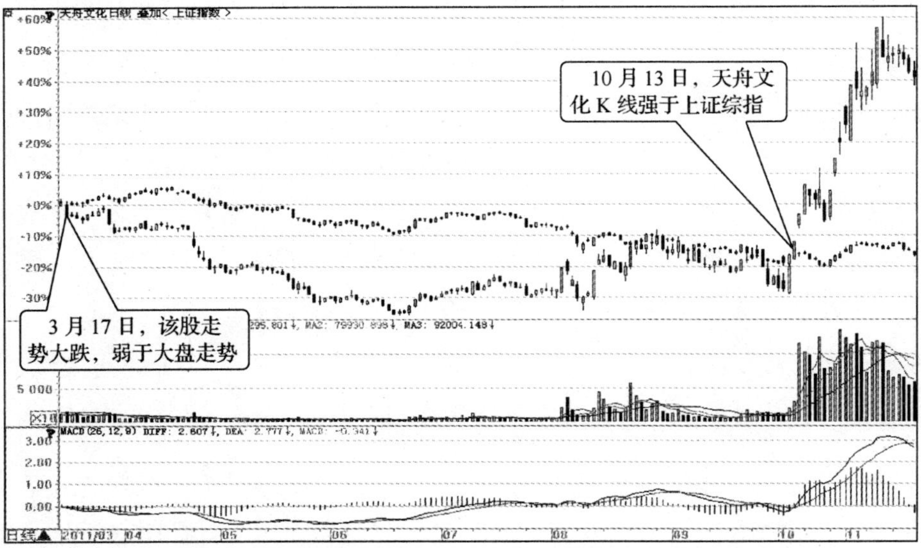

图6—21　天舟文化（300148）与上证综指走势对比

在震荡市中，只要不是出现利空的股票，基本上都会得到轮动的机会，如果再有利好预期，就有可能成为轮动的热点品种。因此投资者可以选择后市有利好预期的品种，当股价出现缩量止跌迹象时，就可以逢低潜伏式买入；待股价出现拉高动作时，再及时卖出，获取波段收益。

2009年秋，西南地区持续干旱，到了2010年年初，旱情日益严重，并引起了社会的广泛关注，市场上的“抗旱”概念出现利好预期。此时投资者可以关注水泵、节水灌溉、园林机械等水利设施品种，例如“抽水引水”品种利欧股份（002131）。当利欧股份在下跌过程中出现缩量企稳迹象时，投资者可以逢低潜伏式买入，然后耐心等待，如图6—22中买点所示。当该股出现短线拉升走势时，可以选择逢高卖出，如图6—22中卖点所示。

（二）及时追涨，滞涨时走人

很多时候，投资者很难事先就判断清楚哪些品种会成为近期的轮动热点。此时比较合适的交易策略是在热点个股启动初期及时追涨买入，待股价出现滞涨走势时卖出。

2009年12月31日，国务院发布《国务院关于推进海南国际旅游岛建设发展的若干意见》，此后海南板块逐渐升温。如图6—23所示，2010年1月28日海南板块中的罗牛山（000735）放量大涨，并突破此前呈上升趋势的阻力线，预示着股价开始正式启动，投资者可以及时追涨买入。经过连续大涨之后，在从2月5日开始的6个交易

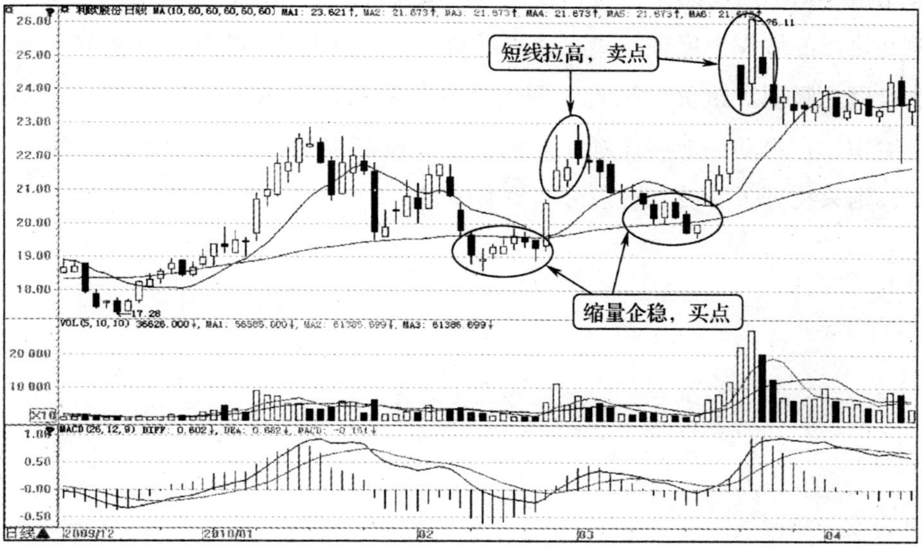

图 6—22　利欧股份（002131）日 K 线

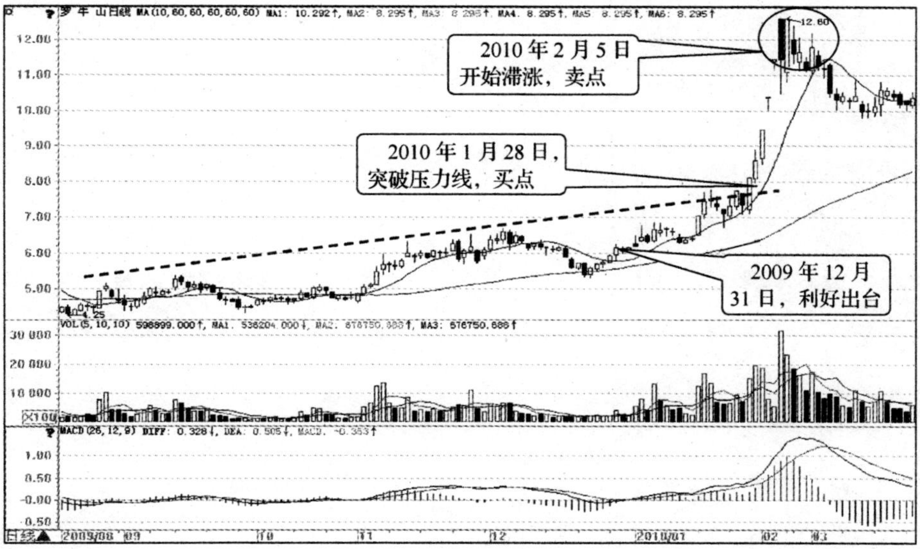

图 6—23　罗牛山（000735）日 K 线

日中，该股在高位横盘震荡，滞涨迹象明显，此时投资者可以短线卖出。

另外，在国务院出台文件（2009 年 12 月 31 日）与股价正式启动（2010 年 1 月 28 日）之间，有半个多月的酝酿期。在此期间，投资者可以采用逢低潜伏式买入的方法，进行低吸操作。

采用这种追涨的交易策略时，投资者需要格外注意的是，随着时间的推移，震荡市中轮动热点的炒作力度往往也在逐步地减小。其原因就是市场中的短线活跃资金不断被热点概念吸引和沉淀，随着时间的推移，数量越来越少。例如，2009年三季度的海王生物，在启动后能够连续拉升两波，阶段涨幅达到两倍。而2010年年初的三木集团，则只拉升了一波，阶段涨幅只有一倍。

第七章

通过看盘寻找最佳买点

好的开始是成功的一半。投资者如果能够在买入股票时，就取得一个非常有利的位置，即找到最佳买点，就会在后面的操作中握有相当大的主动权。那么，如何通过看盘来选择最佳买点呢?

对于买点来说，大体分为短线买点、中长期底部反转的买点、牛市中回调结束的买点，以及熊市反弹的买点四类。

第一节　短线最佳买点

对于短线来说，其买点有很多选择，最佳选择莫过于能够在买入后，股价能够很快开始上涨或者继续上涨。这样的买点，就是短线的最佳买点，主要有突破阻力位时的买点和获得支撑后的买点这两类。

当然，买入后股价下跌，也是在所难免。一买就涨，这一点我们只能“尽量地做到”，而不能追求“绝对地做到”。

一、看准突破的买入良机

突破，是指股价终于越过了此前的某个重要阻力位、重要价位或者重要关口。股价成功实现突破，往往预示着股价运行将进入一个新的节奏和空间，这种新节奏和新空间，就是短线投资者需要积极把握的交易良机。

突破买入，实际上包含两个买点。

买点 1：在股价实现突破时。

买点 2：股价突破某个阻力位之后，很多时候会针对这个阻力位，展开回调走势。如果股价在这个阻力位获得支撑后继续上涨，就是“确认了此次突破的有效性”，此时买点 2 出现。

（一）买点 1：突破时的买点

有时候股价虽然突破了某个重要阻力位，但是很快又重新跌到该位置下方，那么此次突破就是个“假突破”。因此每当发现股价出现突破走势时，投资者都需要判断这次突破到底是“假突破”还是“真突破”。

对于突破的真假判断，通常的标准是“三日原则”和“3% 原则”，即三个交易日内能够保持在突破位置的上方，或者突破后的涨幅超过了3%，就视为有效突破。

但是这个判断标准，尤其是其中的“三日原则”，对于短线交易来说不太适合。因为短线的交易良机往往稍纵即逝，三个交易日之后，可能股价已经狂飙突进，到达了一个短期顶部。

投资者可以在突破当天，通过突破时的放量情况，以及大势强弱等因素进行综合分析，来判断此次突破的有效性。如果判断此次突破成功的概率较高，那么可以在突破当天短线买入，并将突破位置设为止损位。

如图7—1所示，在2010年11月2日之前，东方集团（600811）的股价呈现缓慢震荡攀升的态势，波动高点持续受制于上升趋势的压力线。11月3日，该股放量大涨，股价一举突破了此前的压力线。明显放大的成交量，预示着此次突破成功的概率较高。买点出现，投资者可以及时短线跟进。该股在此轮短线行情中，连续出现4个涨停板。

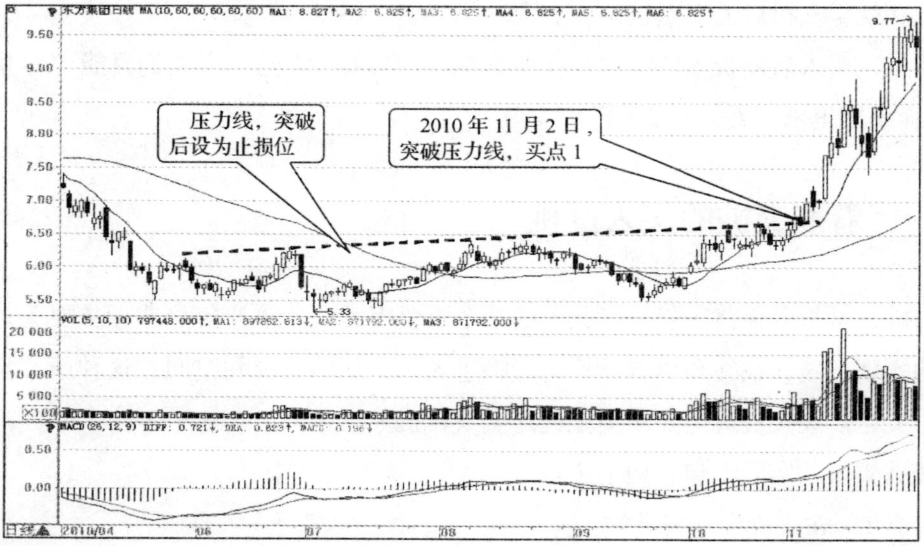

图7—1 东方集团（600811）日K线

（二）买点2：突破后回调确认的买点

相对买点1来说，买点2更加稳妥，不过投资者需要注意的是，买点2并非在每次突破时都会出现。有时股价在突破后，并不会对突破位置进行回调确认，此时就不会出现买点2。

另外，股价在回调确认时，并非一定要跌至突破位置。有时在回调至突破位置上方的一定距离时，股价就开始止跌回升。这是比较强势的回调确认走势，仍然属于买点2。

如图7—2所示，2010年1月7日山东如意（002193）突破了前期高点，买点1出现，投资者可以短线买入，如图7—2中买点1所示。随后该股在上冲之后开始横盘整理，出现短线滞涨走势，投资者可以短线卖出，如图7—2中卖点1所示。

横盘之后，山东如意股价开始回落，并在突破位置（即前期高点位置）上方获得较强支撑。1月27日，该股重新开始上涨，本次突破的回调确认过程完毕，买点2出现，投资者可以再次短线买入，如图7—2中买点2所示。

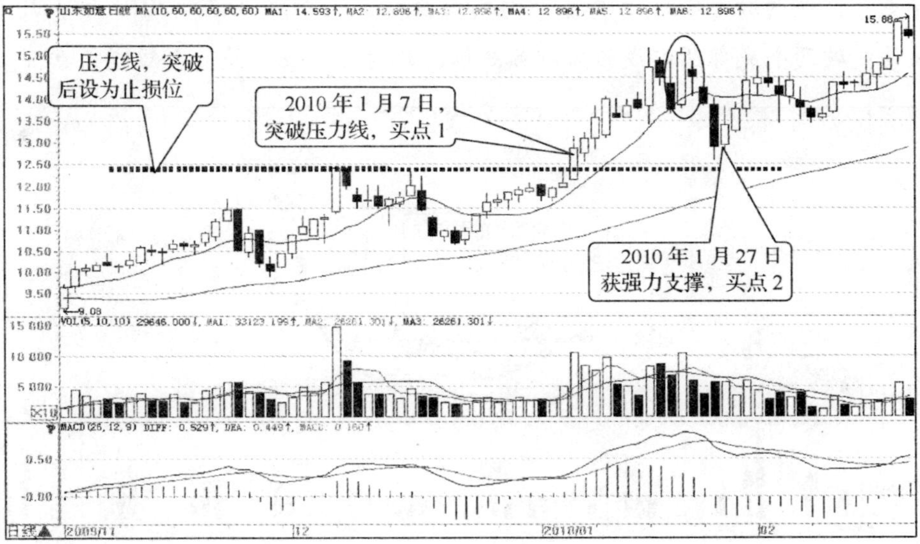

图7—2 山东如意（002193）日K线

注：不论股价出现何种突破走势，如突破均线、突破某个形态、突破某个密集成交区等，其买点均符合以上两个买点原则。

二、看准支撑的买入良机

牛市中，在股价不断上涨的过程中，总是夹杂着大大小小的回调走势。而股价的回调，经常会在某些重要的支撑位结束。当股价回调至这些重要支撑位时，投资者可以密切观察其走势特征，如果发现有明显的见底止跌迹象，就可以判断股价很可能已经调整到位，短线买入时机出现。“突破后回调确认”的买点2，实际上就是一个获得支撑后的买点。

这种重要的支撑位，还包括重要的中长期均线、上升趋势线、密集成交区、黄金分割位、前期放量位置等。

（一）均线支撑的买点

均线是最常见，也是最重要的股价支撑位置，尤其是那些中长期均线，如60日线、120日线（半年线）、250日线（年线）等。当股价出现回落并向这些均线靠拢时，投资者可以保持密切关注，观察均线处的支撑力度。如果股价获得支撑开始回升，则买入时机出现。

在图7—3中，中工国际（002051）前后两次的回调，均在120日线（半年线）处获得支撑，这两次半年线上支撑，均构成投资者的短线买点。2010年7月20日，股价放量突破两个底部所形成的短期颈线位，此时又形成了另一个短线买点。

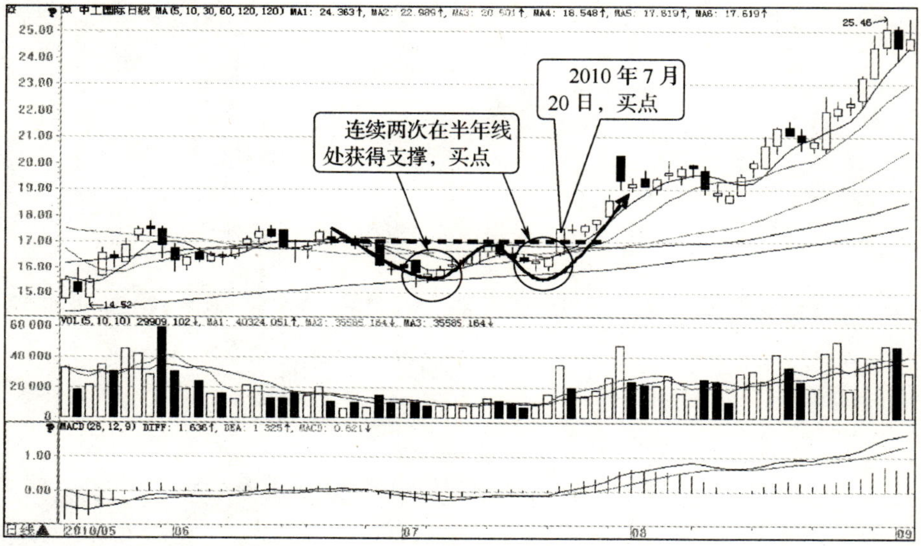

图7—3 中工国际（002051）日K线

（二）上升趋势线支撑的买点

上升趋势线也是一个比较重要的支撑位置。当股价震荡攀升时，将两个或者两个以上的震荡低点进行连线，就构成了上升趋势线。落在上升趋势线上的低点越多，说明这条线的支撑力度越强。当股价向趋势线靠拢时，投资者须注意观察其支撑力度，把握买入时机。

在图7—4中投资者可以看到，2009年年底，恩华药业（002262）一直沿着一根上升趋势线不断地震荡攀升。每次股价回落至该趋势线位置时，都是短线买入时机。

（三）密集成交区支撑的买点

密集成交区，是股票的多空双方进行大量换手的区域，也往往是庄家集中建仓或

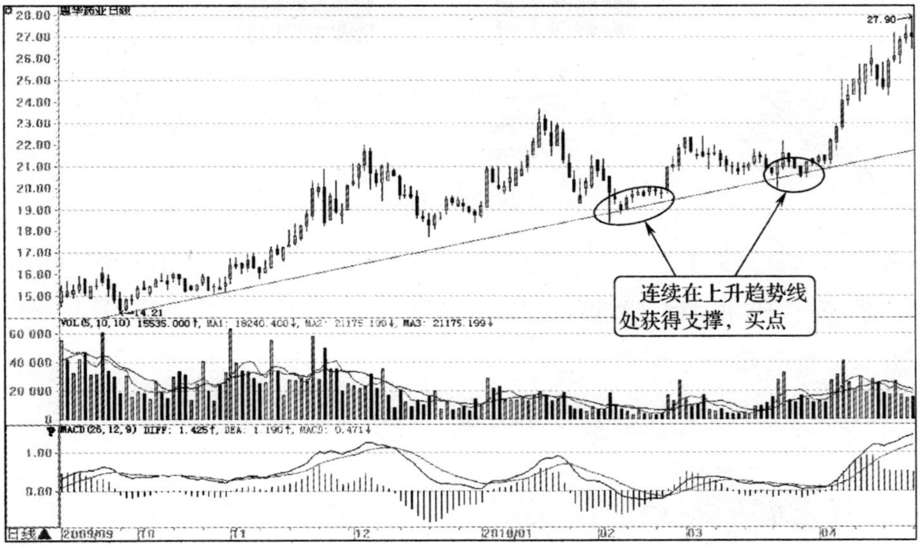

图 7—4　恩华药业（002262）日 K 线

者洗盘的区域。当股价跌至这个区域时，往往会得到强烈支撑，于是就构成了短线买点。

如图 7—5 所示，在 2011 年 1 月中旬，百视通（600637）经过连续涨停后，开始放量震荡，形成一个非常密集的成交区。后市股价出现两次明显的回落，但是每次都在这个密集成交区处获得强力支撑，均构成短线买点。

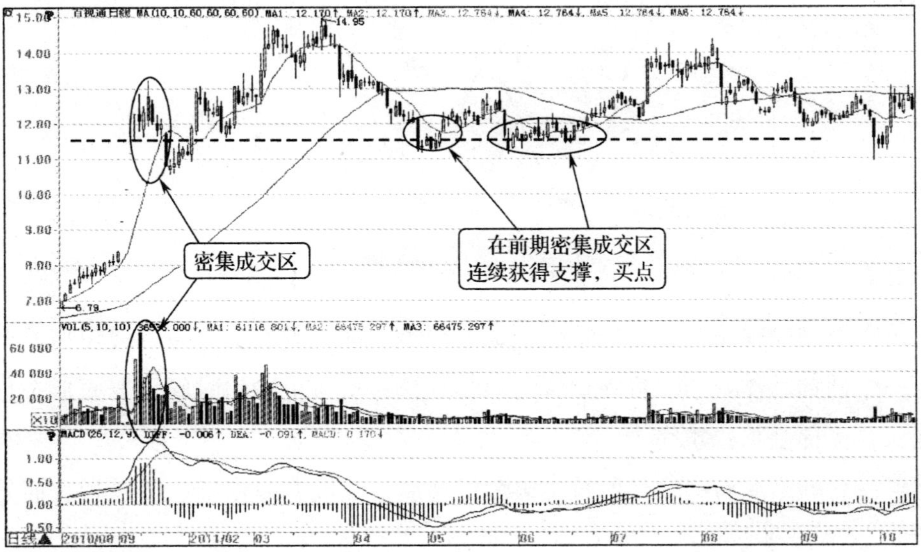

图 7—5　百视通（600637）日 K 线

第二节　反转之底部形态及最佳买点

如何抄底，是投资者最为关注的问题。从 K 线走势上来看，当股价在底部时，会呈现许许多多不同的形态。如何通过看盘识别这些底部形态，并把握相应形态的买入时机，就成为投资者成功抄底的关键所在。

下面我们介绍几种较为常见的底部形态，及其相应的形态买点。

一、双重底形态及最佳买点

（一）什么是双重底形态

双重底（简称双底），也称“W 底”，是指股价的底部由两个低点构成，这两个低点的价位大致相同，形态上类似一个“W”。通过第一个底部之后的反弹高点，画一水平直线，就得到双底的“颈线”，如图 7—6 所示。

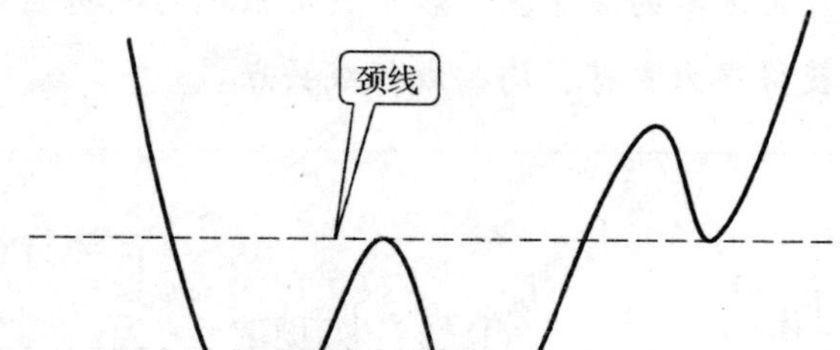

图 7—6　双底形态

股价在突破颈线位后，双底形态完成。很多时候，股价在突破颈线位后，对颈线位会有一个回抽动作。当股价在颈线位获得支撑并重新上涨的时候，双底形态得到最终的确认，底部基本构筑完毕。

需要注意的是，有些时候股价突破颈线位后，并没有回抽确认的过程，而是直接上涨。

（二）双底最佳买点

双底是一种比较常见的底部形态。双底从形成到确认的整个过程中，有三个地方需要投资者格外注意。

1. 第二个底

股价跌至前期低点附近，不再继续下跌并开始回升，预示着股价有形成双底的趋势，投资者需要保持密切关注。

2. 买点 1：突破颈线

当股价突破上次反弹的高点，也就是双底的颈线位置时，双底形态基本成立。此时第一个买点出现，投资者可以开始买入，并将颈线位置设为止损位。

3. 买点 2：回抽颈线

当股价突破颈线后，往往会对颈线位置有一个回抽确认的过程。如果股价在颈线位置获得支撑并开始回升，说明双底形态得到确认，底部基本成立。此时第二个买点出现，投资者可以加仓买入，此时仍可将颈线位设为止损位。

如果没有回抽确认的过程，那么第二个买点就不会出现。

如图 7—7 所示，2011 年 5 月 30 日，恒邦股份（002237）最低跌至 38.83 元后开始回升。在涨至 42.13 元后，该股重新回落至前期低点位置，第二个底出现。这时股价有形成双底形态的趋势，投资者应保持密切关注。

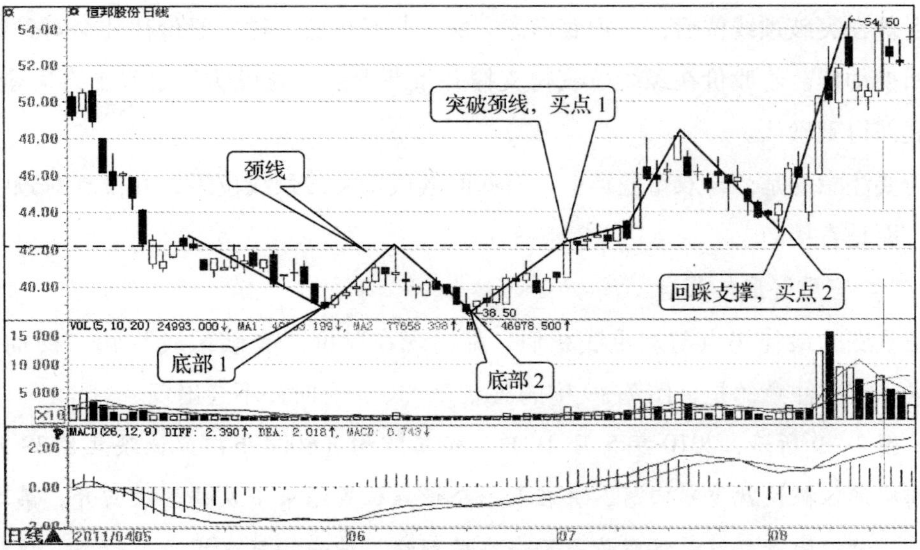

图 7—7　恒邦股份（002237）双底走势

7 月 4 日，该股突破前期反弹高点 42.13 元，即颈线位，双底形态完成。此时买点 1 出现，投资者可以进行买入操作，并将颈线位设为止损位。

2011 年 8 月初，该股重新回落至颈线位，并获得支撑重新上涨，双底形态最终得到确认。买点 2 出现，投资者可以加仓买入。

二、三重底形态及最佳买点

（一）什么是三重底形态

三重底，是指股价在形成底部的过程中，连续三次在某个低点位置回升。也就是在双重底的基础上，股价多了一个再次反弹、再次探底的过程，形成了三个底部低点。将中间两次反弹的高点进行连接，就得到三重底的颈线，如图7—8所示。

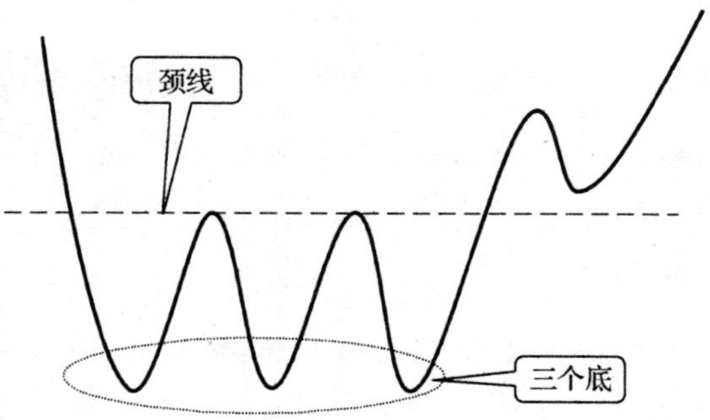

图7—8　三重底形态

股价在突破颈线位后，三重底形态完成。与双重底一样，股价往往会对颈线位有一个回抽动作。若股价在颈线位获得支撑并重新上涨，就说明三重底形态完全成立，本次底部得到确认。

需要注意的是，与双重底类似，有些时候股价突破颈线位后，并没有对颈线回抽确认，而是直接向上。

（二）三重底最佳买点

三重底的最佳买点与双重底相似，都出现在股价“突破颈线”和“回抽确认”的时候。需要注意的是，图7—9中的买点2、3、4有时并不会出现。

如图7—9所示，2010年5月21日，精工钢构（600496）最低跌至8.39元，之后短期反弹但很快就重新回落，并在第一个低点位置结束下跌并再次回升，第二个底出现。此时投资者可以关注股价是否会突破颈线，从而构筑双底底部形态。该股股价在到达颈线位后遇阻回落，双底形态失败。

此后股价第二次在前期低点位置回升，第三个底出现，三重底的底部形态初露端倪。当股价突破颈线时，三重底形态初步成立，买点1出现。此后股价对颈线进行了三次回抽确认，三重底形态完全得到确认，买点2、3、4出现。

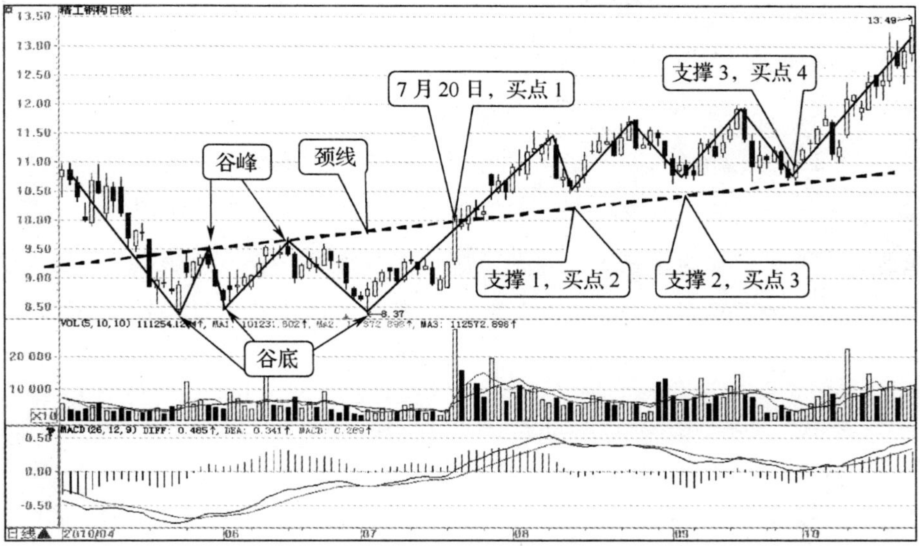

图 7—9　精工钢构（600496）三重底走势

三、头肩底形态及最佳买点

（一）什么是头肩底形态

头肩底，是指股价在构筑底部的过程中，先是跌至某低点后开始反弹，构筑了“左肩”；之后继续下跌并创出新低，构筑了“头部”；然后反弹后再次回落，但这次回落的低点高于“头部”位置，构筑了“右肩”。将“左肩”与“右肩”的高点相连，就得到头肩底的颈线。股价在突破颈线后，意味着头肩底形态最终完成，如图 7—10 所示。

（二）头肩底最佳买点

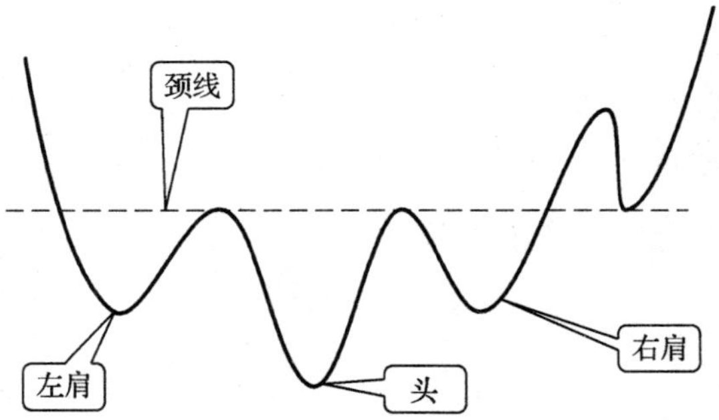

图 7—10　头肩底形态

与“双底”和“三重底”的买点类似，头肩底的买点同样有两个：突破颈线时、回抽确认时。

在图7—11中，投资者可以看到，2010年第二季度和第三季度，上证指数（000001）在2 300～2 700点上下长时间震荡，头肩底形态逐步成形。当股价突破颈线位置后，头肩底形态正式成立，此时投资者可以买入，并将颈线位置设为止损位。

在图7—11中，投资者还可以看到，股价突破颈线花费时间较长，这也验证了该点位的强阻力，若突破则变为强支撑。随后，股价突破头肩底的颈线，并没有回抽颈线，因此买点2没有出现。

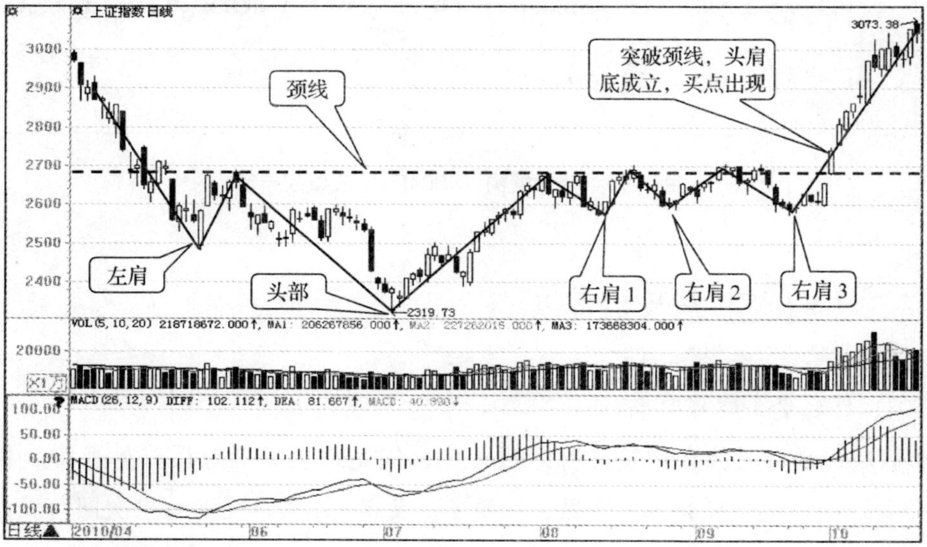

图7—11　上证指数（000001）头肩底走势

四、V形底形态及最佳买点

（一）什么是V形底形态

V形底，又名“尖底”或“底部V形反转”，顾名思义，就是股价在底部的走势形态像一个V字。股价先是持续下跌，在跌至某个价位后，开始反转并持续上涨，如图7—12所示。

图7—12　V形底形态

一般来说，股价出现V形反转，有以下两个原因。

第一，在市场恐慌性气氛影响下，股价持续下跌，已经出现严重的超卖现象，或者此时股票已经极具投资价值。因此股价一旦开始反转，各路资金将会持续不断地入场买入，股价就容易出现持续性的上涨走势，这样就形成了V形形态。

第二，在股价的下跌途中，突然出现突发性的利好消息，例如利好政策，股价便开始连续大涨，形成了V形形态。不过此时的上涨，多半只是熊市中的反弹。待反弹结束后，股价仍将继续走熊。因此对于这种由于利好消息引起的V形走势，投资者需要保持一定的警惕。

（二）V形底最佳买点

在中长期底部的形态中，我们很少能看到V形走势。这是因为，在V形反转中，股价上涨太过迅速，在底部停留的时间过短，主力很难收集到足够的低位筹码。此外，底部停留时间过短，导致多空在底部的换手不充分，也难以支撑大规模的上升行情。

然而，熊市中的反弹行情，大多都呈现V形走势。因为这时主力以出货为主，并不需要低位建仓。因此主力往往快速拉高股价，吸引买盘入场，自己则趁机大肆派发。此时市场上往往出现一片“V形反转”的呼声，可实际上不过是忽悠投资者入场接货的陷阱。

因此V形走势不仅不好把握，而且风险较大。投资者在看到V形走势时，不要因为股价连续上涨就急于入场，而应结合下面两个因素进行冷静分析。

第一，超跌加利好。

如果股价已经严重超跌，且距离上方套牢区很远，同时又出现突发性重大利好，投资者可以在第一时间积极入场。不过需要注意的是，此时投资者应以抢反弹的姿态来对待，一旦股价走软就及时退出。如果后续走势继续保持强势，中期上涨趋势得到确认，届时投资者再以中线的思路入场买入。

如图7—13所示，经过2008年的大跌后，新疆众和（600888）的股价跌至最低19.90元，尤其是在2011年1月下旬，股价连续下跌，成交量骤缩。1月26日，由于该股年报业绩较为靓丽，对该股形成有冲击的利好，新疆众和开始连续上涨，K线形态构筑了一个V形反转。当出现这种股价超跌、重大利好的情况时，投资者应在第一时间积极买入。

第二，超跌、利好二者只居其一。

如果股价在严重超跌后自然而然地出现V形走势，或者没有出现严重超跌，仅仅是由于政策利好导致的突发性上涨，那么此时投资者不应急于入场，而应注意观察后

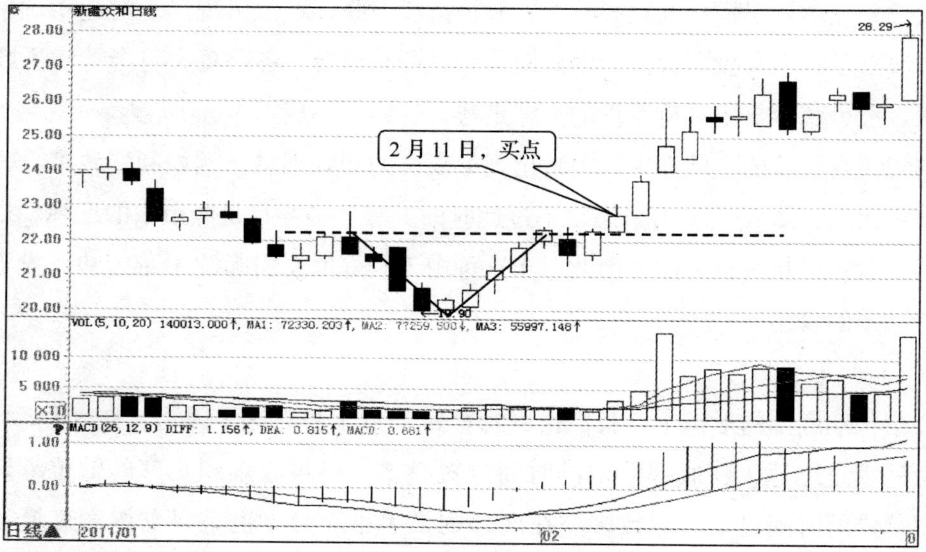

图 7—13　新疆众和（600888）V 形走势

续走势。如果后续走势持续保持强势，那么 V 形反转基本成立，投资者可以进行买入操作，如图 7—14 所示；如果后续走势偏软，那么投资者应继续观察，不可草率入场，此处很可能仅仅是个反弹行情，如图 7—15 所示。

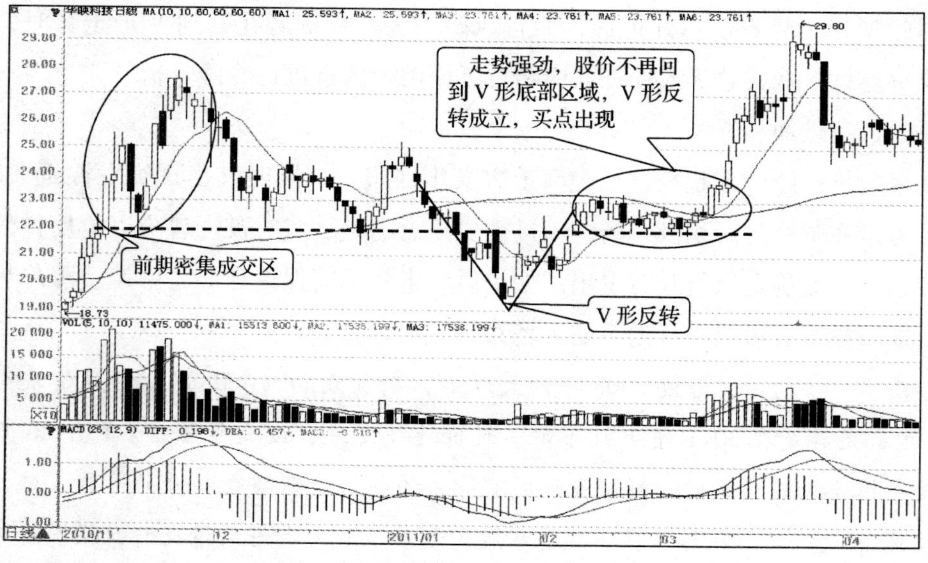

图 7—14　华映科技（000536）V 形底走势

如图 7—14 所示，2011 年 1 月，经过大幅下跌后，随着大盘的回升，华映科技（000536）出现了 V 形走势，投资者此时不必急于入场，可以继续观察 V 形之后的走

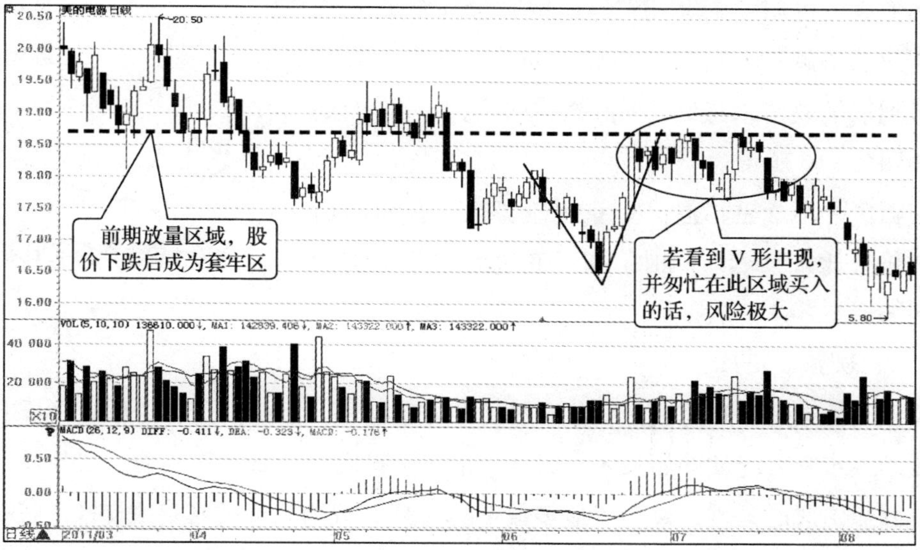

图7—15　美的电器（000527）V形走势

势强弱。该股后续走势稳健，股价不再跌回V形的底部区域，表示V形反转成立，投资者可以择机买入。

在图7—14中，投资者还可以看到，在图中所示买点区域，股价能够稳定在前期套牢区位置，进一步说明了走势的强劲，此时的买点也就更加安全可靠。

下面的图例则说明了投资者在面对V形走势时要非常慎重的原因。

如图7—15所示，美的电器（000527）股价呈震荡下跌趋势。此时管理层出台支持保险资金入市的利好政策，该股跟随大盘开始连续上涨。但是此时该股的股价，距离上方的密集成交区并不远，如果投资者没有第一时间抢入的话，就不要再轻易入场，而应观察V形之后的走势。

美的电器的V形走势完成后，股价在前期的密集成交区明显遇阻，走势重新陷入低迷，并很快开始继续下跌。如果投资者在V形出现后就匆忙买入的话，很容易被套在半山腰上。

面对V形走势，投资者最重要的是分清形势，哪些V形走势可以及时抢进，哪些需要多观察、多分析，以尽可能地避开熊市反弹的陷阱。

五、圆弧底形态及最佳买点

（一）什么是圆弧底形态

圆弧底，也叫“碗形底”，是指股价在下跌过程中，跌速越来越慢，后又开始反转向上，上涨速度呈现由慢到快的趋势，最终形成一个类似圆弧一样的底部，如图 7—16 所示。

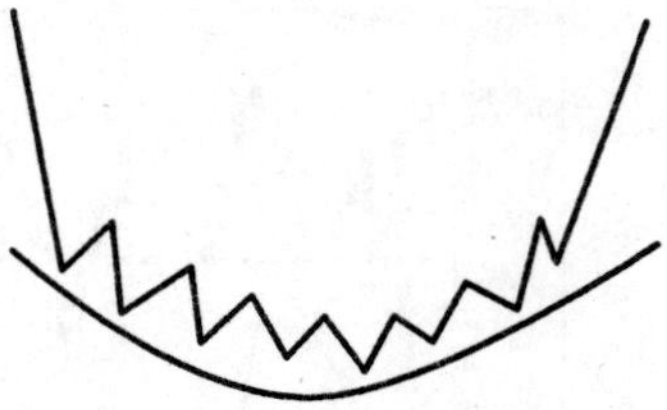

图 7—16　圆弧底形态

圆弧底并不常见，但是一旦出现，往往预示着后面的升势会比较猛烈。同时，圆弧底也是较难把握的一种底部形态。

（二）圆弧底最佳买点

圆弧底的形态一旦完成，股价升势往往比较猛烈，因此投资者可以在形态初步呈现、股价逐步攀升时就开始买入。另外，由于圆弧底的“碗底”位置，即图 7—17 中虚线与圆弧组成的区域，聚集了最多数量的 K 线，成为底部的密集成交区，投资者可以将这个位置作为止损位。

如图 7—17 所示，天威保变（600550）在 2007 年 6 月开始进入一个调整走势。在股价下跌与回升的过程中，形成了一个圆弧底形态。此时投资者可以逐步逢低买入。该股随后出现连续涨停走势。

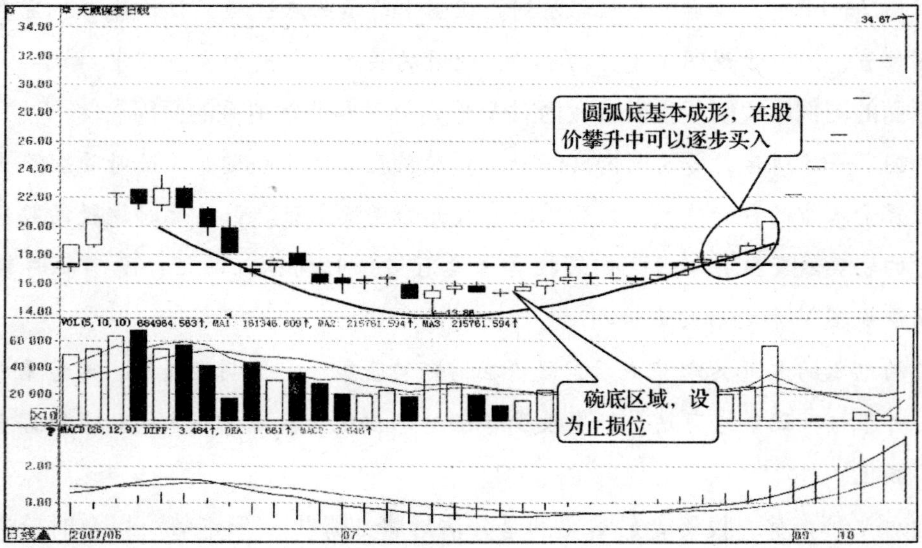

图 7—17　天威保变（600550）圆弧底走势（复权）

有时圆弧底形态完成后，股价并没有立即上涨，而是出现一个震仓洗盘动作，这个过程在形态上很像“碗形底”的“碗柄”。此时投资者不要恐慌，在股价没有跌破止损位的情况下，应耐心持股，甚至可以待洗盘结束后适时加仓。

如图7—18所示，2008年10月，泰豪科技（600590）在3.45元上方构筑了一个圆弧底。形态完成后，买点出现。该股在圆弧底形成后出现了震仓洗盘走势，但是并没有跌破密集成本区所处的“碗底”位置。因此投资者可以继续持股，待洗盘完成后还可加仓买入。

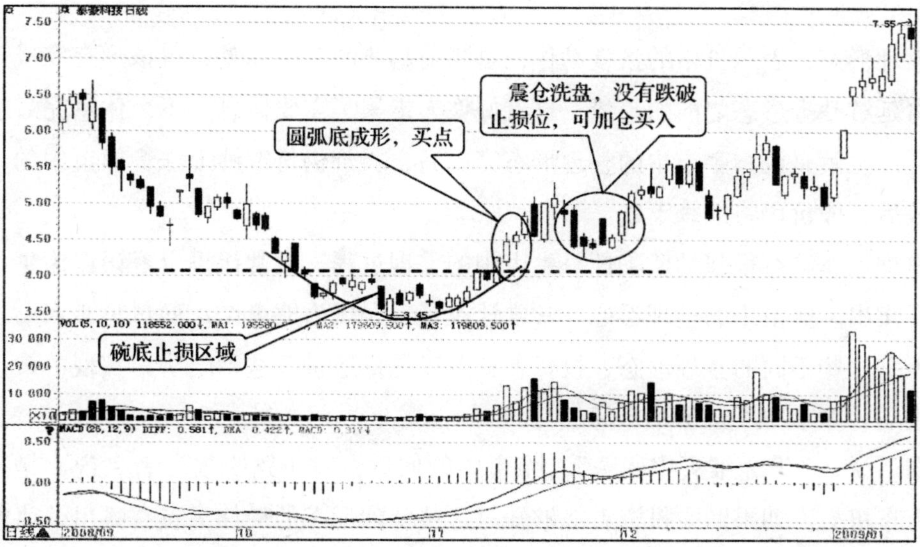

图7—18　泰豪科技（600590）圆弧底走势

第三节　牛市中的整理形态及最佳买点

整理形态，表示价格的盘整动作，是当前趋势的暂时休整，待该形态完成后，股价仍将延续整理形态之前的趋势。这就好像人走累了需要休息一下，休息完后继续赶路一样。也就是说，牛市中的整理形态完成后，股价仍将继续上涨；熊市中的整理形态完成后，股价仍将继续下跌。

整理形态具有很强的欺骗性。牛市中的整理过程，常常让投资者误以为牛市结束而过早卖出。熊市中的整理形态，常常让投资者误以为熊市结束而过早买入。若能清楚地识别这些不同的整理形态，投资者就可以尽量地避开这种陷阱，实现牛市中不被清洗出局，熊市中不被诱骗入场的目的。

俗话说，“千金难买牛回头”，牛市中的回调，对于踏空投资者来说，是千金难买的上车机会。如果踏空投资者能够知道这些整理形态的最佳买点在哪里，将能够成功、及时地踏上此轮牛市的列车。

比较常见的整理形态有三角形整理、旗形整理、矩形整理和楔形整理。不论何种形态，其买点都有着共同的把握原则，就是形态的“突破买点”。

买点 1：突破形态的上边线之时。

买点 2：突破后的回调确认之时。买点 2 有时不会出现，即股价突破整理形态后继续上涨，没有回调确认的过程。

一、三角形整理形态及最佳买点

（一）对称三角形及最佳买点

1. 对称三角形形态及交易要点

当股价运行至某区间后，开始横向震荡，同时高点不断地降低，低点也在不断地抬高，此时将各个高点和低点分别连线，就形成一个对称三角形，如图 7—19 所示。

股价在对称三角形完成后，仍将延续形态之前的运行方向。股价突破三角形的上边线或下边线，预示着整理形态结束，股价将延续原先的运行方向。因此为了回避风险，投资者可以等股价真正突破连线后再进行交易。如图 7—19 所示，当股价突破三

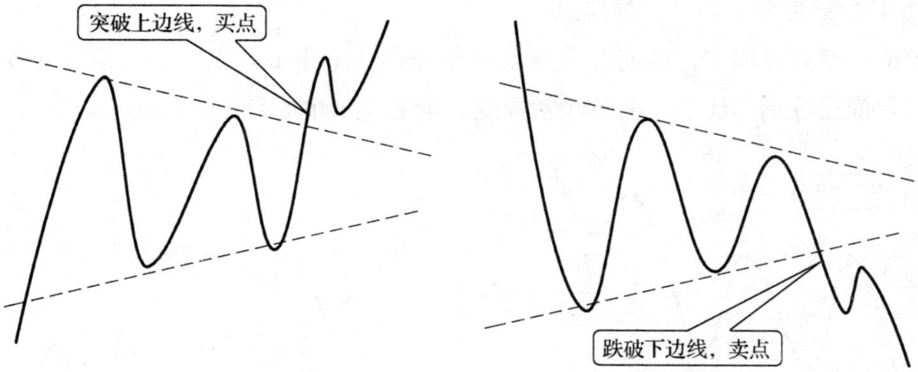

图 7—19 对称三角形

角形上边线时，可以进行买入操作；当股价跌破三角形下边线时，可进行卖出操作。

所有的三角形整理形态，均适用上面所说的交易原则。

2. 牛市中对称三角形的最佳买点

投资者可以利用对称三角形形态的买点，把握牛市中回调结束时的买入机会。

如图 7—20 所示，湘电股份（600416）在 2010 年 2 月开始进入一个整理走势。股价在整理过程中，呈现对称三角形的走势形态。当该股股价于 3 月底突破三角形的上边线时，买点 1 出现，投资者可以把握买入良机。当股价回踩后获得支撑，买点 2 出现，此时投资者可以加仓买入。

（二）上升三角形及最佳买点

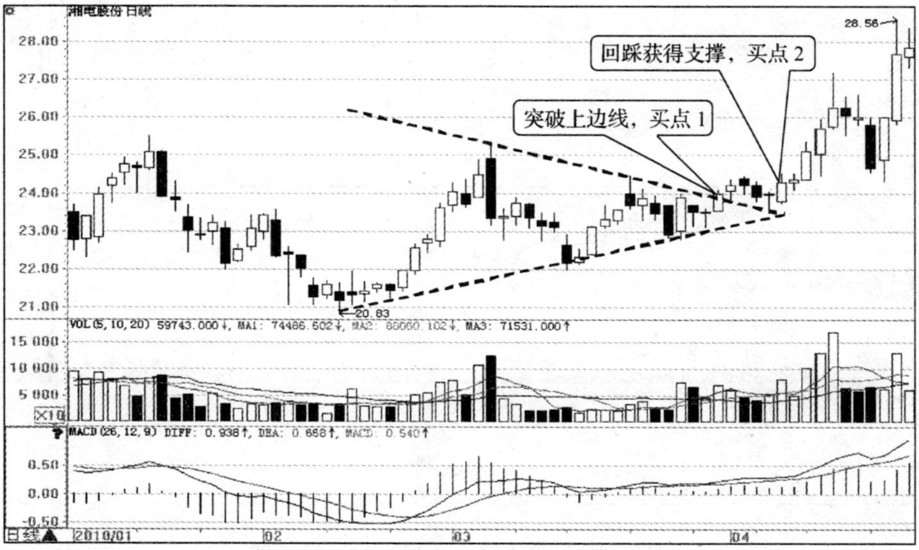

图 7—20 湘电股份（600416）日 K 线

1. 上升三角形形态及交易要点

股价在整理过程中，其波动高点始终保持在一个水平线上，而低点则不断抬高，将高点和低点分别连线后，两条线就构成一个上升三角形形态，如图 7—21 所示。

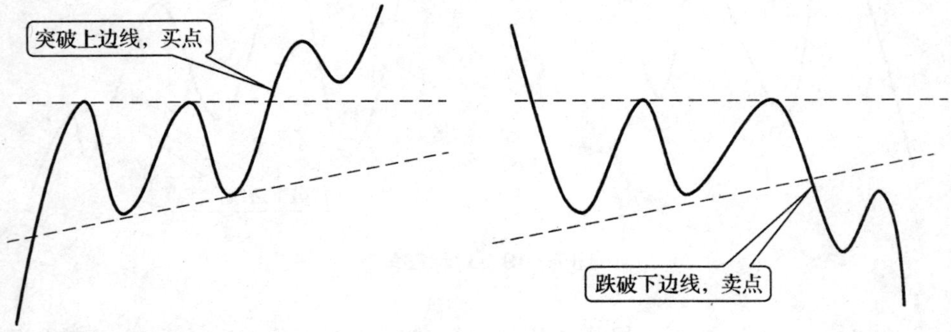

图 7—21　上升三角形

当股价突破三角形上边线时，买点出现；当股价跌破下边线时，卖点出现。

2. 牛市中上升三角形的最佳买点

投资者可以利用上升三角形整理形态的买点，把握牛市回调结束时的买入机会。

如图 7—22 所示，哈飞股份（600038）于 2005 年 10 月初开始进入一个调整走势。在半年多的震荡中，该股股价构筑了一个大型的上升三角形形态。2006 年 5 月初，当股价突破三角形上边线时，买点出现，投资者可以把握买入机会。

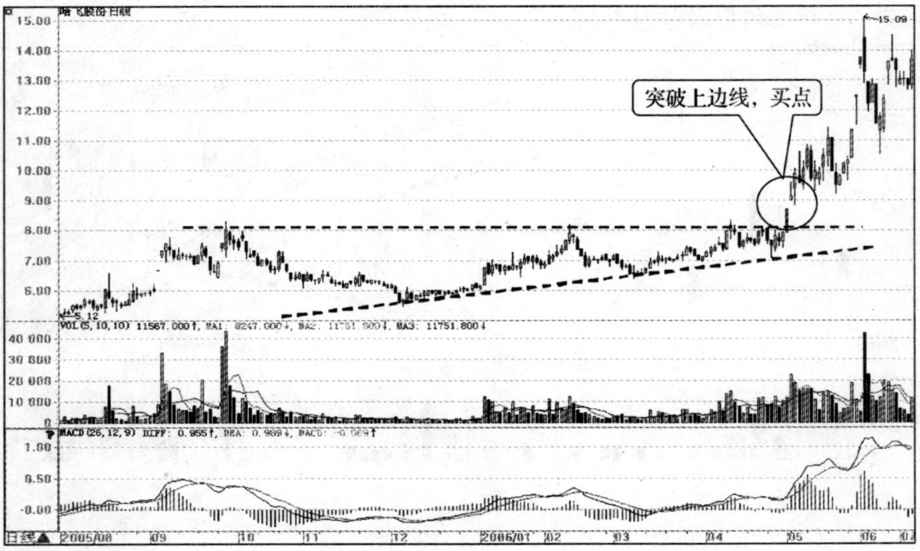

图 7—22　哈飞股份（600038）日 K 线

(三) 下降三角形及最佳买点

1. 下降三角形形态及交易要点

股价在整理过程中，若低点保持在一个水平线上，而高点则在不断降低，将高点和低点分别连线后，两线就构成下降三角形形态，如图 7—23 所示。

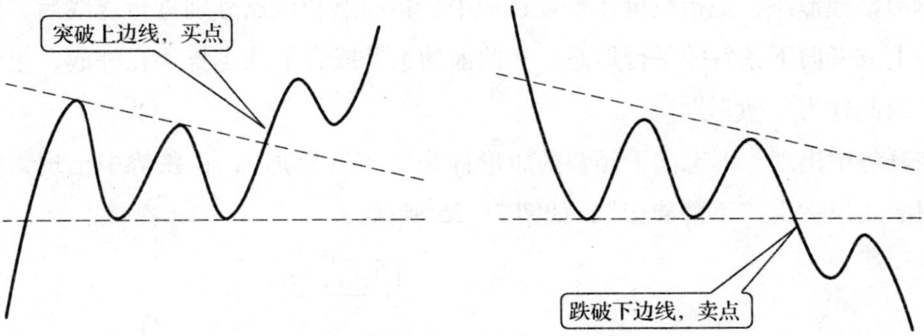

图 7—23 下降三角形

股价突破三角形上边线时，买点出现；股价跌破三角形下边线时，卖点出现。

2. 牛市中下降三角形的最佳买点

投资者可以利用下降三角形的买点，把握牛市回调结束时的买入机会。

如图 7—24 所示，＊ST 联华（600617）在 2010 年 11 月中旬开始进入调整走势，K 线走势呈现下降三角形形态。当股价在 2011 年 2 月底突破三角形上边线时，买点出现，投资者注意把握买入机会。

图 7—24 ＊ST 联华（600617）日 K 线

二、旗形整理形态及最佳买点

（一）旗形形态及交易要点

旗形整理形态，是指股价在整理过程中，将高点和低点分别进行连线后，两条线呈现向上或者向下倾斜的平行形态，和此前的上升或者下跌走势连在一起，很像一面旗帜，因此称为“旗形”。

在升势中出现，形态向下倾斜的旗形称为“上升旗形”；在跌势中出现，形态向上倾斜的旗形称为“下降旗形”，如图7—25所示。

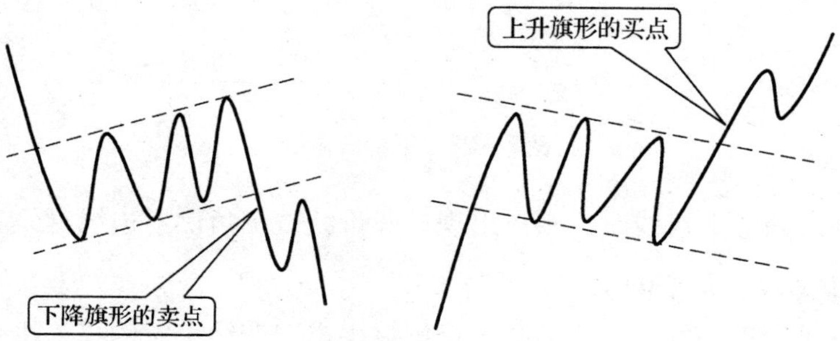

图7—25　旗形形态

旗形通常出现在急速的上升或者下跌过程中，在旗形形态前后，股价波动通常比较剧烈。与三角形形态的交易点类似，当股价突破旗形上边线时，买点出现；当股价跌破下边线时，卖点出现。

（二）上升旗形的最佳买点

当股价突破上升旗形的上边线时，表明股价整理完毕，即将继续上涨，这时投资者可把握买入机会。

如图7—26所示，世茂股份（600823）于2009年5月中旬进入调整走势。在调整过程中，K线走势呈现旗形形态。股价在6月底突破旗形的上边线，预示着调整结束，买点出现，投资者应注意把握买入时机。

三、矩形整理形态及最佳买点

（一）矩形形态及交易要点

矩形整理形态，是指股价呈现横向的上下波动，将高点和低点分别连线，就形成一个水平的矩形形态，如图7—27所示。

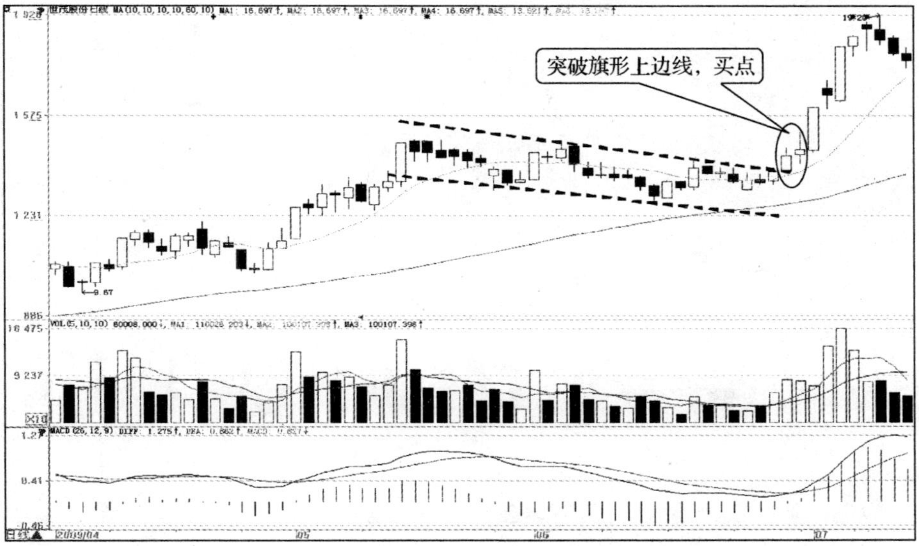

图 7—26 世茂股份（600823）日 K 线

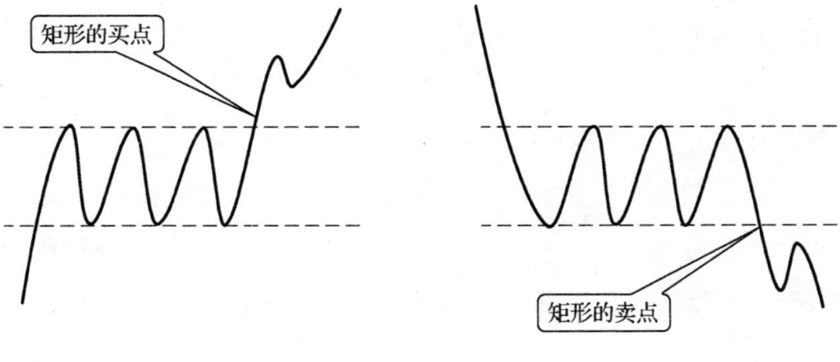

图 7—27 矩形形态

当股价向上突破矩形的上边线时，买点出现；当股价向下跌破矩形的下边线时，卖点出现。

（二）牛市中矩形最佳买点

在牛市中，当股价呈现矩形整理走势时，投资者可以保持关注。股价突破矩形的上边线，表明整理完毕，股价将继续上涨，这时投资者可把握买入机会。

如图 7—28 所示，凯诺科技（600398）在 2010 年 2 月初进入调整走势，在调整过程中，K 线呈现横向震荡的矩形形态。当该股股价在 2010 年 3 月中旬突破矩形上边线时，买点出现，投资者可以把握买入时机。

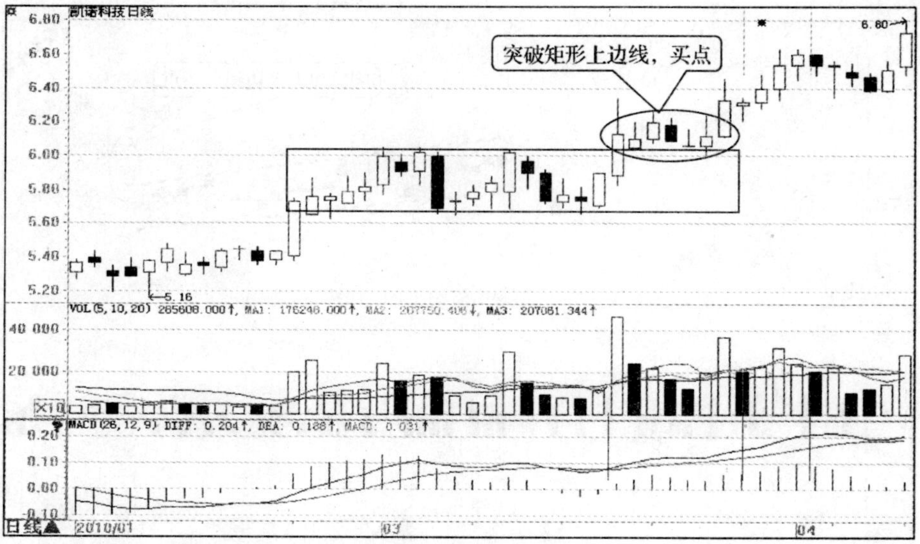

图 7—28　凯诺科技（600398）日 K 线

四、楔形整理形态及最佳买点

（一）楔形形态及交易要点

楔形整理形态，就是指股价在整理过程中，将高点和低点进行连线后，两条线的方向相同，但是角度逐渐收敛，就像一个楔子一样。股价逐步升高的楔形整理形态，称为“上升楔形”；股价逐步下降的楔形整理形态，称为“下降楔形”，如图 7—29 所示。

与三角形形态一样，楔形形态的股价走势同样是逐渐收敛的。两者的不同之处在

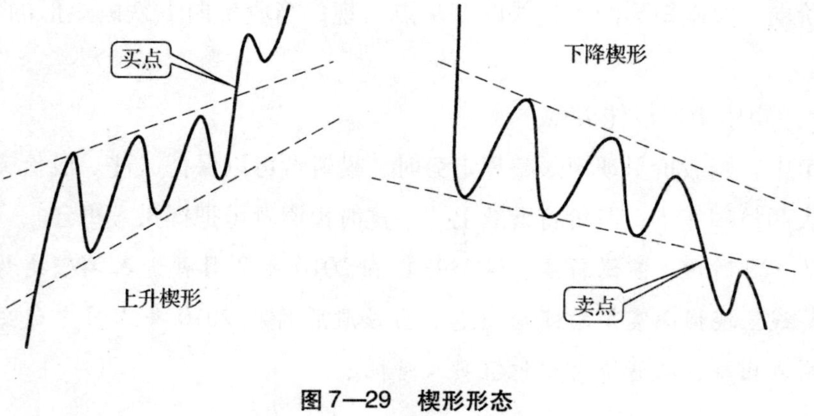

图 7—29　楔形形态

于，楔形的上下两条边线的方向相同，而三角形的上下两条边线的方向并不一致。

不论是上升楔形，还是下降楔形，在牛市或者熊市中均有可能出现。其形态完成后，股价往往会沿着形态之前的运行方向，不过有时也会出现反转走势。因此，投资者应等楔形形态完成后，观察股价走势，如果股价突破上边线，则进行买入操作；如果股价跌破下边线，则进行卖出操作。

（二）牛市中楔形最佳买点

当股价向上突破楔形上边线时，说明股价的整理阶段结束，上升行情开始，这时投资者可把握买入时机。

1. 下降楔形买点

如图 7—30 所示，山煤国际（600546）在 2009 年 2 月中旬进入调整走势，K 线走势呈现下降楔形的形态。当股价在 3 月中旬突破楔形的上边线时，买点出现，投资者可把握买入机会。

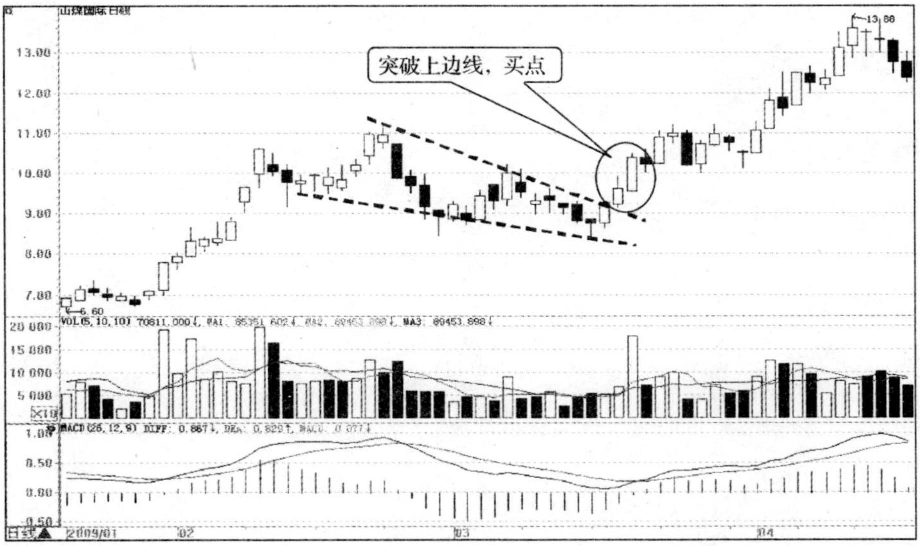

图 7—30 山煤国际（600546）日 K 线

2. 上升楔形买点

投资者从图 7—31 中可以看到，除了“突破上边线”时的买点 1 外，还出现“回调确认”时的买点 2。上海梅林（600073）股价从 2006 年 1 月初开始呈现缓慢震荡攀升的走势，其 K 线走势呈现上升楔形的形态。当该股股价在 2007 年 1 月初突破楔形上边线时，买点 1 出现。3 月初股价重新回到上边线位置，获得支撑后重新上涨，说明此次突破得到了最终确认，买点 2 出现。

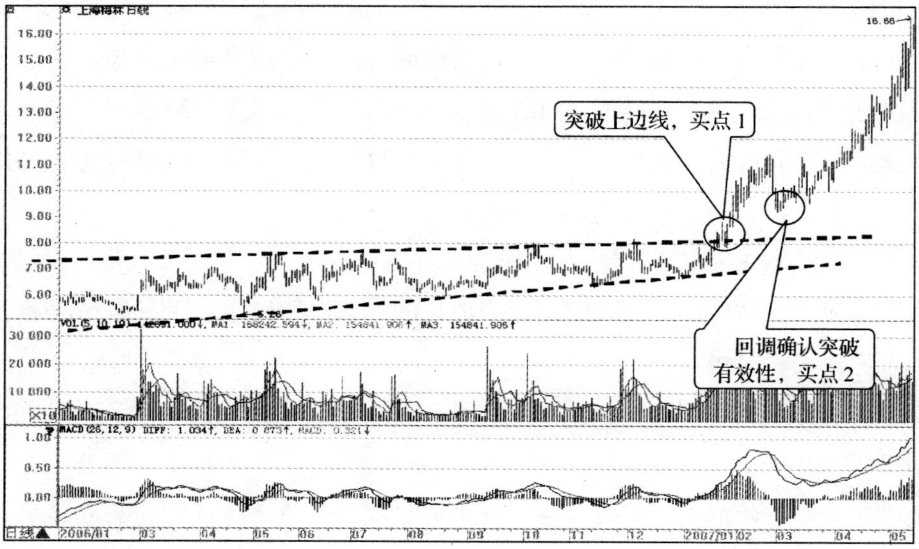

图 7—31　上海梅林（600073）日 K 线

第四节 熊市反弹的买点

在熊市中，虽然大盘与绝大多数的股票都处于持续的下跌趋势中，但在这个过程中也存在着许多力度不一的反弹走势，有时反弹的幅度还非常大，甚至会出现整个市场全部涨停的情形。不过面对这些反弹走势，普通投资者还是，不参与为妙。这里介绍熊市反弹买点的内容，只是针对部分风险承受能力较强的投资者，为其熊市抢反弹提供一定的参考。

熊市抢反弹，有以下几个重要原则。

第一，宁可错过，不可做错

投资者要有极高的把握方可入场买入。不要在没有相当把握的情况下草率地入场抢反弹。要知道，抢熊市反弹属于可做可不做之事，没有必要把每个反弹都把握住。学会放弃是一种重要的投资智慧。

第二，快进快出，绝不恋战

这也是一个非常重要的原则。熊市的反弹中，机构以拉高卖出为主，往往持续时间比较短暂，其中包括很多“一日游”的单日大涨行情。留给投资者买入和卖出的时间相应地也会非常短，因此一定要快进快出。

第三，只止损，不补仓

投资者在熊市中抢反弹时，必须设定好止损位。如果买入后形势不妙，股价触及止损位，投资者必须止损卖出。不要试图继续持股，并计划在更低价位补仓来摊低成本。这样做往往会导致仓位越来越重，资金越套越深。逢低补仓，摊低成本，是熊市中的大忌。

一、看准指标超卖的反弹买点

在熊市中，很多反弹走势都是由于股价严重超跌引起的。当股价连续下跌时，卖盘会越来越少，而反弹动能则在不断积蓄。一旦到达临界点，股价就很容易出现反弹走势。股价是否出现超卖情况，是判断反弹与否的重要因素。

能够反映股价超买超卖情况的指标，有 KDJ、RSI、BIAS 等。下面以 KDJ 指标为例，介绍一下利用指标超卖捕捉熊市反弹的操作技巧。

（一）KDJ 超卖的买点把握原则

利用 KDJ 的超卖来把握熊市反弹买点，需要同时参照以下三点原则。

第一，指标超卖

这里的超卖，是指 K 值与 D 值要同时出现小于 20。如果 K 值单独出现超卖，而 D 值没有超卖的话，反弹信号的可靠性较低。即使出现反弹，其力度也会十分有限，并不值得投资者冒险参与。

第二，金叉

为了降低交易风险，除了指标超卖，K 值与 D 值还应出现金叉现象，即 K 值自下而上地穿越 D 值。

第三，K 线出现见底形态

上述两点出现后，如果此时 K 线也出现了止跌看涨的形态，如“启明之星”“阳包阴”“曙光初现”等形态，那么行情出现反弹的概率将增加。若投资者此时入场，则可以大大降低交易风险。

（二）KDJ 超卖的实战买点

实战中，投资者要做到不急不躁，耐心等待机会的来临。不要急于入场，也不要进行主观预测，应客观地判断技术指标、K 线形态等技术细节，尽量做到不动则已，动则必胜。

如图 7—32 所示，2011 年 6 月 22 日，科华生物（002022）在经过一波下跌走势后，其 KDJ 指标中，K 值与 D 值双双跌至 20 以下，指标超卖出现。当日，该股 K 线形成“看涨吞没”形态。6 月 23 日，股价继续回升，指标线 K 向上突破指标线 D 形成金叉。此时买入条件全部符合，买点出现，投资者可及时买入抢反弹。

另外，投资者还需考虑当前股价的位置，即当前股价与上方密集套牢区的距离。如果距离过近，解套压力较大，即使各项反弹的条件都已经具备，反弹高度也会非常有限。若距离较远，解套压力小，那么反弹高度和力度就会比较可观。

下面仍以科华生物为例说明这一点。

如图 7—33 所示，2011 年 4 月 29 日至 5 月 6 日，科华生物（002022）KDJ 指标中的 K 值与 D 值数值均低于 20，出现超卖情形。5 月 7 日，K 值与 D 值出现金叉。此时反弹的买入条件已经全部具备。不过投资者观察此时的股价位置，可以发现其距上方的套牢区非常近，即使有反弹其高度也会非常有限。因此投资者不应入场抢反弹。该股的实际走势也证实了这一判断。5 月 9 日之后，该股略有横盘后即开始下跌，草

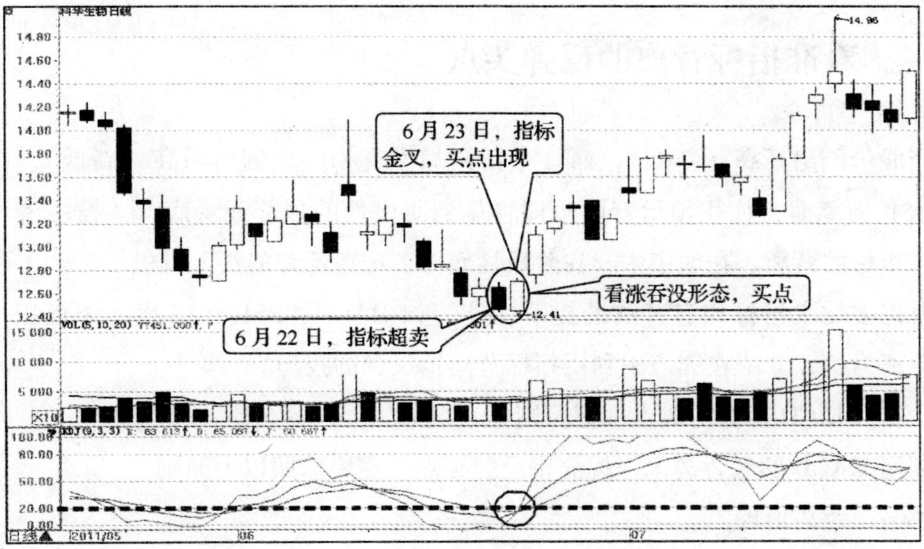

图 7—32 科华生物（002022）日 K 线

草结束了此次弱反弹。

而在图 7—32 中 6 月 23 日的买点位置，股价与上方套牢区有了一定的距离。此时反弹的空间较大，反弹力度自然也就较强，具备了参与价值。

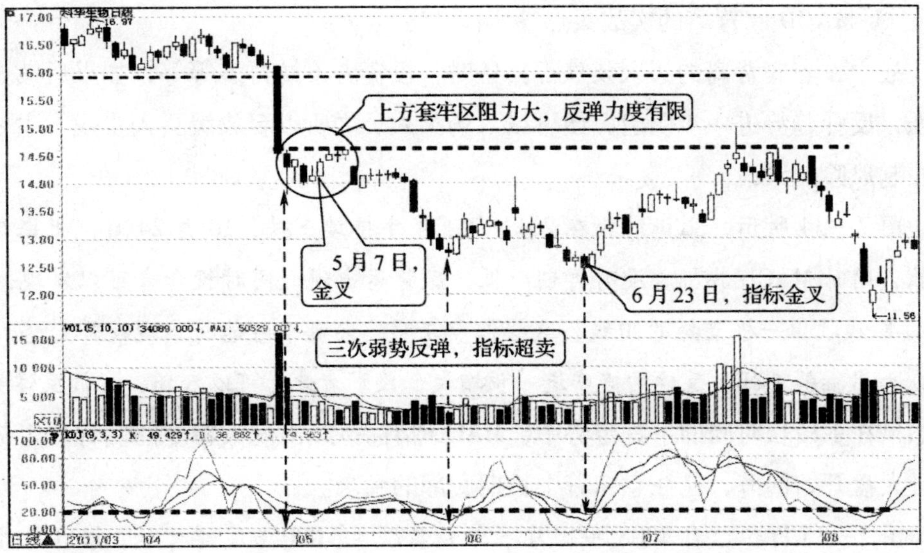

图 7—33 科华生物（002022）日 K 线

二、看准指标背离的反弹买点

当股价创出新高（新低），而技术指标却没有相应地创出新高（新低），即出现顶（底）背离时，往往预示着股价即将见到阶段性的顶部或者底部。投资者可以利用这种指标的背离，在熊市中寻找阶段性底部，把握反弹的买入时机。

有许多技术指标均有背离的提示功能，如 MACD、RSI、CCI 等，下面以 MACD 的底背离为例，介绍在熊市中利用指标背离抢反弹的技巧。

（一）MACD 背离的买点把握原则

利用 MACD 的底背离来把握熊市反弹买点，需要参照以下原则。

第一，背离出现

当股价再创新低时，MACD 指标没有再创新低，底背离出现。

第二，K 线出现见底形态

指标出现底背离形态时，如果 K 线同时出现见底形态，则反弹信号的可靠性增强。

此时，投资者可以谨慎入场，把握抢反弹的买入时机。

（二）MACD 底背离的实战买点

实战中，当底背离的买入条件都具备时，投资者不妨再多等等，如果后续走势仍然较强，反弹趋势进一步明确，便可以入场买入。之所以要放缓买入步伐，主要还是出于控制风险的考虑。

如图 7—34 所示，上证综指在 2011 年下半年持续下跌，10 月 24 日，上证综指再创新低，同时 MACD 指标却没有再创新低，底背离出现。同时投资者可以发现，10 月 24 日的 K 线收出一根坚挺的阳线。这些信号表明，大盘很可能将出现反弹走势。10 月 25 日，大盘继续走强，反弹的概率进一步增大，投资者此时可以入场，把握反弹买点。

如果在一段长时间的下跌走势中，MACD 指标持续出现大跨度的底背离走势，那么一旦大盘开始回升，往往意味着中长期底部的到来。

如图 7—35 所示，自 2008 年 4 月下旬大盘跌至3 000点反弹开始，MACD 指标与指数走势就开始出现大幅度、长时间的底背离。上证综指在从3 000点持续跌至1 664点的过程中，底部不断降低，与此同时 MACD 的底部却在不断抬高。当出现这种大规模底背离情形后，一旦大盘开始持续回升，往往就预示着大盘进入了一个中长期的上涨波段。本例中，大盘在1 664点见底回升，最高涨至3 478点才结束了此轮上升行情。

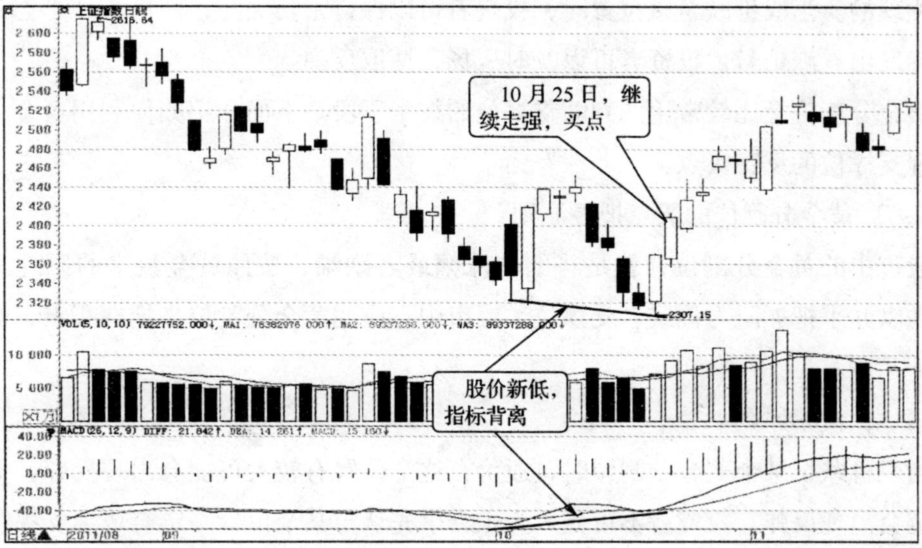

图 7—34　上证综指日 K 线

图 7—35　上证综指日 K 线

三、看准强力支撑的反弹买点

熊市下跌过程中，在一些重大的支撑位，例如黄金分割位、前期密集成交区、前期重大缺口等位置，会出现短期的企稳反弹走势。而这些重要支撑位，投资者是可以预先发现的。当股价跌至该位置时，投资者可以保持密切关注，一旦 K 线形态或者技术指标发出看涨信号，投资者可以及时入场，博取反弹。

黄金分割位是比较常用的判断支撑位的技术手段。下面介绍如何利用黄金分割位来把握支撑位的反弹买点。

（一）黄金分割位的买点把握原则

股市中的黄金分割位，就是将上轮涨幅或者跌幅，按照黄金数字的原理进行分割，并以此来把握阻力位或者支撑位。熊市中，应用黄金分割位来把握买点，需要注意以下几点。

第一，概率原则

当股价跌至某个黄金分割位时，股价在这个位置有较大可能会出现反弹，但是并非一定会出现反弹。投资者不可先入为主，事先认定某个位置一定会成为支撑位，股价跌到这里一定会反弹。在股市里，没有绝对的事情，只有概率大小的问题。

第二，多方因素综合分析

在本书中，多种因素综合分析，是反复提及的一个重要分析原则。当股价跌至黄金分割位等可能的支撑位置时，投资者需要密切观察，看技术指标、K 线形态等是否有其他的止跌看涨信号出现。如果同时出现以上看涨信号，那么反弹概率加大，投资者可以入场一搏。

（二）黄金分割位的实战买点

在炒股软件的画线工具中，有黄金分割线的画线选项。投资者可以将上轮牛市中股价的最低点和最高点，分别作为黄金分割线的起点和终点，就可以绘制出黄金分割线。

我们以海信电器（600060）为例，如图 7—36 所示，在 2005 年 998 点开始的牛市中，海信电器从 2.21 元涨至 9.69 元（均为复权价格，以下同）。以这两个价位作为起点和终点，可以绘制图 7—36 中虚线所示的黄金分割线。其中 0.618、0.500 和 0.382 这三个位置，是最重要的可能支撑位。

海信电器的股价，在见顶 9.69 元后进入熊市，我们可以看一下该股在跌至这三个黄金分割位时的走势表现，来学习如何把握支撑买点。

图 7—37 所示即为 2008 年熊市中，海信电器（600060）在图 7—36 所示的黄金分割线的 K 线走势。

2008 年 3 月 18 日，该股股价跌至黄金分割的 0.618 位置。此时 KDJ 指标出现背离。3 月 19 日，K 线出现“包线”形态，投资者可以进行买入操作。由于股价距离

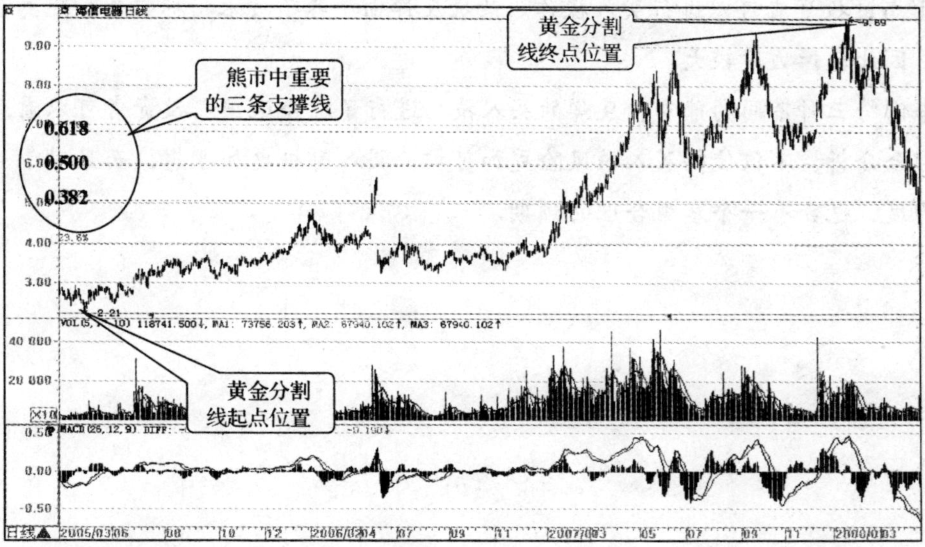

图 7—36 海信电器（600060）日 K 线（复权）

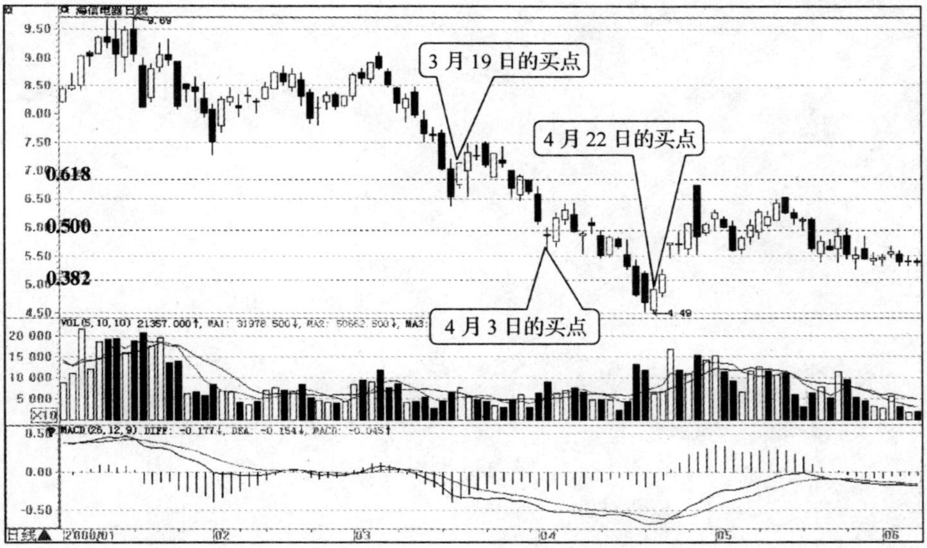

图 7—37 海信电器（600060）日 K 线（复权）

上方套牢区过近，本次反弹高度十分有限。

4 月 3 日，该股跌至 0.500 位置，此时 K 线出现“锤子线”形态，投资者可以短线买入。不过由于此时 KDJ 指标并没有出现超卖情形，因此投资者仍然不可对反弹力度期望过高。

4 月 22 日，当股价跌至 0.382 位置时，KDJ 指标出现背离，K 线出现“曙光之星”形态，投资者可以进行买入操作。此次反弹由于各项技术指标配合，距离套牢区较远，因此反弹力度较大。

本例将三种不同的熊市抢反弹的买入技巧进行了综合运用。投资者可以看到，这样的综合分析，不仅使得买入的风险更加可控，买入时机更加理想，而且对于后市的反弹力度，也会有一个客观合理的预期。

第八章

通过看盘寻找最佳卖点

“会买是徒弟，会卖是师傅”，相信很多人都知道这句话。如何既能够及时地在顶部区域卖出，又不会因为过早卖出而踏空行情，是许多人非常关心的问题。本章将重点介绍如何通过看盘客观地把握最佳卖点。

第一节 短线最佳卖点

投资者在把握短线卖点时，首先要树立一个正确的心态，不要期望每次都能够卖在最高点。

很多时候，投资者都会碰到这种情况，就是卖出后股价仍然会上涨一段时间，此时投资者不必觉得惋惜。每次交易，只要是按照计划进行，并且获利卖出，就是一次正确而且成功的交易。投资者可以适当地追求尽量买在较高的位置，但不可将“卖在最高点”作为必须要完成的任务。

下面介绍四个比较典型的短线卖点，供短线投资者作为参考。

一、利好兑现的卖点

在利好预期的刺激下，股价经常会出现上涨走势，但是这种利好消息正式公布之时，也就是“利好兑现”之时，往往就是股价的一个短期高点。所谓“利好出尽是利空”，对于短线投资者来说，利好消息兑现之日，就是短线卖出之时。

如图 8—1 所示，自 2010 年 7 月开始，市场传闻贵州茅台（600519）将在 2011 年上调茅台酒出厂价 20% 左右，其股价也一路上扬。在上涨过程中，虽然技术指标也出现一些看跌信号，但在利好消息真正兑现之前，投资者可以一直持股。

2010 年 12 月 16 日，贵州茅台终于发布公告，宣布在 2011 年 1 月 1 日起上调产品出厂价 20% 左右，利好消息得到证实。前期的利好预期得到兑现之时，就是短线投资者卖出之时。当天该股高开低走，如图 8—2 所示，投资者需要注意把握卖出时机。

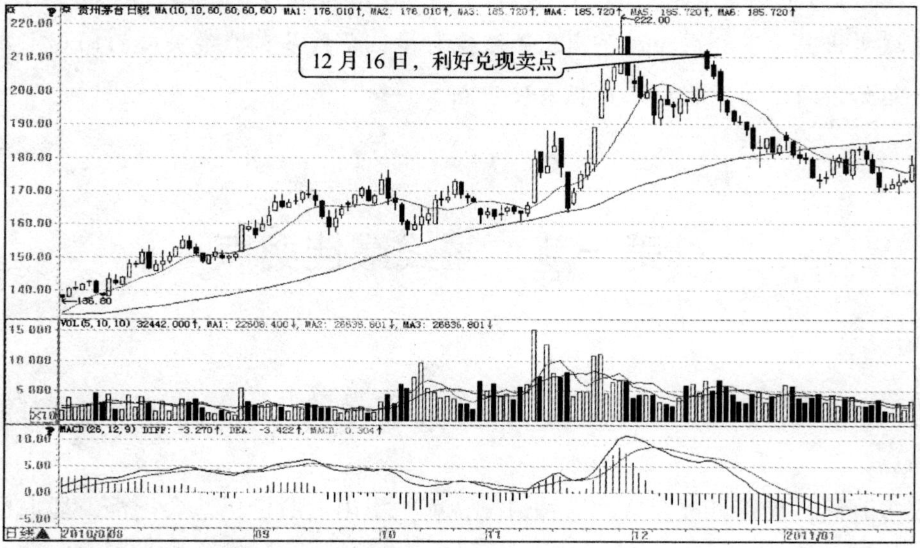

图 8—1　贵州茅台（600519）日 K 线

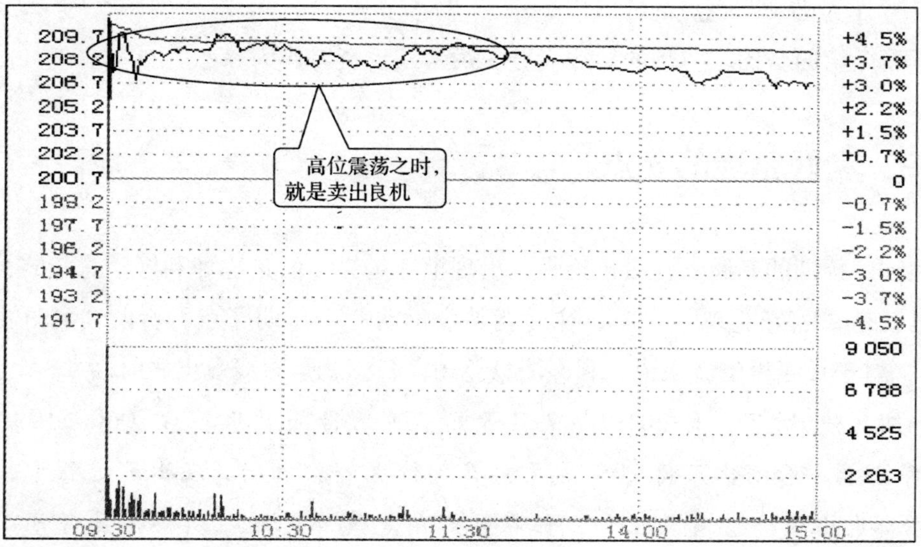

图 8—2　贵州茅台（600519）分时走势（2010. 12. 26）

二、高位放量的卖点

对于短线来说，在大多数情况下，放量都不是什么好事情。这是因为，放量意味着股票在短期内大量换手，有很多新资金入场买入。此时对于主力机构来说有两种选择。一种是，如果主力仍要继续做多，在这么多新资金涌入的情况下，自然需要进行一番洗盘，将那些持股不坚定的资金清洗出局后，才能继续拉升。还有一种可能是，主力已经在放量中大规模出逃，剩下的资金都是一盘散沙，股价自然很难继续上涨。

因此，在大多数情况下，当出现大幅放量情形时，短线投资者可以先离场观望，待形势明朗后再入场也不迟。

在2010年年初，净利润持续增长成为通策医疗（600763）的炒作热点。在图8—3中，投资者可以看到，该股的炒作共经历了两次较大幅度的拉升过程。第一次的短线拉升，以大幅放量而结束。第二次拉升中，虽然在最大成交量之后，股价又涨了一段时间，不过很快股价就见到了一个重要的阶段性顶部。如果投资者在放量当天卖出，仍然卖在了顶部区域。

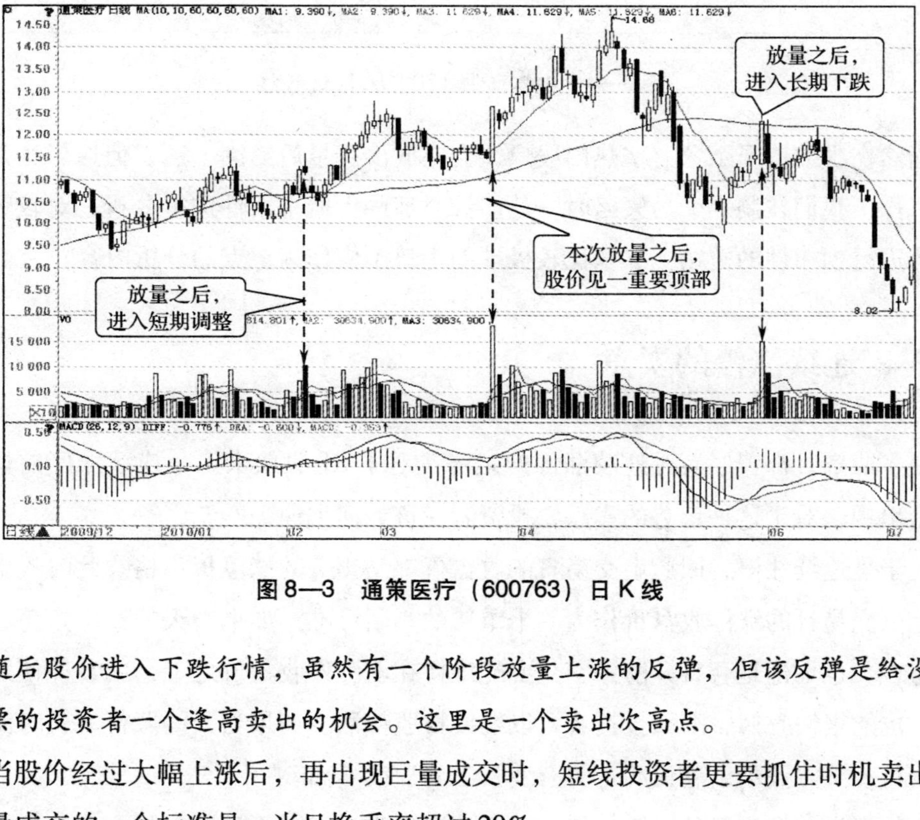

图8—3 通策医疗（600763）日K线

随后股价进入下跌行情，虽然有一个阶段放量上涨的反弹，但该反弹是给没有卖出股票的投资者一个逢高卖出的机会。这里是一个卖出次高点。

当股价经过大幅上涨后，再出现巨量成交时，短线投资者更要抓住时机卖出。判断巨量成交的一个标准是：当日换手率超过20%。

如图8—4所示，在与大力发展文化产业沾边的体育文化概念的利好刺激下，从2011年10月21日开始，中体产业（600158）出现连续放量上涨走势。11月4日，该股上涨动能受到压制，全天放量震荡，换手率达到31%，属于巨量成交。短线投资者应及时地卖出观望。

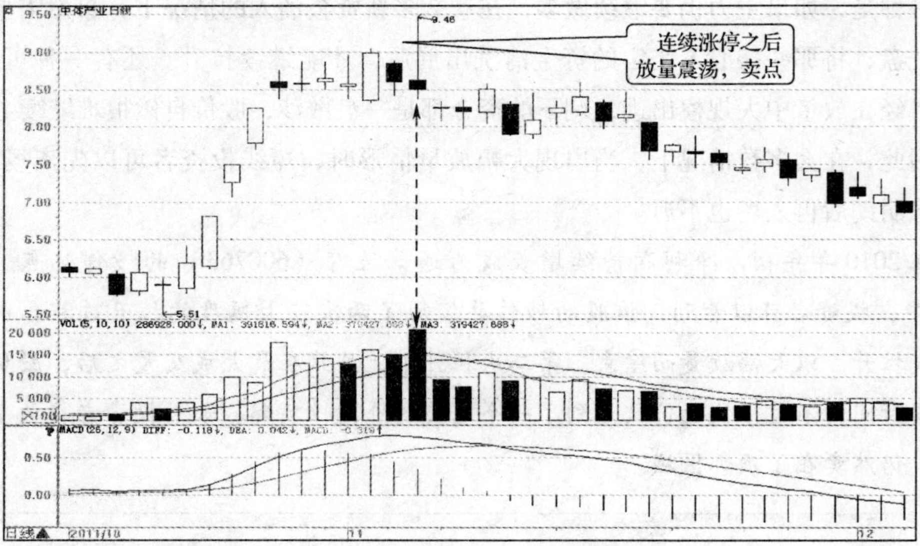

图8—4 中体产业（600158）日K线

当然在少数情况下，有些热门股票，会在放出巨量后继续上涨，但这毕竟是个小概率事件。我们在制定交易策略时，只能针对那些大概率事件进行分析，对较为普遍的走势进行规律性的总结。那些比较极端的走势不应作为重点的分析内容。

三、连续涨停的卖点

很多股票，都曾经有过连续涨停的走势。对于ST股票来说，连续涨停的情形更是频繁出现。对于这种走势的卖点，投资者应该如何把握呢？

由于是连续涨停，因此上交易日的收盘价都是当天的涨停板价格。此时投资者可以将上个交易日的涨停收盘价作为一个重要的判断标准。如果当天的盘中走势，不论放量与否，也不论是否打开涨停，只要能维持在前涨停收盘价之上，或者即使跌破该价位，也能很快收回，那么投资者可以继续持股待涨。如果当天的股价，长时间在前涨停收盘价下方波动，就说明走势有变，需要短线卖出。

这是因为，在昨日的涨停价格上，很多资金想买都买不到，时隔一日，投资者竟然可以有充裕的时间以更低的价格来买入，就说明走势已经不再强劲，那么短线投资者自然需要卖出持股。

如图8—5所示，2009年11月中旬，ST金泰（600385）出现连续涨停走势，如果投资者持有该股，可将前一交易日的涨停收盘价，作为寻找卖点的重要判断依据。

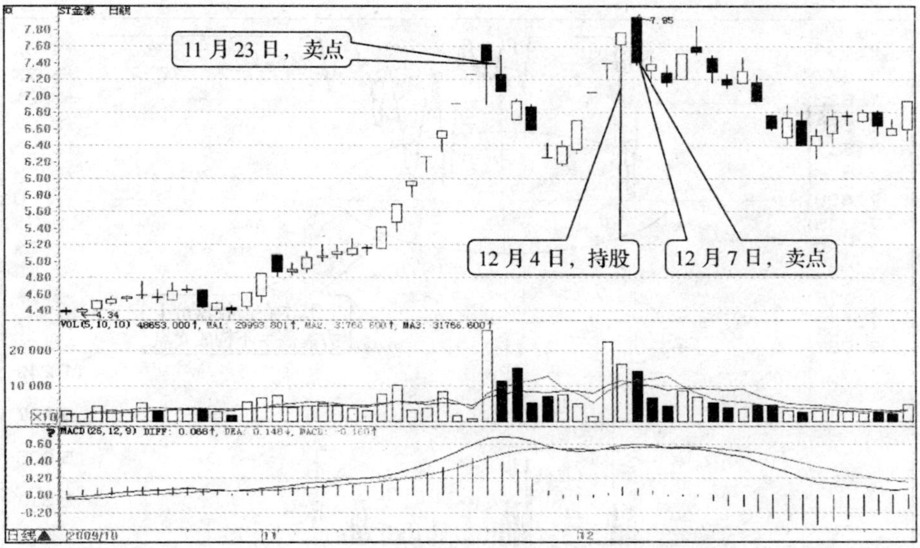

图 8—5　ST 金泰（600385）日 K 线

在 11 月 23 日之前，该股虽然经常出现打开涨停板的情形，不过均没有跌破前涨停收盘价，投资者可以继续持股。

11 月 23 日，该股放量震荡，不仅打开涨停，还跌破了前涨停收盘价，并在该价位下方停留时间过长，走势明显开始转弱，如图 8—6 所示。投资者可短线卖出。在 23 日之后的几个交易日，该股股价持续下跌，如图 8—5 中 11 月 23 日之后的走势所示。

在 2009 年 12 月初，ST 金泰再次出现连续涨停，如图 8—5 所示。12 月 4 日，该股的下影线穿破了前涨停收盘价。不过投资者观察当天的分时走势，如图 8—7 所示，

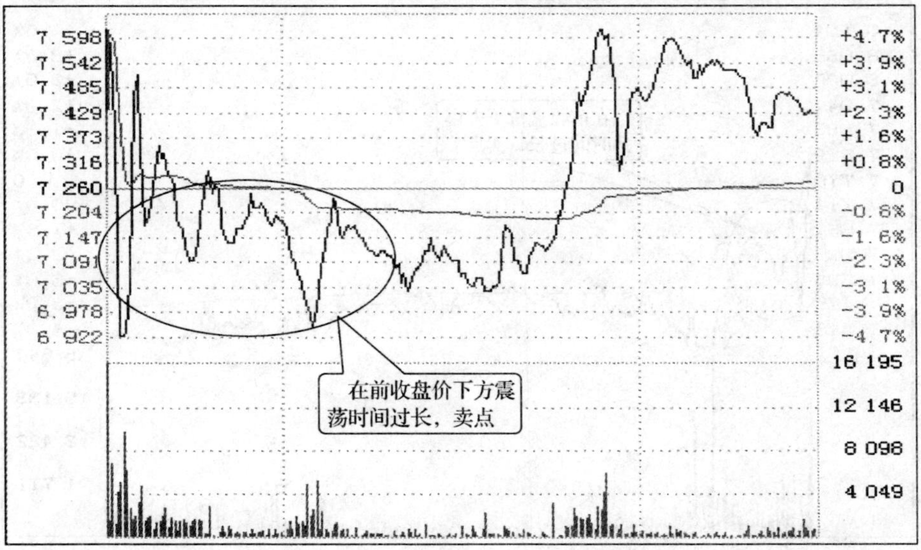

图 8—6　ST 金泰（600385）分时走势（2009. 11. 23）

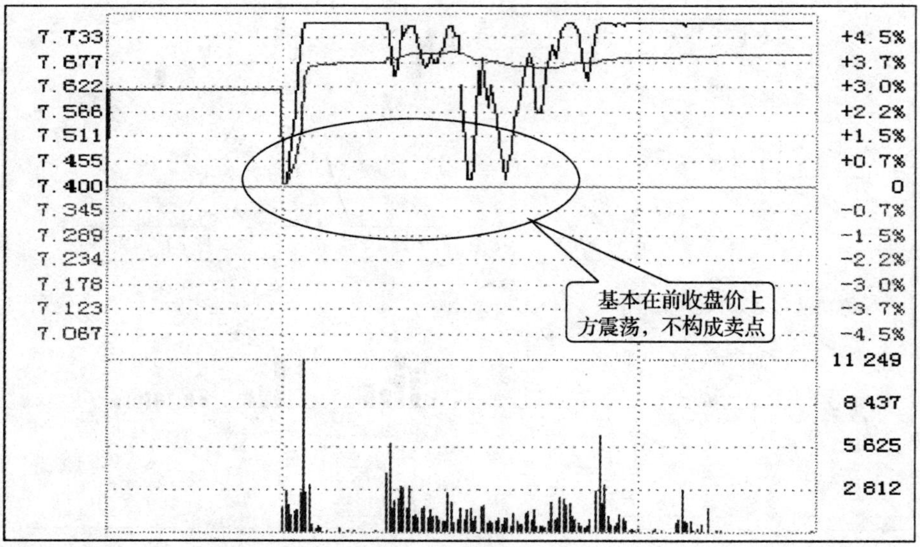

图 8—7　ST 金泰（600385）分时走势（2009. 12. 04）

可以发现虽然当天盘中走势上下震荡，但是并没有明显跌破前涨停收盘价，这条下影线应该是开盘时瞬时跌破，并没有构成卖点。当天该股继续以涨停报收。

到了下一个交易日，也就是 12 月 7 日，ST 金泰开盘后直接低走，跌破前涨停收盘价后，在该价位下方持续震荡，停留时间过长，如图 8—8 所示。此时卖点出现，投资者可以短线卖出。在 12 月 7 日之后，该股持续震荡走低，如图 8—5 中 12 月 7 日之后的走势所示。

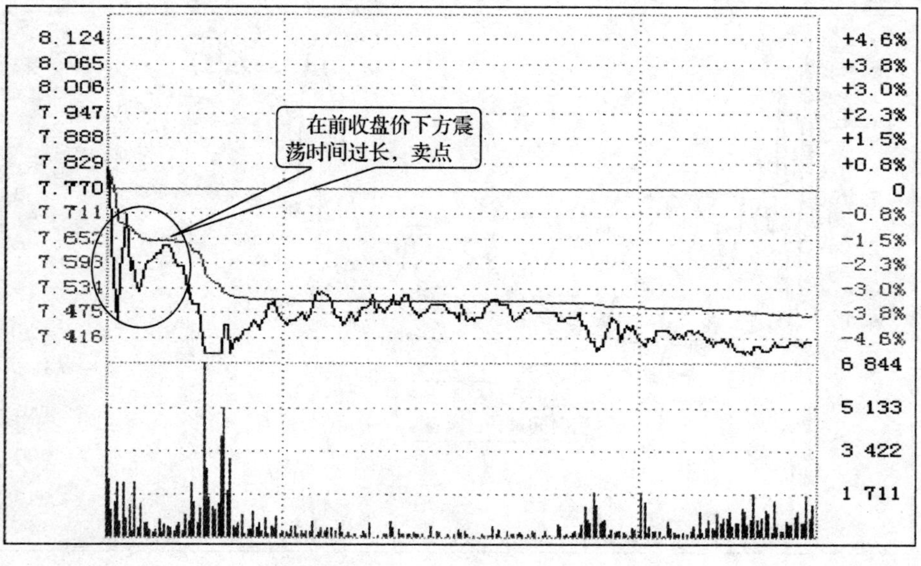

图 8—8　ST 金泰（600385）分时走势（2009. 12. 07）

四、指标超买的卖点

技术指标超买，预示着当前股价的上涨已经超过了买方的实力，股价随时可能下跌。不过“随时下跌”并不意味着“马上下跌”，因此投资者在看到超买现象后，应结合股价走势进行综合研判。

如果技术指标出现超买情形，同时股价的K线走势也出现了滞涨或者见顶形态，那么投资者就需要把握卖出时机。这种滞涨或者见顶形态，比较典型的一个，就是长上影线，也就是“射击之星”形态。

如图8—9所示，2009年9月，作为“物联网”概念的龙头之一，海虹控股（000503）持续上涨。其KDJ指标中的K值和D值，于9月11日和16日先后超过80，达到超买标准。投资者可以继续持股，同时保持高度警惕。经过临时停牌后，该股于9月21日重新开盘，盘中出现跌停—打开跌停—冲高回落走势，K线形态出现长上影线的“射击之星”形态。卖点出现，投资者应注意把握短线卖出机会。

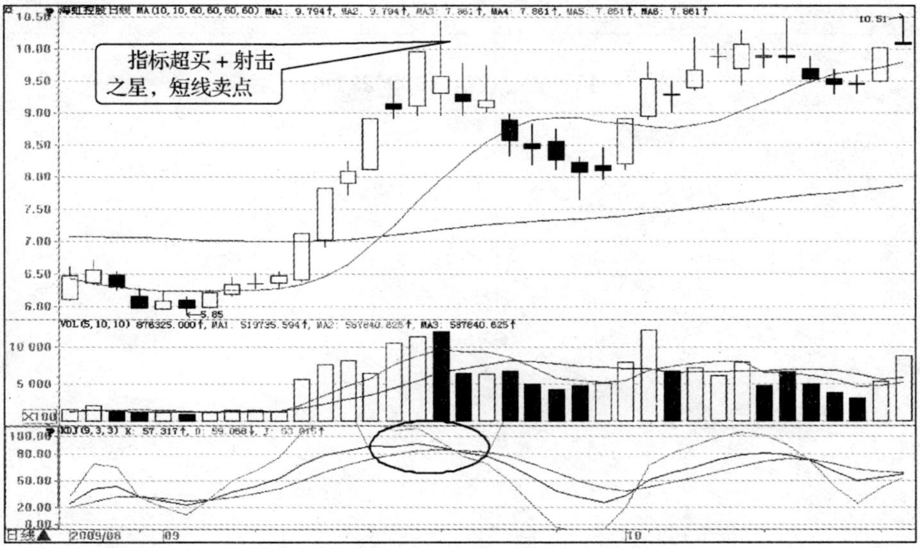

图8—9　海虹控股（000503）日K线

之所以不在指标超买时卖出，而是选择K线出现见顶形态后再卖出，是由于对于短线热点品种来说，市场炒作气氛浓厚，短期涨势猛烈，技术指标常会出现超买之后再钝化的情形。为了尽量做足行情，投资者应多方观察，综合判断寻找卖点。

如图8—10所示，吉峰农机（300022）在上市后受到市场热捧，股价持续上涨。

自2009年11月16日开始，K值进入超买区间，11月19日，D值也进入超买区间。但股价仍然继续上涨，KDJ指标在高位严重钝化。此时K线形态并没有出现见顶形态，投资者可以继续持股。12月3日，该股K线出现“射击之星”形态，短线卖点出现。

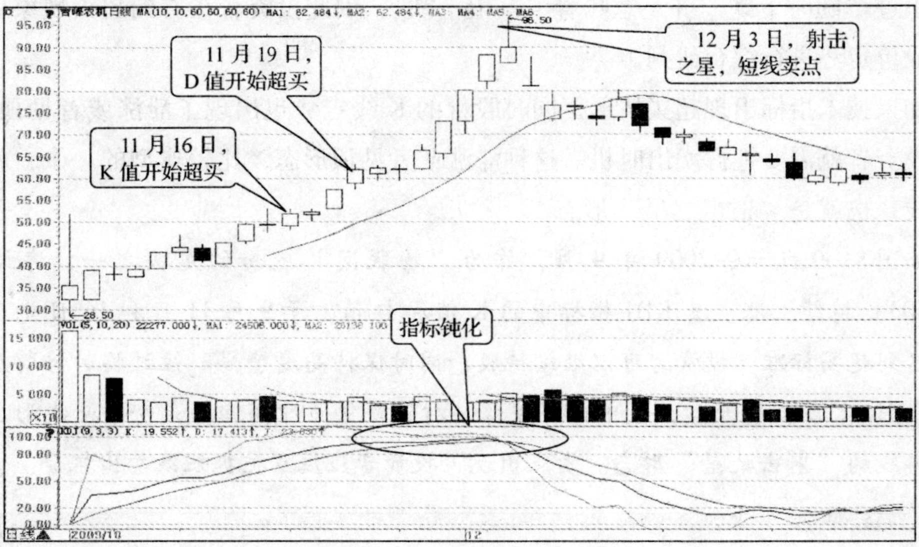

图8—10　吉峰农机（300022）日K线

第二节　反转之顶部形态及最佳卖点

对于投资者来说，最重要的事情，莫过于能够在牛市顶部成功逃顶。股价在顶部的反转过程中，会呈现各种不同的形态，每种形态都有着相应的卖点。能够认清各种顶部形态，并清楚这些形态的卖点在哪里，无疑是看盘的重要内容。

一、双重顶形态及最佳卖点

（一）什么是双重顶形态

双重顶，又称“双顶”“双头”或是“M 顶”“M 头”，指股价在上涨过程中，两次到达同一个价格区域后均出现回落，形成了两个高点，K 线走势构成“M”形。在两个高点之间的回落低点，画一条水平直线，就构成双重顶的颈线，如图 8—11 所示。

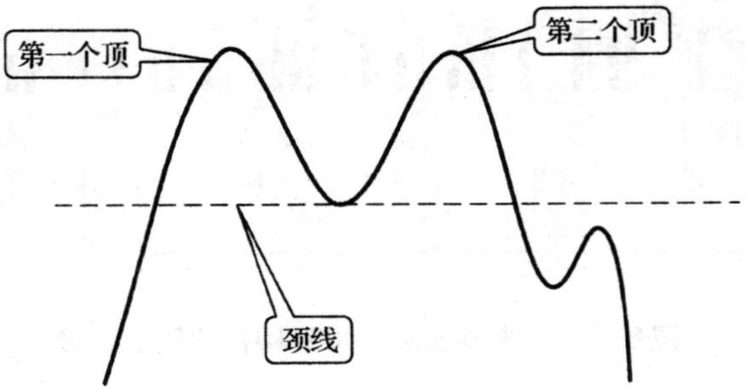

图 8—11　双重顶形态

股价在跌破颈线位后，双顶形态正式完成。很多时候，股价在跌破颈线位后，对颈线位会有一个回抽动作。若股价在颈线位遇到阻力并继续下跌，说明双顶形态得到最终确认，顶部构筑基本完毕。

需要注意的是，与所有的“突破”或者“跌破”走势类似，有时股价在跌破颈线位后，并没有回抽确认的过程，而是直接继续下跌。

（二）双重顶最佳卖点

双顶形态中有两个卖点，需要投资者注意把握。

卖点1：股价跌破双顶的颈线位置时。此时双顶形态基本成立，投资者需把握卖出时机。

卖点2：跌破颈线后，股价对颈线位置进行回抽确认时。此时双顶形态得到最终确认，投资者应立即行动，进行清仓操作。

如图8—12所示，2011年1月至3月，沈阳机床（000410）的股价连续两次在14元附近遇阻回落，K线形态构筑了一个双顶形态。当股价在3月底跌破颈线位时，卖点1出现。此后，在2011年4月下旬，该股反复对颈线位进行回抽，但受阻于颈线位，双顶形态基本确认。每次的回抽确认过程，都构成了卖点2。投资者应注意把握这两个卖点的卖出机会。

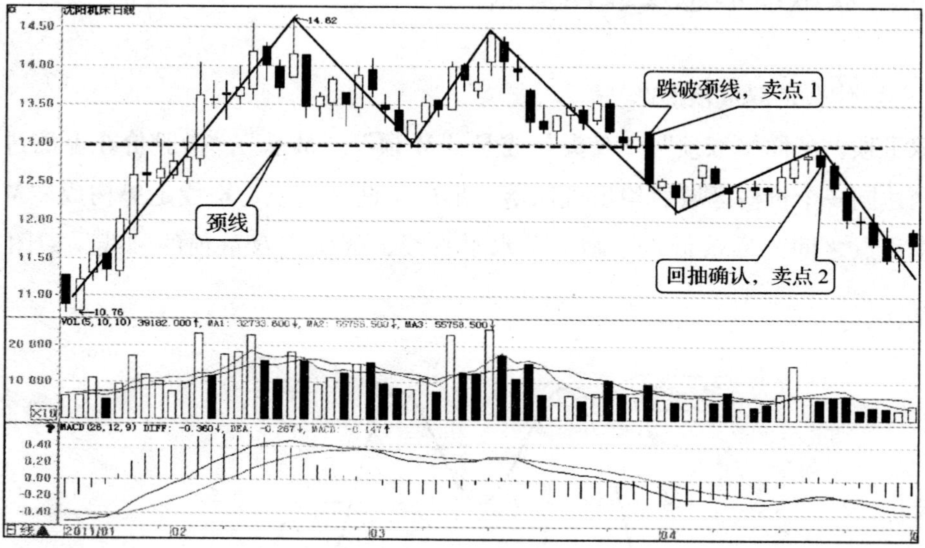

图8—12　沈阳机床（000410）双重顶走势

有时，股价跌破颈线位后，并不会出现对颈线位的回抽确认走势。此时就只有卖点1，而没有卖点2。

如图8—13所示，东方电子（000682）于2010年4月连续两次在7元价位遇阻回落，K线走势构筑了一个双顶形态。该股股价于5月初跌破颈线位，卖点1出现。此后股价持续下跌，并没有对颈线位进行回抽确认。因此在本例中，没有出现卖点2。

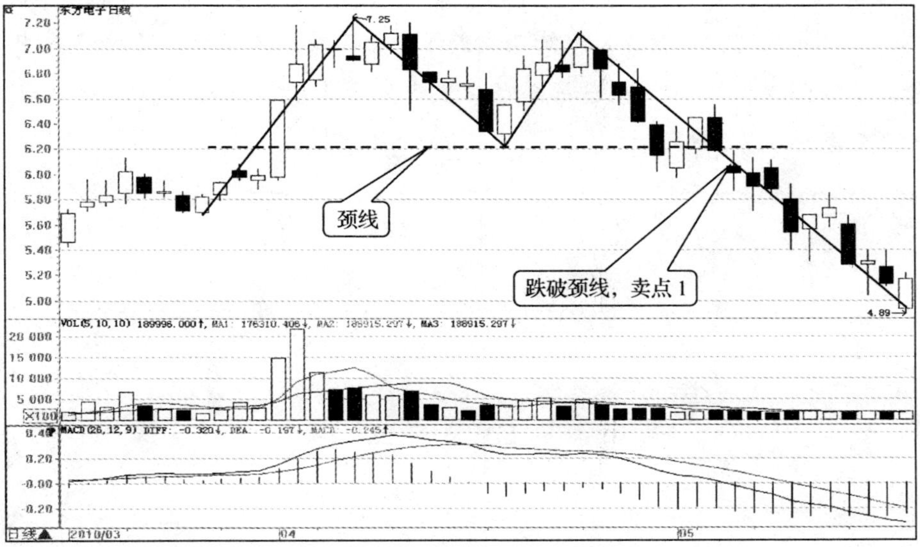

图8—13　东方电子（000682）双重顶走势

二、三重顶形态及最佳卖点

（一）什么是三重顶形态

三重顶形态，是指股价在上涨过程中，连续三次在同一个价格区域遇阻回落，形成了三个高点。将中间的两个回落低点进行连线，就得到三重顶的颈线，如图8—14所示。

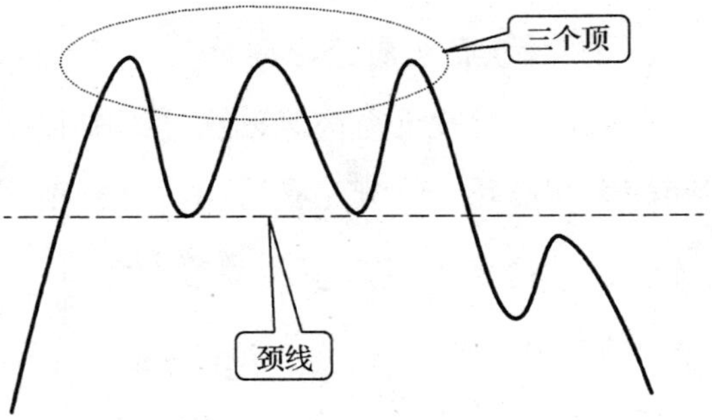

图8—14　三重顶形态

与双重顶一样，当股价跌破颈线时，形态构筑完成。当股价对颈线完成回抽后，顶部形态得到最终确认。

（二）三重顶最佳卖点

与双重顶一样，三重顶也有同样的两个卖点。

卖点1：股价跌破颈线时，此时三重顶形态基本成立。

卖点2：股价跌破颈线后，对颈线位置进行回抽确认时。此时三重顶形态得到最终确认。与双重顶类似，在三重顶形态中，股价跌破颈线位后，有时并不会出现对颈线位的回抽确认。此时只有卖点1，而没有卖点2。

如图8—15所示，在2011年4月，驰宏锌锗（600497）在35元至40元的价格区域内，连续三次遇阻回落，K线形态构筑了一个三重顶形态。2011年4月中旬，该股股价跌破颈线位，三重顶形态基本成立，卖点1出现。此后该股没有出现回抽走势，卖点2未出现。

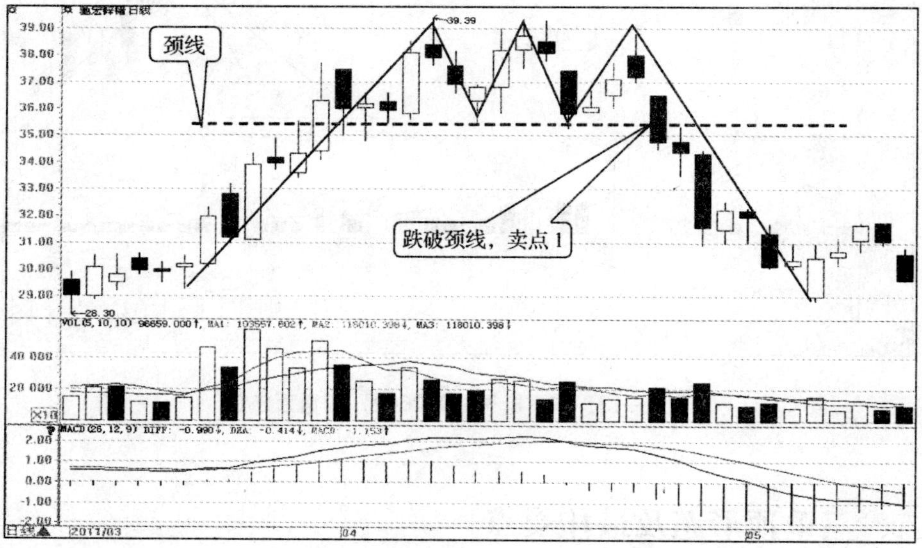

图8—15　驰宏锌锗（600497）三重顶走势

三、头肩顶形态及最佳卖点

（一）什么是头肩顶形态

头肩顶，指股价在构筑顶部过程中共形成三个高点，就像人的头部和肩部一样，中间的头部最高，两侧左右肩的价位基本相同。将“左肩”低点与“右肩”低点进行连线，就得到了头肩顶的颈线，如图8—16所示。

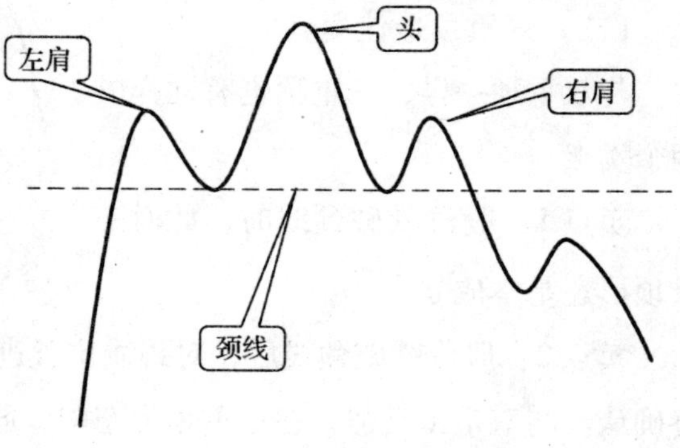

图8—16　头肩顶形态

当股价跌破颈线位置时，头肩顶形态成立。当股价对颈线位置进行回抽之后，头肩顶形态得到正式确认。

（二）头肩顶最佳卖点

头肩顶同样也有两个卖点。

卖点1：股价跌破颈线时，此时

头肩顶形态基本成立。

卖点2：股价跌破颈线后，对颈线位置进行回抽确认时。此时头肩顶形态得到最终确认。

如图8—17所示，在2010年12月前后，水晶光电（002273）在40元上方反复震荡，K线走势构筑了一个头肩顶形态。2011年1月10日，水晶光电跌破颈线位置，头肩顶形态宣布成立，卖点1出现。此后该股没有出现回抽走势，卖点2未出现。

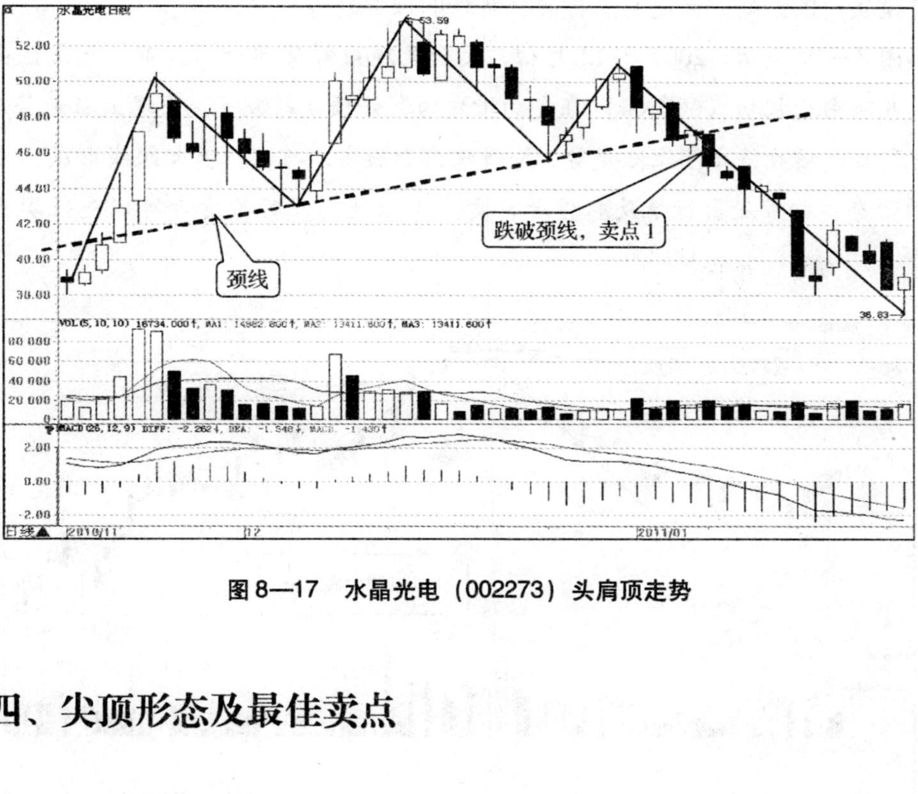

图8—17 水晶光电（002273）头肩顶走势

四、尖顶形态及最佳卖点

（一）什么是尖顶形态

尖顶，又叫“倒V字顶”，其形成过程是，股价先是连续上涨，当涨至某价位后，或是由于重大利空，或是主力开始集中卖出，致使股价突然反转，开始连续下跌。其K线形态非常像一个倒置的V字，如图8—18所示。

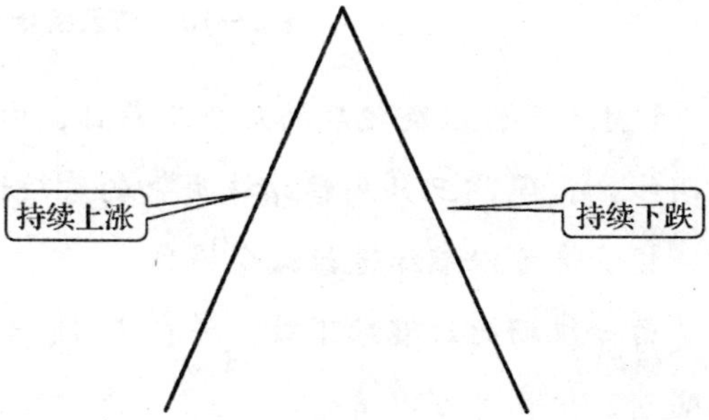

图8—18 尖顶形态

尖顶形态一般多出现在市场炒作气氛非常浓厚、投资者普遍看多的时候。这种突然的转折，往往令投资者措手不及，来不及做出正确的卖出反应。

（二）尖顶形态最佳卖点

尖顶走势的卖点，比较难于把握，这是由于在尖顶形态中，股价到顶后的转折非常突然，下跌速度往往很快，在下跌的初段反弹很少。在这种顶部走势中，投资者没有充裕的时间判断和分析。

为避免失去顶部卖出的机会，又不致因过早卖出而踏空后面的行情，投资者可以采取分批卖出的策略，来应对这种暴涨暴跌的顶部走势。

如图8—19所示，2007年12月初，大盘呈现短暂反弹行情，市场气氛显得十分热烈。此时白云机场（600004）在定向增发的利好预期刺激下，出现上涨走势。2008年1月8日，该股停止了上涨走势，K线收出小阴线，与前一根大阳线形成“看跌吞没”的形态，初步发出行情反转信号，卖点1出现，此时投资者可以先行卖出部分持股。

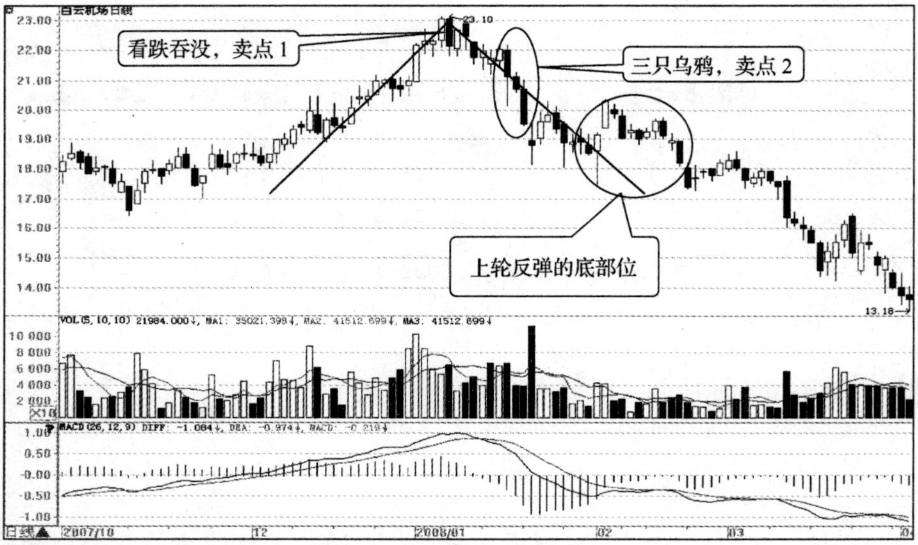

图8—19　白云机场（600004）尖顶走势

1月8日，以及之后的几个交易日，白云机场继续下跌，该股在高位连续出现三根阴线，出现“三只乌鸦站枝头”的看跌形态，进一步发出卖出信号。此时卖点2出现，投资者可以继续进行减仓操作。

白云机场此后继续下跌，并在2月、3月间出现横盘震荡走势，此时尖顶形态基本明朗，投资者可以清仓。

五、圆弧顶形态及最佳卖点

（一）什么是圆弧顶形态

圆弧顶，也称“锅盖顶”，其 K 线的走势与圆弧底正好相反。股价在上涨过程中，涨速越来越慢，并开始逐渐反转向下，随后下跌速度逐渐加快，最终形成一个呈圆弧形状的顶部，如图 8—20 所示。

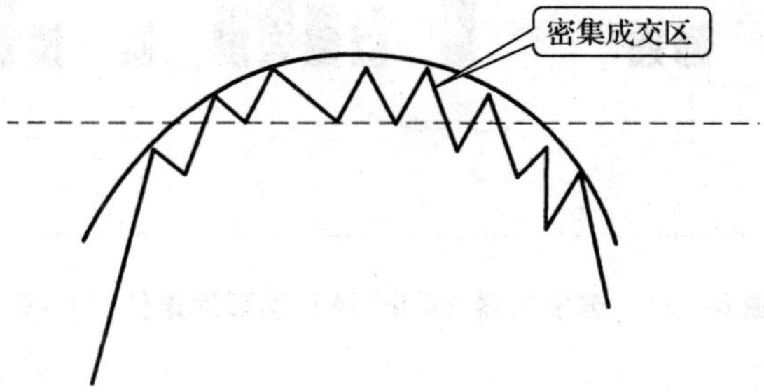

图 8—20　圆弧顶形态

与圆弧底的“碗底”类似，在圆弧顶的顶端区域，同样集中了众多的 K 线，是圆弧顶形态中的密集成交区，如图 8—20 中横虚线与圆弧组成的区域，可以称为“锅顶”。

圆弧顶反映了多方力量逐渐消退，而空方力量逐渐增强的市场变化，是一种可靠的顶部形态。

（二）圆弧顶最佳卖点

圆弧顶并不是常见的顶部形态，但是一旦出现，杀伤力往往较大。当投资者发现在股价高位出现这种形态时，应该果断地进行卖出操作。

有时，在圆弧顶形成后，股价会出现一定的向上回抽的动作，但是往往会在“锅顶”位置遇阻回落，此时同样是卖出机会。

如图 8—21 所示，从 2010 年 9 月到 11 月，苏宁电器（002024）的周 K 线在缓缓上升后缓缓下跌，形成圆弧顶形态，预示着下跌动能不断增加。至 12 月初，圆弧顶形态初步形成，投资者要注意及时清仓出场。

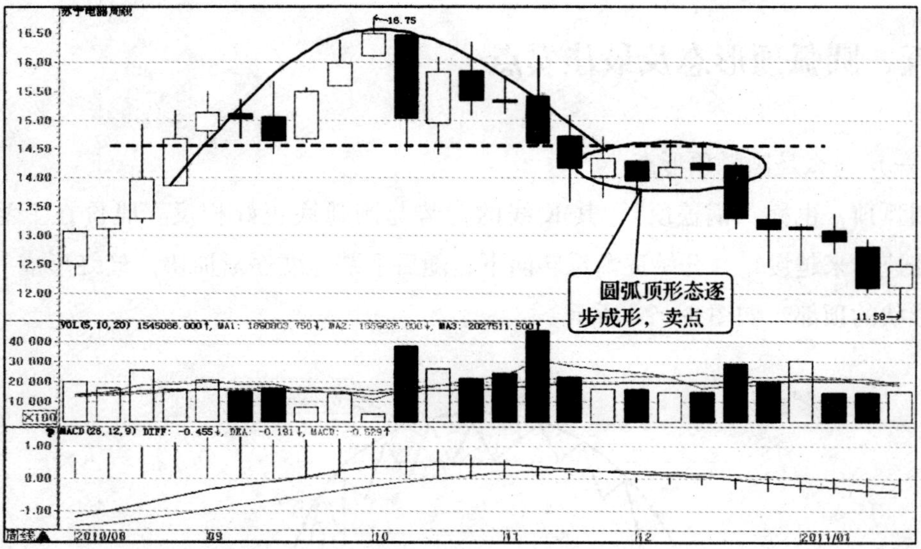

图8—21　苏宁电器（002024）圆弧顶走势（周线）

第三节　熊市反弹的最佳卖点

相对于熊市买点来说，熊市的卖点更加重要。因为在熊市中，股价不断震荡下跌，很多投资者处于套牢状态。对于他们来说，买点并不重要，重要的是把握住反弹时机，在反弹高点减仓。

如果投资者放弃那些熊市买点的话，至多是少了一些风险性收益，但是却保证了本金的安全。而如果错过熊市卖点，则很可能会越套越深，导致本金遭受严重损失。因此，熊市卖点的把握非常重要。

一、重大阻力位的最佳卖点

在熊市中，市场的整体走势处于持续的弱势当中，即使出现反弹，也无力突破一些重要的技术点位。这些技术点位，就构成了熊市的重大阻力位，也是重要的卖点。下面介绍两个比较重要和常见的反弹阻力位。

（一）前期反弹底部

熊市的下跌，是一个逐波下跌的过程。在每波反弹中，总会有部分抄底的资金被套牢。后市当股价反弹到这个位置时，这些被套的抄底资金会开始解套卖出，这样就对股价产生了较大的阻力。因此，在熊市中若股价出现反弹，上轮反弹的低点位置（前期低点）往往会对股价构成阻力。

当股价反弹至前期低点位置时，投资者应保持密切关注，在股价出现滞涨走势时注意把握卖出时机。

如图 8—22 所示，2011 年下半年，伴随着大盘的熊市，中粮地产（000031）也持续下跌，连创新低。在这个过程中，股价在 9 月初和 11 月初两次反弹到上轮反弹的底部位置，遇阻后再次向下，表明下跌动能非常强烈。被套牢的投资者要注意把握这两个卖点，以减少损失。

（二）中长期均线

在熊市反弹中，还有一个比较常见的阻力位置，就是均线位置，尤其是中长期均线的位置，其阻力作用更加明显。

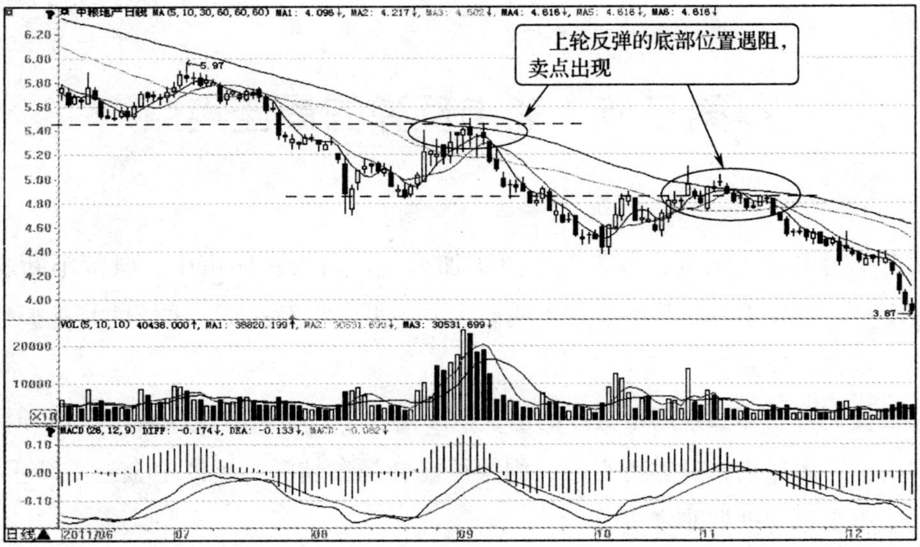

图 8—22　中粮地产（000031）日 K 线

由于中长期均线大致代表着市场中长期的平均成本，当股价反弹至该位置时，意味着中长期内被套牢的资金已经处于解套状态。这些资金由于套牢时间较长，因此解套卖出的意愿比较强烈。而这种卖出行为，将对股价构成重大的阻力。

因此，当股价反弹至诸如 120 日线、250 日线等中长期均线位置时，投资者应注意把握卖出机会。

如图 8—23 所示，在 2011 年这一年中，澳洋科技（002172）的股价持续走熊。

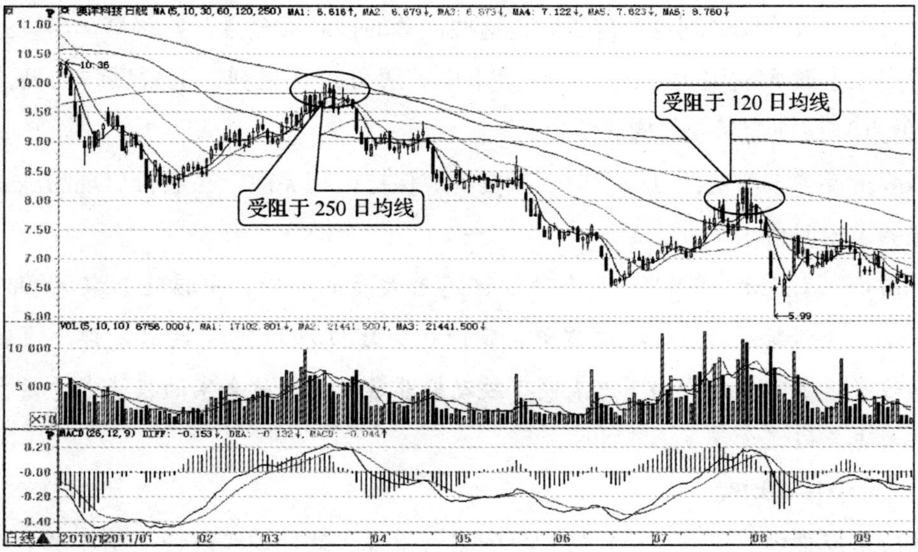

图 8—23　澳洋科技（002172）日 K 线

2011年3月，该股出现强力反弹，连续突破多条重要均线。但是当股价运行至250日线（年线）附近时，出现放量震荡走势，说明此时股价遭到巨大解套盘的抛压，投资者需要把握年线位置的卖出良机。年线位置也成为本轮反弹的顶部位置，此后股价继续下跌。

6月、7月间，该股再次出现反弹走势，此次反弹在120日线（半年线）位置即遇到重大阻力，股价在放量震荡后无力再次上行，投资者应把握住这次在半年线处的卖出机会。

二、放出巨量的最佳卖点

投资者观察熊市中的反弹顶部特征，会发现一个共同之处，就是成交量放大。这是把握熊市卖点的一个重要标准。

在牛市中，成交量放大一般都是好事情，意味着股价仍可看高一线。而在熊市中则完全不同。熊市中的资金严重缺乏，成交量的放大，尤其是突然放出巨量，说明大量前期空仓的资金入场抄底，那么后续将严重缺乏资金的支援，股价也将达到反弹顶部。

在熊市中，当投资者发现在反弹走势中，某天的成交量水平突然大幅提高，就可以判定反弹顶部已经来临。在放量之后，一旦出现股价滞涨走势，应毫不犹豫地卖出股票，以防错过反弹顶部的卖出时机。

自2011年4月开始，沪深两市均进入下跌行情，大连港（601880）也不例外。2011年6月下旬，伴随“公司债发行获通过”的重大利好，大连港出现大幅反弹走势，如图8—24所示，成交量明显放大，随后股价走势逐渐平稳，此时投资者需保持高度警惕。6月29日，在巨量之后，该股K线收出一根“上吊线”，反弹结束的迹象愈发明显，投资者此时应果断卖出。

在熊市中，前期反弹的放量位置，同时也是大量抄底资金的套牢位置，这个位置的解套压力，往往对后市的反弹构成强大阻力。因此，前期放量位置就成为投资者需要重点关注的卖点位置。

如图8—25所示，2011年6月初，国际实业（000159）出现反弹走势，并以一根放量的长上影阳线结束了此轮反弹。此后该股继续下跌，放量当天入场的资金悉数被套。7月该股再次出现反弹行情，当反弹至6月中旬的放量位置时，股价受制于沉重的解套压力，始终无法突破这个放量区间。投资者观察到这种走势特征，应进行卖出操作。

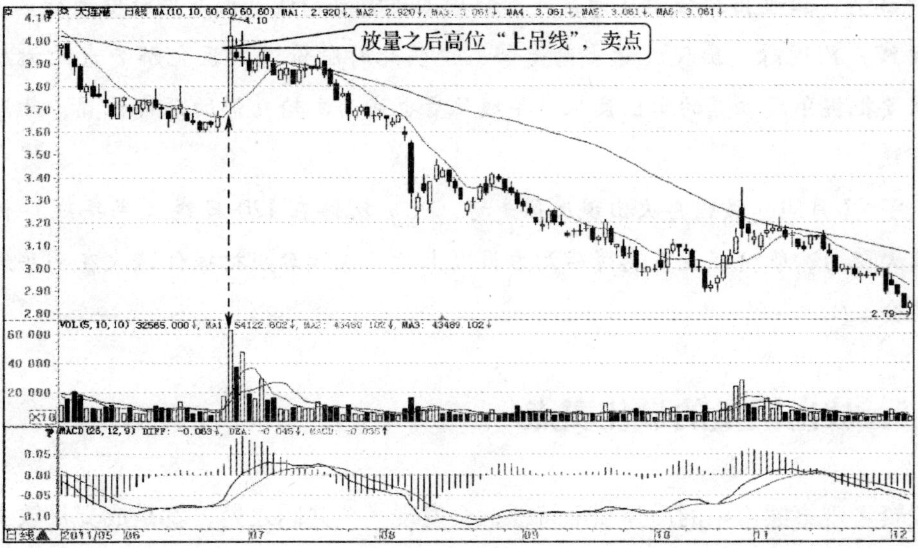

图 8—24　大连港（601880）日 K 线

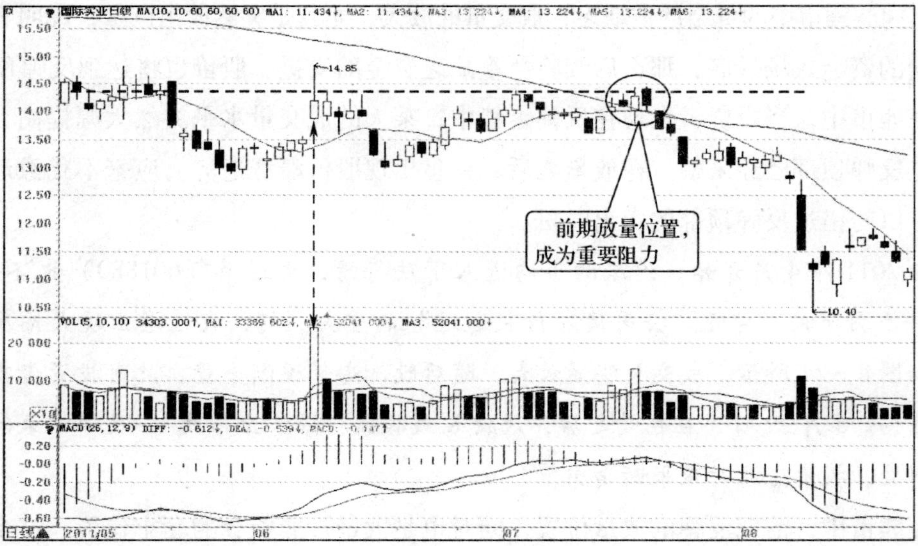

图 8—25　国际实业（000159）日 K 线

三、熊市利好的最佳卖点

在熊市中，很多大幅度的反弹走势都是由一些重大利好政策引发的。每当此时，“政府救市”“股价见底”“机构拉高建仓”等言论随处可闻，很多资金疯狂入市抄底。但是最终的结果往往表明，这些由利好政策所引发的上涨走势，仅仅是大幅的反弹行情而已。反弹过后，市场仍将继续下跌。

熊市的底部，是利空砸出来的，是割肉割出来的，从来不是利好消息给刺激起来的。牛市中的利空，是投资者买入的好时机，而熊市中的利好，则是被套投资者卖出的好时机。

自 2001 年 6 月的 2 245 点开始，沪深大盘进入了一个长达四年的大熊市。大多数投资者都认为，市场之所以走熊，很大原因是由于"国有股减持"政策。2002 年 6 月24 日，管理层宣布"暂停国有股减持"，当天市场几乎全线涨停，这就是著名的"6·24 行情"，如图 8—26 所示。此后市场经过 11 个交易日的横盘震荡之后，重新开始下跌。见到利好便入场抄底的资金，基本上被套牢。投资者从中可以看出，这种熊市中的利好，往往是卖出良机。

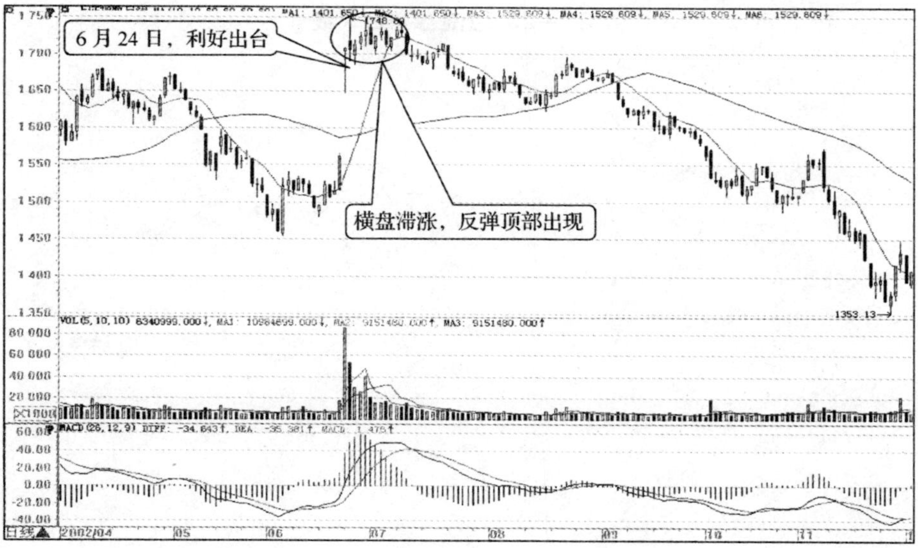

图 8—26　上证综指日 K 线

如图 8—27 所示，在 2008 年熊市中，两市股指连续下跌，至 2008 年 4 月 22 日，上证综指已从 6 124 点跌至 3 000 点，跌幅超过 50%。4 月 24 日管理层推出"降低印花税"的利好政策，股指出现大涨走势。与"6·24"行情相同的是，经过一段时间横盘震荡后，股指继续下跌。此次反弹行情再一次证明，熊市中的利好，正是被套投资者的卖出良机。

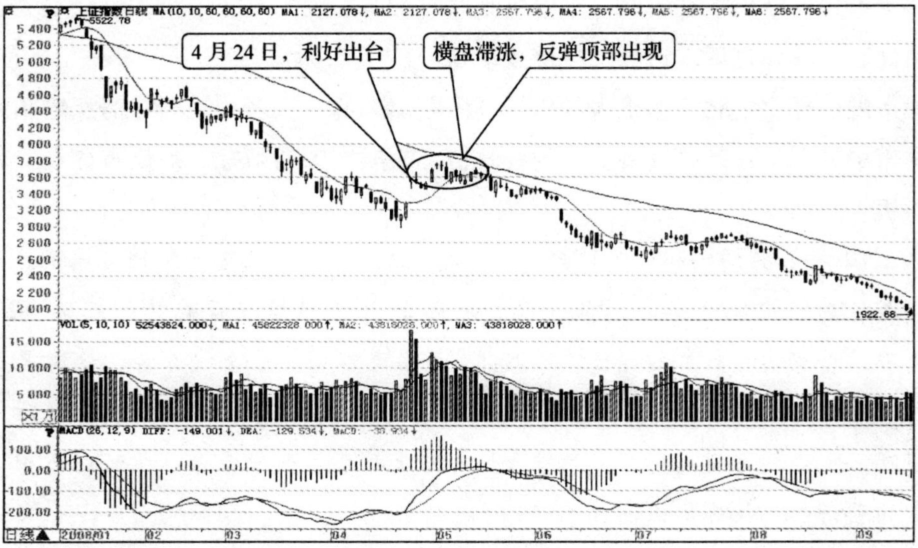

图8—27　上证综指日K线

第九章

通过看盘观察庄家动向

自从我国股市成立以来，“庄家”这个神秘群体就成为广大投资者关注的焦点。在股市中，庄家似乎无所不能，他们资金实力雄厚，操盘手段高超，内部消息灵通，可以将股价捧上云端，也可以将股价打至地狱。如何察觉庄家的一举一动，洞悉庄家的真实意图，是很多投资者最为关心的一个问题。

第一节 认识庄家

庄家是从赌场中引进的概念。在赌场中，拥有大量资金，能够与所有人对赌的人，被称为庄家。而在股市中情况也大抵相同。在证券市场上，无论机构还是个人，凡是有意愿，并且有能力操纵股价涨跌的，都可以称为庄家。

庄家与所有股民相同，都是通过低买高卖赚钱。不同的是，庄家可以通过大量股票的买卖来影响股价变化，通过这种股价的变化，进而影响其他投资者的买卖行为。庄家有着精密的规划和高超的交易技术，以及严格的交易纪律，再加上畅通的信息渠道等方面的优势，赚钱的几率要远远大于普通投资者。

另外，坐庄并不是只赚不赔的买卖，同样也要承担市场风险。庄家有时也会因为资金链断裂，或是大盘行情转弱、无法在高位及时出货等原因坐庄失败，轻则损失利润，重则满仓被套。还有的庄家虽然账面上没有出现亏损，但因为股价虚高缺乏买盘，只能自己苦苦支撑股价，所有赢利只能停留在账面上，无法转为“真金白银”。

一、解密庄家

市场上有形形色色的庄家，按照不同的标准，可以划分为不同的类型。

第一，根据坐庄时间长短的不同，可以将庄家分为短线庄家、中线庄家和长线庄家。

第二，根据实力强弱的不同，可以将庄家分为强庄和弱庄。

第三，根据进入某只股票的先后次序不同，可以分为老庄和新庄。

下面主要对短线庄家、中线庄家和长线庄家进行介绍。

（一）短线庄家

短线庄家是指运作周期较短，一般在几天至几周左右的庄家，有些短线庄家运作周期之短，甚至会达到今天进场，明天就出场的程序。他们在操作过程中不追求控盘程度，只看重股价的短期走势。

短线庄家的操作手法主要有两种。一种是题材炒作，庄家针对当前市场的炒作热点，大幅度地拉高股价，引起市场广泛关注，吸引其他资金入场，自己则把握机会迅速出货。短线庄家的另一种惯用手法是抢反弹，庄家在股价连续大幅下跌后集中入场，将股价大幅拉升，营造触底反弹行情，吸引散户跟风买入，届时庄家则会迅速卖出，获利出局。

短线庄家的最大炒作特点就是进出如风，绝不恋战，经常会拉高建仓，甚至在涨停板上建仓，第二天高开后即开始出货。即使运作不顺利，也会果断止损离场。对于那些喜欢追高的短线投资者来说，这些短线庄家既提供了众多的市场机会，又带来了巨大的市场风险。

近几年最重要的短线庄家，就是目前所称的游资主力，其运作手法非常凶悍，以冲击涨停板而闻名，被称为“涨停板敢死队”。

如图9—1所示，受“成渝经济区区域规划”的利好刺激，四川路桥（600039）在2010年2月26日、3月1日和2日，出现连续三个涨停板。从3月1日、2日这两天的成交回报可以看出，如图9—2所示，买入最多席位的，是光大证券宁波解放南路营业部，累计买入7 340万元。该营业部是著名的游资主力所在营业部，由此可以看出，本轮四川路桥的大涨是短线庄家借助利好的短期炒作。该短线庄家在3月1日和2日这两个交易日的涨停板上大举建仓。

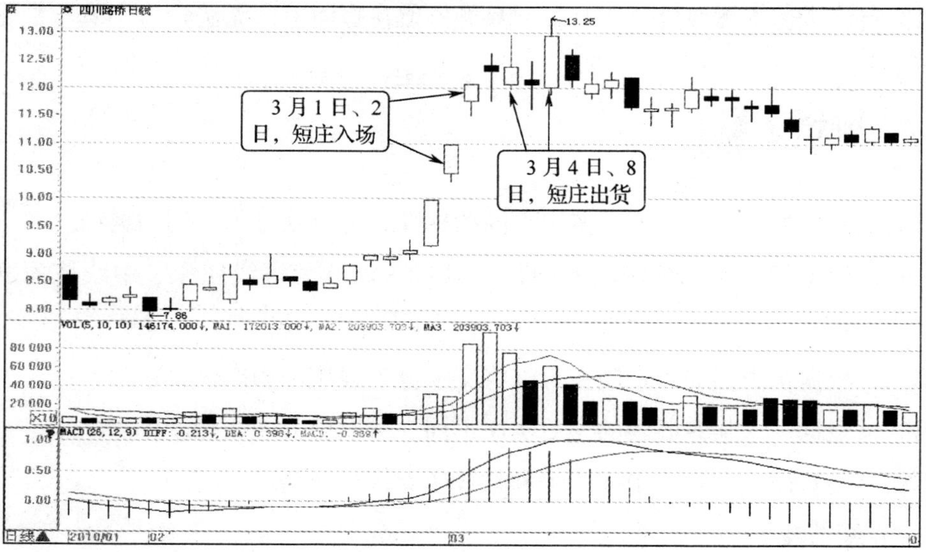

图9—1　四川路桥（600039）日K线

3 月 1 日成交回报

证券代码：600039　　证券简称：四川路桥

买入营业部名称：	累计买入金额(元)：
(1) 方正证券有限责任公司广州小北路证券营业部	21857720.00
(2) 光大证券股份有限公司宁波解放南路证券营业部	18634748.33
(3) 中信金通证券有限责任公司杭州心南路证券营业部	11231977.00
(4) 招商证券股份有限公司深圳南山南油大道证券营业部	11213351.00
(5) 西藏证券经纪有限责任公司上海东方路证券营业部	10860300.00

卖出营业部名称：	累计卖出金额(元)：
(1) 西藏证券经纪有限责任公司上海东方路证券营业部	18329866.31
(2) 中信建投证券有限责任公司武汉市建设八路证券营业部	14239555.66
(3) 招商证券股份有限公司杭州文三路证券营业部	12249896.14
(4) 中信证券股份有限公司佛山湖景路证券营业部	10472710.00
(5) 华泰联合证券有限责任公司厦门湖滨南路证券营业部	9203890.40

3 月 2 日成交回报

证券代码：600039　　证券简称：四川路桥

买入营业部名称：	累计买入金额(元)：
(1) 光大证券股份有限公司宁波解放南路证券营业部	54763671.00
(2) 财通证券有限责任公司绍兴人民中路证券营业部	33634264.78
(3) 中信金通证券有限责任公司杭州心南路证券营业部	26952155.94
(4) 中国银河证券股份有限公司绍兴证券营业部	20052010.03
(5) 光大证券股份有限公司深圳深南大道证券营业部	18340479.62

卖出营业部名称：	累计卖出金额(元)：
(1) 中信金通证券有限责任公司杭州心南路证券营业部	23732546.59
(2) 方正证券有限责任公司广州小北路证券营业部	23554945.38
(3) 招商证券股份有限公司深圳南山南油大道证券营业部	22534620.32
(4) 光大证券股份有限公司宁波解放南路证券营业部	20175344.44
(5) 西藏证券经纪有限责任公司上海东方路证券营业部	14543984.80

图 9—2　四川路桥成交回报 1

3 月 2 日的涨停板之后，该股在高位放量震荡，从 3 月 4 日和 8 日的成交回报中可以看出，如图 9—3 所示，光大证券宁波解放南路营业部又成为卖出最多的营业部，累计卖出近 5 814 万元，说明该游资主力已经开始大举出货。

3 月 4 日成交回报

证券代码：600039　　证券简称：四川路桥

买入营业部名称：	累计买入金额(元)：
(1) 信达证券股份有限公司上海大连路证券营业部	12268165.88
(2) 华泰联合证券有限责任公司深圳泰然路证券营业部	11259805.07
(3) 财通证券有限责任公司绍兴人民中路证券营业部	8843558.55
(4) 国泰君安证券股份有限公司北京知春路证券营业部	8420209.62
(5) 中信金通证券有限责任公司金华中山路证券营业部	8093053.34

卖出营业部名称：	累计卖出金额(元)：
(1) 光大证券股份有限公司宁波解放南路证券营业部	36073212.76
(2) 中国银河证券股份有限公司绍兴证券营业部	17382693.30
(3) 财通证券有限责任公司绍兴人民中路证券营业部	17350890.82
(4) 中信金通证券有限责任公司杭州心南路证券营业部	14010081.93
(5) 方正证券有限责任公司杭州保俶路证券营业部	12231815.72

3 月 8 日成交回报

证券代码：600039　　证券简称：四川路桥

买入营业部名称：	累计买入金额(元)：
(1) 海通证券股份有限公司无锡工运路证券营业部	20087979.04
(2) 中国银河证券股份有限公司宁波翠柏路证券营业部	19020383.31
(3) 东方证券股份有限公司上海浦东南路证券营业部	14090311.82
(4) 财通证券有限责任公司杭州解放路证券营业部	13465758.00
(5) 华泰证券股份有限公司北京月坛南街证券营业部	11808459.76

卖出营业部名称：	累计卖出金额(元)：
(1) 光大证券股份有限公司宁波解放南路证券营业部	22065445.75
(2) 安信证券股份有限公司汕头金砂路第一证券营业部	16807821.40
(3) 江南证券有限责任公司天津六纬路证券营业部	16700917.15
(4) 招商证券股份有限公司上海世纪大道证券营业部	12043035.76
(5) 湘财证券有限责任公司哈尔滨中山路证券营业部	10250269.99

图 9—3　四川路桥成交回报 2

从上面的例子中，投资者可以看出短线庄家的运作特点，就是高举高打，赢利目标不高，一旦开始出货就会非常坚决。因此短线投资者一旦发现短线庄家开始出货，也应迅速离场。

（二）中线庄家

中线庄家是指运作周期在半年到一年左右的庄家。由于我国股市波动频繁，波段操作具有很好的获利空间，因此我国股市的庄家大多数都是中线庄家。

中线庄家的控盘比率一般在 50% 左右，也就是买进的股票数量约占全部流通股的 50% 。中线庄家运作的股票，会出现比较明显的建仓、洗盘、拉升和出货环节，其运作非常依赖于大势的状况，以及板块或者个股的利好消息。中线庄家一般在大势出现见底迹象后开始入场吸筹，借助大势向好拉升股价，在市场狂热时趁机出局。

从中线庄家的操作前提可以看出，中线庄家所借助的很多是自己无法完全掌控的因素，如大势、利好消息等，因此在运作时会受到很多股价之外的因素影响。与短线庄家相比，中线庄家承担的风险更大，相应的赢利目标也比较高。一般股价至少要达到 30% 到 50% 的涨幅，中线庄家才会考虑撤离。

图 9—4 是中线庄家的整个坐庄过程。大盘自 2005 年 6 月见底 998 点后，展开了一轮大规模的牛市行情，庄家也针对古越龙山（600059）展开了中线运作。从图 9—4 中可以明显看出，庄家运作包含了四个重要的阶段，分别是建仓、洗盘、拉升和出货。

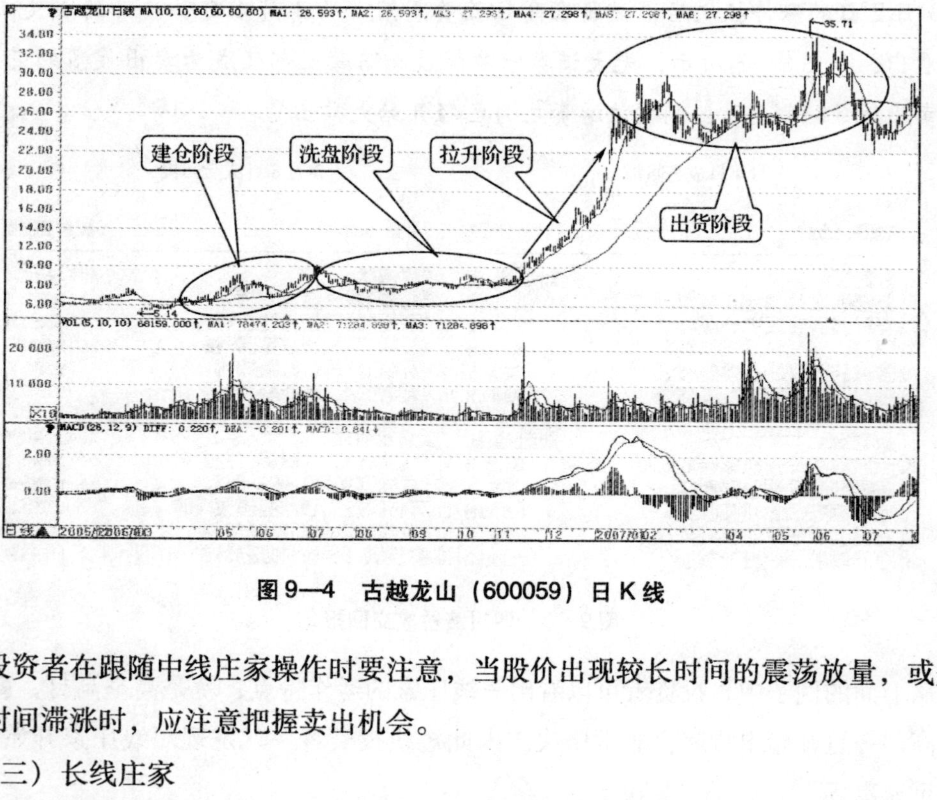

图 9—4 古越龙山（600059）日 K 线

投资者在跟随中线庄家操作时要注意，当股价出现较长时间的震荡放量，或是股价长时间滞涨时，应注意把握卖出机会。

（三）长线庄家

长线庄家是指运作周期至少在一年以上的庄家，其运作周期往往会长达 3 年、5 年或更长时间。一般来说，长线庄家拥有雄厚的实力，在资金量、操作思路、信息渠道和对宏观经济的判断方面，具有很高的水准。长线庄家往往选择未来业绩有很大成长空间的股票，在经济周期的低谷时入场，并长期持有。

长线庄家对目标个股的控盘程度要求很高，通常要达到 60% 甚至更高。因为动用资金量大、操作周期长，长线庄家追求的收益率也会很高，其运作的股票会形成长期的上升趋势，整体涨幅非常惊人。

在这三种类型的庄家中，长线庄家所承担的风险是最大的。由于控盘比例高，其出货难度也是最大的。由于长线庄家运作的股票涨幅惊人，庄家获利巨大，如果庄家出货不顺，资金链断裂，就会采取大幅杀跌的方式出货，股价容易出现跳水走势。

投资者若跟随这类庄家，不要因为一时的小幅度涨跌而患得患失，也不要太过于留意上升过程中的正常调整。只有当经济周期的顶峰到来，市场大众狂热得丧失理智，市场处于长期顶部时，长线庄家才会抛出手中持股，此时投资者也需要注意及时卖出股票。

中粮屯河（600737，原新疆屯河）自1996年7月31日上市之日起，长线庄家就开始介入操作，该长线庄家，就是著名的“德隆系”，是我国股市中最著名的长线庄家。图9—5是中粮屯河上市之后近十年的月线复权走势图。投资者可以看到，该股在上市之后的近7年时间内，一直处于长牛行情。当2001年的大熊市开始后，该长线庄家在高位支撑了两年之后，由于资金链断裂，终于无力支撑股价。为了出货该股庄家只有采用跳水杀跌的方式，在2004年4月，股价月跌幅近70%。投资者可以发现，在大幅跳水之前，该股的月K线出现“三只乌鸦站枝头”形态，这是强烈的长线见顶信号，投资者需要及时卖出。

基金作为当前股市最大的主力资金群体，是目前最主要的长线运作机构。对于那

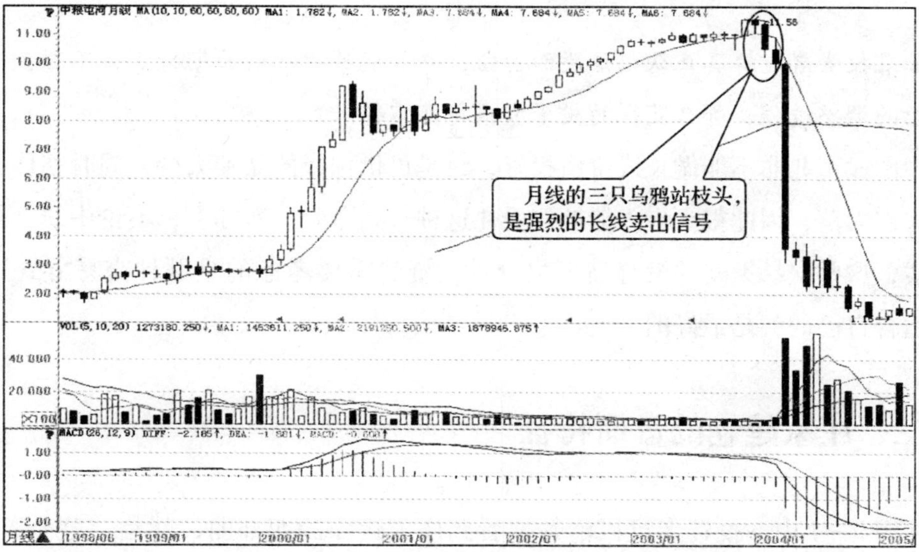

图9—5 中粮屯河（600737）月K线（复权）

些基本面优良、同时业绩稳定成长的股票，他们经常扎堆买入，长线持有。

图 9—6 是云南白药（000538）的长期牛市上涨走势图。作为我国股市少有的业绩优良、经营稳健的公司，云南白药长期受到以基金为主的机构投资者的青睐。该股在上市半年后，即 1994 年 7 月探明底部，随后展开了长期的震荡上涨行情。各路机构进场后纷纷进行长线锁仓，使得该股走出了长达十几年的长牛行情，整体涨幅超过 200 倍。

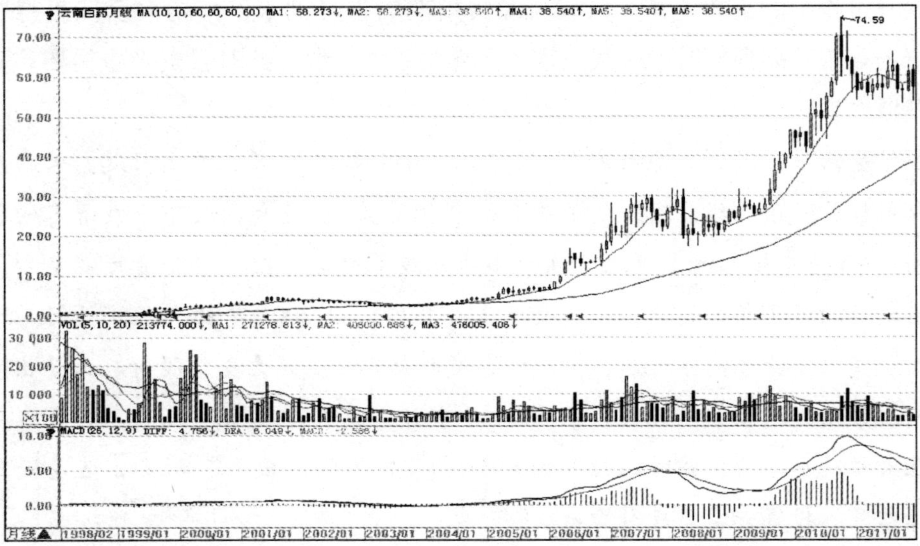

图 9—6　云南白药（000538）月 K 线（复权）

如果投资者能够真正认识该股的价值，并且能够耐心地长期持有，不理会中间或长或短的调整过程，那么获得的投资回报将非常惊人。

中国股市并非不能做长线价值投资，只是可供选择的品种太少，同时整体市场又经常大起大落，因此很少有人能够经受住这种长期考验。实际上，不论中线、长线还是短线，这些交易策略并没有高下之分，投资者需要考虑的是哪种交易方式适合自己，适合自己的就是最好的。

二、庄家建仓的盘面特征

在图 9—4 中，投资者可以清楚地看到庄家运作的四部曲，就是“建仓、洗盘、拉升、出货”。熟悉这些运作阶段的 K 线形态，有助于我们及时地在盘面上发现庄家动向，把握买卖机会。

建仓，是庄家运作股票的第一步。投资者可以通过成交量和股价走势这两个方面的变化来发现庄家的建仓动作。

（一）识破庄家建仓

在庄家建仓的过程中，K 线走势会呈现出以下两个最突出的盘面特征。

第一，经过前期的缩量下跌后，如果成交量开始连续放大，同时股价重心不再继续下移，往往意味着庄家开始建仓。

第二，在上述过程中，每次的放量位置，均不会成为长时间内的顶部位置。也就是说，如果放量后股价出现下跌，那么这个放量价位，应该能够很快被收复，不会成为长时间的套牢位置。

这是因为，如果庄家在放量过程中开始建仓，而庄家又不会把自己套牢，因此股价应该能够再次回到该价位。如果股价在较长时间内都无法回到这个放量价位，就说明此次放量有问题，投资者需保持谨慎观望态度。

庄家的建仓方式，比较常见的有打压建仓、震荡建仓和拉高建仓这三种。

（二）打压建仓

一般来说，在市场人气比较低迷，或者出现利空消息的时候，庄家往往会采用打压建仓的方式。此时庄家不用费太大力气就可以把股价打下去，降低建仓成本，同时还能引出许多恐慌性抛盘，庄家正好可以将之收入囊中，可谓一举两得。

打压建仓在盘面上一般具有如下特点。

第一，打压建仓时，成交量一般都会放大，但是在打压之后又会很快缩量。

第二，在 K 线走势上，往往会出现破位或者创新低等非常恶劣的走势形态。

第三，打压建仓当天的跌幅，在后市很快会被重新收复。因为庄家不希望在低于自己买入价的位置停留过久，以防止散户或者其他资金在低位抢筹。

2011 年 1 月 26 日之前，中航电子（600372）一直震荡下跌，而大盘已处于平稳震荡行情。1 月 24 日、25 日连续两个交易日中，该股庄家突然猛烈打压股价，甚至将股价打至跌停，同时成交量较前几个交易日有明显放大，如图 9—7 所示。这次打压之后，股价开始连续回升，很快就收复了 24 日和 25 日这两天的跌幅，由此可知此前的大跌是庄家在猛烈地打压建仓。

在上例中，中航电子庄家的打压持续时间较短。有时主力会连续地打压股价，在 K 线图上留下一个明显的“坑”状形态，这就是庄家的“挖坑”式打压建仓方法。

自 2010 年 4 月 28 日始，红星发展（600367）的庄家开始连续打压股价，待股价跌至 6.69 元后，又开始持续拉抬股价，从而使 K 线在走势上形成一个明显的“坑”，

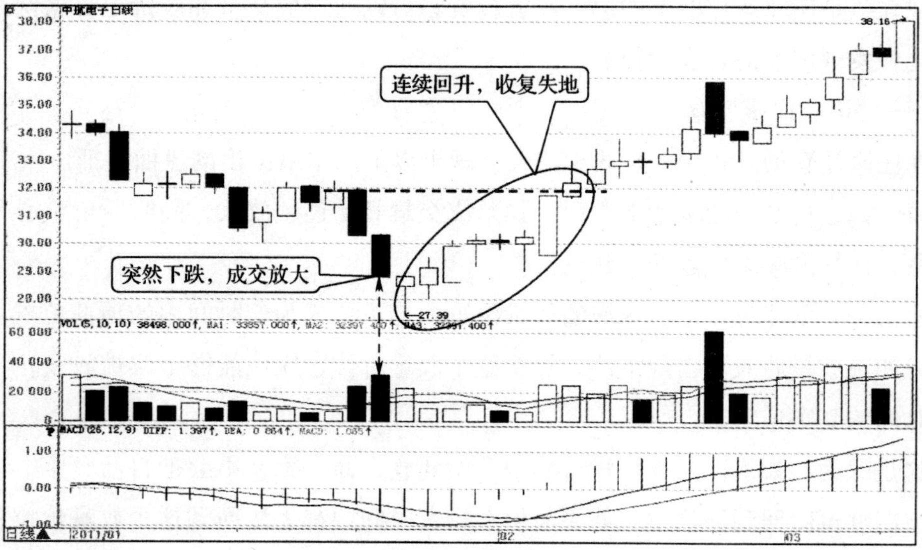

图9—7　中航电子（600372）日K线

如图9—8所示。这就是一次明显的“挖坑”式建仓。当投资者发现庄家的建仓动作后，可以在“坑”成形后逐步逢低入场。

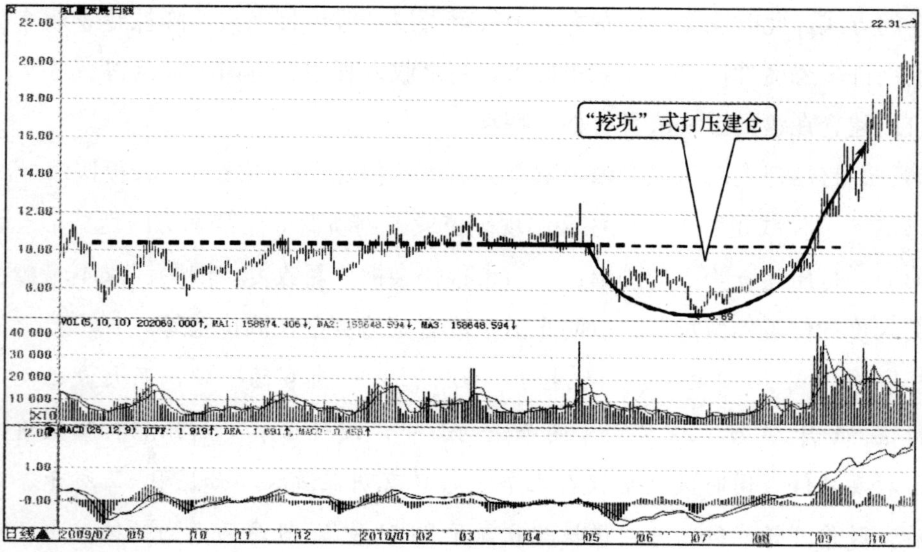

图9—8　红星发展（600367）日K线

（三）震荡建仓

震荡建仓是庄家比较常用的一种建仓手法。庄家资金量大，需要买入的股票数量多，要想尽量不引人注意地进驻某只股票，并非短时间内就可以做到。庄家往往需要将股价保持在一个较低水平，进行反复、长时间的震荡，才能逐步地买入股票。

震荡建仓具有以下特征。

第一，震荡建仓一般持续时间较长，往往长达数个月。股谚云“横有多长，竖有多高”，说的正是此理。建仓时间较长，说明庄家建仓充分，控盘程度高，为日后惊人的升幅打下了坚实的基础。

第二，在震荡建仓期间，股价往往呈现上拉下砸的走势，并伴随着较大的成交量。庄家通过拉高引诱场内的持股者见利即抛，再通过下砸让场外的投资者避而远之。

第三，随着庄家仓位的逐渐增大，股价重心将逐渐上移，因而震荡建仓区间往往会呈现上倾态势。

如图9—9所示，从2005年7月开始，三精制药（600829）的股价在涨至6元左右后，开始进入一个长时间的震荡走势，股价在大部分时间内，都在5.60元至6.50元的区间内波动，同时成交量与前期相比出现明显增大。投资者基本可以确定，庄家在这个价格区间内，采用震荡的方式逐步建仓。此时比较稳妥的应对策略是，待庄家洗筹完毕，股价突破这个震荡建仓区间时，再进行买入操作。

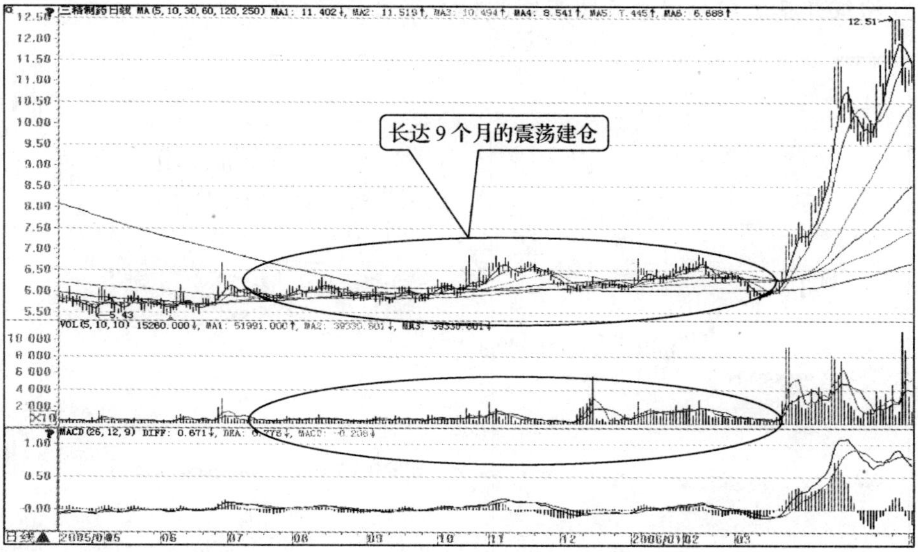

图9—9　三精制药（600829）日K线

（四）拉高建仓

当市场或者个股由于突发性利好消息的刺激，走势突然转强时，如果庄家正处于空仓状态，或者还没有实现建仓目标，他们往往会采用“向上买入”的方式来建仓。

因为此时庄家已经没有时间在低位慢慢建仓，当然，也没有持股者愿意在低位卖出。庄家无法使用打压建仓或者震荡建仓的方式，而只能向上快速地扫盘。当短期涨幅达到一定幅度时，很多持股者会担心失去这一段快速的利润而纷纷卖出，庄家则趁机大力买入，继续建仓。

拉高建仓的走势特征有以下四点。

第一，连续拉升发生在大盘或者个股的相对低位或者涨势的初期。

第二，往往伴随着突发性的重大利好。

第三，成交量持续放大。

第四，在一段拉升后，往往会出现高开低走的放量阴线，当日换手率一般至少超过 10%，说明当天抛压非常沉重，但同时接盘也很踊跃。

如果后市股价能够在这波放量拉升区间的上方稳住，投资者基本就可以确认，在这段拉升区间，庄家正在拉高建仓。

如图 9—10 所示，2008 年 11 月初，为应对全球金融危机的影响，国务院推出“四万亿”经济刺激计划，这对房地产行业是直接的利好。由于消息突然，从 11 月 7 日开始，庄家以直接拉高的方式建仓万通地产（600246）。之后股价迅速上升，突破 60 日均线并在上方站稳，表明庄家的拉高建仓非常成功。

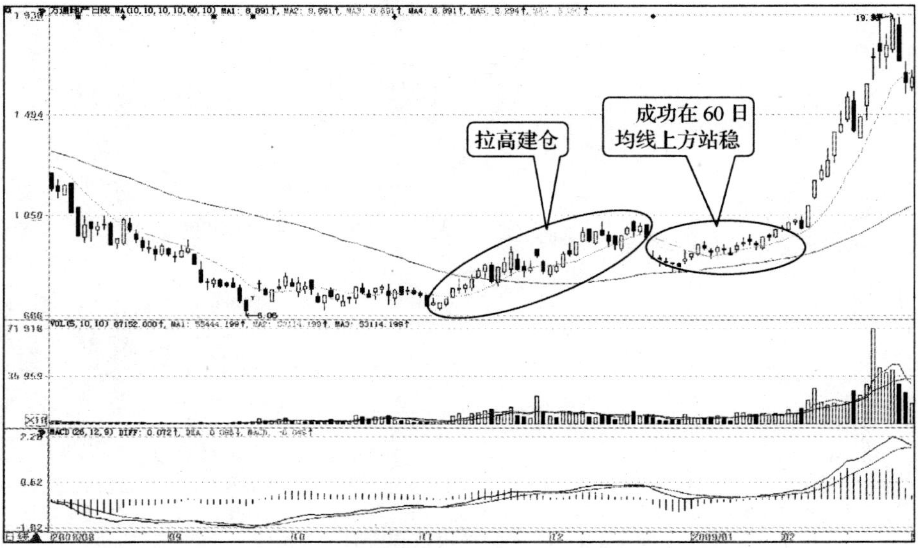

图 9—10　万通地产（600246）日 K 线

（五）推土机式建仓

当庄家在低位建仓一段时期之后，会发现卖盘越来越少，继续在低位吸筹的难度加大。此时庄家便开始逐步推高股价，向上寻找卖盘。由于此阶段庄家手中的筹码比较充足，对股价的控制力较强，因此这个阶段的股价往往特立独行，有其固定的趋势和节奏。反映在 K 线走势上，就会呈现连续小阳小阴线攀升的走势，这就是“推高建仓”，也可称为“推土机式建仓”。

与拉高建仓相比，推高建仓的最大区别是上升速度比较缓慢，股价沿着一定斜率稳步上涨，成交量一般呈现缓慢增加的态势。

2009 年 3 月，上证综指逐渐回升，歌华有线（600037）的庄家无法继续在低位收集足够的筹码，只能采用推高建仓的方式。如图 9—11 所示，该股股价基本按照 45°的斜率，连续以小阳线攀升，同时成交量较前期下跌时有明显增加。投资者发现庄家这种建仓方式后，可以及时逢低买入。

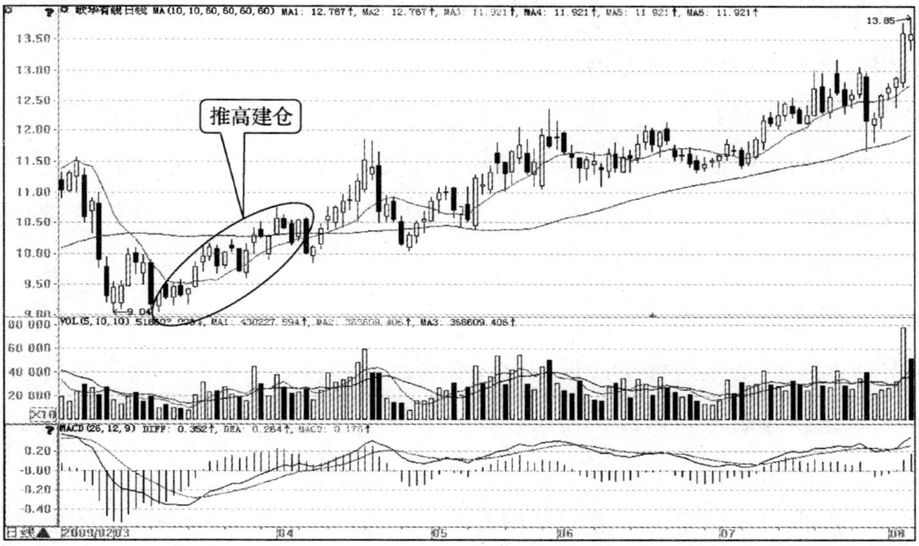

图 9—11　歌华有线（600037）日 K 线

三、庄家洗盘的盘面特征

在庄家的整个运作过程中，有一个动作贯穿始终，这就是洗盘。庄家坐庄的每个阶段，都有洗盘动作的出现。

（一）识破庄家洗盘

除了庄家收入囊中的股票外，还有相当一部分的股票留在其他投资者手中。而这些股票的持有者，随着股价的上涨，已经逐渐开始获利。股价一旦继续推高，很多投资者的赢利幅度会继续加大。当主力将股价推升至高位开始出货时，这些获利丰厚的筹码也将蜂拥卖出，势必增加主力的出货难度。

因此，主力在运作过程中，必须不断洗盘，促进股票在不同投资者之间进行换手，以达成以下目的。

第一，抬高市场整体成本。

通过不断洗盘，使得前期有所获利的投资者卖出，而新的投资者开始买入。随着股价不断地上涨，不断地洗盘，不断地换手，市场整体持股成本，将随着股价的上涨而不断抬高。

第二，减轻上涨压力。

随着市场整体成本的提高，这些新入场的投资者，在没有实现一定的赢利目标之前，将会是坚定的持股者。此时不管主力拉升还是出货，他们手中的筹码都不会轻易出局，相当于替主力锁定了筹码。

另外，市场中总有一些持股心态不稳定的投资者，包括获利盘、套牢盘或者短线盘，这些投资者手中的股票，一有风吹草动就会被抛出，构成了市场中的浮动筹码，对庄家的拉升过程不利。通过洗盘，可以促使这些浮动筹码出局，换进持股心态比较坚定的投资者。

第三，形成心理暗示。

在庄家最初的洗盘过程中，很多投资者会比较恐慌。但经过多次类似的洗盘经历之后，大家逐渐开始习以为常。当庄家真正出货之时，这些投资者按照前期走势，会认为这次也是一次洗盘，却不知道真正的风险已经来临。

因此，洗盘不仅仅是为了更容易拉升，更重要的是，它可以为最后的出货作相应的准备，是庄家运作中非常重要的一个工作内容。

下面通过盘点洗盘的几种具体形式来介绍一下洗盘的盘面特征。

（二）打压洗盘

打压洗盘，往往发生在市场形象一般或者不太好的股票上。投资大众对这类股票大多抱着投机的心态，一旦走势形态非常恶劣就会纷纷出逃，打压洗盘的效果会比较理想。

一般庄家都会利用大盘的弱势或者利空消息来打压，此时向下打压会事半功倍。在打压过程中，股价会跌破一些重要的平均线，或者重要技术点位，庄家以此来制造恐慌效应。但是，在打压过程中，成交量往往处于缩减态势，这就暴露了庄家真洗盘、假出货的真实意图。

如图9—12所示，2011年10月中旬，福建南纸（600163）跟随大盘进入一个调整走势。11月14日至20日连续五个交易日，该股连续下跌，并跌穿30日、60日这两条重要的中期移动平均线。但是观察这五个交易日的成交量，投资者可以发现成交量处于萎缩状态，说明庄家很可能在进行打压洗盘。后续走势也证实了这一点，这次打压之后，该股很快回升，并重新收复了所有均线。

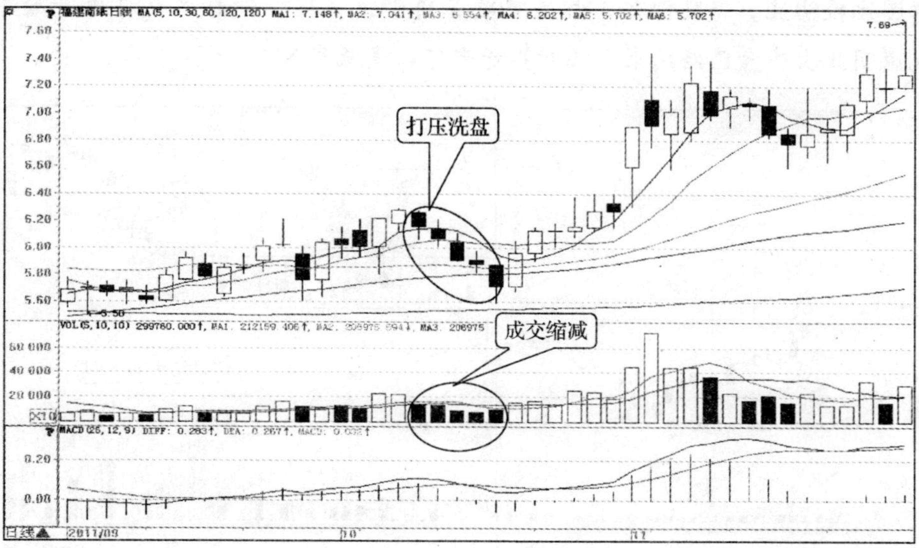

图9—12　福建南纸（600163）日K线

遇到这种突然下跌的走势时，投资者先不要急于出场，可以冷静观察成交量及后续走势，如果成交缩减，后续走势不再下跌，那么可以确定是庄家在打压洗盘，投资者应继续持股。

（三）震荡洗盘

震荡洗盘是庄家常用的一种洗盘方式。一般发生在一段较大幅度的上涨之后，此时市场中的获利盘、短线盘较多。庄家通过较长时间的反复震荡，既打压股价造成一定的跌幅，促使获利盘卖出，又利用较长时间的弱势走势，促使失去耐心的短线盘出局。

震荡洗盘的洗盘效果是最明显的，可以抬高市场平均成本，为下一步拉升做好充分准备。

震荡洗盘的盘面特征有以下两个。

第一，股价走势往往会呈现某种形态。例如在整理形态中介绍过的三角形、旗形、矩形、楔形等形态。

第二，成交量整体呈现逐渐缩减的态势。随着浮动筹码的不断出局，筹码不断沉淀下来，成交量也相应地逐步缩减。这是震荡洗盘的最大特征。

如图9—13所示，在2011年2月，青海明胶（000606）在涨至8.5元区域后，进入一个调整走势。股价在震荡中上下徘徊，形成矩形形态。同时在股价震荡过程中，成交量逐步缩减，整体水平上也明显低于前期上升期间的成交水平，庄家震荡洗盘的意图比较明显。当股价在3月底突破三角形上边线，同时成交量也开始重新放大，就说明此次洗盘已经结束，此时投资者可以逢低买入。

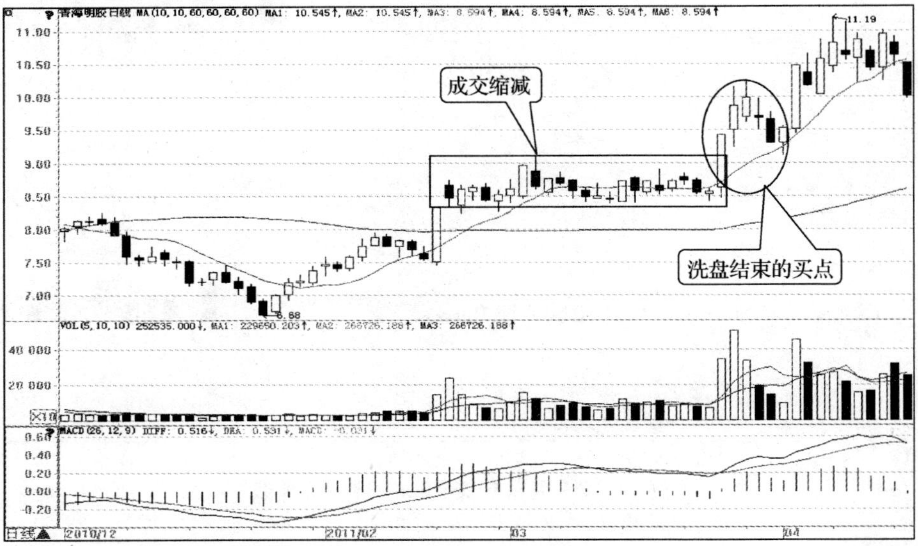

图9—13　青海明胶（000606）日K线

（四）边拉边洗

边拉边洗是指庄家在拉升股价的同时，不断进行小规模洗盘动作。庄家通过这种方式，可以压缩短线客的获利空间，促进短线盘之间的换手，以减轻上涨压力。

这种洗盘方法经常出现在大盘处于单边上扬的行情时，庄家无法进行较长时间的洗盘，向下打压也容易丢掉筹码，因此只能将拉升和洗盘的动作交错进行。这样边拉升，边洗盘，既利用大盘的升势拉升了股价，又可以进行部分程度的洗盘。

2007年上半年，牛市理念已经深入人心，大盘持续上涨。此时三峡新材（600293）的庄家，就采用了边拉边洗的手法。如图9—14所示，股价基本沿着某个斜率不断攀升，在上升一小段之后，总会出现大阴线或小阴线的洗盘过程，每次洗盘股价都会跌破10日均线，但是持续时间都不长，股价很快就会重新上涨。

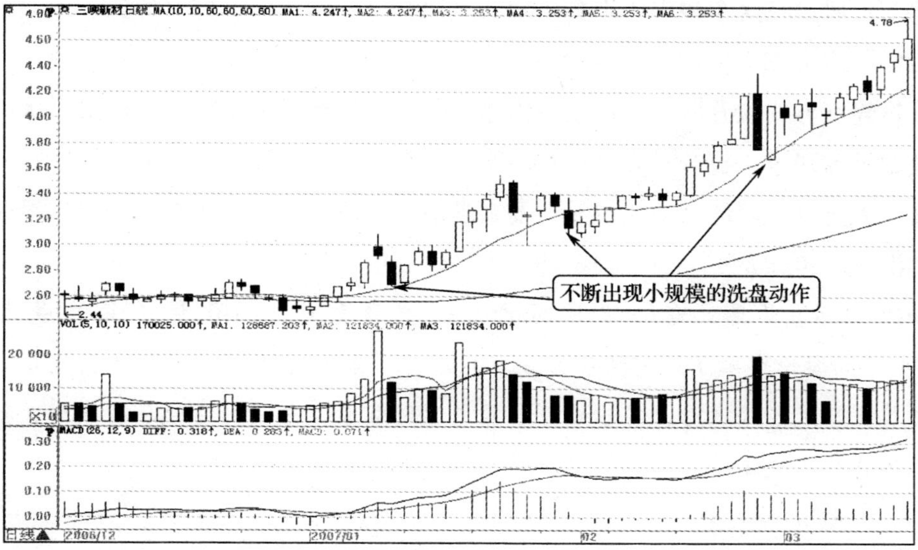

图 9—14　三峡新材（600293）日 K 线

投资者发现这种边拉边洗的走势时，应以持股为主，空仓投资者可在 10 日均线处逢低买入。

四、庄家拉升的 K 线形态

吸筹阶段完成后，股价走势就进入了拉升阶段。按照庄家仓位增加与否，拉升大致可分为买入拉升和对敲拉升。买入拉升一般发生在拉升的初期，庄家在拉抬股价的过程中进一步吸货。对敲拉升一般发生在拉升的中后期，此时庄家的仓位已经达到目标数量，其主要目的是推高股价。

按照拉升的不同表现方式，大致可以将其分为逼空式、震荡式和慢牛式这三种类型。

（一）逼空式拉升

当庄家经过充分的洗盘，确定股价上方的抛压已经很小时，往往会采取连续上涨的方式快速将股价拉高，形成逼空走势。

逼空式拉升有三个形态特点。

第一，沿着 5 日均线连续上涨，在拉升过程中基本不会跌破 5 日线。

第二，一般需要大盘走势的配合，或者运作个股出现突发性利好，或者该股符合当前市场的炒作热点。

第三，股价在这个过程中不会出现明显回调，一旦投资者抛出股票，就只能以更高的价格买回。

通过逼空方式拉升股价，庄家可以迅速将股价拉至目标价位，同时可以吸引大量的短线跟风盘跟进，拉升过程会比较轻松。但是正是由于跟风盘太多，拉升过程中的洗盘又不太充分，因此逼空式拉升，要么是最后一波上涨，要么在拉升过后经过较长时间的洗盘，再开始下一波拉升走势。

如图9—15所示，在一段时间的震荡洗盘之后，2010年7月初成飞集成（002190）的股价突破了此前的压力线。此后庄家采取逼空式拉升手法，使该股股价一直沿着5日线连续上涨，在短短一个月内实现翻番。当股价突破压力线时，短线投资者的买点就出现了。

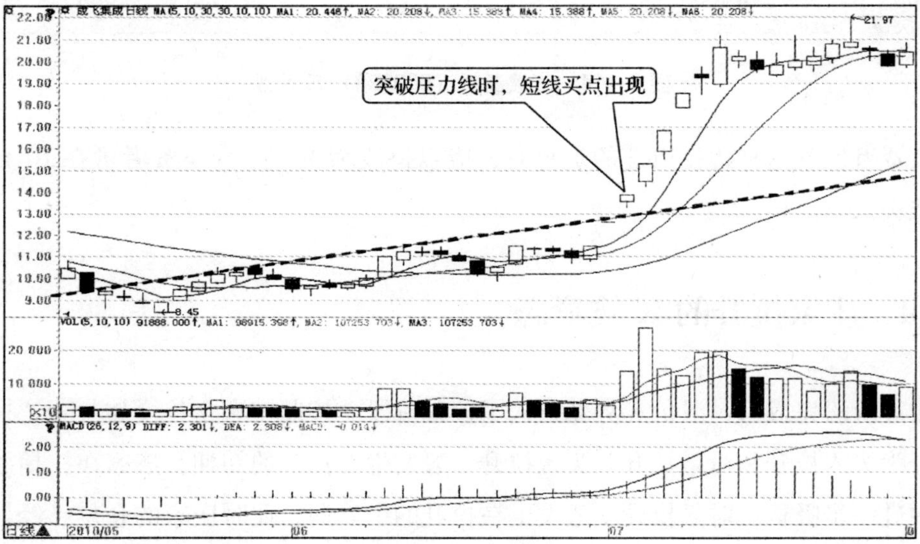

图9—15　成飞集成（002190）日K线

（二）震荡式拉升

当运作个股基本面缺乏重大利好题材，或者担心监管部门的监管力度，又或者资金不够充裕或实力较差时，庄家多采用震荡式的拉升手法。

震荡式拉升中，庄家主要采取高抛低吸的方法，在走势上表现为低点和高点逐步上移，会出现比较规律的宽幅上升通道。庄家在这个上升通道的下轨进行低吸，在上升通道的上轨进行高抛。

以这种拉升手法，庄家既可以通过反反复复的高抛低吸，博取丰厚的波段利润，又可以回避来自管理层的监管压力（总体升幅不大，不会树大招风），又节约了资金成本，可谓“一石三鸟”。

如图 9—16 所示，新疆天业（600075）自 2009 年 9 月见底 6.67 元后开始回升，庄家就采用了震荡拉升的手法。该股在震荡中不断攀升，整体走势维持在一个略微扩张的、向上倾斜的通道内运行。

图 9—16　新疆天业（600075）日 K 线

投资者看到这种走势特点时，可以持股不动，也可以采用波段操作的方法，在股价缩量止跌时逢低入场，在股价放量滞涨时逢高卖出，博取波段收益。

（三）慢牛式拉升

有时候，个股在上涨过程中会出现小阴小阳交错出现的情形，股价好似慢牛爬坡一样，沿着某条中短期移动平均线缓慢上行，比如 5 日、10 日或者 20 日均线，股价的波动幅度较小。随着股价的逐步上涨，成交量或者保持平稳，或者缓慢增加。

出现这种走势的股价，一般都处于主力最后建仓或增仓的阶段，也就是推高建仓阶段。此时主力在低位区已经买入不少的筹码，继续在低价位很难再收集到筹码。因此主力开始一边推升股价，一边继续增仓，这样既不用使股价涨得太高，又能较为隐蔽地完成拉升和建仓任务。

当出现这种走势时，说明主力对于该股的后市非常看好，这种股票的后期涨幅比较可观。

如图 9—17 所示，长春高新（000661）在 2008 年 11 月见底 4.88 元后，其上升初期就呈现慢牛推升的走势。股价沿着 5 日、10 日均线不断上涨，成交量温和放大，

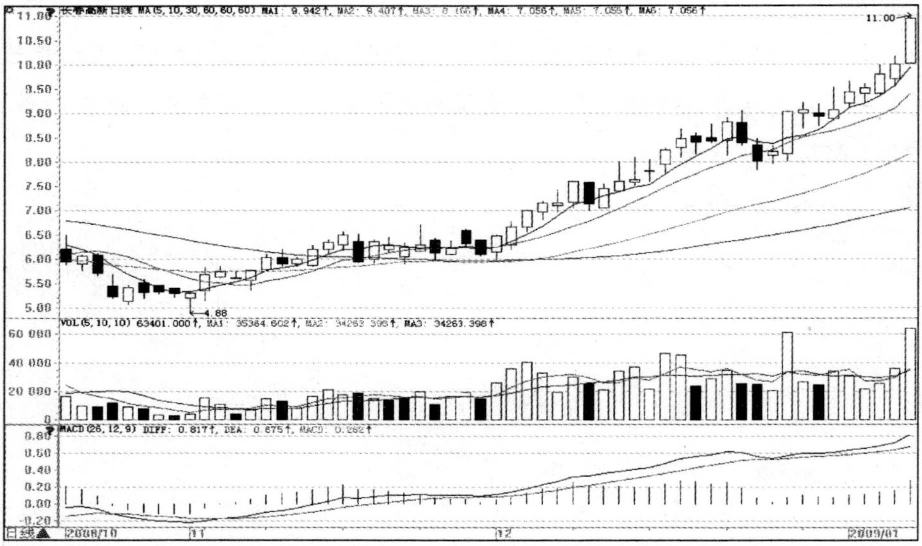

图 9—17　长春高新（000661）日 K 线

表明庄家在拉升股价的同时，仍在不断建仓。

慢牛拉升，与边拉边洗的走势形态基本类似，行情性质也比较接近。投资者在发现这种走势时，可以逐步逢低买入。

五、庄家出货的 K 线形态

出货阶段，是庄家运作一只股票中最为重要的阶段。它关系到庄家是否能够顺利脱身，能否成功兑现账面利润。庄家以前所做的一切，包括建仓、拉升和洗盘，都是为了最后阶段的出货做准备。出货是否顺利，决定了庄家本次运作的成功与否。

（一）识破庄家出货

在出货阶段，庄家大体需要做两件事。一件事是稳住散户，使他们安心持股，不会和庄家比赛谁卖得快；另一件事是吸引买盘，好把手中的筹码交出去。

为了完成这两件工作，庄家一方面要选择好的市场时机。一般说来，市场气氛热烈、人气狂热，普通投资者对后市普遍持有乐观态度之时，往往就是庄家的出货之时。有时庄家也会在个股利好消息出台的时候，抓住时机卖出股票。

另一方面，庄家通过各种操盘手法，营造良好的股票形态，在大多数投资者安心持股的时候，极力吸引跟风盘入场，然后再逐步将手中的筹码散出去。有时庄家也会在短时间内集中大批量卖出，打其他投资者一个措手不及，当大家醒悟过来时，庄家已经出脱了手中的大部分筹码。

庄家出货具有以下两个重要特征。

第一，成交保持活跃。成交量放大，是庄家出货时的最大盘面特征。庄家要想卖出股票，必须有一个活跃的成交量，要么放出巨量，要么使成交能够在长时间内保持活跃。这点和洗盘截然不同。洗盘过程中，成交量呈现缩减情形，而在出货过程中，成交量则始终保持活跃。

第二，股价重心下移。在庄家出货的过程中，股价一般不会再次超过上次放量位置，因为庄家往往不会让接盘资金有解套的机会。另外，当庄家已经出脱大部分持股后，将不再继续维持股价，股价也将不断下跌。

（二）借利好拉高出货

庄家出货的一个重要方式，就是利用个股的利好消息，甚至是利好预期。庄家直接拉高股价后，吸引大量买盘入场，之后则趁机大举卖出。

如图9—18所示，2011年11月30日，大湖股份（600257）发布公告，启动收购大股东旗下子公司江苏阳澄湖大闸蟹股份有限公司60%的股权。受这一利好消息刺激，该股当天开盘后稍向上窜一下，便一路下跌。当天该股高开低走，放量震荡，全天换手率达到8%。在这个过程中，庄家借利好拉高，并在放量中成功出脱筹码。此后该股股价一路下滑，进一步证实了庄家出货这一事实。

对于那些涨幅较高的品种，如果在高位时出现利好消息，投资者应保持冷静，不

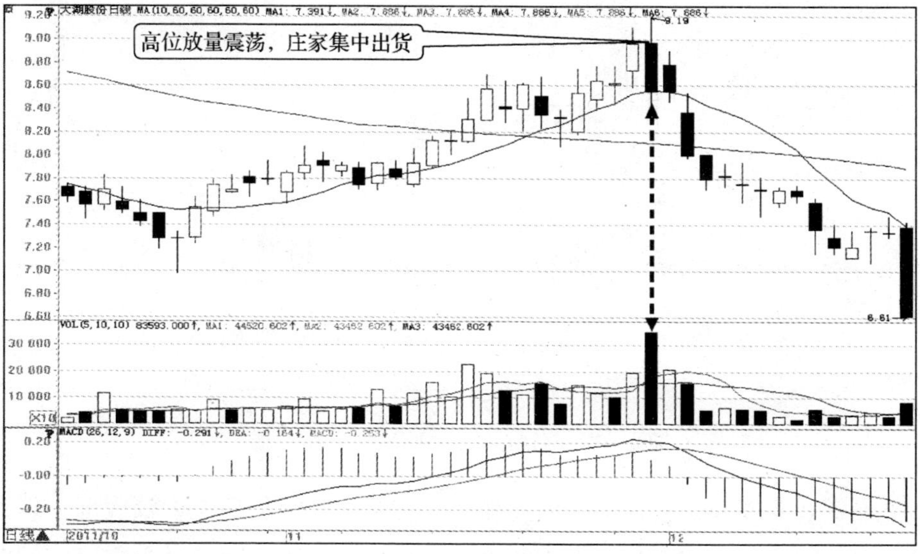

图9—18 大湖股份（600257）日K线

要冲动地入场买入，以防掉入庄家的出货陷阱。

（三）大幅度震荡出货

震荡出货是庄家使用比较广泛的一种出货方式，庄家在持仓量比较大，同时出货时间比较充裕时，都会采用这种方式。

震荡出货的一般表现形式是，在股价经过大幅拉升到达庄家目标价位后，庄家便开始控制股价在一个区域内上下震荡。在这个震荡区域内，股价上涨时庄家顺势出货，而股价下跌至某个价位时庄家就开始护盘，不让股价出现破位走势，以免惊动其他投资者。在这个过程中，庄家完成高卖低买、卖远远多于买的出货行为。

庄家采用这种出货手法，一般选择在大盘指数还没有真正到达顶点时。此时的大盘仍有上升空间，大多数投资者都看好后市。这样庄家就可以顺利地在震荡中出脱手中大部分筹码。

如图 9—19 所示，2011 年 5 月，英特集团（000411）在涨至 17 元附近后，进入一个大幅震荡的走势，震荡区间大致在 12 元至 17 元，持续时间为 8 个月。这种大幅上涨后的大幅震荡走势，往往意味着庄家在震荡中逐步出货。2011 年 12 月后，该股跌破这个震荡区间，意味着庄家出货完毕，股价将步入熊市。

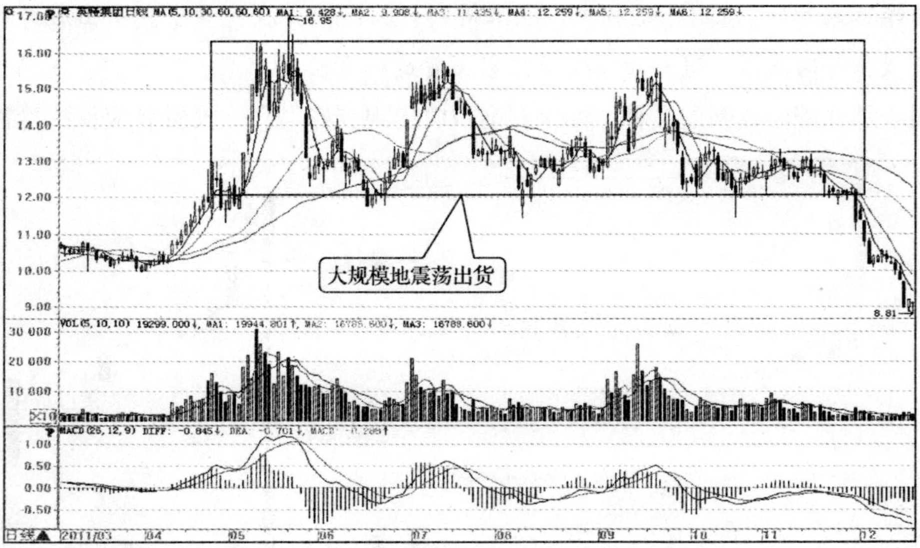

图 9—19　英特集团（000411）日 K 线

如果投资者发现股价经过大幅度上涨后，在某个区间长期地大幅震荡，迟迟不向上拓展空间，则应考虑庄家是否在震荡出货。尤其是在股价跌破这个震荡区间时，投资者应立即进行卖出操作。

（四）杀跌出货

杀跌出货，也称打压出货，一般出现在大势已经走弱的时候，此时市场人气不足，投资者信心受到打击，虽然持股心态较为稳定，但是买入的积极性不高。此时庄家无法通过震荡或是拉高的方式卖出股票，而只能采取向下打压的方式，寻找逢低买盘来出货，结果是股价随着庄家的出货步步走低。

操作上，对于打压出货的庄股投资者千万不要染指，而那些已经被套的投资者即使割肉也要退出。因为采用这种打压出货方式的庄家，出货非常坚决，经过这样的放量下跌后，股价很难出现像样的反弹，股价将会不断走低。

打压出货，在K线走势上会呈现以下特征。

第一，连续下跌。在这个过程中，由于庄家唯恐惊动散户，因此单个交易日的跌幅一般不会太大。

第二，随着下跌的继续，成交量会出现放大态势，也就是呈现“价跌量增”的态势。这表明随着股价的降低，逢低买盘开始增多，而庄家正好借机不断出货。

第三，连续下跌之后，很少出现像样的反弹，大多以横盘的方式出现。庄家一般不会再给套牢散户解套出局的机会。

如图9—20所示，上海汽车（600104）于2008年年初见顶22.47元后，开始持续下跌。由于该股前期涨幅太大，愿意追高买入的投资者很少，机构无法拉高出货，只能采取向下打压的出货方式。在2月下旬和3月中旬，该股连续两次出现价跌量增的走势，就是因为机构在进行杀跌出货。

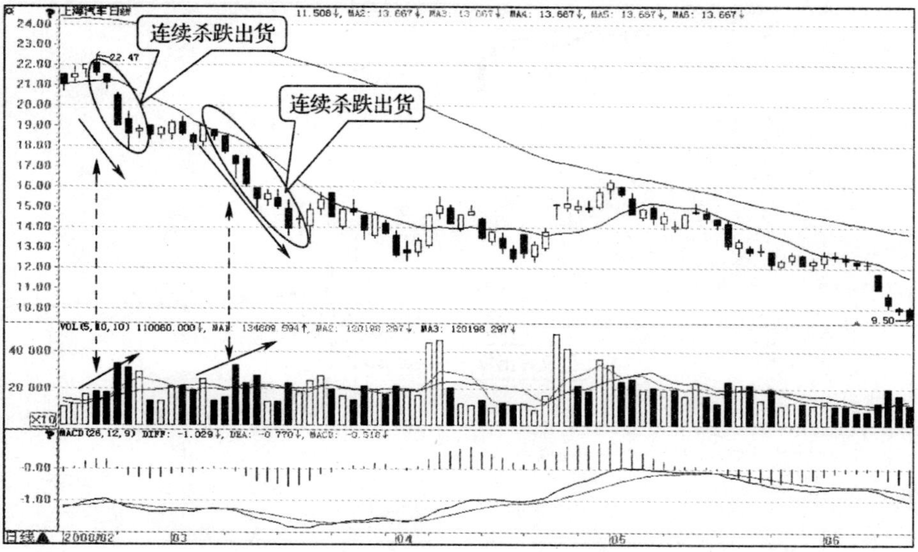

图9—20　上海汽车（600104）日K线

当投资者发现涨幅极高的股票出现这种杀跌出货的走势时，应毫不犹豫地进行卖出操作，空仓投资者也不要逢低买入，否则会正中主力下怀。

（五）借反弹出货

由于大势的变化往往出人意料，有时庄家也会对行情判断失误，或者出现某些无法预料的巨大利空，使得庄家在高位没有能够及时出货。

遇到这种情况，很多庄家会选择顺势而为，让股价大幅度下跌，待跌至某个低位后，借助大盘反弹，通过对敲等手段推动股价放量上涨。此时很多投资者会认为股价已经跌了这么多，现在底部放量，明显是庄家开始进场，于是开始纷纷买入。而这些试图抄底的资金，以及抢反弹的短线资金，就成为庄家的出货目标。

利用大跌后的反弹出货，虽然卖出价位相对于顶部价位低了不少，但是对于能够获得巨大的赢利幅度的庄家来说，仍然可以接受。最重要的是，庄家可以借机出掉手中筹码，回避日后进一步的下跌。

图 9—21 是中天城投（000540）的下跌反弹出货走势图。在 1996 年 512 点至 2001 年 2 245 点的长期牛市中，中天城投是一只著名的长庄股，整体涨幅惊人。尤其是大盘自 2 245 点见顶下跌之后，该股庄家并没有及时出局，而是将股价一直维持在高位。2003 年 4 月，该股庄家的资金链断裂，无力继续维持股价，该股开始了跳水走势。在连续 11 个跌停板之后，该股突然放量打开跌停，出现连续两个交易日的放量大涨。众多投资者看到股价跌幅巨大，认为当前的放量是新机构低位建仓，于是纷纷追入，而庄家则借机大举出货。

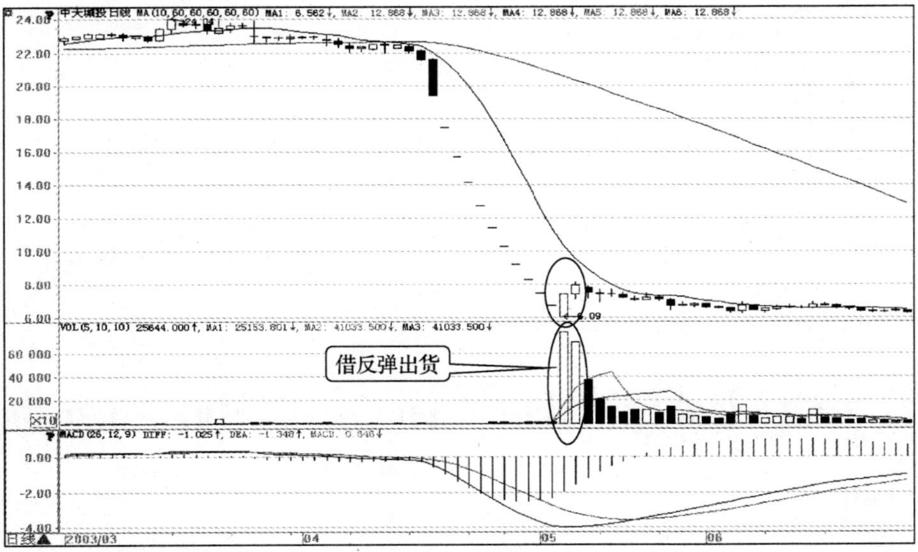

图 9—21　中天城投（000540）日 K 线

如图 9—22 所示，投资者遇到这种跳水之后大幅反弹的走势，切记不要急于入场。如果是长线庄家借反弹出货的话，那么后续的下跌空间仍然非常大。如上例中的中天城投，在这次反弹出货后，最低跌至 1.53 元才开始见底回升。

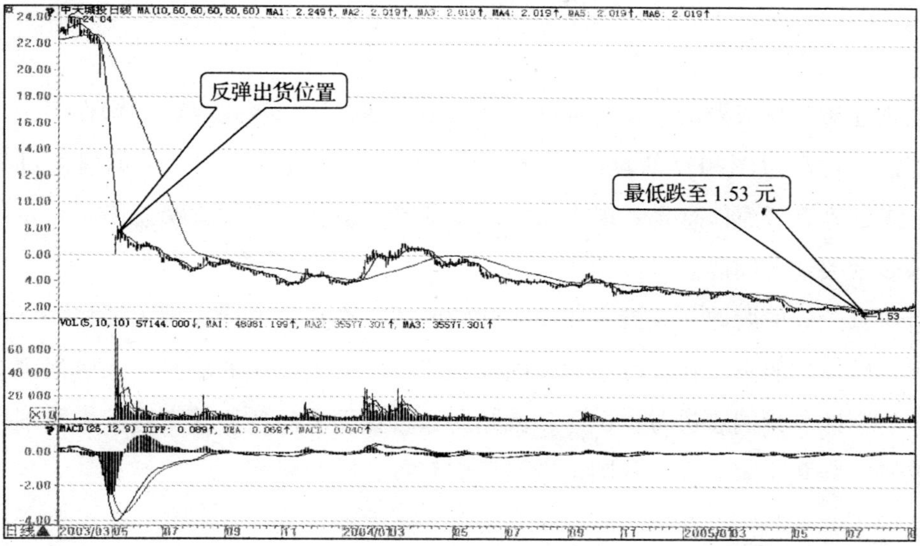

图 9—22　中天城投（000540）日 K 线

第二节　跟庄的四大看盘要点

庄家在对一只股票的运作过程中，会想尽一切办法来掩盖自己的操作痕迹，或者刻意制造与自身意图相反的盘面迹象，来误导其他投资者。那么，如何通过分时盘口、K 线走势等盘面信息来发现庄家的运作迹象，识破庄家的真实意图，是每一个投资者都非常关注的问题。

有庄家入驻的股票，和没有庄家入驻的股票，在盘面上会表现出明显的不同。这就像无人掌控的船只，在江河中只能随波逐流；而有人驾驶的船只，在风浪中会表现出明显的个性。我们通过看盘识庄，就是要通过盘面上的各种异常迹象来发现庄家的运作轨迹，判断庄家的真实意图，做到心中有数，顺利跟庄。

一、挂单信息看庄家

在每天分时走势的买卖盘口上，从买一到买五、卖一到卖五，共有十个价位的挂单信息，可以清晰地展现多空战斗最前沿的交战状况。很多投资者非常关注这些信息，而这里也成为庄家非常愿意做手脚的地方。

当一只股票没有庄家关注或者积极运作时，其买卖挂单将以散户挂单为主，除了一些重要的整数价位外，大多数价位的挂单数量比较均衡，少有大单子挂出。而有庄家积极运作的股票，其买卖挂单经常会被做手脚。庄家为实现某些意图，通过在某个价位挂出巨额的买单或者卖单，引导股价朝某个方向运行。一旦庄家目的达到，这些大单就会立即撤销。

一般来说，当买盘中出现大的买单时（俗称下托板），很多投资者会认为市场承接有力，股价将继续上行或者下跌到位，从而纷纷买进。而卖盘中出现大的卖单时（俗称上盖板），很多投资者会认为市场抛压很大，股价将下跌，从而纷纷卖出。

图 9—23 是中国联通在 2010 年 5 月 21 日的盘中走势。投资者可以看出，当天该股走势比较低迷，低开后在低位横向震荡。但是从买卖盘口上可以看出，买盘数量远远超过卖盘数量，在买四、买五上更是出现 5 位数的大买单，庄家试图护盘的迹象非常明显。

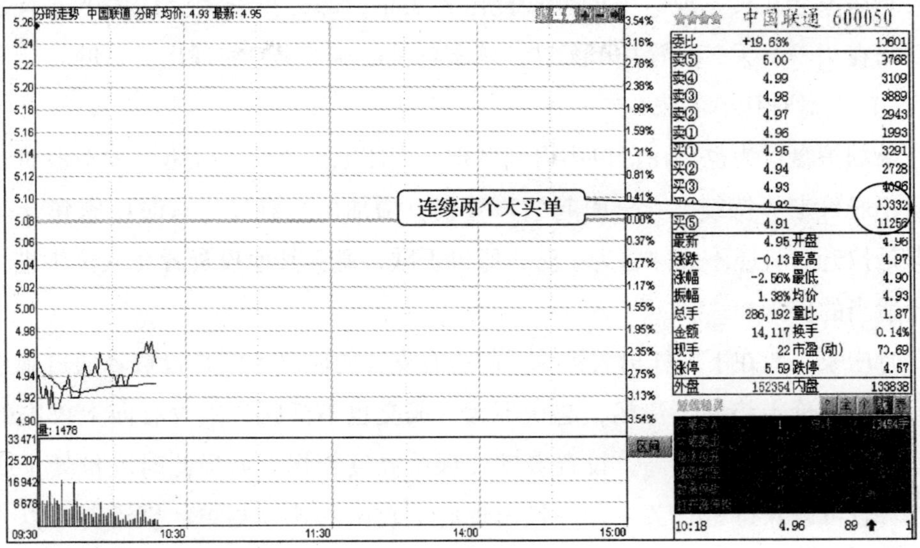

图 9—23 中国联通（600050）分时走势（2010. 05. 21）

对于这种出现大买单而股价不涨反跌的情况，投资者需要保持适当的警惕。庄家或者明着托盘，实则暗中出货；或者在被动地进行护盘。无论何种情况，投资者均不宜在此时入场，而应继续观察后市走势再做决定。

常见的庄家盘口运作手法，还有以下几种。

（一）建仓时挂单手法

当庄家建仓时，常常先在下方挂好小的买单，然后在上方挂出大的卖单，同时用小股筹码向下砸盘，制造抛压很大、股价下跌的假象，诱使其他投资者纷纷向下卖出，而自己事先挂好的买单正好成交。

有时庄家会在卖三以上价位挂出大卖单，一些投资者看到上方卖压很大，会选择在卖一卖二位置挂出卖单。此时庄家乘机使用小买单，将其他投资者的这些卖单一点点吃掉，实现建仓目的。此时投资者细心观察，可以发现虽然卖盘很大，但是股价却不怎么下跌，同时成交一直保持活跃，尤其是主动性买盘非常多。后市如果出现大笔买单，或者上方的大卖单撤单，往往预示着庄家即将开始拉升，投资者可以积极把握买入机会。

（二）出货时挂单手法

庄家出货时，常常会在上方挂好卖单，然后开始自下而上地对敲买进，同时在下方挂出大买单。其他投资者看到后，会认为该股的买盘很强，涨势强劲，便纷纷追涨买入，其实买进的正好是庄家事先挂好的卖单。

有时庄家会在买三或以下的位置挂出大买单，部分投资者会认为下方有强力支撑，从而在买一、买二位置挂单买进，庄家趁机逐渐卖出，实现出货目的。

（三）护盘时挂单手法

庄家的护盘行为也会在盘口中得到体现。当庄家出货时，经常需要对股价进行维持，防止股价走势持续恶化，引起散户警惕，增加出货难度。有时庄家建仓基本完毕，但是拉升时机还不成熟，为了防止股价下跌，避免其他投资者在低位买进，也需要进行适当的护盘。

此时庄家一般在下方挂出大买单，制造有支撑的假象。但是投资者通过观察可以发现，此时股价走势并不流畅，起伏不大，成交也不活跃，很少有向上攻击的大买单。如果此时股价涨幅已高，投资者需要保持高度警惕。如果此时股价处于底部区域，投资者可以保持密切关注，一旦出现向上攻击的连续买单，投资者可以分批介入，享受庄家的拉升过程。

庄家的挂单手法千变万化，以上所说的只是一些常见情况。投资者需要多观察、多分析，并结合大盘趋势、股价所处位置等因素综合研判，这样才能尽可能地洞悉庄家意图，作出正确决策。

二、盘中走势看庄家

个股的盘中走势，也是观察庄家运作的一个重要方面。由于庄家资金量大，其一旦有所动作，必然会对个股的盘中走势造成较大影响。尤其是在庄家的运作力度比较大的时候，庄家的一举一动将造成盘中分时走势的突起突落。当庄家发力拉抬时，个股的盘中会出现陡峭的上升走势；当庄家发力打压时，盘中会出现陡峭的下跌走势。

如果在一段时间内，某只股票的盘中走势经常出现这种突起突落的情形，那就说明有庄家在积极运作。此时投资者可以结合大盘、股价位置、K 线走势等因素，综合研判庄家意图。

（一）低位时的盘中异动

如果经过长期大幅度下跌，或者长时间洗盘之后，股价在盘中频繁出现突起突落的走势，说明有主力开始活跃。而主力选择在此时的低位开始积极地运作，其目的不言而喻。

2010 年 2 月，经过近一年的横盘震荡后，德赛电池（000049）在盘中频繁出现突起突落的走势。图 9—24、图 9—25 是该股在 2 月 2 日和 2 月 8 日的盘中分时走势，

图 9—24　德赛电池（000049）分时走势（2010.02.02）

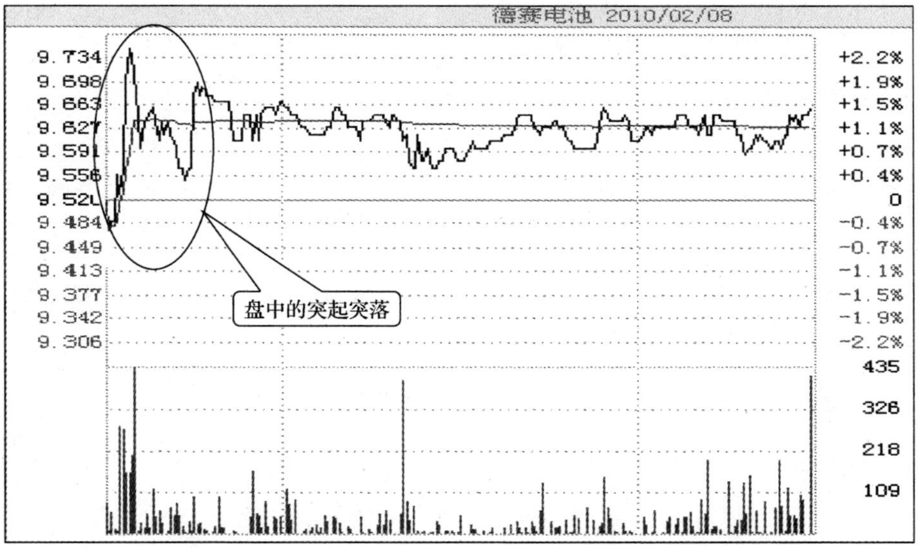

图 9—25　德赛电池（000049）分时走势（2010.02.08）

图中圆圈处就是异动走势。这些异动走势说明庄家开始针对该股进行积极的运作。

经过这么长时间的震荡之后，同时股价又处于低位，庄家积极运作的目的很可能是为发动行情做准备。此后经过一定的蓄势准备后，该股突然放量大涨，启动一波大涨行情，如图 9—26 所示。

当投资者发现股价处于低位的个股，盘中出现这种突起突落的走势时，可以保持密切关注，一旦股价启动，就可以立即介入。

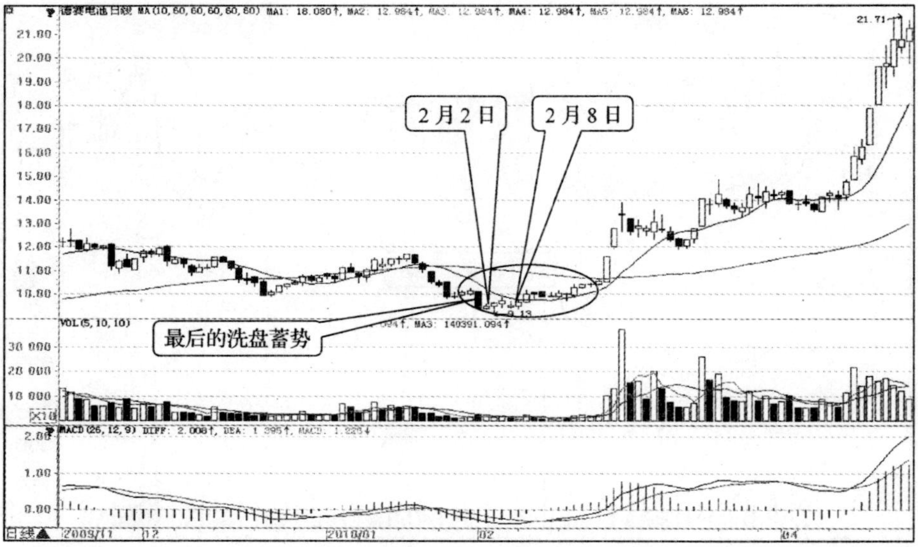

图9—26　德赛电池（000049）日K线

（二）高位时的盘中异动

当股价处于高位时，如果个股盘中出现这种放量大起大落的震荡走势，往往意味着庄家在出货。

经过大幅炒作后，莱茵生物（002166）于2010年8月初涨至36元高位，并开始横盘震荡。在横盘震荡过程中，该股的盘中经常出现突起突落的走势，并伴随巨大成交量。图9—27、图9—28所示，就是该股在8月18日和10月25日的分时走势，说明

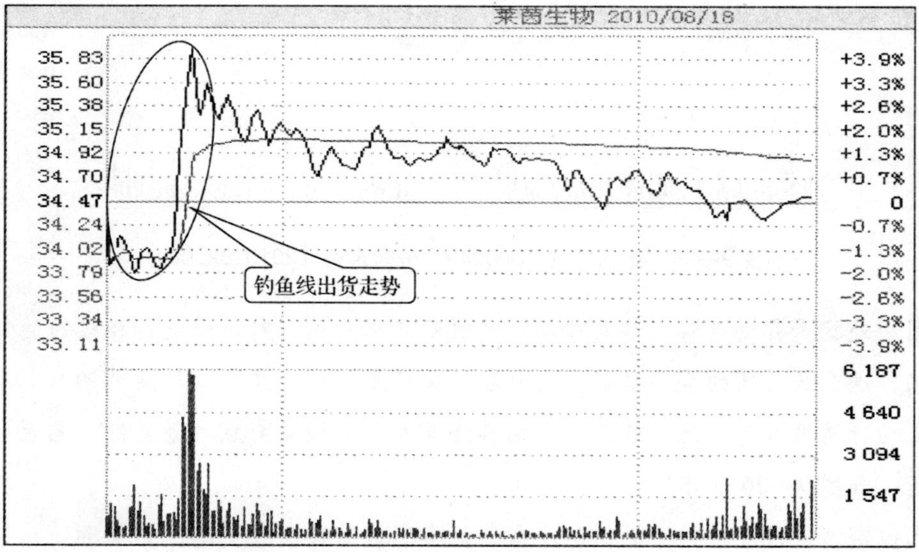

图9—27　莱茵生物（002166）分时走势（2010.08.18）

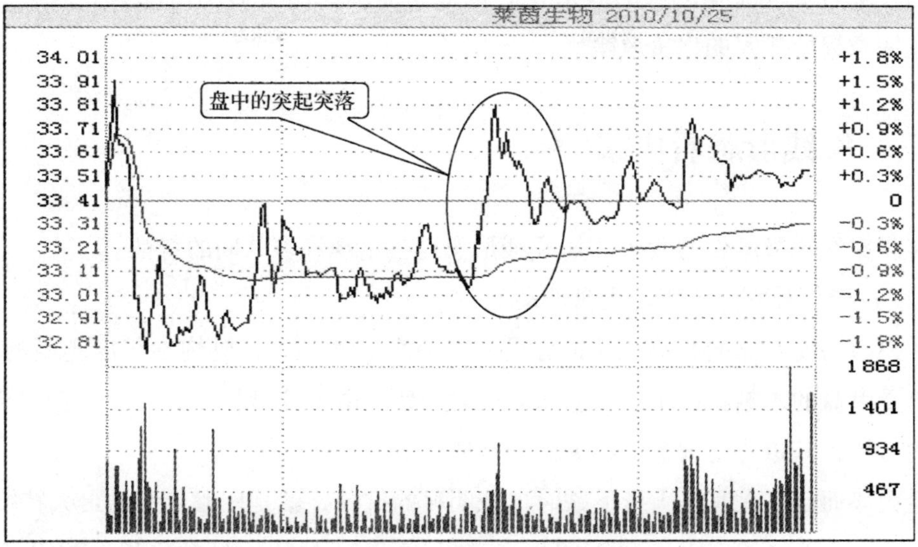

图 9—28　莱茵生物（002166）分时走势（2010. 10. 25）

有庄家在盘中积极地动作。在经过大幅暴涨后，庄家如此积极地运作，极有可能是在不断地出货。图 9—27 所示的异动走势，是明显的“钓鱼线”出货走势。

经过这段时间的横盘后，该股开始持续下跌，如图 9—29 所示，进一步证实了此前庄家的出货动作。

图 9—29　莱茵生物（002166）日 K 线

当投资者发现涨幅巨大的股票在高位开始滞涨，同时盘中出现大起大落的走势时，应注意提防庄家的出货风险。

三、K 线形态看庄家

有庄家在积极运作的股票，其 K 线形态也会呈现许多共同的特征。

（一）走势独立，不跟随大盘波动

散户参与度越高的股票，其走势受大盘的影响就越大；机构参与度越高的股票，其走势受大盘的影响就越小。有强庄运作的股票，由于控盘程度高，经常会出现我行我素的行情，其走势与大盘的相关性非常低。

逆大势而动，尤其是大盘下跌时出现明显的抗跌，就是庄股走势的最大特征。

图 9—30 是汉王科技（002362）与中小板指的走势叠加对比图。2010 年 3 月 3 日，汉王科技在上市首日的换手率高达 85%。在随后的几个交易日中，中小板指下跌，而该股却逆势上涨。首日的高换手，以及后续的强劲走势，说明有庄家在上市首日积极建仓，因此该股才会出现如此明显的抗跌走势。从 4 月 23 日开始，中下板指数持续下滑，而汉王科技却震荡攀升，再次体现出庄股逆势而动的走势特征。

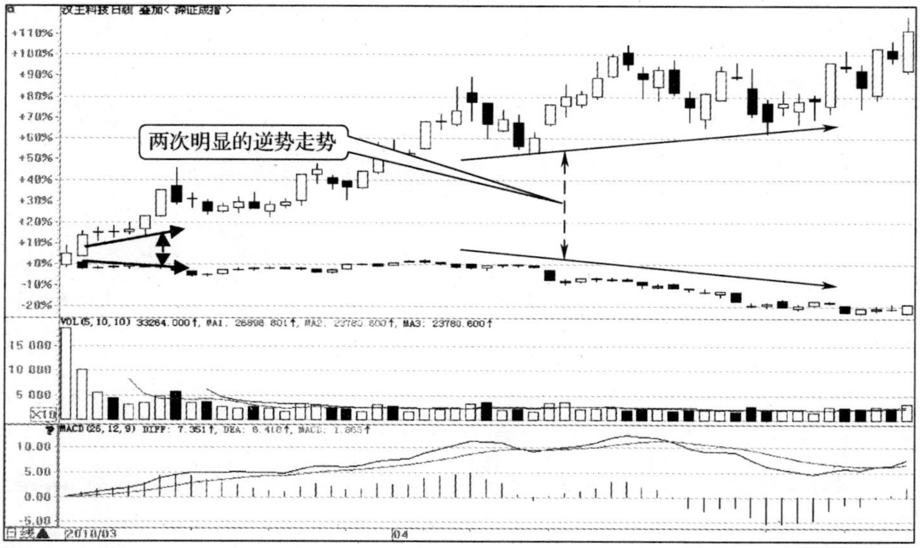

图 9—30　汉王科技（002362）与中小板指走势叠加

（二）成交量不大，就可以大涨

对于机构控盘程度较高的个股来说，由于流通在外的筹码不多，因此上涨过程中浮筹很少，往往不需要放量，就可以持续大涨。

在2007年2月之后，中国船舶（600150）的筹码越来越多地集中到主力手中，由于筹码集中度非常高，因此该股无须放量，就可以持续大涨。如图9—31所示，该股股价从70元区间开始缩量上涨，最高涨至300元。

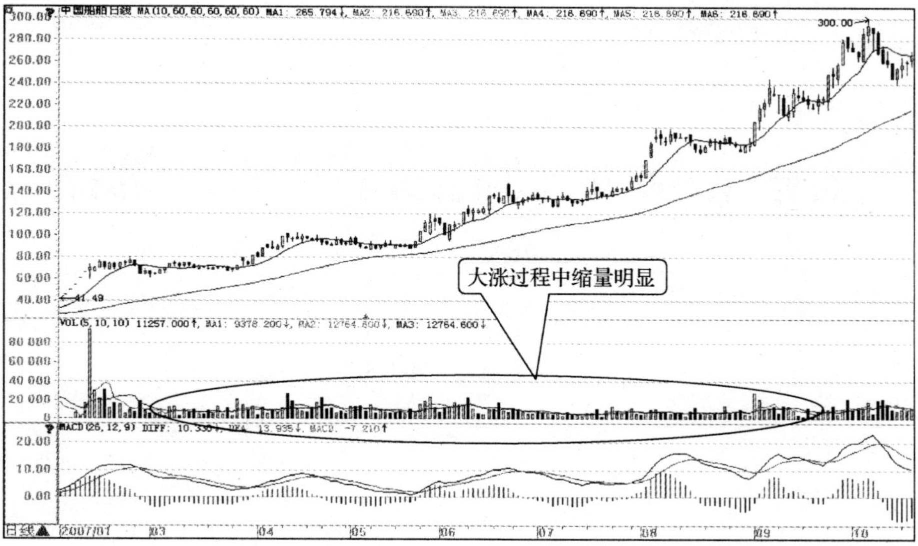

图9—31 中国船舶（600150）日K线

（三）长上影线或下影线较多

控盘比例较高的庄股，其K线上常常出现长长的上、下影线。尤其是那些已经实现绝对控盘的老庄股，这种情形更加明显。

对于这些超高比例控盘的庄股来说，由于绝大部分筹码集中在机构手中，在外流通的筹码很少，市场大众的参与度很低，因此其走势会非常滞涩，股价波动会显得十分机械和不自然，上下影线会非常多。

图9—32是中粮屯河（600737，原新疆屯河）在2003年上半年的走势图。作为我国股市历史上著名的长庄股，该股庄家在长时间的运作中，控盘比例越来越高。到2003年上半年，其控盘比例至少超过了80%。投资者可以看到，在这期间该股的每根K线几乎都有着上下影线，部分K线的上下影线还非常长。这种走势，一方面说明庄家的控盘比例极高，另一方面也预示着庄家的出货压力非常大。因此投资者看到这种走势时，应保持慎重观望。在2004年初，该股庄家终于支撑不住，股价也开始了大跳水，如图9—33所示。

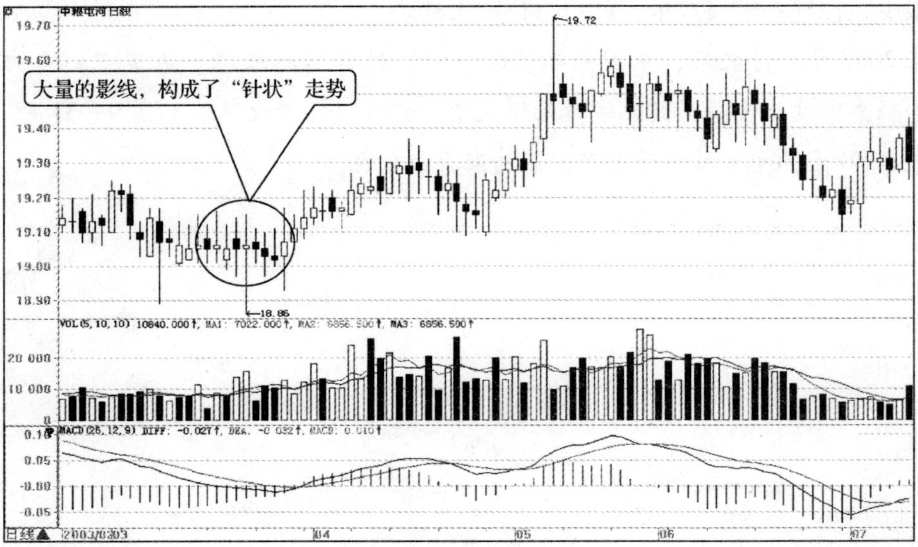

图 9—32　中粮屯河（600737）日 K 线

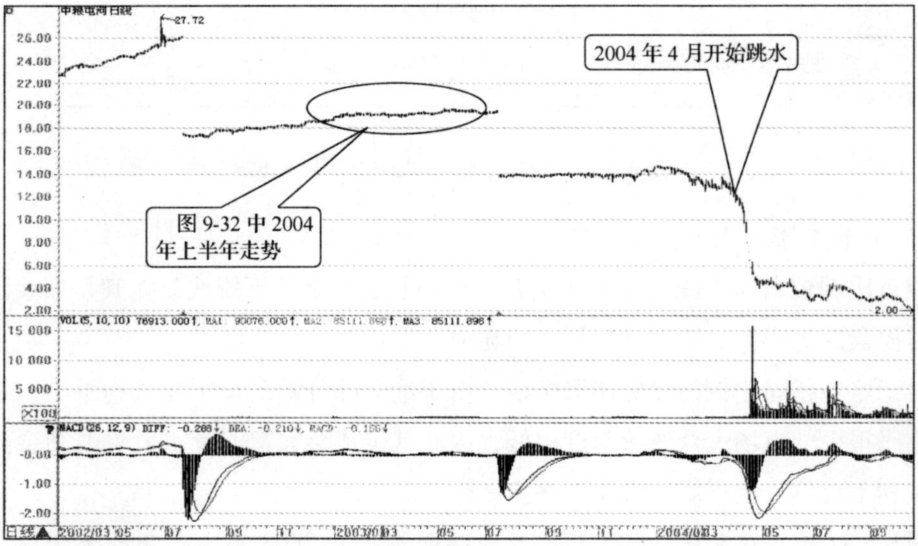

图 9—33　中粮屯河（600737）日 K 线

四、成交量里看庄家

不论庄家运作得如何隐秘，都永远无法掩盖其中一个运作痕迹，那就是成交量的异常变化。庄家每一次进出，不论方向如何，均会在成交量上留下痕迹。由于庄家的资金量庞大，不论建仓还是出货，均需要成交量放大的配合。因此投资者通过观察成交量的突变，尤其是突然放大，就可以捕捉庄家运作轨迹，把握庄家动向。

（一）低位时的放量

如果一只股票在跌至某个低位之后，成交量出现了明显的持续放大，那么很有可能是庄家正在入场建仓，或是建仓力度突然加大。

如图 9—34 所示，在经过 2008 年近一年的下跌后，飞马国际（002210）于 2008 年 11 月 4 日最低跌至 5. 30 元。此后该股开始逐步攀升，成交量相比前期下跌期间出现明显放大，预示着庄家开始低位建仓。

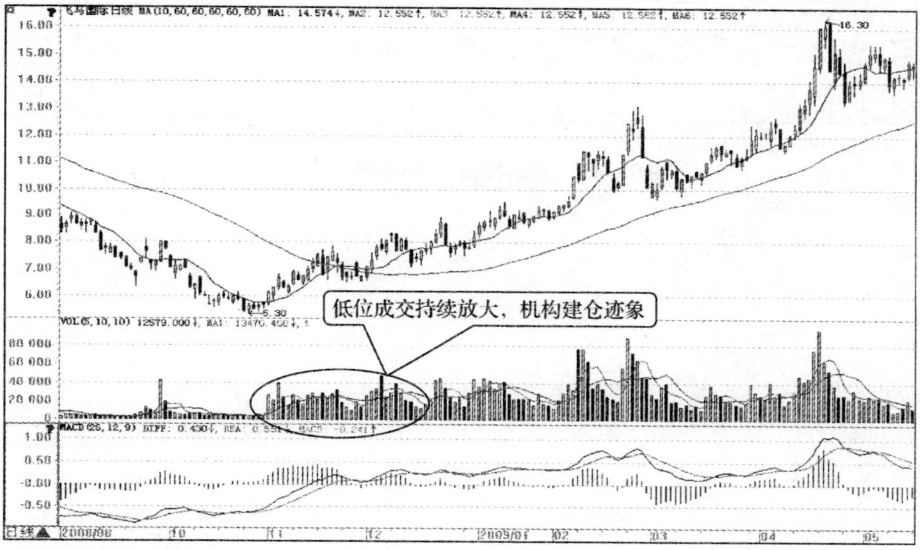

图 9—34 飞马国际（002210）日 K 线

（二）高位时的放量

个股在底部的放量，往往意味着庄家在建仓。而经过相当大的涨幅后，尤其是在市场人气热烈、大家普遍看好时，出现放量情况往往意味着庄家趁机开始出货。

如图 9—35 所示，湖南投资（000548）在涨至 12 元上方后，在 2009 年 11 月和 2010 年 3 月，连续两次出现高位放量走势。这种高位的放量，往往预示着机构开始出货。该股股价在 2010 年 4 月后，跌穿这两个放量区间，基本证实机构在此前放量中集中出货。

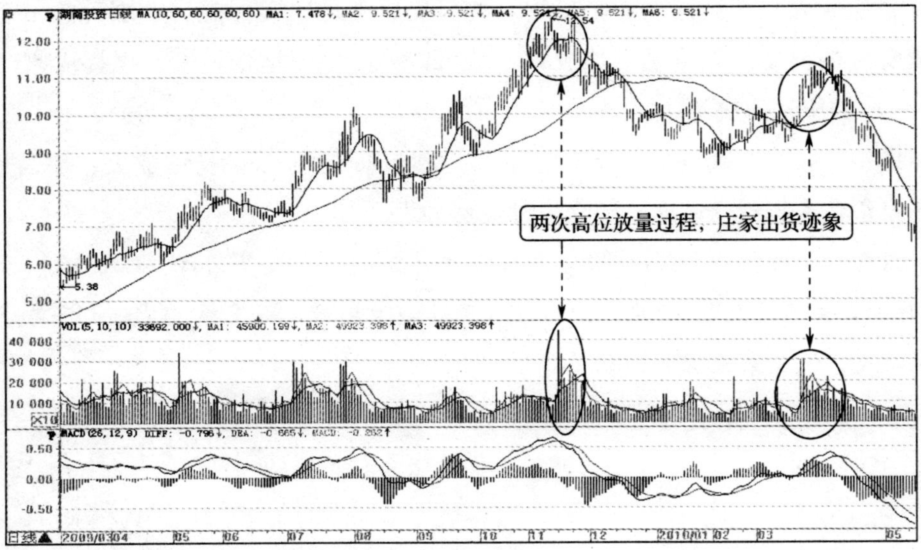

图9—35　湖南投资（000548）日K线

第三节 实战跟庄之看盘技巧

一、看清庄家强弱

跟庄，就要跟强庄。投资者通过盘面走势的某些特征，可以发现哪些股票属于强庄股，以便及时地跟庄买入。

强庄股主要具有以下两个盘面特征。

（一）走势强于大盘

在我国股市中，“强势股”与“强庄股”基本可以画等号，投资者通过“逆势走强”这个特征，可以非常轻松地发现强庄股。

如果某个股票在大盘下跌时能够保持横盘或者上涨，在大盘上涨时能够涨得更猛，涨得更快，那么该股就出现了“逆势走强”的盘面特征。这说明该股庄家的实力非常强劲，控盘程度也比较高。另外，这种逆势走强的幅度越明显，持续时间越长，说明庄家的实力就越强。

如图 9—36 所示，自 2011 年 1 月开始，华丽家族（600503）的走势开始持续地

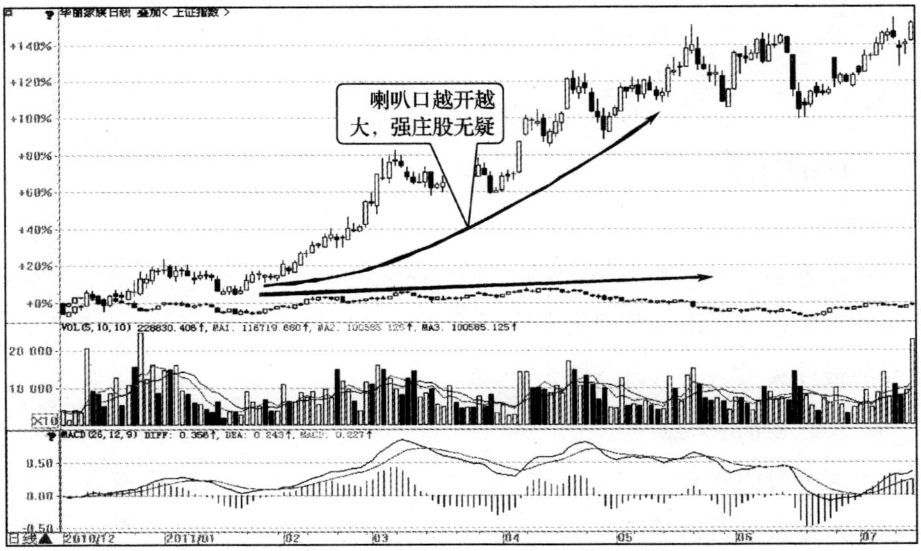

图 9—36 华丽家族（600503）与上证综指走势叠加

强于大盘，两者走势形成喇叭口形态。随着时间的推移，这个喇叭口越开越大，进一步说明有实力机构在积极运作该股。

（二）同板块内走势最强

当同板块的个股一同上涨时，最早涨停的，或者涨幅最大的，涨速最快的，往往就是该板块中的强庄股。

2011 年 10 月 12 日，受大力发展教育文化出版产业政策的利好刺激，出版板块集体上涨，其中天舟文化（300148）最早涨停，如图 9—37 所示。最早涨停，说明运作该股的庄家实力最强。而该股后续的上涨幅度，也远远高于其他同板块个股。

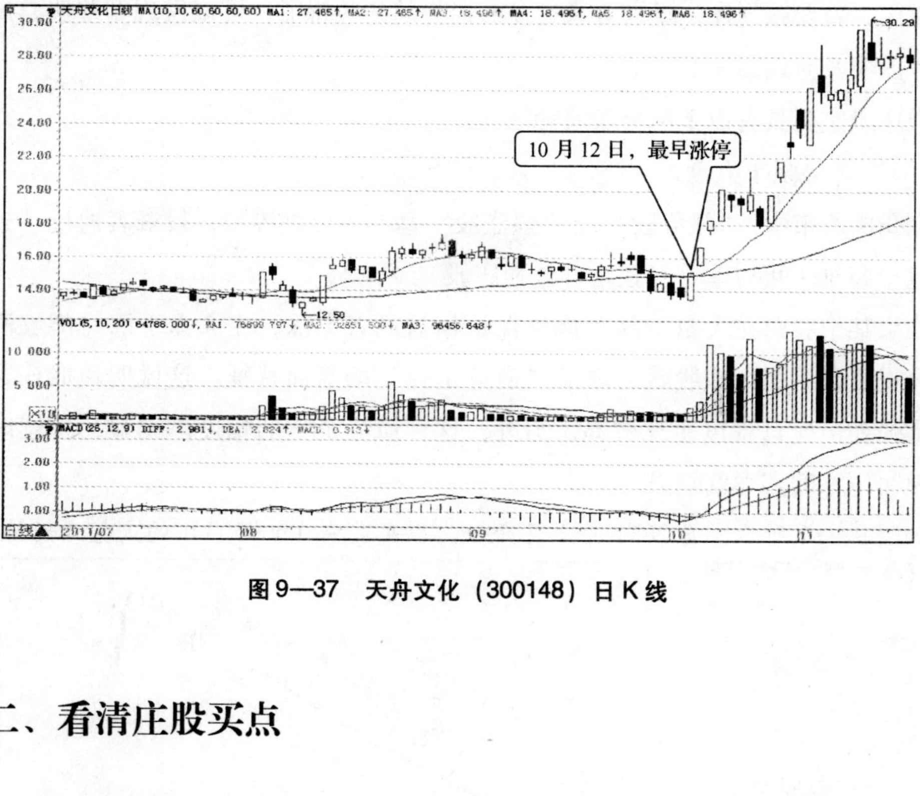

图 9—37　天舟文化（300148）日 K 线

二、看清庄股买点

好的跟庄买点，莫过于买在庄家不得不拉升的时候，此时投资者既不必承受庄家洗盘震荡的折磨，又可以及时地坐上庄家的轿子，可谓一举两得。

庄股的最佳买入点，有以下两个。

（一）建仓完毕的买点

当庄家对个股的建仓基本完成时，庄家最担心的就是别的机构或者散户入场抢盘，因此此时庄家最迫切的任务，就是快速拉升股价，以便脱离自己的成本区。对于此时的庄家来说，拉升已迫在眉睫。

庄家建仓完毕，开始快速拉升股价的标志就是：股价实现对此前庄家建仓区间的突破。

如图9—38所示，经过了近5个月的底部震荡后，内蒙华电（600863）的股价于2009年2月初，突破了底部震荡区间，说明庄家建仓完毕，拉升过程开始。股价突破庄家建仓区间之时，就是投资者重要的跟庄买点。

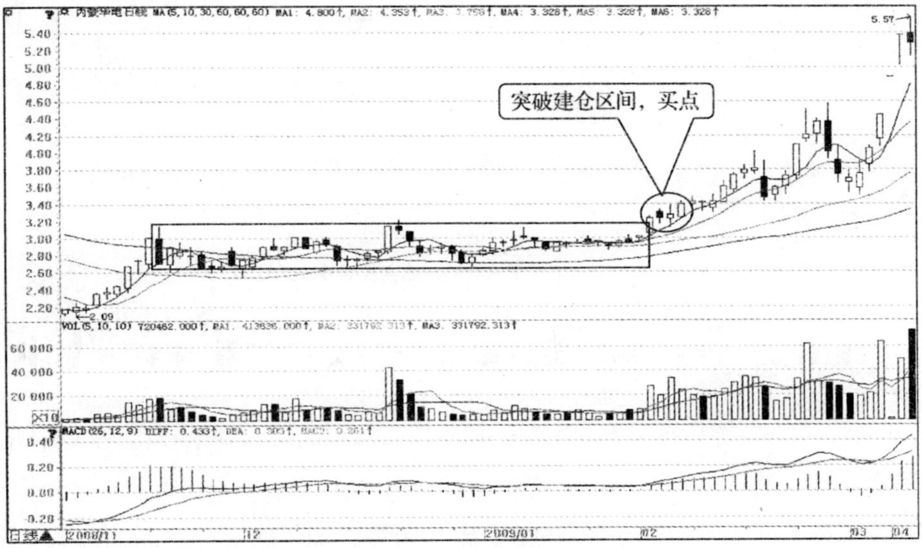

图9—38　内蒙华电（600863）日K线

（二）洗盘完毕的买点

洗盘，尤其是大规模的洗盘，是庄家在运作过程中必不可少的一步。洗盘刚刚结束，而拉升刚刚开始时，就是非常好的跟庄买点。此时股价已经调整到位，庄家没有必要继续洗盘，同时拉升动作已经展开，所谓“箭在弦上，不得不发”。投资者此时买入，既可以回避庄家的洗盘过程，又可以很好地跟上后续的拉升行情。

投资者可以通过对成交量和股价走势的综合判断，来把握洗盘结束后的买入机会。

第一，从成交量上来看，当成交量极度萎缩，换手率低于2%的时候，这往往预示着调整到位，此时庄家继续洗盘的意义已经不大。

第二，从K线走势上来看，股价开始回升，同时成交量逐步放大，尤其是当股价出现突破走势时，表明新的拉升阶段已经开始。

我们仍以内蒙华电（600863）为例。如图9—39所示，2009年4月，内蒙华电拉升至5.5元区域后，股价涨幅已经超过一倍，庄家开始了洗盘过程。经过近3个月的横盘震荡后，2009年6月中旬，该股的成交量极度缩减，出现洗盘尾声迹象，此时投资者可以适当买入，如图9—39中买点1所示。7月初，该股股价突破此前的洗盘区间，正式宣布洗盘过程结束，新的拉升阶段开始，投资者可以把握买入良机，如图9—39中买点2所示。

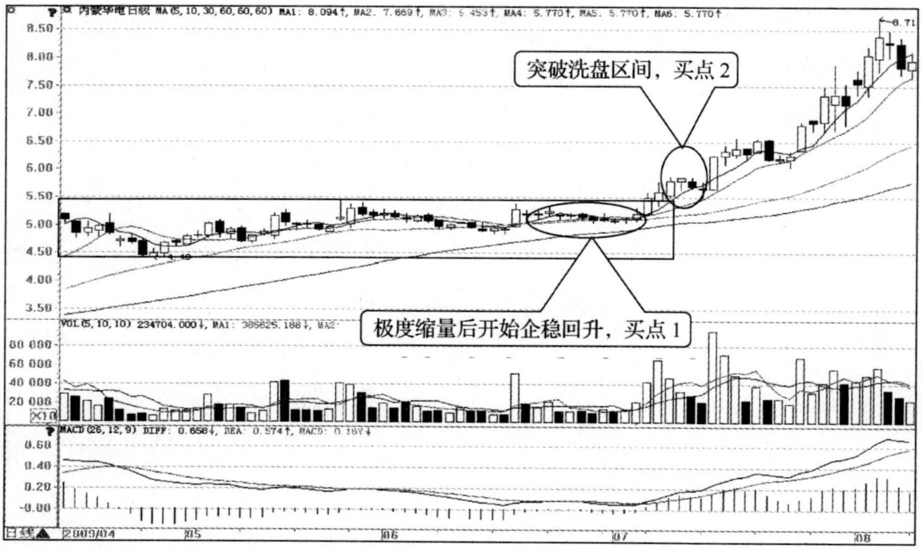

图9—39　内蒙华电（600863）日K线

三、看清庄股卖点

出货，是庄家运作中最重要的部分。庄家会想尽一切办法掩饰自己的出货意图，使投资者很难发觉。例如，在股价上升过程中，庄家不断通过各种手段进行洗盘，并将这些洗盘手段伪装成出货形态。这样做的目的，就是使得其他投资者在庄家真正开始出货时很难分辨清楚，这次到底是出货还是洗盘。

投资者把握庄股卖点，应结合多种因素综合分析。当发现有足够证据证明庄家出货时，应进行卖出操作；如果投资者没有发现庄家出货的足够证据，但此时K线形态已经走坏，或者成交量、技术指标等方面已经发出见顶信号，投资者也应进行卖出操作。

（一）庄家出货时的卖点

当投资者确认手中股票出现庄家的出货迹象后，应果断尽快卖出。

对于这个卖点投资者可以比较灵活地掌握。为了既防范风险，又不掉入庄家的洗盘陷阱，投资者可以分批卖出。当发现庄家有出货嫌疑时，投资者可以先卖出部分股票；在完全确认庄家在出货后，再卖出全部持股。

如图9—40所示，受公司即将与国网电科院设立合资公司消息的影响，安泰科技（000969）于2011年11月16日开盘后一度冲击涨停，但很快就被巨量抛盘砸下，形成高开低走态势。这种股价高位、利好兑现后的放量震荡，往往说明庄家在借利好出货。此时投资者可以先卖出部分股票，如图9—40中卖点1所示。

在后面的几个交易日中，安泰科技的股价始终无法收复11月16日的放量区间，基本可以证实此前庄家的出货行为。此时投资者可以将持股全部卖出，如图9—40中卖点2所示。

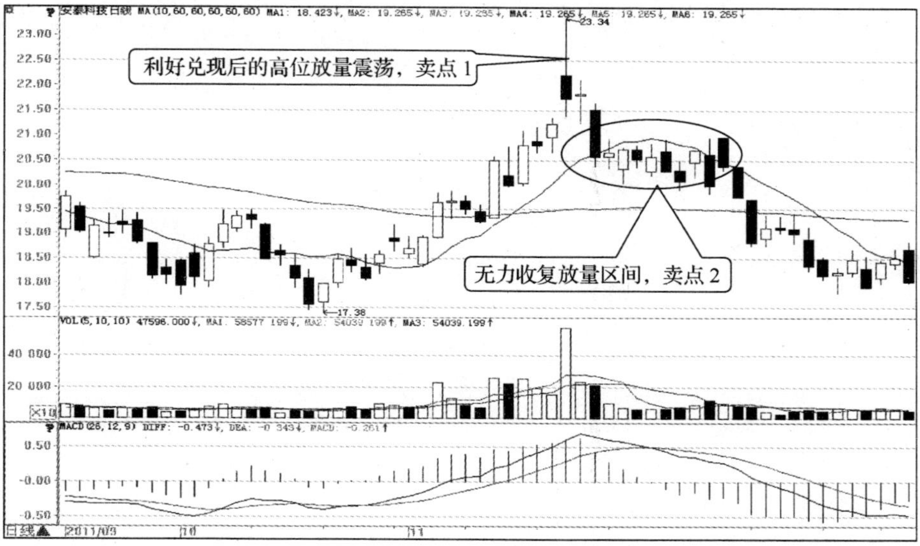

图9—40　安泰科技（000969）日K线

（二）形态破位时的卖点

当投资者手中的股票出现顶部形态并破位后，应果断地尽早卖出。

有时庄家的出货非常隐蔽，使得投资者很难觉察到。也有些时候，由于判断失误或者其他原因，庄家并没有在高位出逃。不论是哪种原因，投资者从盘面上都没有能够发现庄家出货的迹象。但是如果此时股价已经出现明显的顶部形态，并且出现破位走势，那么投资者不宜再考虑庄家出货与否，应尽早卖出持股。

图9—41是中天科技（600522）从2011年1月到4月的走势图，投资者可以看到，该股在涨至28元后大幅震荡，可成交量并没有出现明显异常，没有明显的庄家出货迹象。但是，该股的整个震荡过程，构成了一个双顶形态，当股价跌破颈线位时，投资者可以按照双重顶的卖点，把握顶部卖出的机会。

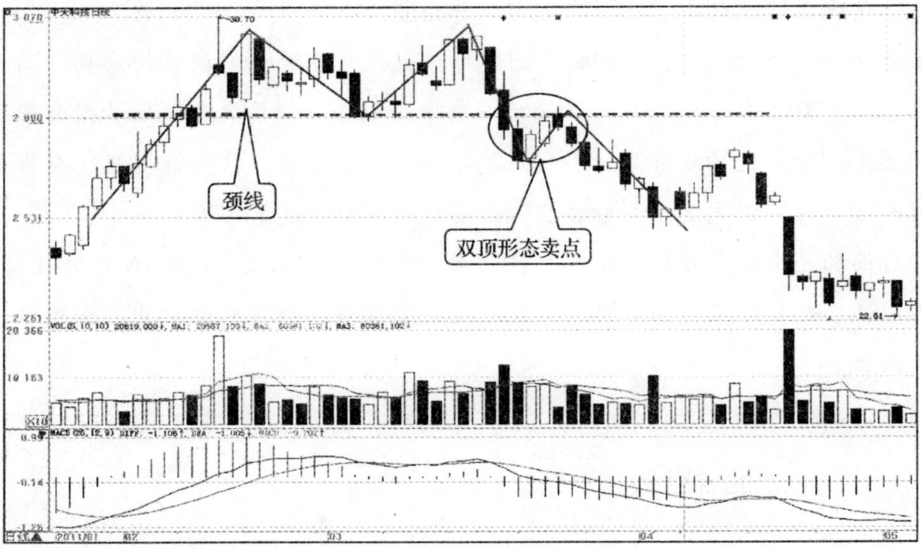

图9—41　中天科技（600522）日K线

第十章

看盘要有大视野

可能很多投资者都知道，炒股要看大势，即要跟随大趋势的方向而走。但是在实战中，能够真正做到“跟随大势炒股”的人却不多。究其原因，大致有以下两个。

第一，太过于关注短期波动。

股票市场的大势，就如潮汐一般。牛市和熊市，就好比潮汐中的涨潮和退潮。牛市或熊市中的每一次中期上涨和下跌，就好比涨潮和退潮中的每个波浪。而短期波动，就好比波浪中的每个涟漪。如果投资者过于关注涟漪的方向，将很容易忽视潮汐的方向，而后被淹没在大潮当中。

如图10—1所示，在每次大的牛市和熊市当中，都有着很多暂时的反方向运动。如果过于关注这些小的波浪，那么就很容易忽视大势的方向，犯下过早卖出或者过早买入的错误。

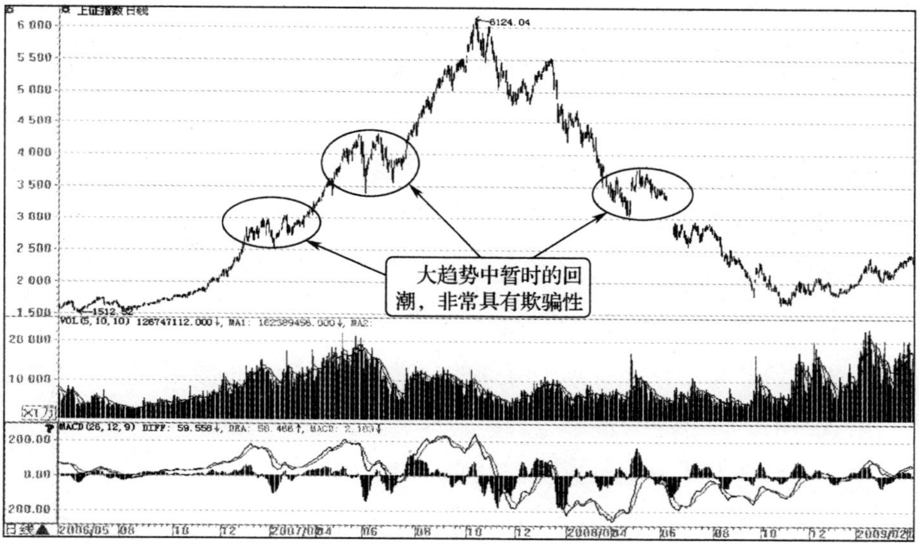

图10—1　上证综指日K线

第二，不知道该如何看大势。

在股市的所有信息中，K线形态、成交量、技术指标等具体的盘面信息，反映的都是股市里比较微观的东西。依靠这些信息，投资者可以对大趋势作出判断。但是，如果单纯依靠这些信息的话，难免会犯“一叶障目，不见森林”的错误。

如果投资者能够从宏观方面把握市场大势，再通过行情走势等盘面信息加以印证，不仅可以极大地提高分析判断的准确率，而且还能够从宏观、微观这两个方面，对股市的变动脉络作出一个系统的判断。

而本章节所要介绍的，正是如何从宏观因素来分析判断市场的长期大趋势。

第一节 流动性与大盘趋势

自2008年以来，市场关于“流动性”的关注日益增加，“流动性宽裕”“回收流动性”“流动性紧缩”等词语经常出现在股市分析中。那么，什么是“流动性”？它又是如何影响股市涨跌的呢？

一、什么是流动性

这里所说的流动性，是指宏观经济的资金面状况，也就是“银根”状况。“流动性过剩”，或者“流动性宽裕”，一般指央行执行宽松的货币政策，即“放松银根”，引起货币投放量增加。这些增加的资金需要寻找投资出路，股市、房市等往往就是“宣泄出口”，于是就有了资本市场或者经济的过热现象，以及通货膨胀风险。“回收流动性”，或者“流动性紧缩”，是指央行为了抑制通货膨胀，开始执行紧缩的货币政策，即“紧缩银根”，引起货币投放量或者货币流通量的减少。

对于个股来说，流动性还有某个特殊的含义，就是成交的难易程度，即投资者买进或者卖出股票的时候，是否能够很容易地成交。例如，大盘股由于盘子大，参与的投资者较多，投资者基本上都可以很轻松地买进卖出，其流动性一般要好于小盘股。而小盘股，尤其是高度控盘的庄股，其流动性就相对差一些，对于持股较多的大资金来说，容易出现无法卖出的情况。

大资金在操作中必须考虑流动性问题，而对于大部分普通投资者来说，是不必担心这个问题的。

本节内容中所讲的“流通性”，指的是第一层含义，即宏观经济的资金面状况。

二、如何通过流动性看大盘趋势

资金面的这种宽松或紧缩的变动，对资本市场构成了直接的重大影响。

如果说哪个因素与股价的涨跌关系最直接，最密切，那么非“资金”莫属。股价涨跌，直接受股票与入市资金之间的供求关系的影响。如果入市资金相对于股票来说是多的，那么股票就会供不应求，股价自然会涨；如果股票相对于入市资金来说是多的，那么股票就会供大于求，股价自然会跌。因此，分析资金面的松紧情况，对于分析股市趋势来说具有重要意义。

需要注意的是，对股市产生影响的，是整体社会资金中，“愿意入市”的资金的增减状况，也就是上面说的“入市资金”。如果说社会资金是一个大水库，那么入市资金只是这个水库中愿意流向股市的那一部分水。社会资金充裕，只能说给“入市资金”提供了一个宽松的环境，至于这中间有多少资金愿意入市，就涉及诸如大家对未来走势的预期、对股票价值的判断，以及市场人气状况等因素。

例如，即使社会资金很充裕，但是愿意进入股市的资金却很少，那么股市就仍然处于资金紧缺状态。

在2001年的2 245点，跌至2005年998点的四年大熊市中，如图10—2所示，社会资金非常充裕。但是股权分置改革的悬而未决导致资金进入股市的意愿非常淡薄，再加上实体经济发展良好，对资金的吸引力要远大于股票市场。因此这四年出现了实体经济向好、股市“跌跌不休”的背离走势。大家普遍认为股市是经济的晴雨表，但是这四年的内地股市，却并没有反映实体经济的真实状况。这可能是我国股市处于发展初期的一个独特现象。

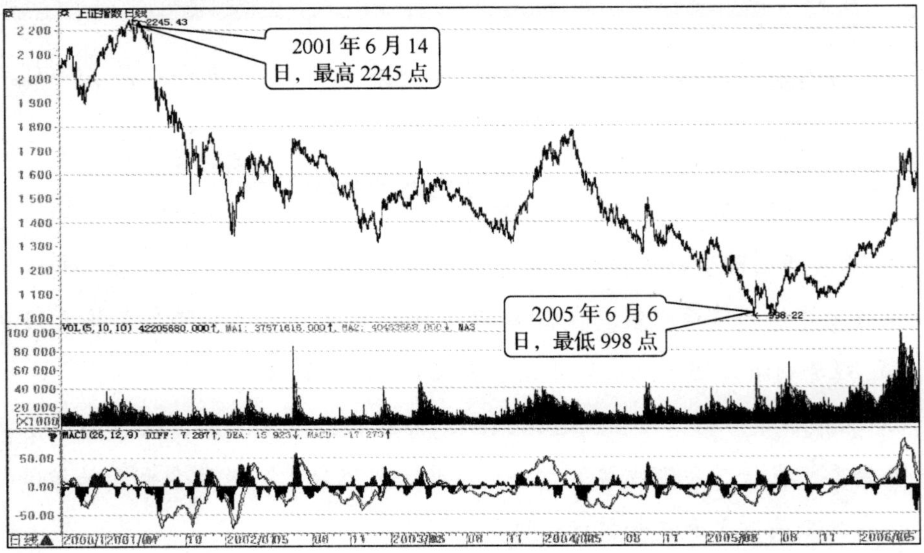

图10—2 上证综指日K线

在我国股票市场的早期，由于市场规模不大，流通市值较少，只需要社会资金这个大水库中的一小部分水就可以推动股市上涨。因此当时的股市波动与宏观资金面的关联度比较低。但是，这几年股票市场的规模迅速扩大，截至2011年12月29日，沪市流通市值为119628亿元，深市流通市值39338亿元。此时股市的上涨需要大量的资金来推动，就需要动用社会资金这个大水库中相当一部分水。那么，此时大水库的水是否充裕，对于股市的涨跌就显得非常重要。

这几年我国股市的波动与宏观资金面的关联越来越密切。

2007年下半年，随着通货膨胀压力的逐渐增大，央行开始实施紧缩的货币政策，全年多次上调利率和存款准备金率，股市也在2007年10月见顶6 124点后开始下跌，如图10—3所示。

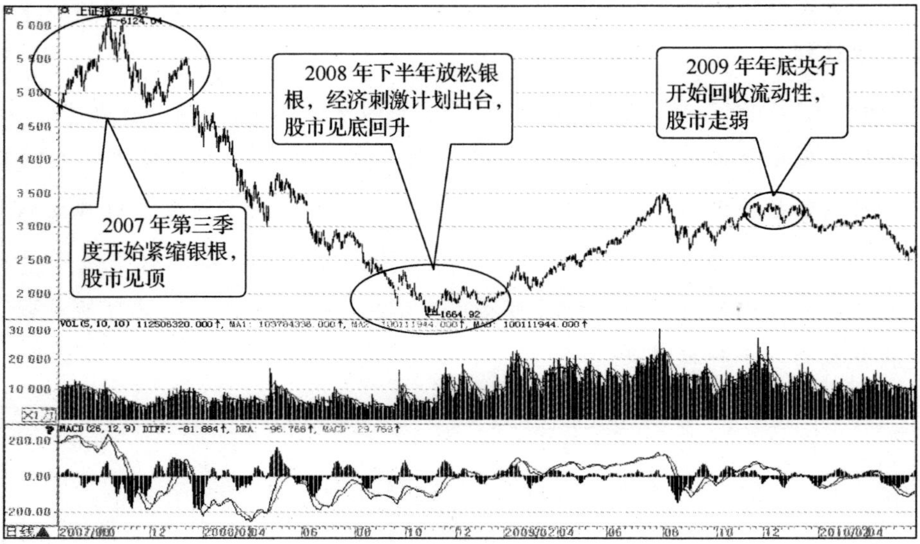

图10—3　上证综指日K线

随着2008年国际金融危机的愈演愈烈，为保持经济增长，维护社会稳定，我国开始实施适度宽松的货币政策。在2008年9月和10月连续两次降息，并于11月推出“四万亿”经济刺激计划，此后股市见底1 664点后开始回升。

自2009年年底开始，为管理通胀预期，抑制房价过快上涨，央行连续采用提高存款准备金率、发行三年期央票等方法，不断回收流动性。银监会也开始控制银行信贷规模。在此期间，大盘走势持续低迷。

因此，在分析市场大趋势方面，资金面状况是最重要的分析内容。投资者需要注意以下两个问题。

（一）判断流动性的几个因素

投资者可以通过以下四个方面来判断流动性是宽松还是紧缩。

1. 存款准备金率。提高存款准备金率，意味着收紧银根；降低存款准备金率，意味着放松银根。

2. 央行基准利率。即利息，加息意味着收紧银根；降息意味着放松银根。

3. 再贴现率。提高再贴现率意味着收紧银根；降低再贴现率意味着放松银根。

4. 外汇进出。以美元为例，当贸易存在顺差或者热钱持续流入时，即美元持续流入时，央行需要付出人民币来换进美元，相当于释放了人民币的流动性；当贸易存在逆差或者热钱流出时，即美元持续流出时，央行需要付出外汇购进人民币，相当于回收了人民币的流动性。

（二）适用于中长期分析

通过资金面状况来分析股市大势，只能适用于中长期的趋势分析。

如果投资者能够将资金面的分析与其他分析手段综合运用，无疑将大大增加对顶部或者底部判断的准确性。

第二节　通货膨胀与大盘趋势

在现代经济社会中，通货膨胀已经成为一个顽疾。不论发达国家还是发展中国家，都会经常出现程度不一的通货膨胀现象。这几年来，关于通货膨胀的争论与分析，在我国日益增多。对通货膨胀的担忧，使得很多人进入了资本市场，他们试图通过资本市场，实现货币的保值增值。

那么，通货膨胀对大盘趋势究竟有何影响呢?

一、什么是通货膨胀

通货膨胀，就是指整体物价水平的上升。在现代经济中，当纸币的发行量超过其实际需求量时，就会造成纸币贬值，从而引起物价水平在一段时间内持续上升。

通货膨胀可以分为三种类型，或者说是三个阶段。

第一阶段：温和通货膨胀。

通货膨胀率（在我国就是消费者物价指数CPI）保持在3%~5%以内，并且能够保持稳定，就称为“温和通货膨胀”，也是通货膨胀的初期。在某些经济理论中，温和通胀被视为促进经济发展的最佳手段，此时经济发展健康良好，企业的利润与劳动者的工资水平均稳步提升。

第二阶段：中度通货膨胀。

当通货膨胀率在5%~10%之间时，就进入了中度通货膨胀，也就是通货膨胀的中期。此时人们已经普遍意识到了通货膨胀的到来，为避免货币贬值，大量资金涌入资本市场，如股票、黄金、房地产，以及有色金属等。股市开始大幅上涨，并且开始出现严重的泡沫现象。

第三阶段：恶性通货膨胀。

当通货膨胀率超过10%时，就进入恶性通货膨胀，也是通货膨胀的后期。此时物价全面飞升，尤其是各种生活必需品和消费品。人们对货币彻底失去信心，争先恐后地将货币换为各种消费品。此时政府为了控制通货膨胀，往往会采用大幅加息等手段来紧缩银根，再加上前期已经出现非常严重的泡沫现象，因此股市、房市等资本市场在通胀后期的表现往往很不理想。

二、通货膨胀如何影响市场趋势

在通货膨胀的初期和中期，出于保值增值的目的，资本市场最受社会资金追捧。股市此时一般都会处于大牛市当中。另外，由于房产、黄金、贵金属等投资品的价格持续上涨，股市中的房地产板块以及黄金等有色金属板块，其涨幅会非常可观。此时投资者可以重点关注这类品种。

如图10—4所示，2006年以及2007年上半年，我国经济开始呈现温和通货膨胀的特点。此时股市持续走牛，房地产板块、黄金板块等成为资金追捧的热点。例如中金黄金（600489）持续地震荡上涨，在这波牛市中，整体涨幅惊人。

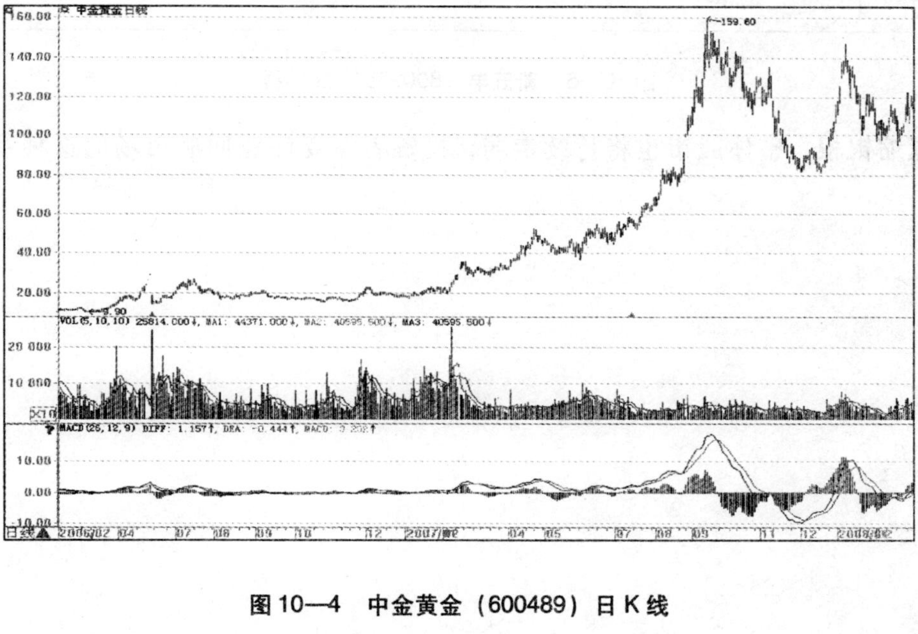

图10—4　中金黄金（600489）日K线

当通货膨胀进入中后期时，此时生活必需品，如粮食、肉类等价格开始上涨，此时投资者可以关注农业板块。

2007年下半年，随着通货膨胀的愈演愈烈，央行开始紧缩银根，大盘也在见顶6 124点后开始下跌。至12月中旬，大盘已经跌至5 000点区域。此时由于农产品价格的上涨，尤其是猪肉价格大幅上涨，农业板块出现炒作热潮。其中“猪肉品种”新五丰（600975）的股价连续大涨，如图10—5所示。在此轮上涨中，该股的最大涨幅超过了一倍。

不过此时投资者要注意，为避免通货膨胀持续发展，央行往往会采用加息等方式

图 10—5　新五丰（600975）日 K 线

大力紧缩银根，整体股市也将持续走弱，投资者需要注意回避市场的这种系统性风险。

第三节 股指期货推出与大盘趋势

股指期货，就是以股票指数为交易标的的一种期货合约。买卖双方交易的是一定时间后的股票指数，通过现金结算差价来进行交割。通俗地说，股指期货就是买卖双方针对指数涨跌进行的博弈。

20 世纪 70 年代，西方各国出现严重的经济滞胀，股票市场经历了第二次世界大战后最严重的一次危机。道琼斯指数在 1973 到 1974 年的熊市中跌幅超过了 50%。人们意识到在股市下跌面前，需要有一个恰当的金融工具来规避风险，股指期货由此产生。

2010 年 4 月 16 日，沪深 300 指数的股指期货在我国证券市场上正式开始交易。这是我国股市的一次重大变化，必将对我国股市的一些运行模式产生重大影响。

一、股指期货的作用

（一）回避系统性风险

从股指期货的设计初衷可以看出，股指期货的主要用途之一，就是给投资者提供一个回避市场系统性风险的工具，这就是期货的“套期保值”功能。

股票的风险可以分为两类，一类是与个股经营相关的，属于个体风险，称为“非系统性风险”；另一类是与宏观因素相关的系统性风险，会造成整体市场的下跌，如熊市。如果投资者判断熊市来临，又不愿意或者无法出售手中股票，就可以通过卖空股指期货的方式来套期保值。如果后市股市下跌，那么股指期货的卖空赢利，将可以抵消或者部分抵消股票价格下跌带来的市值的损失。

当然，如果后市市场上涨，在股指期货上就会出现亏损，将抵消掉股价上涨所带来的赢利。

（二）套利

股指期货的另一个主要用途，是投资者可以利用股指期货进行套利。一个重要的套利模式，就是期现套利。当股指期货与实际指数之间出现差距，并且这个差距超过了交易成本，就出现了无风险套利空间。投资者可以通过买入指数成分股、卖出股指期货，或者卖出指数成分股、买入股指期货的方式，获取这个无风险利润。

套利机制，可以保证股指期货的价格处于一个合理的范围内，一旦偏离现货指数过多，套利者就会入市以获取无风险收益，从而将两者之间的价格拉回到合理的范围。

（三）投机工具

股指期货还可以作为一个杠杆性的投机工具，这也是最吸引投资者的地方。尤其是股指期货实行保证金交易，投资者通过以小博大，运用杠杆就能够放大自己的交易资金。因此期货价格小幅度的波动，都会给投资者的本金带来巨大的收益或者亏损。

在股指期货中投机，只要投资者操作正确，在短时间内就可能获得极高的收益。相应地，如果投资者操作失误，那么损失也将非常巨大。

二、通过股指期货看大盘趋势

（一）对趋势的影响

股指期货的涨跌，与现货指数的涨跌相互影响，密不可分。从根本上来说，不论现货市场，还是期货市场，都是整体股票市场的一部分，都服从于大趋势的发展方向。股指期货的推出，对市场中长期趋势的方向不会造成任何影响。

但是，由于股指期货投机性非常强，再加上平仓盘、止损盘的存在，使得股指期货的行情演变比较迅速，非常剧烈，尤其在多空转换的顶部和底部，其转折将显得比较突兀，容易出现见顶或者见底走势。受其影响，现货指数的走势，也将呈现见顶或见底的走势特点。

图10—6是2010年5月26日开盘一小时后，股指期货1006合约与沪深300指数的分时走势。投资者可以看出，当天期货合约的转折要比现货指数稍早一点，同时合约的急剧转折与涨跌的速度，也直接影响了指数的转折与涨跌的速度。

由于目前我国股指期货开盘时间较短，还无法判断合约与指数运行的真正联系与内在规律。因此，投资者应该持续关注两者的走势，发现内在联系，总结规律，尤其是要注意在顶部或底部位置时，更要密切地进行观察。

（二）判断市场心理的预期方向

股指期货，炒作的是对大盘未来走势的预期。因此，从股指期货的升水或者贴水上可以看出当前的市场投资者中，是看多气氛浓厚，还是看空气氛浓厚。

如果当前的期货价格高于现货价格，或者远期合约的价格高于近期合约，就称为“期货升水”，或是“现货贴水”；如果当前的期货价格低于现货价格，或者远期合约

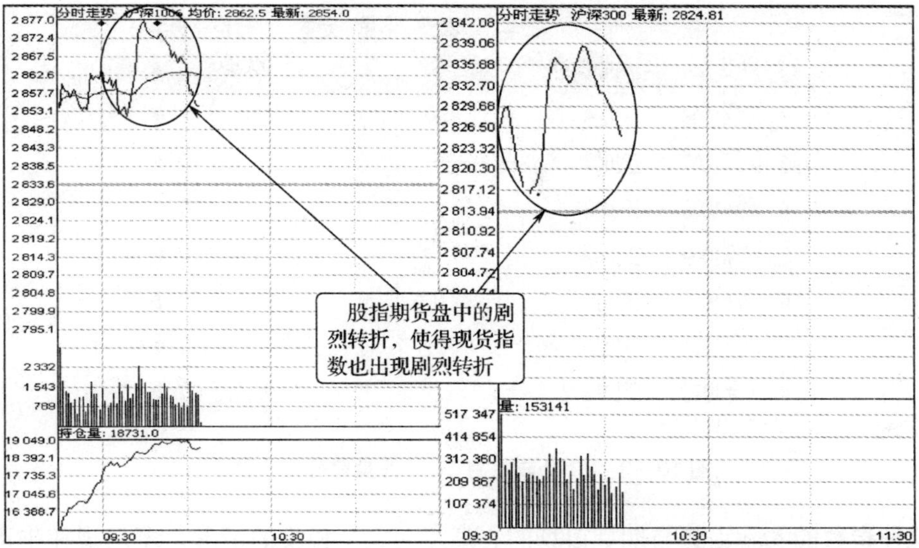

图 10—6　1006 合约、沪深 300 分时走势（2010. 05. 26）

的价格低于近期合约，就称为“期货贴水”，或是“现货升水”。

期货升水表明当前市场看多气氛浓厚，期货贴水表明当前市场看空气氛浓厚。投资者可以通过这一点，非常轻松地把握市场的心理预期。

从 2010 年 4 月 16 日股指期货上市以来，至 5 月 26 日，沪深 300 指数持续下跌，如图 10—7 所示。在此期间，远期合约价格一直高于近期合约价格，如图 10—8 所示，同时各合约的价格基本都保持在高于现货指数的水平。期货合约的这种升水，表明当前市场中看多气氛仍然较为浓厚。

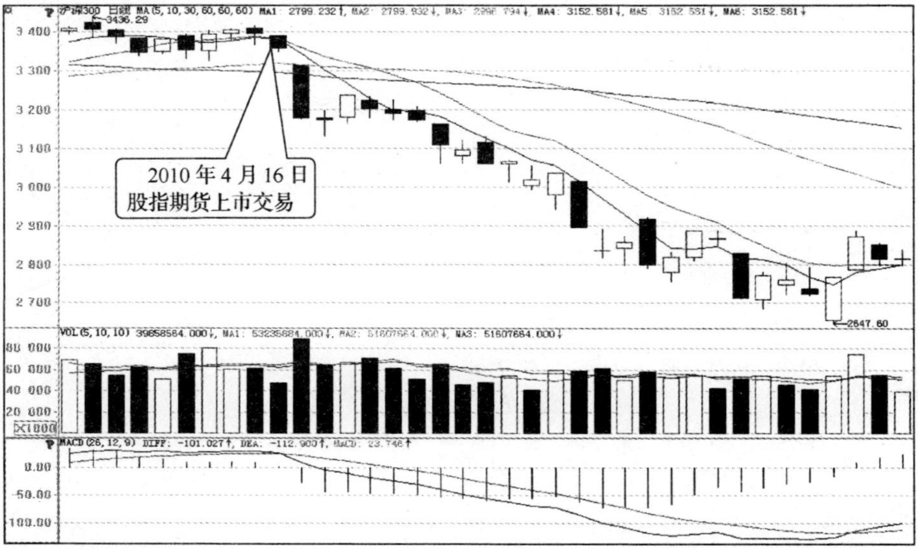

图 10—7　沪深 300 日 K 线

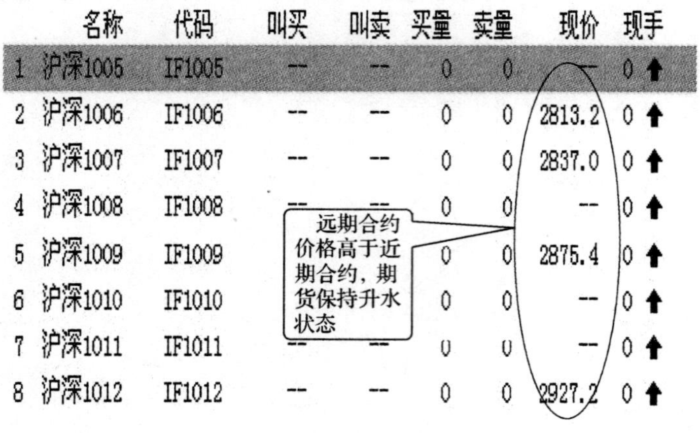

	名称	代码	叫买	叫卖	买量	卖量	现价	现手
1	沪深1005	IF1005	--	--	0	0	--	0 ↑
2	沪深1006	IF1006	--	--	0	0	2813.2	0 ↑
3	沪深1007	IF1007	--	--	0	0	2837.0	0 ↑
4	沪深1008	IF1008	--	--	0	0	--	0 ↑
5	沪深1009	IF1009			0	0	2875.4	0 ↑
6	沪深1010	IF1010			0	0	--	0 ↑
7	沪深1011	IF1011	--	--	0	0	--	0 ↑
8	沪深1012	IF1012	--	--	0	0	2927.2	0 ↑

图10—8　2010年5月26日开盘前各合约价格

这种指数的实际走势与期货市场的心理方向完全相反的情形，多出现在牛市或者熊市的初期。当投资者发现这种情形时，需保持高度警惕。

第四节　全流通时代与大盘趋势

一、全流通时间表

在2005年之前，我国股市中的大部分股票是不能在二级市场流通的，例如大量的国有股、法人股等。经过股权分置改革后，这些非流通股东通过向流通股东支付“对价”，获得了流通权，在一定的限售期后，这些非流通股即可上市交易。

通常所说的“大小非”，就是指的这些限售流通股。其中“大非”指的是占总股本5%以上的限售流通股；“小非”指的是占总股本5%以内的限售流通股。

随着时间的推移，大小非不断开始解禁。解禁就是限售期满，允许上市流通。限售流通股的解禁高峰，出现在2009年7月和10月。据统计，截至2010年年底，内地股票市场中的限售流通股数量，将只占A股总股本的10%左右，届时我国A股将基本实现全流通。

二、博弈模式的变化

全流通时代，市场必将迎来博弈模式的重大变化。

投资者从图10—9中可以看出，在1993年之前，市场主力主要是个人大户，采用联合坐庄的赢利模式。到2000年，券商主力占据了绝对优势。2005年之后，以公募基金为代表的金融资本成为市场的绝对主力，各家基金集中持有金融、地产、有色金属等大市值品种，掀起了一轮998点到6 124点的特大牛市。

随着牛熊的轮回，市场主力也在不断地变化。每轮大熊市都伴随着上轮牛市中市场主力的衰弱，每轮大牛市都有新的市场主力粉墨登场。如果这个规律延续的话，那么在下轮大牛市中，市场主力将很可能不再是以公募基金为代表的金融资本。

目前这个规律已经开始逐步显现。以基金持股市值占A股总流通市值的比重来看，2007年年底是30%左右，2008年年底下降为21%左右，到2009年年底已经下降到15%左右，预计到2010年年底，将下降到不足10%。持股市值占总流通市值比重

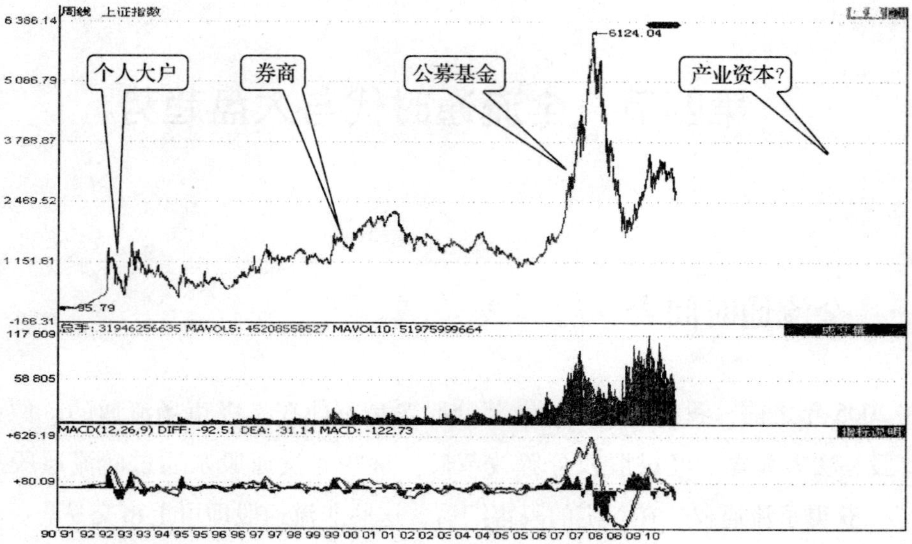

图 10—9　上证综指周 K 线

的下降，表明基金在股市上的话语权在不断地削弱。

在即将到来的全流通时代，新的市场主力，将很可能是目前这些以大小非为主的产业资本。这些产业资本，不仅具有巨大的资金优势和筹码优势，而且对行业的发展有着更加深刻的理解，对公司的未来发展和投资价值有着更加准确的判断。这些优势，都是基金等金融资本所无法比拟的。

正是这些巨大的优势使得产业资本在全流通时代将逐步取代公募基金等金融资本，成为市场上新的主力资金，它们将决定今后相当长时期内的市场赢利模式。

第一，长期化，价值化。

产业资本的运作模式，将不可避免地具有实体经营的特点，就是长期化、稳定化。很可能将根据国家的政策导向，选择那些有良好发展潜力的公司，进行长期投资，追求稳定、长期、持续的投资回报。届时，我国股市将一改以往波段投机的“炒”股模式，迎来真正的价值投资时代。

第二，宏观经济形势成为重要考虑因素。

由于产业资本运作周期长，对诸如资金面、政策面等宏观经济形势的变化将更加敏感。如果国家政策支持，资金面宽松，产业资本入市增持的积极性就会提高。反之，如果市场泡沫严重，国家政策开始趋紧，那么产业资本会更倾向于卖出减持。

第五节 经济发展模式与市场炒作热点

经济发展模式，简单地说，就是推动一个国家的经济增长所依靠的方式。国家的经济发展模式会影响证券市场的交易状况。如果某行业成为整个国家经济发展的重点行业，那么，这个行业的股票在很大程度上就会成为市场炒作的热点品种。

一、经济发展模式的类型

经济发展模式主要有三种类型，分别是出口导向型、投资拉动型和消费内驱型。

出口导向型，是指以出口贸易带动经济发展，国家的产业布局以出口行业为主导。比较典型的出口导向型经济，就是 20 世纪 80 年代的日本经济，以及 90 年代的东南亚经济。日本经济泡沫的破裂，以及 1998 年的东南亚金融危机，都已经证实，出口导向型经济缺乏可持续性，非常容易导致严重的通货膨胀和资产泡沫现象。

投资拉动型，实际上是另外一种拉动内需的方法，主要是以政府主导的大规模基建投资为主，以此消化过剩产能，刺激经济增长。这种模式在市场经济发展的初期，可以尽快地实现经济的跨越式增长，当经济出现暂时性的发展危机时，可以担负减轻冲击、平稳过渡的任务。

但是投资拉动型模式不可长时间持续。因为这种以投资来消化过剩产能的方式，在以后会产生更大的产能。届时如果出口或者内需仍然没有起色的话，只能再以新的投资来消化这些过剩产能。这样就会形成一种“产能过剩→投资拉动→产能更加过剩→更大规模投资”的恶性循环，严重的话会导致社会资源的极大浪费和通货膨胀现象。

消费内驱型，即以国内消费作为拉动经济的主导，这种发展模式以美国为代表，也是目前最理想的发展模式。

二、发展模式转变与市场热点的变化

国家的经济发展模式，对证券市场有着非常重要的影响，尤其对市场的主流炒作热点，更是有着直接的影响。

例如，自2000年以来，随着城镇化开始提速，我国的经济发展模式越来越倾向于投资拉动型，其中房地产行业成为主导行业。受房地产行业蓬勃发展的带动，与房地产有关的行业，如金融、钢铁、能源、有色金属等，均进入一个繁荣发展期。相应地这些行业的很多股票，都受到了主力资金的青睐。在大盘2005年6月见到998点熊市底部之前，这些股票在2003年、2004年就分别开始见底回升。

如图10—10所示，大盘在2005年6月见底998点后，开始了一轮大牛市。而万科A（000002）在2003年年初就见到了长期底部，并开始震荡攀升；在998点之后的牛市中，更是涨幅惊人，成为市场的主流炒作品种。

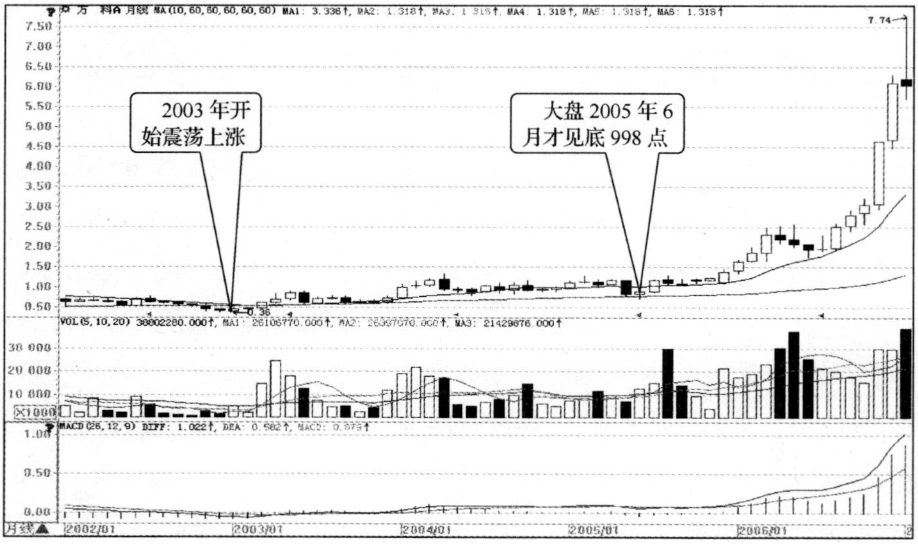

图10—10　万科A（000002）月K线

2009年12月5日至7日举行的中央经济工作会议，明确提出要加快经济发展方式的转变，从以出口、投资拉动为主，转变为消费、投资、出口协调拉动。其中的重点，就在于启动国内消费，降低对投资拉动的依赖性。

国家经济政策的转变，对市场炒作产生了明显影响。地产、钢铁等板块在中央经济工作会议后持续下跌，成为走势最弱的品种。如万科A，在2009年中央经济工作会议召开后，出现持续大跌走势，如图10—11所示。

未来市场的炒作热点，将很可能是国家将要重点发展的几大新兴行业，如电子信息产业、生物产业、新材料、新能源等产业，这些产业也可以统称为“低碳经济”。从目前的股市炒作热点来看，这一趋势已经初露端倪。

如图10—12所示，在2009年中央经济工作会议之后，虽然地产、钢铁等板块持续下跌，但是生物医药板块中的长春高新（000661）却持续上涨。

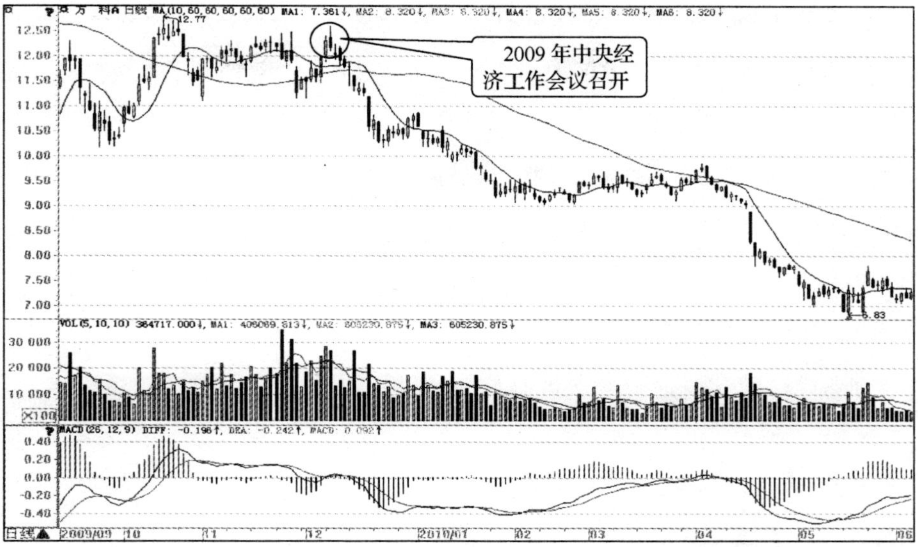

图10—11　万科A（000002）日K线

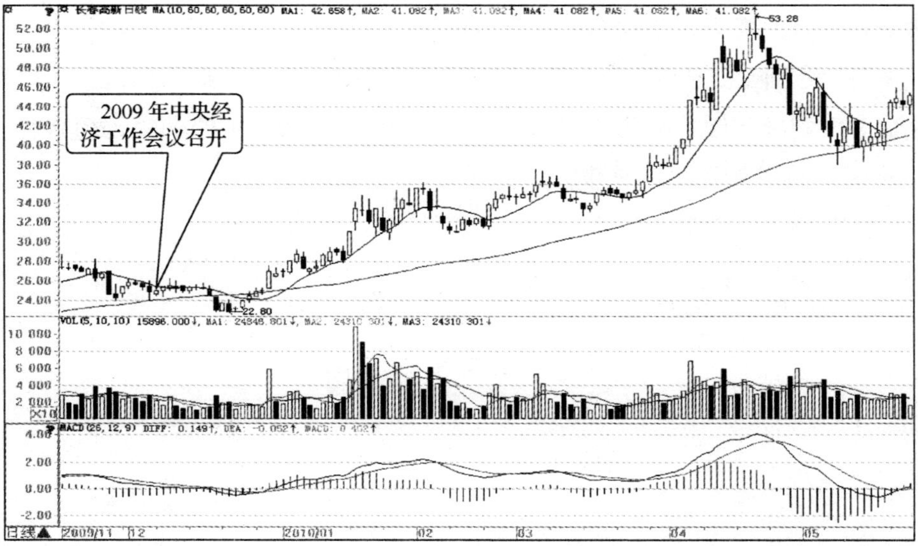

图10—12　长春高新（000661）日K线

从2011年下半年开始，伴随着欧债危机、美债危机的加深，全球经济二次探底的预期越来越强烈，同时我国又面临着地方债隐患和通胀的威胁，这对我国传统的主要依靠出口和投资拉动的经济发展模式是一个巨大的挑战。在此背景下，许多人担心我国宏观经济是否会出现“硬着陆”，该担心在2011年下半年的股市中表现得淋漓尽致。

如图10—13所示，从2011年6月到12月，上证综指一路向下，60日均线显示出巨大的阻力作用，将这种“硬着陆的担心”表现得淋漓尽致。在这种市场氛围下，

图10—13　上证综指日K线

投资者要注意持币观望，等待上证趋势的出现。

其中，“硬着陆的担心”突出表现在城建板块中，由于前期负债过大，市场担心它们会成为宏观经济硬着陆的导火索。因此，该板块2011年的跌幅远超大盘，如图10—14所示，投资者要竭力避开这类股票。

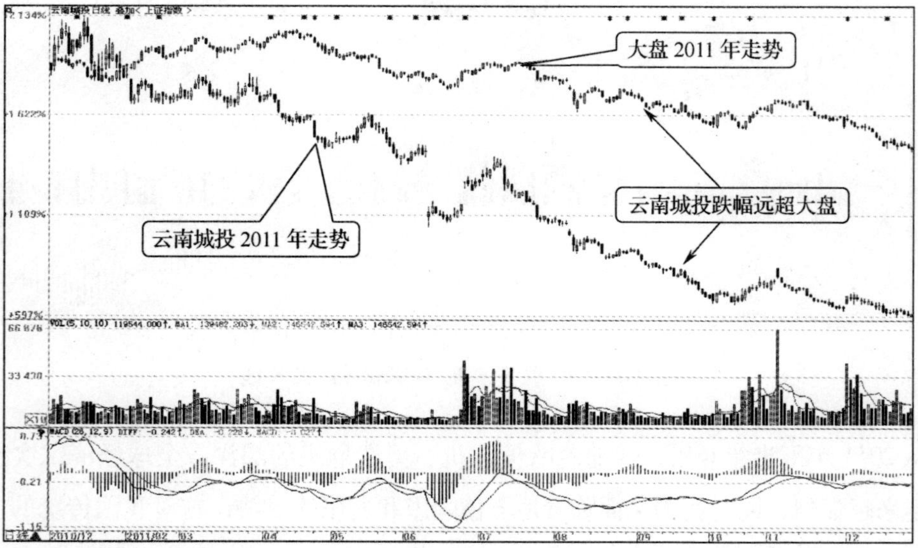

图10—14　云南城投（600239）日K线

投资者要把握股市的炒作热点，就要充分考虑国家的经济发展模式，以及国家政策的鼓励方向，再通过对市场走势的观察和分析来把握具体的买入时机。